DIANNAO
电脑小百科
精华读本
Xiaobaike

五笔字型
双解字典

怡丹科技工作室　编

D0926019

运行环境要求:

- ⊙ Windows 98/Me/2000/XP ⊙ 分辨率 1024×768 像素以上
- ⊙ CPU Pentium 200 以上 ⊙ 内存 256MB 以上
- ⊙ 光驱 32 倍速以上 ⊙ 音箱或耳麦

五笔字型双解字典

出 版	清华同方光盘电子出版社	
经 销	各地新华书店、软件连锁店	
生 产	东方光盘制造有限公司	
文本印刷	四川省南方印务有限公司	
开 本	880 mm×1230 mm 1/56	
印 张	8	字数 260 千字
出版日期	2007 年 2 月	
版 本 号	ISBN 978-7-900718-50-1	
定 价	13.50 元(含 1 张光盘)	

总　导　言

众所周知，电脑是 20 世纪人类最伟大的发明。如今，电脑已成为人们生活中不可缺少的伙伴，电脑伴随着人们日常的工作、学习、娱乐和游戏。电脑及其网络技术的广泛应用，正在推动着人类社会高速的发展和进步，一个崭新的时代已经展现在人们的面前。

"信息爆炸"是当今时代的特点，以电脑技术、通信技术为核心的"高科技"的发展，催生着时代的文明与进步。

然而，生存在当今社会的现代人，尤其是正值朝阳的新生一代，如何面对飞速发展的社会变革，又怎样以勇敢的精神去占领最新的科技高地，使自己成为不愧于时代的强者。自然，努力学习文化知识，提高专业技能是首位，但是，电脑技术的应用将是促进文化和专业技能提高的桥梁和纽带。因此，精心地学习电脑、操作电脑、应用电脑已成为现代人别无二至的选择和企盼。

在这样特定的历史背景下，学习电脑已成为当今社会巨大的需求。当前，在全国的各级各类学校，几乎都开设了电脑专业和相关的电脑课程，由社会力量开办的电脑学校、电脑培训班、电脑学习站点，更像秋风后的落叶，洒满在神州大地。于是，与电脑教育、电脑学习有关的图书、教材、电子出版物也就欣然应市。

在浩瀚的图书海洋里，读者不难发现，电脑类图书、教材和相关的电子出版物，其门类之多，数量之巨，俨然已成为图书世界的"龙头老大"。商家们为了吸引读者的眼球，煞费苦心地设立专柜、专架，精心地进行了包装和美化。然而，毕竟图书、教材是特殊的"精神产品"，不仅要"外在美"，更重要的是"内在美"。

细心的商家们发现，不少读者往往在茫茫的书海前彷徨、徘徊、犹豫，甚至感叹。看看书名、翻翻目录，浏览一下内容，无赖地又将书放回去……市售电脑类图书、教材虽多，但尽善尽美者则在少数，而且总觉得有这样或那样的不足之处，或者不尽人意。

四川怡丹科技文化机构，针对目前电脑类图书、教材的市场状况，在对读者和市场进行了深入的调查研究后，凭借多年来专业制作电脑类图书、教材和相关电子出版物积累的丰富经验，利用聚集着一流的电脑教育专家、教授和在一线从教的优秀教师为核心作者群体的强势，并紧跟电脑技术发展的最新成果，以全新的理念推出了一套极为适用于广泛的读者群体，知识面极宽，操作使用极为简单、快捷、方便，极具可读性和易于携带的 56 开本《电脑小百科》系列。

首期推出有六大类 20 种，第一大类五笔字型输入：《五笔字型与电脑打字》、《五笔字型学用查》、《五笔字型现用现查》、《五笔字型速查字典》、《五笔字型双解字典》、《五笔字型汉字速查快易通》；第二大类电脑基本操作：《多操作系统安装与维护》、《电脑常用快捷键现用现查》;第三大类办公自动化:《办公软件操作技巧》、《Windows XP 与 Office 2003》、《Office 2003一学就会》、《Word 2003 实例操作》、《办公自动化》;第四大类网络技术:《电脑上网》、《网页设计制作》、《精彩网址现用现查》;第五大类电脑应用:《电脑应用技巧》、《电脑英汉即时通》;第六大类电脑组装:《电脑组装与系统安装》、《电脑组装与维修》等。

《电脑小百科》系列具有"新"、"奇"、"易"、"便"、"用"五大特点:

"新":编写手法新,内容取材新,知识原理讲解方法新。全书采用图文交替,相互衬托的全新构架,把平面的书本立体化,手册中的每一页,似一幅幅电脑屏幕窗口,用简洁的文字、符号、图形和动画,形象地阐述电脑的基本原理,操作方法和应用技巧。

"奇":传统的电脑图书、教材,无非是先讲原理,再讲操作方法,最后以图例示之。《电脑小百科》系列颠覆了传统,突出知识的基本点,把操作方法、应用实例融入到必需的知识基础中,读者可以根据手册中的提示和流程,边学、边用、边查,形成互动,自然会有强烈的轻松感。

"易":即指"易学"、"易懂"、"易会"、"易用",作者把繁难的书本知识推演为一台"四易电脑",并以作者高超的电脑技艺和深厚的知识功底,巧妙地运用了现代电脑的高度智能化和方便性。

"用":人们学习电脑的目的,无非是将电脑应用于实际中为其服务。现代电脑尽管功能强大,应用领域极为宽广,但其内在的应用机理，一些潜在的组合应用和扩展功能，需要深度去挖掘。《电脑小百科》系列突出电脑的实用性，把传授电脑应用中的精湛技艺放在首位。

"便"：《电脑小百科》系列特制为 56 开本手册式，其印装精美、厚度适宜。读者可以放在手袋里，装在衣兜中，便于在车站、码头、公交、甚至于飞机的行程中方便携带和阅读。

《电脑小百科》的应市，将会在 2007 年的电脑图书市场上激起斑斓的浪花，助推着我国电脑的学习热潮迈向新的起点。

杨旭明
于电子科技大学沙河畔
2007.2

（**杨旭明** 著名计算机教育专家、电子科技大学教授、原电子科技大学出版社社长兼总编辑、国家信息产业部专家组成员、中国计算机用户协会常务理事、四川省计算机用户协会常务副理事长兼秘书长、成都市软件行业协会副理事长）

目 录

正文例字图解说明

jī

拆分编码　字根拆分

简码

机 | SMN | 2 | 木几 ——— 86 版

SWN | 2 | 木几 98 ——— 98 版

机械 SMSA 86　机关 SWUD 98
机会 SMWF 86　机车 SWLG 98
机构改革 SSNA

词　组

汉语拼音音节索引

1. 每一音节后举一字做例,可按例子读音去查同音的字;
2. 数字指本书正文页码。

部首检字表

【使用说明】

1. 本书采用的"部首",与一般字典的部首基本相同。

2. 部首《检字表》中的部首次序是按部首笔画数目多少排列。

3. 部首《检字表》及索引所指示的数字,为该汉字在正文中的页码。

4. 对于难检字,解决的办法是:(1)这些字常收在几个部首内。如:"支"、"灵"字等。(2)分不清部首的字,按起笔(即书写时的第一笔)收入横(一)、竖(丨)、撇(丿)、点(丶)、折(乙)五个单笔部首内。(3)使用部首《检字表》后面的《难检字笔画索引》查找。

(一)部首目录

(部首右边的号码指检字表中的页码)

（二）检字表

（右边的号码指该字在字典正文中的页码）

陲 210
陶 270,323
陷 300
陬 376

九画
堕 65,112
隍 111
隆 171
隋 263
随 264
限 286
隗 287
隐 332
隅 339

十画以上
隘 2
隔 85
隙 297
障 355
隧 264
隰 296
𤫩 112

阝部(右)

二至三画
邓 54
邢 99
邝 151
邙 180
邘 227

四画
邦 9
邡 71
那 193,196
祁 218
邬 291
邪 304,324
邢 308

五画
邶 11
邴 19
邸 55
邯 99
邻 168
邳 209
邱 228
邵 246
部 267
邺 324
邮 337
邹 376

六画
郅 110
郏 122
郐 127
郗 150
郎 156
郄 225
耶 323
郁 341
郓 346
郑 361
郯 364
邾 368

七画
郭 77
郜 84
郝 101
郡 142
郦 163
郗 295
郢 334
郸 346

八画
部 22
郴 32

郫 50
都 60,61
郭 96
郪 210
郯 268

九画以上
鄂 67
鄄 140
鄢 319
鄙 14
鄠 317
鄞 331
鄢 214
鄯 244
鄹 376
鄣 169
鄱 75

凵部

凶 309
凹 4
出 38
击 116
凸 278
凼 52
函 99
画 108
幽 336
㮌 30
凿 349,380

刀(勹)部

刀 52
刃 234
分 73,74
切 224,225
刍 39
召 246,356
负 79

色 241
危 285
争 359
初 38
龟 94,142,228
奂 110
免 186
券 231,313
兔 279
急 118
剪 124
象 302
夐 73
赖 155
詹 353
劈 209,210

力部

力 162

二至四画
办 9
劝 231
功 87
夯 100
加 121
劢 179
务 293
幼 338
动 60
劣 167

五至六画
劫 130
劲 133
劳 157
励 161
男 194
努 201
劬 229
劭 246

助 370
劼 102
势 253

七至九画
勃 20
勉 186
勋 314
勇 335
哿 85
勐 184
勘 144
勖 312

十画以上
募 192
甥 249
勤 225
勰 305

厶部

厶 259
幺 322
弁 16
去 230
台 267
牟 191
县 300
矣 327
参 24,26,247
叁 240
垒 159
畚 12
能 196

又(ㄨ)部

又 338

一至四画
叉 26,27
邓 54

（三）难检字笔画索引

（右边的号码指该字在字典正文中的页码）

未	287	甲	122	兰	155	死	260	产	28
击	116	电	56	半	8	成	33	关	92
戈	123	由	336	头	278	夹	80,121,122	州	367
正	359,360	史	251	必	15	夷	326	兴	307,309
甘	81	央	320	司	259	尧	323	农	201
世	252	冉	233	民	188	至	364	尽	133
本	12	凹	4	弗	76	乩	117	丞	34
术	256,369	生	249	疋	210,317	师	250	买	179
可	146	失	250	出	38	曳	325		
丙	19	乍	352	丝	259	曲	229,230	**七画**	
左	379	丘	228			网	284	戒	131
丕	209	斥	36	**六画**		肉	236	严	318
右	338	卮	362	戎	235	年	198	巫	291
布	21	乎	106	考	145	朱	368	求	228
戊	293	丛	44	老	157	丢	59	甫	77
平	213	用	335	亚	317	乔	223	更	86,87
东	59	甩	257	亘	86	乒	213	束	256
卡	143,220	氏	54,55	吏	161	乓	206	两	165
北	11	乐	158,345	再	348	向	302	丽	160,163
凸	278	匆	44	戍	230,310	囟	307	来	155
归	94	册	26	在	348	后	106	芈	185
且	225	包	9	百	7	兆	356	串	41
申	247	玄	312	而	67	舛	41	邑	330
				成	256			我	290

A

ā

啊	KBSK2	口阝丁口
	KBSK2	口阝丁口
阿	BSKG2	阝丁口
	BSKG2	阝丁口

阿姨 BSVG　阿根廷 BSTF[98]
阿富汗 BPIF[98]
阿尔巴尼亚 BQCG[98]

锕	QBSK3	钅阝丁口
	QBSK3	钅阝丁口
呵	KSKG3	口丁口
	KSKG3	口丁口
吖	KUHH3	口丷丨
	KUHH	口丷丨
腌	EDJN	月大日乙
	EDJN	月大日乙

á

啊	KBSK2	口阝丁口
	KBSK2	口阝丁口
呵	KSKG3	口丁口
	KSKG3	口丁口
嘎	KDHT	口厂目攵
	KDHT	口厂目攵

ǎ

啊	KBSK2	口阝丁口
	KBSK2	口阝丁口
呵	KSKG3	口丁口
	KSKG3	口丁口

à

啊	KBSK2	口阝丁口
	KBSK2	口阝丁口
呵	KSKG3	口丁口
	KSKG3	口丁口

a

啊	KBSK2	口阝丁口
	KBSK2	口阝丁口
呵	KSKG3	口丁口
	KSKG3	口丁口

āi

哀	YEU	亠𧘇
	YEU	亠𧘇

哀乐 YEQI[86]/YETN[98]
哀悼 YENH[86]　哀思 YELN[86]

镄	QYEY	钅亠𧘇
	QYEY	钅亠𧘇
埃	FCTD3	土厶丿大
	FCTD3	土厶丿大

A

埃塞俄比亚 FPWG[98]
埃及 FCBY[98]

挨	RCTD3	扌厶←大
	RCTD3	扌厶←大
唉	KCTD3	口厶←大
	KCTD3	口厶←大
嗳	KEPC3	口爫冖又
	KEPC3	口爫冖又
哎	KAQY3	口卄乂
	KARY3	口卄乂

哎呀 KAKA[86]

ái

皑	RMNN	白山己乙
	RMNN3	白山己乙
癌	UKKM3	疒口口山
	UKKM3	疒口口山

癌症 UKUG 癌细胞 UXEQ[98]

挨	RCTD3	扌厶←大
	RCTD3	扌厶←大
捱	RDFF	扌厂土土
	RDFF	扌厂土土

ǎi

霭	FYJN	雨讠日乚
	FYJN3	雨讠日乚
蔼	AYJN3	卄讠日乚
	AYJN3	卄讠日乚
矮	TDTV	←大禾女
	TDTV	←大禾女
嗳	KEPC3	口爫冖又
	KEPC3	口爫冖又

ài

艾	AQU	卄乂
	ARU	卄乂

艾滋病 AIUG[98]

砹	DAQY	石卄乂
	DARY	石卄乂
碍	DJGF3	石日一寸
	DJGF3	石日一寸
爱	EPDC2	爫冖𠂇又
	EPDC3	爫冖𠂇又

爱国 EPLG 爱情 EPNG
爱人 EPWW 爱抚 EPRF[86]
爱惜 EPNA[86] 爱好者 EVFT[98]
爱莫能助 EACE[86]
爱尔兰 EQUD[98]

嗳	KEPC3	口爫冖又
	KEPC3	口爫冖又
嫒	VEPC	女爫冖又
	VEPC3	女爫冖又
瑷	GEPC	王爫冖又
	GEPC	王爫冖又
暖	JEPC3	日爫冖又
	JEPC3	日爫冖又
隘	BUWL3	阝丷八皿
	BUWL3	阝丷八皿
嗌	KUWL3	口丷八皿
	KUWL3	口丷八皿
唉	KCTD3	口厶←大
	KCTD3	口厶←大

A

ān

安 PVF2 宀女
　 PVF2 宀女
安全 PVWG　安定 PVPG
安慰 PVNF　安静 PVGE
安心 PVNY　安装 PVUF
安家落户 PPAY[86]　安徽 PVTM
安然无恙 PQFU[86]
安全生产 PWTU[98]
安全第一 PWTG[98]
安全可靠 PWST[98]

鞍 AFPV3 廿串宀女
　 AFPV3 廿串宀女
鞍钢 AFQM[98]　鞍山 AFMM[98]

桉 SPVG 木宀女
　 SPVG 木宀女

氨 RNPV3 𠂉乁宀女
　 RPVD 气宀女

庵 YDJN 广大曰乚
　 ODJN3 广大曰乚

鹌 DJNG 大曰乚一
　 DJNG 大曰乚一
鹌鹑 DJYB[86]

谙 YUJG 讠立曰
　 YUJG3 讠立曰

厂 DGT 厂一丿
　 DGT 厂一丿

广 YYGT 广丶一丿
　 OYGT2 广丶一丿

ǎn

俺 WDJN 亻大曰乚

揞 RUJG 扌立曰
　 RUJG 扌立曰

àn

按 RPVG3 扌宀女
　 RPVG3 扌宀女
按照 RPJV　按比例 RXWG[98]
按期 RPAD[86]　按语 RPYG[86]
按劳取酬 RABS[86]
按需分配 RFWS[86]
按摩 RPYS[86]/RPOS[98]
按计划 RYAJ[98]　按时 RPJF
按规定 RFPG[86]/RGPG[98]
按国家有关规定 RLPP[98]

胺 EPVG 月宀女
　 EPVG 月宀女

案 PVSU3 宀女木
　 PVSU3 宀女木
案件 PVWR[86]/PVWT[98]
案语 PVYG[86]　案犯 PVQT[98]
案子 PVBB[98]

暗 JUJG2 日立曰
　 JUJG2 日立曰
暗杀 JURS[98]　暗示 JUFI

黯 LFOJ 囗土灬日
　 LFOJ 囗土灬日

岸 MDFJ 山厂干

埯 FDJN3 土大曰乚
　 FDJN3 土大曰乚

铵 QPVG3 钅宀女
　 QPVG3 钅宀女

A

	MDFJ	山厂干
岸边 MDEP[98]		
犴	QTFH	犭丿干
	QTFH	犭丿干

āng

肮	EYMN3	月亠几
	EYWN3	月亠几

áng

昂	JQBJ3	日匚卩
	JQBJ3	日匚卩
昂贵 JQKH	昂首阔步 JUUH[86]	

àng

盎	MDLF3	冂大皿
	MDLF3	冂大皿
盎然 MDQD	盎司 MDNG[98]	

āo

熬	GQTO	丰力攵灬
	GQTO	丰力攵灬
凹	MMGD	冂冂一
	HNHG3	丨乙丨一

áo

敖	GQTY	丰力攵
	GQTY	丰力攵
熬	GQTO	丰力攵灬
	GQTO	丰力攵灬
廒	YGQT3	广丰力攵
	OGQT3	广丰力攵
嗷	KGQT	口丰力攵

	KGQT	口丰力攵
螯	GQTJ	丰力攵虫
	GQTJ	丰力攵虫
聱	GQTB	丰力攵耳
	GQTB	丰力攵耳
遨	GQTP	丰力攵辶
	GQTP	丰力攵辶
鳌	GQTG	丰力攵一
	GQTG	丰力攵一
獒	GQTD	丰力攵犬
	GQTD	丰力攵犬
翱	RDFN	白大十羽
	RDFN	白大十羽
翱翔 RDUD[86]		
廛	YNJQ	广コ刂金
	OXXQ	声匕匕金
嚣	KKDK	口口𠫔口
	KKDK	口口𠫔口

ǎo

袄	PUTD3	衤丷丿大
	PUTD3	衤丷丿大
媪	VJLG3	女日皿
	VJLG3	女日皿
拗	RXLN3	扌幺力
	RXEN3	扌幺力

ào

奥	TMOD3	丿冂米大
	TMOD3	丿冂米大
奥妙 TMVI[86]	奥运 TMFC[98]	
奥秘 TMTN	奥运会 TFWF	

	奥林匹克 TSAD			歮	TDMJ	丿大山
澳	ITMD	氵丿冂大			TDMJ	丿大山
	ITMD	氵丿冂大		傲	WGQT	亻丰勹攵
澳门 ITUY	澳洲 ITIY[86]				WGQT	亻丰勹攵
澳大利亚 IDTG				傲慢 WGNJ[86]		
懊	NTMD3	忄丿冂大		骜	GQTC	丰勹攵马
	NTMD	忄丿冂大			GQTG	丰勹攵一
坳	FXLN3	土幺力		鏊	GQTQ	丰勹攵金
	FXEN3	土幺力			GQTQ	丰勹攵金
拗	RXLN3	扌幺力				
	RXEN3	扌幺力				

B

bā

八 WTY　　八丿乀
　　WTY2　八丿乀
八亿 WTWN[98]　八路 WTKH
八宝山 WPMM[86]
八面玲珑 WDGG[86]
八十年代 WFTW[98]

扒 RWY　　扌八
　　RWY　　扌八

叭 KWY　　口八
　　KWY　　口八

巴 CNHN3　巴コ丨乚
　　CNHN3　巴コ丨乚
巴西 CNSG　巴黎 CNTQ
巴拿马 CWCG[98]
巴拉圭 CRFF[98]
巴勒斯坦 CADF[98]

岜 MCB　　山巴
　　MCB　　山巴

芭 ACB2　艹巴
　　ACB2　艹巴
芭蕾舞 AARL[86]/AATG[98]

笆 TCB　　⺮巴
　　TCB　　⺮巴

疤 UCV　　疒巴
　　UCV　　疒巴

吧 KCN2　口巴
　　KCN2　口巴

粑 OCN　　米巴
　　OCN　　米巴

捌 RKLJ　扌口力刂
　　RKEJ　扌口力刂

bá

拔 RDCY3　扌ナ又
　　RDCY3　扌ナ又
拔地而起 RFDF[98]

跋 KHDC　口止ナ又
　　KHDY　口止ナ丶
跋涉 KHIH[98]

菝 ARDC3　艹扌ナ又
　　ARDY3　艹扌ナ丶

茇 ADCU3　艹ナ又
　　ADCY3　艹ナ又

魃 RQCC　白儿厶又
　　RQCY　白儿厶丶

bǎ

把 RCN　　扌巴
　　RCN　　扌巴
把握 RCRN　把关 RCUD[98]

钯 QCN　　钅巴
　　QCN　　钅巴

B

靶	AFCN3	廿耳巴
	AFC	廿耳巴

bà

爸	WQCB3	八乂巴
	WRCB3	八乂巴
爸爸	WQWQ[86] /WRWR[98]	
把	RCN	扌巴
	RCN	扌巴
耙	DICN3	三小巴
	FSCN3	二木巴
坝	FMY	土贝
	FMY	土贝
霸	FAFE3	雨廿耳月
	FAFE3	雨廿耳月
霸权	FASC	霸占 FAHK[86]
霸王	FAGG[98]	
灞	IFAE3	氵雨廿月
	IFAE3	氵雨廿月
鲅	QGDC	鱼一ナ又
	QGDY	鱼一ナ、
罢	LFCU3	罒土厶
	LFCU3	罒土厶
罢工	LFAA	罢免 LFQK[86]
罢课	LFYJ[86]	

ba

吧	KCN2	口巴
	KCN2	口巴
罢	LFCU3	罒土厶
	LFCU3	罒土厶

bāi

掰	RWVR	手八刀手
	RWVR	手八刀手
擘	NKUR	尸口辛手
	NKUR	尸口辛手

bái

白	RRRR3	白白白白
	RRRR3	白白白白
白天	RRGD	白菜 RRAE
白糖	RROY[86]	白云 RRFC[98]
白银	RRQV[98]	白求恩 RFLD[86]
白手起家	RRFP[86]	

bǎi

百	DJF2	丆日
	DJF2	丆日
百货	DJWX	百倍 DJWU
百姓	DJVT	百里 DJJF[98]
百货大楼	DWDS[98]	
佰	WDJG3	亻丆日
	WDJG3	亻丆日
柏	SRG	木白
	SRG	木白
柏油	SRIM[86]	
伯	WRG2	亻白
	WRG2	亻白
摆	RLFC3	扌罒土厶
	RLFC3	扌罒土厶
摆脱	RLEU	摆布 RLDM[86]
摆设	RLYM[86]	摆事实 RGPU[86]
捭	RRTF3	扌白丿十

RRTF3　扌白丿十

bài

败 MTY　贝攵
　　 MTY2　贝攵
败坏 MTFG[86]/MTFD[98]
败类 MTOD[86]

拜 RDFH　手三十
　　 RDFH　手三十
拜访 RDYY　拜托 RDRT[86]

稗 TRTF　禾白丿十
　　 TRTF3　禾白丿十

呗 KMY　口贝
　　 KMY　口贝

bān

班 GYTY3　王、丿王
　　 GYTY3　王、丿王
班组 GYXE　班车 GYLG
班禅 GYPY[98]
班门弄斧 GUGW[86]

斑 GYGG3　王文王
　　 GYGG3　王文王
斑马 GYCN[86]　斑斓 GYYU[98]

癍 UGYG3　疒王文王
　　 UGYG3　疒王文王

般 TEMC3　丿⺼几又
　　 TUWC　丿⺼几又

搬 RTEC3　扌丿⺼又
　　 RTUC　扌丿⺼又
搬运 RTFC　搬迁 RTTF
搬家 RTPE[86]/RTPG[98]

瘢 UTEC　疒丿⺼又

UTUC　疒丿⺼又

扳 RRCY3　扌厂又
　　 RRCY3　扌厂又

颁 WVDM3　八刀⺁贝
　　 WVDM3　八刀⺁贝
颁发 WVNT　颁奖 WVUQ
颁布实施 WDPY[98]

bǎn

板 SRCY3　木厂又
　　 SRCY3　木厂又
板报 SRRB[86]　板凳 SRWG[86]
板材 SRSF[98]

版 THGC　丿丨一又
　　 THGC　丿丨一又
版权 THSC　版面 THDM

阪 BRCY3　阝厂又
　　 BRCY　阝厂又

坂 FRCY3　土厂又
　　 FRCY3　土厂又

钣 QRCY3　钅厂又
　　 QRCY3　钅厂又

舨 TERC　丿舟厂又
　　 TURC　丿舟厂又

bàn

半 UFK2　丷十
　　 UGK2　丷キ
半岛 UFQY[86]/UGQM[98]
半天 UFGD[86]/UGGD[98]
半成品 UDKK　半导体 UNWS

拌 RUFH　扌丷十
　　 RUGH　扌丷キ

B

伴　WUFH3　亻丷十
　　WUGH　　亻丷キ
伴随 WUBD　伴奏 WUDW

绊　XUFH3　纟丷十
　　XUGH3　纟丷キ

瓣　URCU2　辛厂厶辛
　　URCU3　辛厂厶辛

办　LWI2　　力八
　　EWI　　　力八
办法 LWIF[86]/EWIF[98]
办公 LWWC[86]/EWWC[98]
办事 LWGK[86]/EWGK[98]
办公室 LWPG[86]/EWPG[98]
办公厅 LWDS[86]/EWDS[98]

扮　RWVN3　扌八刀
　　RWVT　　扌八刀
扮演 RWIP

bāng

帮　DTBH2　三丿阝丨
　　DTBH　　三丿阝丨
帮助 DTEG　帮教 DTFT[98]

邦　DTBH3　三丿阝
　　DTBH3　三丿阝
邦交 DTUR[98]
邦交正常化 DUGW[98]

梆　SDTB3　木三丿阝
　　SDTB3　木三丿阝

浜　IRGW　　氵斤一八
　　IRWY3　　氵丘八

bǎng

榜　SUPY3　木立宀方

榜　SYUY3　木宀丷方
榜样 SUSU[86]/SYSU[98]
榜首 SYUT[98]

膀　EUPY3　月立宀方
　　EYUY　　月宀丷方

绑　XDTB3　纟三丿阝
　　XDTB3　纟三丿阝
绑架 XDLK[86]/XDEK[98]

bàng

磅　DUPY3　石立宀方
　　DYUY3　石宀丷方

镑　QUPY3　钅立宀方
　　QYUY3　钅宀丷方

膀　EUPY3　月立宀方
　　EYUY3　月宀丷方

傍　WUPY3　亻立宀方
　　WYUY3　亻宀丷方
傍晚 WUJQ[86]

谤　YUPY3　讠立宀方
　　YYUY3　讠宀丷方

蒡　AUPY　　艹立宀方
　　AYUY　　艹宀丷方

棒　SDWH3　木三人丨
　　SDWG　　木三人キ
棒球 SDGG[98]

蚌　JDHH3　虫三丨
　　JDHH3　虫三丨
蚌埠 JDFT[98]

bāo

包　QNV2　　勹巳

	QNV2	勹巳	保险 WKBW	保密 WKPN
包围 QNLF	包括 QNRT		保持 WKRF	保存 WKDH
包裹 QNYJ	包工 QNAA		葆 AWKS3	艹亻口木
包装 QNUF⁹⁸	包销 QNQI⁹⁸		AWKS3	艹亻口木

苞 AQNB3　艹勹巳
　　AQNB3　艹勹巳

胞 EQNN3　月勹巳
　　EQNN3　月勹巳

孢 BQNN3　子勹巳
　　BQNN3　子勹巳

炮 OQNN3　火勹巳
　　OQNN3　火勹巳

龅 HWBN　止人凵巳
　　HWBN　止人凵巳

煲 WKSO　亻口木火
　　WKSO　亻口木火

褒 YWKE3　亠亻口衣
　　YWKE3　亠亻口衣

剥 VIJH　彐水刂
　　VIJH3　彐水刂

báo

雹 FQNB3　雨勹巳
　　FQNB3　雨勹巳

薄 AIGF3　艹氵一寸
　　AISF　艹氵甫寸

薄板 AISR⁹⁸　薄膜 AIEA⁹⁸

bǎo

保 WKSY2　亻口木
　　WKSY2　亻口木

保卫 WKBG　保证 WKYG
保护 WKRY　保重 WKTG

堡 WKSF　亻口木土
　　WKSF　亻口木土

堡垒 WKCC

褓 PUWS　衤丶亻木
　　PUWS　衤丶亻木

饱 QNQN　𠂉乚勹巳
　　QNQN　𠂉乚勹巳

饱满 QNIA

宝 PGYU3　宀王丶
　　PGYU3　宀王丶

宝石 PGDG　宝贵 PGKH
宝库 PGYL⁸⁶/PGOL⁹⁸

鸨 XFQG3　匕十勹一
　　XFQG3　匕十鸟一

bào

抱 RQNN3　扌勹巳
　　RQNN3　扌勹巳

抱怨 RQQB　抱负 RQQM⁸⁶

鲍 QGQN3　鱼一勹巳
　　QGQN3　鱼一勹巳

刨 QNJH　勹巳刂
　　QNJH　勹巳刂

报 RBCY2　扌卩又
　　RBCY2　扌卩又

报复 RBTJ　报刊 RBFJ
报告 RBTF　报纸 RBXQ
报表 RBGE　报道 RBUT
报告文学 RTYI　报答 RBTW

B

暴　JAWI3　日共八水
　　JAWI3　日共八水
暴动 JAFC　暴露 JAFK
暴力 JAEN[98]
暴风骤雨 JMCF[86]

爆　OJAI3　火日共水
　　OJAI3　火日共水
爆发 OJNT　爆炸 OJOT

曝　JJAI3　日日共水
　　JJAI3　日日共水

瀑　IJAI3　氵日共水
　　IJAI3　氵日共水

豹　EEQY　⺁豸勹丶
　　EQYY3　豸勹丶

趵　KHQY　口止勹丶
　　KHQY　口止勹丶

bēi

杯　SGIY3　木一小
　　SDHY3　木丁卜
杯水车薪 SILA[86]

陂　BHCY3　阝广又
　　BBY　阝皮

卑　RTFJ　白丿十
　　RTFI3　白丿十
卑劣 RTIT[86]　卑鄙 RTKF[86]

碑　DRTF3　石白丿十
　　DRTF3　石白丿十

鹎　RTFG　白丿十一
　　RTFG　白丿十一

悲　DJDN　三‖三心
　　HDHN3　丨三丨心

悲观 DJCM[86]/HDCM[98]
悲惨 DJNC[86]/HDNC[98]
悲痛 DJUC[86]/HDUC[98]
悲壮 DJUF[86]/HDUF[98]
悲剧 DJND[86]/HDND[98]
悲欢离合 DCYW[86]

背　UXEF3　丬匕月
　　UXEF3　丬匕月

běi

北　UXN2　丬匕
　　UXN2　丬匕
北海 UXIT　北京 UXYI
北国 UXLG　北方 UXYY
北美 UXUG　北京人 UYWW
北斗星 UUJT[86]　北京市 UYYM
北极 UXSE[86]/UXSB[98]
北冰洋 UUIU[86]
北京市政府 UYYO[98]
北京大学 UYDI[98]

bèi

辈　DJDL　三‖三车
　　HDHL　丨三丨车
背　UXEF3　丬匕月
　　UXEF3　丬匕月
背景 UXJY　背后 UXRG
背叛 UXUD[86]
背井离乡 UFYX[86]

褙　PUUE　衤丷丬月
　　PUUE　衤丷丬月

邶　UXBH3　丬匕阝
　　UXBH3　丬匕阝

贝　MHNY　贝丨フ八

	MHNY	贝丨乛八

贝多芬 MQAW[86]

钡	QMY	钅贝
	QMY	钅贝

狈	QTMY	犭丿贝
	QTMY3	犭丿贝

倍	WUKG3	亻立口
	WUKG3	亻立口

倍数 WUOV[86]　倍增 WUFT[98]

焙	OUKG3	火立口
	OUKG	火立口

碚	DUKG3	石立口
	DUKG3	石立口

蓓	AWUK	艹亻立口
	AWUK	艹亻立口

备	TLF	夂田
	TLF2	夂田

备案 TLPV　备用 TLET
备课 TLYJ[86]　备注 TLIY[86]

惫	TLNU3	夂田心
	TLNU3	夂田心

被	PUHC	衤冫广又
	PUBY3	衤冫皮

被迫 PURP　被盗 PUUQ[98]
被捕 PURS[98]
被动局面 PFND[98]

孛	FPB	十冖子
	FPB	十冖子

悖	NFPB	忄十冖子
	NFPB	忄十冖子

錾	NKUQ	尸口辛金
	NKUQ	尸口辛金

鞲	AFAE	廿申卅用
	AFAE	廿申卅用

bei

呗	KMY	口贝
	KMY	口贝

臂	NKUE	尸口辛月
	NKUE	尸口辛月

bēn

奔	DFAJ3	大十卅
	DFAJ3	大十卅

奔腾 DFEU　奔走 DFFH[98]
奔驰 DFCB[86]/DFCG[98]
奔波 DFIH[86]/DFIB[98]

锛	QDFA3	钅大十卅
	QDFA3	钅大十卅

贲	FAMU3	十艹贝
	FAMU3	十艹贝

běn

本	SGD2	木一
	SGD2	木一

本质 SGRF　本领 SGWY
本身 SGTM　本钱 SGQG
本国 SGLG　本单位 SUWU
本地区 SFAQ[86]/SFAR[98]
本科生 STTG

苯	ASGF3	艹木一
	ASGF3	艹木一

畚	CDLF3	厶大田
	CDLF3	厶大田

		bèn
笨	TSGF3	𥫗木一
	TSGF3	𥫗木一

笨蛋 TSNH[86]　笨重 TSTG[86]

夯	DLB	大力
	DER	大力
坌	WVFF	八刀土
	WVFF3	八刀土
奔	DFAJ3	大十廾
	DFAJ3	大十廾

		bēng
崩	MEEF3	山月月
	MEEF3	山月月

崩溃 MEIK

嘣	KMEE3	口山月月
	KMEE	口山月月
绷	XEEG3	纟月月
	XEEG3	纟月月

		béng
甭	GIEJ3	一小用
	DHEJ3	𠃌卜用
绷	XEEG3	纟月月
	XEEG3	纟月月

		bèng
泵	DIU	石水
	DIU	石水
蹦	KHME	口止山月
	KHME3	口止山月
迸	UAPK3	丷廾辶

	UAPK3	丷廾辶
逬发	UANT[86]	
蚌	JDHH3	虫三丨
	JDHH3	虫三丨
髹	FKUN	士口丷乙
	FKUY	士口丷丶

		bī
逼	GKLP	一口田辶
	GKLP	一口田辶

逼真 GKFH　逼近 GKRP[98]

		bí
鼻	THLJ3	丿目田艹
	THLJ3	丿目田艹
荸	AFPB	艹十冖子
	AFPB	艹十冖子

		bǐ
匕	XTN	匕丿乙
	XTN	匕丿乙

匕首 XTUT

| 比 | XXN2 | 匕匕 |
| | XXN2 | 匕匕 |

比例 XXWG　比较 XXLU
比喻 XXKW　比如 XXVK
比赛 XXPF[86]/XXPA[98]

妣	VXXN3	女匕匕
	VXXN3	女匕匕
秕	TXXN3	禾匕匕
	TXXN	禾匕匕
吡	KXXN3	口匕匕
	KXXN	口匕匕

舥	TEXX3	ノ舟ヒ匕
	TUXX	ノ舟ヒ匕
鄙	KFLB3	口十口阝
	KFLB3	口十口阝
鄙视	KFPY[86]	
笔	TTFN2	⺮ノ二乚
	TEB	⺮毛
笔记	TTYN[86]/TEYN[98]	
笔墨	TTLF[86]/TELF[98]	
笔者	TTFT[86]/TEFT[98]	
笔记本	TYSG	
彼	THCY3	彳广又
	TBY	彳皮
彼岸	THMD[86]/TBMD[98]	
彼此	THHX[86]/TBHX[98]	
俾	WRTF3	亻白ノ十
	WRTF3	亻白ノ十

bì

碧	GRDF3	王白石
	GRDF3	王白石
碧波	GRIB[98]	
毕	XXFJ3	ヒヒ十刂
	XXFJ3	ヒヒ十刂
毕竟	XXUJ	毕业生 XOTG
毕业	XXOG[86]/XXOH[98]	
毙	XXGX	ヒヒ一匕
	XXGX	ヒヒ一匕
愆	XXNT	ヒヒ心ノ
	XXNT	ヒヒ心ノ
庇	YXXV3	广ヒ匕
	OXXV3	广ヒ匕

庇护	YXRY[86]	
陛	BXXF2	阝ヒ匕土
	BXXF2	阝ヒ匕土
陛下	BXGH	
荜	AXXF	艹ヒ匕十
	AXXF	艹ヒ匕十
哔	KXXF	口ヒ匕十
	KXXF	口ヒ匕十
狴	QTXF	犭ノヒ土
	QTXF	犭ノヒ土
跸	KHXF	口止ヒ十
	KHXF	口止ヒ十
箅	TXXF	⺮ヒ匕十
	TXXF	⺮ヒ匕十
篦	TTLX	⺮ノ口匕
	TTLX3	⺮ノ口匕
蓖	ATLX3	艹ノ口匕
	ATLX3	艹ノ口匕
皕	ARTF	艹白ノ十
	ARTF3	艹白ノ十
婢	VRTF3	女白ノ十
	VRTF2	女白ノ十
裨	PURF3	衤丶白十
	PURF3	衤丶白十
髀	MERF	𠕋月白十
	MERF	𠕋月白十
庳	YRTF3	广白ノ十
	ORTF3	广白ノ十
闭	UFTE3	门才ノ
	UFTE3	门才ノ
闭幕	UFAJ	闭幕式 UAAA

闭门思过 UULF[86]

敝	UMIT3	㇀冂小攵
	ITY	฿攵
蔽	AUMT3	艹㇀冂攵
	AUTU3	艹฿攵
弊	UMIA	㇀冂小廾
	ITAJ3	฿攵廾

弊病 UMUG[86]/ITUG[98]
弊端 UMUM[86]/ITUM[98]

辟	NKUH3	尸口辛
	NKUH3	尸口辛
薜	ANKU3	艹尸口辛
	ANKU3	艹尸口辛
壁	NKUF	尸口辛土
	NKUF	尸口辛土

壁画 NKGL[98]　壁垒 NKCC[98]

臂	NKUE	尸口辛月
	NKUE	尸口辛月
避	NKUP2	尸口辛辶
	NKUP2	尸口辛辶

避开 NKGA　避免 NKQK
避难 NKCW[98]

嬖	NKUV	尸口辛女
	NKUV	尸口辛女
璧	NKUY	尸口辛丶
	NKUY	尸口辛丶
襞	NKUE	尸口辛衣
	NKUE	尸口辛衣
必	NTE2	心丿
	NTE	心丿

必然 NTQD　必要 NTSV
必需 NTFD　必要性 NSNT

必需品 NFKK

秘	TNTT2	禾心丿
	TNTT3	禾心丿
泌	INTT3	氵心丿
	INTT3	氵心丿
铋	QNTT	钅心丿
	QNTT	钅心丿
畀	LGJJ3	田一‖
	LGJJ3	田一‖
痹	ULGJ	疒田一‖
	ULGJ	疒田一‖
箅	TLGJ3	𥫗田一‖
	TLGJ3	𥫗田一‖
愎	NTJT	忄𠂉日攵
	NTJT	忄𠂉日攵
滗	ITTN3	氵𥫗丿乚
	ITEN	氵𥫗毛
濞	ITHJ	氵𥫗目‖
	ITHJ	氵𥫗目‖
弼	XKDX3	弓𠃌日弓
	XKDX3	弓𠃌日弓
赟	FAMU3	十艹贝
	FAMU3	十艹贝
币	TMHK3	丿冂丨
	TMHK3	丿冂丨

biān

边	LPV2	力辶
	EPI2	力辶

边防 LPBY[86]/EPBY[98]
边缘 LPXX[86]/EPXX[98]
边疆 LPXF[86]/EPXF[98]

箯	TLPU3　⺮力辶	贬值 MTWF	贬低 MTWQ[86]
	TEPU3　⺮力辶	窆	PWTP　宀八丿辶
鞭	AFWQ3　廿串亻乂		PWTP　宀八丿辶
	AFWR3　廿串亻乂		

鞭策 AFTG[86]/AFTS[98]
鞭炮 AFOQ[98]

编	XYNA　纟丶尸艹	便	WGJQ3　亻一日乂
	XYNA3　纟丶尸艹		WGJR3　亻一日乂

编辑 XYLK　编纂 XYTH
编译 XYYC　编号 XYKG
编写 XYPG　编辑部 XLUK

便于 WGGF　便函 WGBI[86]

鳊	QGYA　鱼一丶艹	缏	XWGQ　纟亻一乂
	QGYA　鱼一丶艹		XWGR　纟亻一乂
蝙	JYNA　虫丶尸艹	变	YOCU2　亠业又
	JYNA3　虫丶尸艹		YOCU3　亠业又

蝙蝠 JYJG[86]

变幻 YOXN　变迁 YOTF
变质 YORF　变革 YOAF
变换 YORQ　变更 YOGJ
变形 YOGA

煸	OYNA　火丶尸艹	辨	UYTU3　辛丶丿辛
	OYNA　火丶尸艹		UYTU　辛丶丿辛
砭	DTPY3　石丿辶		

辨别 UYKL[86]

	DTPY3　石丿辶	辩	UYUH3　辛讠辛

			UYUH3　辛讠辛

辩论 UYYW　辩证 UYYG
辩护 UYRY

扁	YNMA　丶尸冂艹	辫	UXUH3　辛纟辛
	YNMA　丶尸冂艹		UXUH3　辛纟辛
碥	DYNA　石丶尸艹	弁	CAJ　厶廾
	DYNA　石丶尸艹		CAJ　厶廾
褊	PUYA　衤冫丶艹	卞	YHU　亠卜
	PUYA　衤冫丶艹		YHU　亠卜
匾	AYNA　匚丶尸艹	苄	AYHU3　艹亠卜
	AYNA　匚丶尸艹		AYHU3　艹亠卜
贬	MTPY3　贝丿辶	忭	NYHY　忄亠卜
	MTPY3　贝丿辶		NYHY　忄亠卜

B

汴 IYHY3 氵一卜
　　IYHY3 氵一卜
遍 YNMP3 丶尸门辶
　　YNMP3 丶尸门辶
遍及 YNEY[86]/YNBY[98]
遍布 YNDM
遍布全国 YDWL[98]

biāo

标 SFIY3 木二小
　　SFIY3 木二小
标题 SFJG　标签 SFTW
标兵 SFRG[86]/SFRW[98]
标新立异 SUUN[86]

彪 HAME 卢七几彡
　　HWEE3 卢几彡
膘 ESFI3 月西二小
　　ESFI3 月西二小
骠 CSFI2 马西二小
　　CGSI3 马一西小
镖 QSFI3 钅西二小
　　QSFI3 钅西二小
瘭 USFI3 疒西二小
　　USFI3 疒西二小
飑 MQQN 几乂勺巳
　　WRQN 几乂勺巳
飙 DDDQ 犬犬犬乂
　　DDDR 犬犬犬乂
飚 MQOO3 几乂火火
　　MROO 几乂火火
镳 QYNO 钅广コ灬
　　QOXO3 钅声匕灬

构 SQYY 木勺丶
　　SQYY 木勺丶

biǎo

表 GEU2 圭伙
　　GEU2 圭伙
表扬 GERN　表情 GENG
表示 GEFI　表格 GEST
表明 GEJE

嫖 VGEY 女圭伙
　　VGEY 女圭伙
裱 PUGE 衤冫圭伙
　　PUGE 衤冫圭伙

biào

鳔 QGSI3 鱼一西小
　　QGSI3 鱼一西小

biē

鳖 UMIG 丷门小一
　　ITQG3 肖鱼一
憋 UMIN 丷门小心
　　ITNU3 肖攵心
瘪 UTHX 疒丿目匕
　　UTHX 疒丿目匕

bié

别 KLJH3 口力刂
　　KEJH3 口力刂
别墅 KLJF[86]/KEJF[98]
别开生面 KGTD
别有用心 KDEN[86]
瘪 UMIH 丷门小止

	ITKH	尚攵口止

biě

瘪	UTHX	疒丿目匕
	UTHX	疒丿目匕

biè

别	KLJH3	口力刂
	KEJH3	口力刂

bīn

宾	PRGW2	宀斤一八
	PRWU2	宀丘八

宾馆 PRQN 宾客 PRPT
宾至如归 PGVJ[86]

傧	WPRW3	亻宀斤八
	WPRW3	亻宀丘八

滨	IPRW3	氵宀斤八
	IPRW3	氵宀丘八

滨海 IPIT[98]

缤	XPRW3	纟宀斤八
	XPRW3	纟宀丘八

槟	SPRW3	木宀斤八
	SPRW3	木宀丘八

镔	QPRW3	钅宀斤八
	QPRW3	钅宀丘八

彬	SSET3	木木彡
	SSET3	木木彡

斌	YGAH3	文一弋止
	YGAY3	文一弋、

濒	IHIM	氵止少贝
	IHHM	氵止少贝

濒临 IHJT   濒危 IHQD[98]

豳	EEMK3	豕豕山
	MGEE3	山一豕豕

邠	GWVN3	王八刀
	GWVT3	王八刀

bìn

摈	RPRW3	扌宀斤八
	SPRW3	木宀丘八

殡	GQPW3	一夕宀八
	GQPW3	一夕宀八

膑	EPRW3	月宀斤八
	EPRW3	月宀丘八

髌	MEPW	皿月宀八
	MEPW	皿月宀八

鬓	DEPW	镸彡宀八
	DEPW	镸彡宀八

bīng

兵	RGWU3	斤一八
	RWU2	丘八

兵团 RGLF[86]/RWLF[98]
兵力 RGLT[86]/RWEN[98]
兵器 RWKK[98]

槟	SPRW3	木宀斤八
	SPRW3	木宀丘八

冰	UIY2	冫水
	UIY2	冫水

冰箱 UITS   冰雪 UIFV
冰雹 UIFQ[86]   冰川 UIKT[98]

并	UAJ2	丷井
	UAJ2	丷井

屏	NUAK3	尸丷井

B

NUAK3　尸丷廾

bǐng

丙	GMWI3	一冂人
	GMWI3	一冂人
柄	SGMW3	木一冂人
	SGMW	木一冂人
炳	OGNW3	火一冂人
	OGNW3	火一冂人
邴	GMWB	一冂人阝
	GMWB	一冂人阝
秉	TGVI3	丿一彐小
	TVD	禾彐
饼	QNUA3	𠂉乚丷廾
	QNUA3	𠂉乚丷廾

饼干 QNFG[98]

屏	NUAK3	尸丷廾
	NUAK3	尸丷廾
禀	YLKI	亠口口小
	YLKI	亠口口小

bìng

| 病 | UGMW3 | 疒一冂人 |
| | UGMW3 | 疒一冂人 |

病逝 UGRR　病房 UGYN

| 并 | UAJ2 | 丷廾 |
| | UAJ2 | 丷廾 |

并且 UAEG　并列 UAGQ
并肩 UAYN[98]
并行不悖 UTGN[86]

| 摒 | RNUA | 扌尸丷廾 |
| | RNUA3 | 扌尸丷廾 |

摒弃 RNYC[98]

bō

| 玻 | GHCY3 | 王广又 |
| | GBY | 王皮 |

玻璃 GHGY[86]/GBGY[98]
玻璃钢 GGQM

| 波 | IHCY3 | 氵广又 |
| | IBY | 氵皮 |

波动 IHFC[86]/IBFC[98]
波澜 IHIU[86]/IBIU[98]

| 菠 | AIHC3 | 艹氵广又 |
| | AIBU | 艹氵皮 |

菠菜 AIAE[86]

| 剥 | VIJH | 彐水刂 |
| | VIJH3 | 彐水刂 |

剥夺 VIDF　剥离 VIYR[98]

| 播 | RTOL | 扌丿米田 |
| | RTOL3 | 扌丿米田 |

播音 RTUJ　播放 RTYT

| 拨 | RNTY3 | 扌乚丿丶 |
| | RNTY3 | 扌乚丿丶 |

拨款 RNFF　拨给 RNXW[98]
拨乱反正 RTRG

钵	QSGG3	钅木一
	QSGG3	钅木一
饽	QNFB	𠂉乚十子
	QNFB	𠂉乚十子

bó

| 博 | FGEF3 | 十一月寸 |
| | FSFY3 | 十甫寸 |

博士 FGFG[86]/FSFG[98]

B

博爱 FGEP[86]/FSEP[98]

博物馆 FTQN[86]/FCQN[98]

搏 RGEF　扌一月寸
　　 RSFY3　扌甫寸

搏斗 RGUF[86]/RSUF[98]

膊 EGEF　月一月寸
　　 ESFY3　月甫寸

礴 DAIF3　石艹氵寸
　　 DAIF3　石艹氵寸

薄 AIGF3　艹氵一寸
　　 AISF　艹氵甫寸

薄弱 AIXU

薄弱环节 AXGA[98]

勃 FPBL3　十冖子力
　　 FPBE3　十冖子力

勃勃 FPFP[98]

勃勃生机 FFTS[98]

脖 EFPB3　月十冖子
　　 EFPB3　月十冖子

渤 IFPL3　氵十冖力
　　 IFPE3　氵十冖力

渤海湾 IIIY[86]

鹁 FPBG　十冖子一
　　 FPBG　十冖子一

伯 WRG2　亻白
　　 WRG2　亻白

伯父 WRWQ[86]　伯母 WRXG[86]

铂 QRG　钅白
　　 QRG　钅白

舶 TERG3　丿舟白
　　 TURG　丿舟白

泊 IRG2　氵白

泊 IRG　氵白

泊位 IRWU[98]

柏 SRG　木白
　　 SRG　木白

柏林 SRSS

魄 RRQC　白白儿厶
　　 RRQC　白白儿厶

箔 TIRF3　⺮氵白
　　 TIRF3　⺮氵白

帛 RMHJ3　白冂丨
　　 RMHJ3　白冂丨

驳 CQQY3　马乂乂
　　 CGRR3　马一乂乂

驳斥 CQRY[86]/CGRY[98]

驳回 CQLK[86]/CGLK[98]

亳 YPTA　亠冖丿七
　　 YPTA　亠冖丿七

亳州 YPYT[98]

钹 QDCY　钅𠂇又
　　 QDCY3　钅𠂇又丶

踔 KHUK　口止立口
　　 KHUK　口止立口

bǒ

簸 TADC　⺮艹三又
　　 TDWB　⺮甘八皮

跛 KHHC　口止广又
　　 KHBY3　口止皮

bò

檗 NKUS　尸口辛木
　　 NKUS　尸口辛木

B

擘	NKUR	尸口辛手
	NKUR	尸口辛手
薄	AIGF3	艹氵一寸
	AISF	艹氵甫寸
簸	TADC	竹艹三又
	TDWB	竹其八皮
柏	SRG	木白
	SRG	木白

bo

卜	HHY	卜丨丶
	HHY	卜丨丶
啵	KIHC3	口氵广又
	KIBY3	口氵皮

bū

逋	GEHP	一月丨辶
	SPI	甫辶
晡	JGEY	日一月丶
	JSY	日甫

bú

醭	SGOY	西一业丶
	SGOY	西一业夫

bǔ

捕	RGEY3	扌一月丶
	RSY	扌甫
捕捉	RGRK[86]/RSRK[98]	
捕风捉影	RMRJ[86]	
哺	KGEY3	口一月丶
	KSY	口甫
哺育	KGYC[86]/KSYC[98]	

哺乳	KSEB[98]	
卜	HHY	卜丨丶
	HHY	卜丨丶
卟	KHY	口卜
	KHY	口卜
补	PUHY3	衤丨卜
	PUHY3	衤丨卜
补贴	PUMH	补救 PUFI[86]
补课	PUYJ[98]	
堡	WKSF	亻口木土
	WKSF	亻口木土

bù

不	GII2	一小
	DHI	丆卜
不仅	G1WC[86]/DHWC[98]	
不但	WIGJ[86]/DHWJ[98]	
不曾	GIUL[86]/DHUL[98]	
不对	GICF[86]/DHCF[98]	
不准	GIUW[86]/DHUW[98]	
不过	GIFP[86]/DHFP[98]	
不久	GIQY[86]/DHQY[98]	
不顾	GIDB[86]/DHDB[98]	
不料	GIOU[86]/DHOU[98]	
不如	GIVK[86]/DHVK[98]	
不幸	GIFU[86]/DHFU[98]	
不足	GIKH[86]/DHKH[98]	
不折不扣	GRGR[86]/DRDR[98]	
钚	QGIY	钅一小
	QDHY	钅丆卜
埠	FWNF3	土亻口十
	FTNF3	土丿自十
布	DMHJ3	厂门丨

B

	DMHJ3	一冂丨	
布局	DMNN	布置 DMLF
布告	DMTF[86]	布朗 DMYV[98]
怖	NDMH3	忄一冂丨
	NDMH3	忄一冂丨
步	HIR2	止小
	HHR	止少
步兵	HIRG[86]/HHRW[98]
步枪	HISW[86]/HHSW[98]
步骤	HICB[86]/HHCG[98]
簿	TIGF3	艹氵一寸

	TISF3	艹氵甫
埔	FGEY	土一月丶
	FSY	土甫
部	UKBH2	立口阝
	UKBH3	立口阝
部属	UKNT	部委 UKTV
部件	UKWR[86]/UKWT[98]
瓿	UKGN3	立口一乙
	UKGY3	立口一丶

C

cā

擦	RPWI	扌宀癶小
	RPWI	扌宀癶小
嚓	KPWI3	口宀癶小
	KPWI3	口宀癶小
拆	RRYY3	扌斤丶
	RRYY3	扌斤丶

cǎ

礤	DAWI3	石艹癶小
	DAWI3	石艹癶小

cāi

猜	QTGE	犭丿龶月
	QTGE	犭丿龶月

cái

才	FTE2	十丿
	FTE2	十丿

才干 FTFG   才华 FTWX
才能 FTCE   才智 FTTD

材	SFTT3	木十丿
	SFTT3	木十丿

材料 SFOU   材料厂 SODG⁹⁸

财	MFTT2	贝十丿
	MFTT2	贝十丿

财务 METL⁸⁶/MFTE⁹⁸

财产 MFUT   财经 MFXC
财政 MFGH   财贸 MFQY
财富 MFPG   财会 MFWF
财政部 MGUK

裁	FAYE3	十戈亠化
	FAYE3	十戈亠化

裁决 FAUN   裁军 FAPL
裁定 FAPG   裁判员 FUKM
裁判 FAUD⁸⁶/FAUG⁹⁸
裁减 FAUD⁹⁸

cǎi

采	ESU2	爫木
	ESU2	爫木

采访 ESYY   采纳 ESXM
采取 ESBC   采集 ESWY
采矿 ESDY⁸⁶/ESDO⁹⁸
采购 ESMQ

彩	ESET3	爫木彡
	ESET3	爫木彡

彩色 ESQC   彩虹 ESJA
彩电 ESJN   彩灯 ESOS
彩照 ESJV⁸⁶   彩旗 ESYT⁹⁸
彩票 ESSF⁹⁸
彩色电视机 EQJS⁹⁸

睬	HESY3	目爫木
	HESY3	目爫木
踩	KHES	口止爫木
	KHES	口止爫木

C

cài

菜 AESU2 艹灬木
AESU3 艹灬木
菜市场 AYFN 菜农 AEPE98
菜园 AELF98 菜地 AEFB98

采 ESU2 灬木
ESU2 灬木

蔡 AWFI3 艹癶二小
AWFI3 艹癶二小

cān

餐 HQCE2 卜夕又㇏
HQCV2 卜夕又目
餐馆 HQQN 餐费 HQXJ86
餐桌 HQHJ98 餐厅 HQDS98

参 CDER2 厶大乡
CDER2 厶大乡
参军 CDPL 参考 CDFT
参政 CDGH 参战 CDHK
参观 CDCM 参展 CDNA
参谋 CDYA86/CDYF98
参加 CDLK86/CDEK98
参赛 CDPF86/CDPA98
参议院 CYBP

骖 CCDE3 马厶大乡
CGCE 马一大乡

cán

蚕 GDJU3 一大虫
GDJU3 一大虫
蚕丝 GDXX86

残 GQGT3 一夕戋
GQGA3 一夕一戋

残酷 GQSG 残疾 GQUT
残忍 GQVY86/残联 GQBU98

惭 NLRH2 忄车斤
NLRH2 忄车斤
惭愧 NLNR86

cǎn

惨 NCDE3 忄厶大乡
NCDE3 忄厶大乡
惨案 NCPV 惨重 NCTG98

黪 LFOE 四土灬乡
LFOE 四土灬乡

càn

灿 OMH2 火山
OMH2 火山
灿烂 OMOU

孱 NBBB3 尸子子子
NBBB3 尸子子子

粲 HQCO 卜夕又米
HQCO 卜夕又米

璨 GHQO3 王卜夕米
GHQO3 王卜夕米

掺 RCDE3 扌厶大乡
RCDE3 扌厶大乡

cāng

仓 WBB 人㔾
WBB 人㔾
仓库 WBYL 仓皇 WBRG86
仓储 WBWY98

沧 IWBN3 氵人㔾
IWBN3 氵人㔾

沧海 IWIT⁸⁶   沧州 IWYT⁹⁸
沧桑 IWCC⁹⁸

伧 WWBN   亻人匕
    WWBN   亻人匕

苍 AWBB3   艹人匕
    AWBB3   艹人匕
苍劲 AECA⁸⁶   苍茫 AWVI⁸⁶
苍蝇 AWJK⁸⁶

舱 TEWB3   丿舟人匕
    TUWB   丿舟人匕

cáng

藏 ADNT   艹厂乚丿
    AAUN3   艹戈爿乙
藏龙卧虎 ADAH⁸⁶

cāo

操 RKKS3   扌口口木
    RKKS   扌口口木
操作 RKWT   操纵 RKXW
操场 RKFN   操心 RKNY⁸⁶
操练 RKXA⁸⁶
操作系统 RWTX⁸⁶

糙 OTFP3   米丿土辶
    OTFP3   米丿土辶

cáo

曹 GMAJ3   一门⺀日
    GMAJ   一门⺀日
嘈 KGMJ   口一门日
    KGMJ   口一门日
漕 IGMJ   氵一门日
    IGMJ   氵一门日

蟾 JGMJ   虫一门日
    JGMJ   虫一门日
艚 TEGJ   丿舟一日
    TUGJ3   丿舟一日
槽 SGMJ   木一门日
    SGMJ3   木一门日

cǎo

草 AJJ   艹早
    AJJ   艹早
草案 AJPV   草药 AJAX
草地 AJFB   草率 AJYX⁸⁶
草木 AJSS⁹⁸   草场 AJFN⁹⁸
草坪 AJFG⁹⁸
草木皆兵 ASXR⁸⁶

cào

操 RKKS3   扌口口木
    RKKS   扌口口木

cè

策 TGMI3   ⺮一门小
    TSMB3   ⺮木门
策略 TGLT⁸⁶ /TSLT⁹⁸
策划 TGAJ⁹⁸
厕 DMJK   厂贝刂
    DMJK3   厂贝刂
厕所 DMRN
侧 WMJH3   亻贝刂
    WMJH3   亻贝刂
侧面 WMDM⁸⁶ /WMDL⁹⁸
侧重 WMTG⁸⁶   侧记 WMYN⁹⁸
测 IMJH3   氵贝刂

	IMJH3	氵贝刂
测量	IMJG	测绘 IMXW
测定	IMPG	测试 IMYA
测验	IMCW[86]/IMCG[98]

恻	NMJH3	忄贝刂
	NMJH3	忄贝刂

册	MMGD2	冂冂一一
	MMGD2	冂冂一一
册子	MMBB[86]

cēn

参	CDER2	厶大彡
	CDER2	厶大彡

cén

岑	MWYN	山人、乛
	MWYN	山人、乛
涔	IMWN3	氵山人乛
	IMWN3	氵山人乛

cēng

噌	KULJ3	口丷田日
	KULJ3	口丷田日

céng

层	NFCI3	尸二厶
	NFCI3	尸二厶
层次	NFUQ	层面 NFDL[98]
层出不穷	NBGP[86]/NBDP[98]

曾	ULJF2	丷田日
	ULJF3	丷田日
曾经	ULXC	曾为 ULYE[98]
曾任	ULWT[98]	曾在 ULDH[98]
曾几何时	UMWJ[86]

cèng

蹭	KHUJ	口止丷日
	KHUJ	口止丷日

chā

插	RTFV3	扌丿十臼
	RTFE	扌丿十臼
插队	RTBW[86]	插曲 RTMA[86]
插图	RTLT[86]	插入 RTTY

锸	QTFV	钅丿十臼
	QTFE	钅丿十臼

叉	CYI	又、
	CYI2	又、
叉车	CYLG[98]

杈	SCYY	木又、
	SCYY	木又、

喳	KSJG3	口木曰一
	KSJG3	口木曰一

馇	QNSG3	𠂉乚木一
	QNSG3	𠂉乚木一

嚓	KPWI3	口宀夕小
	KPWI3	口宀夕小

差	UDAF3	丷𦍌工
	UAF	𦍌工
差异	UDNA[86]/UANA[98]
差距	UDKH[86]/UAKH[98]
差错	UDQA[86]/UAQA[98]
差额	UDPT[86]/UAPT[98]

chá

查	SJGF2	木曰一
	SJGF2	木曰一

查找 SJRA	查询 SJYQ
查看 SJRH	查明 SJJE
查清 SJIG	查获 SJAQ
查证 SJYG	查阅 SJUU
查办 SJLW[86]/SJEW[98]	

猹 QTSG3　犭丿木一
　　 QTSG　犭丿木一

碴 DSJG3　石木曰一
　　 DSJG3　石木曰一

楂 SSJG3　木木曰一
　　 SSJG3　木木曰一

茶 AWSU3　艹人木
　　 AWSU3　艹人木

茶馆 AWQN　茶叶 AWKF
茶杯 AWSG[86]　茶具 AWHW[86]

搽 RAWS3　扌艹人木
　　 RAWS　扌艹人木

茬 ADHF　艹ナ丨土
　　 ADHF　艹ナ丨土

察 PWFI　宀癶二小
　　 PWFI　宀癶二小

察看 PWRH[98]

檫 SPWI　木宀癶小
　　 SPWI　木宀癶小

槎 SUDA　木丷手工
　　 SUAG3　木羊工

叉 CYI　又丶
　　 CYI2　又丶

chǎ

叉 CYI　又丶
　　 CYI2　又丶

衩 PUCY3　衤冫又丶
　　 PUCY3　衤冫又丶

镲 QPWI　钅宀癶小
　　 QPWI3　钅宀癶小

chà

岔 WVMJ　八刀山
　　 WVMJ　八刀山

差 UDAF3　丷手工
　　 UAF　羊工

诧 YPTA　讠宀丿七
　　 YPTA3　讠宀丿七

诧异 YPNA[86]

姹 VPTA3　女宀丿七
　　 VPTA3　女宀丿七

刹 QSJH3　乂木刂
　　 QSJH3　乂木刂

刹那 QSVF[86]

叉 CYI　又丶
　　 CYI2　又丶

汊 ICYY　氵又丶
　　 ICYY　氵又丶

衩 PUCY3　衤冫又丶
　　 PUCY3　衤冫又丶

杈 SCYY　木又丶
　　 SCYY　木又丶

chāi

拆 RRYY3　扌斥丶
　　 RRYY3　扌斥丶

拆除 RRBW　拆借 RRWA[98]

钗 QCYY3　钅又丶

	QCYY3	钅又丶
差	UDAF3	ⱴ𰀁工
	UAF	𢀖工

chái

柴	HXSU3	止匕木
	HXSU3	止匕木
柴油	HXIM	
柴油机	HISM[86]/HISW[98]	
豺	EEFT3	𰀁彡十丿
	EFTT3	豸十丿
豺狼	EEQT[86]	
侪	WYJH3	亻文刂
	WYJH3	亻文刂

chài

瘥	UUDA	疒ⱴ𰀁
	UUAD3	疒𢀖
虿	DNJU	𰀁𠃌虫
	GQJU	一力虫
差	UDAF3	ⱴ𰀁工
	UAF	𢀖工

chān

搀	RQKU	扌勹口;
	RQKU	扌勹口;
掺	RCDE3	扌厶大彡
	RCDE3	扌厶大彡
觇	HKMQ	⺊口冂儿
	HKMQ	⺊口冂儿

chán

蝉	JUJF	虫ⱴ曰十

单	JUJF	虫ⱴ曰十
	UJFJ	ⱴ曰十
	UJFJ	ⱴ曰十
婵	VUJF3	女ⱴ曰十
	VUJF3	女ⱴ曰十
婵娟	VUVK[86]	
禅	PYUF	礻丶ⱴ十
	PYUF	礻丶ⱴ十
馋	QNQU	𰀁𠃌勹;
	QNQU	𰀁𠃌勹;
谗	YQKU3	讠勹口;
	YQKU3	讠勹口;
缠	XYJF3	纟广曰土
	XOJF3	纟广曰土
缠绵	XYXR[86]	
廛	YJFF3	广曰土土
	OJFF	广曰土土
躔	KHYF	口止广土
	KHOF	口止广土
孱	NBBB3	尸子子子
	NBBB3	尸子子子
潺	INBB	氵尸子子
	INBB3	氵尸子子
澶	IYLG	氵亠口一
	IYLG3	氵亠口一
蟾	JQDY3	虫勹厂言
	JQDY3	虫勹厂言

chǎn

产	UTE2	立丿
	UTE	立丿
产品	UTKK	
产生	UTTG	

C

产量 UTJG	产地 UTFB	
产假 UTWN	产权 UTSC	
产妇 UTVV		
产业 UTOG[86]/UTOH[98]		
产物 UTTR[86]/UTCQ[98]		
产区 UTAQ[86]/UTAR[98]		

铲 QUTT3 钅立丿
  QUTT3 钅立丿
铲除 QUBW[98]

阐 UUJF3 门丷曰十
  UUJF3 门丷曰十
阐述 UUSY 阐明 UUJE

辗 UJFE 丷曰十攵
  UJFE 丷曰十攵

谄 YQVG 讠刍白
  YQEG3 讠刍白

崴 ADMT 艹厂贝丿
  ADMU 艹戊贝

骣 CNBB3 马尸子子
  CGNB3 马一尸子

chàn

颤 YLKM 亠口口贝
  YLKM3 亠口口贝

忏 NTFH 忄丿十
  NTFH3 忄丿十
忏悔 NTNT[86]

羼 NUDD 尸丷乎乎
  NUUU3 尸羊羊羊

chāng

昌 JJF2 曰曰
  JJF2 曰曰

昌盛 JJDN 昌平 JJGU[98]
昌都 JJFT[98]

猖 QTJJ 犭丿曰曰
  QTJJ 犭丿曰曰
猖獗 QTQT[98]

菖 AJJF 艹曰曰
  AJJF 艹曰曰

阊 UJJD 门曰曰
  UJJD 门曰曰

娼 VJJG3 女曰曰
  VJJG3 女曰曰

鲳 QGJJ 鱼一曰曰
  QGJJ 鱼一曰曰

伥 WTAY3 亻丿七乀
  WTAY3 亻丿七乀

cháng

常 IPKH 小宀口丨
  IPKH3 小宀口丨

常委 IPTV 常用 IPET
常任 IPWT 常委会 ITWF
常务 IPTL[86]/IPTE[98]
常规 IPFW[86]/IPGM[98]
常驻 IPCY[86]/IPCG[98]
常务委员会 ITTW

嫦 VIPH 女小宀丨
  VIPH 女小宀丨
嫦娥 VIVT[86]

裳 JPKE 小宀口衣
  JPKE 小宀口衣

长 TAYI2 丿七乀
  TAYI2 丿七乀
长江 TAIA 长安 TAPV

长城 TAFD　长短 TATD
长远 TAFQ　长久 TAQY
长处 TATH　长寿 TADT
长沙 TAII　长途电话 TWJY[98]
长期 TAAD[86]/TADW[98]
长度 TAYA[86]/TAOA[98]

苌　ATAY3　艹丿七乀
　　ATAY3　艹丿七乀

尝　IPFC3　⺌冖二厶
　　IPFC3　⺌冖二厶

尝试 IPYA[98]

偿　WIPC2　亻⺌冖厶
　　WIPC2　亻⺌冖厶

偿还 WGIG[86]/WIDH[98]

肠　ENRT3　月𠃓彡
　　ENRT3　月𠃓彡

场　FNRT　土𠃓彡
　　FNRT　土𠃓彡

场地 FNFB　场合 FNWG
场面 FNDM[86]/FNDL[98]
场所 FNRN　场馆 FNQN[98]
场外 FNQH[98]　场景 FNJY[98]

徜　TIMK3　彳⺌冂口
　　TIMK3　彳⺌冂口

倘　WIMK3　亻⺌冂口
　　WIMK3　亻⺌冂口

chǎng

场　FNRT　土𠃓彡
　　FNRT　土𠃓彡

厂　DGT　厂一丿
　　DGT　厂一丿

厂矿 DGDY[86]/DGDO[98]
厂长 DGTA　厂址 DGFH
厂家 DGPE[86]/DGPG[98]
厂商 DGUM[86]/DGYU[98]

敞　IMKT　⺌冂口攵
　　IMKT　⺌冂口攵

惝　NIMK　忄⺌冂口
　　NIMK　忄⺌冂口

氅　IMKN　⺌冂口乙
　　IMKE　⺌冂口毛

昶　YNIJ　丶乛八日
　　YNIJ　丶乛八日

chàng

唱　KJJG3　口日日
　　KJJG3　口日日

唱歌 KJSK　唱片 KJTH

倡　WJJG　亻日日
　　WJJG　亻日日

倡议 WJYY　倡导 WJNF

畅　JHNR　日丨𠃓彡
　　JHNR3　日丨𠃓彡

畅销 JHQI　畅通 JHCE
畅销书 JQNN[86]　畅谈 JHYO[98]
畅通无阻 JCFB
畅销货 JQWX[86]

鬯　QOBX3　乂灬凵匕
　　OBXB3　※凵匕

怅　NTAY3　忄丿七乀
　　NTAY3　忄丿七乀

chāo

超　FHVK3　土龰刀口
　　FHVK3　土龰刀口

超过 FHFP　超前 FHUE
超导 FHNF　超额 FHPT
超级 FHXE[86]/FHXB[98]
超速 FHGK[86]　超载 FHFA[86]
超期 FHAD[86]　超声波 FFIH[86]
超支 FHFC[86]　超产 FHUT[86]
超重 FHTG[86]　超生 FIITG[98]
超市 FHYM[98]
超级大国 FXDL[86]
超级市场 FXYF

悄　NVKG3　忄刀口
　　NVKG3　忄刀口

抄　RITT3　扌小丿
　　RITT3　扌小丿
抄袭 RIDX[86]　抄写 RIPG[86]
抄报 RIRB[86]　抄送 RIUD[98]

钞　QITT3　钅小丿
　　QITT3　钅小丿
钞票 QISF

吵　KITT2　口小丿
　　KITT2　口小丿

焯　OHJH3　火卜早
　　OHJH3　火卜早

绰　XHJH3　纟卜早
　　XHJH3　纟卜早

剿　VJSJ　巛曰木刂
　　VJSJ　巛曰木刂

cháo

朝　FJEG3　十早月
　　FJEG3　十早月
朝鲜 FJQG　朝代 FJWA[86]
朝着 FJUH[98]

嘲　KFJE3　口十早月
　　KFJE3　口十早月
嘲笑 KFTT[86]

潮　IFJE3　氵十早月
　　IFJE3　氵十早月
潮流 IFIY　潮湿 IFIJ

巢　VJSU3　巛曰木
　　VJSU3　巛曰木

晁　JIQB　曰ハ儿
　　JQIU3　曰儿ハ

chǎo

吵　KITT2　口小丿
　　KITT2　口小丿
吵架 KILK[86]

炒　OITT2　火小丿
　　OITT3　火小丿

chào

耖　DIIT　三小小丿
　　FSIT　二木小

chē

车　LGNH2　车一乚丨
　　LGNH2　车一乚丨
车间 LGUJ　车辆 LGLG
车工 LGAA　车厢 LGDS
车站 LGUH　车票 LGSF
车费 LGXJ[86]　车次 LGUQ[86]
车祸 LGPY[98]

砗　DLH　石车
　　DLH　石车

chě

扯 RHG 扌止
　　RHG 扌止
扯皮 RHBN[98]

尺 NYI 尸丶
　　NYI 尸丶

chè

撤 RYCT3 扌亠厶攵
　　RYCT3 扌亠厶攵
撤职 RYBK　撤销 RYQI
撤军 RYPL[98]　撤走 RYFH[98]
撤退 RYVE[86]/RYVP[98]
撤离 RYYB[86]/RYYR[98]
撤回 RYLK[98]

澈 IYCT 氵亠厶攵
　　IYCT 氵亠厶攵

掣 RMHR 𠂇冂丨手
　　TGMR 丿一冂手

彻 TAVN 彳七刀
　　TAVT 彳七刀
彻底 TAYQ[86]/TAOQ[98]
彻头彻尾 TUTN[86]
彻底解决 TOQU[98]
彻底改变 TONY[98]

坼 FRYY3 土斤丶
　　FRYY3 土斤丶

chēn

抻 RJHH3 扌曰丨
　　RJHH3 扌曰丨

郴 SSBH3 木木阝

SSBH3 木木阝

嗔 KFHW 口十且八
　　KFHW 口十且八

琛 GPWS3 王宀八木
　　GPWS2 王宀八木

chén

尘 IFF 小土
　　IFF 小土
尘埃 IFFC[98]

臣 AHNH3 匚丨一丨
　　AHNH3 匚丨一丨

辰 DFEI3 厂二𧘇
　　DFEI3 厂二𧘇

晨 JDFE2 曰厂二𧘇
　　JDFE2 曰厂二𧘇
晨光 JDIQ[86]　晨曦 JDJU[86]

宸 PDFE 宀厂二𧘇
　　PDFE 宀厂二𧘇

忱 NPQN2 忄宀儿
　　NPQN2 忄宀儿

沈 IPQN3 氵宀儿
　　IPQN3 氵宀儿

沉 IPMN3 氵宀几
　　IPWN3 氵宀几
沉痛 IPUC　沉着 IPUD[86]
沉默 IPLF[86]　沉静 IPGE[86]
沉甸甸 IQQL[98]

陈 BAIY2 阝七小
　　BAIY2 阝七小
陈列 BAGQ　陈述 BASY
陈词滥调 BYIY[86]　陈旧 BAHJ

谌	YADN	讠卄三乚
	YDWN3	讠甚八乚

chěn

碜	DCDE3	石厶大彡
	DCDE3	石厶大彡

chèn

趁	FHWE	土龰人彡
	FHWE	土龰人彡
衬	PUFY3	衤丶寸
	PUFY3	衤丶寸

衬托 PURT[86]　衬衫 PUPU

称	TQIY2	禾𠂆小
	TQIY3	禾𠂆小

称职 TQBK

谶	YWWG	讠人人一
	YWWG	讠人人一
榇	SUSY3	木立木
	SUSY	木立木
龀	HWBX	止人凵匕
	HWBX	止人凵匕

chēng

称	TQIY2	禾𠂆小
	TQIY3	禾𠂆小

称号 TQKG　称呼 TQKT
称赞 TQTF　称为 TQYE[98]
称道 TQUT[98]　称雄 TQDC[98]

撑	RIPR3	扌⺌冖手
	RIPR3	扌⺌冖手

撑腰 RIES[86]

瞠	HIPF3	目⺌冖土

	HIPF3	目⺌冖土
柽	SCFG	木又土
	SCFG	木又土
蛏	JCFG	虫又土
	JCFG	虫又土
铛	QIVG3	钅⺌彐
	QIVG3	钅⺌彐

chéng

成	DNNT2	厂乛乚丿
	DNI2	戊丁

成本 DNSG　成员 DNKM
成果 DNJS　成语 DNYG
成品 DNKK　成熟 DNYB
成长 DNTA　成材 DNSF
成倍 DNWU　成套 DNDD
成名 DNQK　成绩 DNXG
成都 DNFT　成份 DNWW
成败 DNMT
成年 DNRH[86]／DNTG[98]
成效 DNUQ[86]／DNUR[98]
成功 DNAL[86]／DNAE[98]
成为 DNYL[86]／DNYE[98]

城	FDNT2	土厂乛丿
	FDNN2	土戊丁

城关 FDUD　城里 FDJF
城市 FDYM　城乡 FDXT
城镇 FDQF
城区 FDAQ[86]／FDAR[98]
城建 FDVF[86]／FDVG[98]

诚	YDNT3	讠厂乛丿
	YDNN2	讠戊丁

诚实 YDPU　诚挚 YDRV
诚然 YDQD　诚意 YDUJ

诚恳 YDVE[86]/YDVN[98]

铖 QDNT3　钅厂门丿
　　QDNN3　钅戊门

晠 JDNT3　曰厂门丿
　　JDNB3　曰戊门

盛 DNNL　厂门乀皿
　　DNLF3　戊门皿

橙 SWGU　木癶一丷
　　SWGU　木癶一丷

澄 IWGU　氵癶一丷
　　IWGU　氵癶一丷
澄清 IWIG

呈 KGF2　口王
　　KGF　口王
呈现 KGGM　呈报 KGRB[86]
呈请 KGYG[86]
呈上升趋势 KHTR[98]

程 TKGG　禾口王
　　TKGG　禾口王
程序 TKYC[86]/TKOC[98]
程度 TKYA[86]/TKOA[98]
程序设计 TYYY[86]　程控 TKRP
程控交换机 TRUS[98]

埕 FKGG3　土口王
　　FKGG3　土口王

裎 PUKG3　衤丷口王
　　PUKG3　衤丷口王

醒 SGKG　西一口王
　　SGKC　西一口王

乘 TUXV3　禾丬匕
　　TUXV3　禾丬匕
乘机 TUSM[86]/TUSW[98]

乘客 TUPT　乘车 TULG
乘船 TUTE[86]　乘方 TUYY[86]
乘警 TUAQ[98]　乘务员 TTKM

惩 TGHN　彳一止心
　　TGHN　彳一止心
惩治 TGIC　惩罚 TGLY
惩前毖后 TUXR[86]
惩治腐败 TIOM[98]

承 BDII2　了三八
　　BDII2　了三八
承包 BDQN　承诺 BDYA
承担 BDRJ　承认 BDYW
承办 BDLW[86]/BDEW[98]
承建 BDVF[86]/BDVG[98]

丞 BIGF3　了八一
　　BIGF3　了八一

枨 STAY3　木丿七丶
　　STAY3　木丿七丶

塍 EUDF　月丷大土
　　EUGF　月丷夫土

chěng

逞 KGPD3　口王辶
　　KGPD3　口王辶

骋 CMGN3　马由一与
　　CMGN3　马一由与

裎 PUKG3　衤丷口王
　　PUKG3　衤丷口王

chèng

秤 TGUH3　禾一丷丨
　　TGUF3　禾一丷十

称 TQIY2　禾𠂊小

TQIY3　禾亅小

chī

吃　KTNN3　口亅乙
　　KTNN2　口亅乙
吃饭 KTNQ　吃喝 KTKJ
吃惊 KTNY　吃苦 KTAD
吃力 KTLT[86]　吃亏 KTFN[86]
吃一堑 KGLR[86]

痴　UTDK　疒亅大口
　　UTDK　疒亅大口
痴心妄想 UNYS[86]

哧　KFOY3　口土小
　　KFOY3　口土小

蚩　BHGJ　凵丨一虫
　　BHGJ　凵丨一虫

嗤　KBHJ　口凵丨虫
　　KBHJ　口凵丨虫

媸　VBHJ3　女凵丨虫
　　VBHJ　女凵丨虫

眵　HQQY3　目夕夕
　　HQQY3　目夕夕

鸱　QAYG　亾七丶一
　　QAYG　亾七丶一

螭　JYBC　虫文凵厶
　　JYRC　虫亠乂厶

魑　RQCC　白儿厶厶
　　RQCC　白儿厶厶

答　TCKF3　⺮厶口
　　TCKF3　⺮厶口

郗　QDMB　乂ナ冂阝
　　QDMB　乂ナ冂阝

chí

持　RFFY2　扌土寸
　　RFFY3　扌土寸
持续 RFXF　持久 RFQY
持久战 RQHK[86]
持之以恒 RPNN

匙　JGHX　日一止匕
　　JGHX　日一止匕

池　IBN2　氵也
　　IBN　氵也

弛　XBN2　弓也
　　XBN　弓也

驰　CBN　马也
　　CGBN　马一也
驰骋 CBCM[86]

迟　NYPI3　尸丶辶
　　NYPI3　尸丶辶
迟钝 NYQG[86]　迟早 NYJH[86]
迟到 NYGC[86]　迟缓 NYXE

墀　FNIH3　土尸水丨
　　FNIG3　土尸水丰

茌　AWFF　艹亻土
　　AWFF　艹亻土

篪　TRHM　⺮厂卢几
　　TRHW3　⺮厂虍几

踟　KHTK　口止亅口
　　KHTK　口止亅口

坻　FQAY3　土𠂈七丶
　　FQAY3　土𠂈七丶

chǐ

尺 NYI　　尸乀
　 NYI　　尸乀
尺度 NYOA[98]　尺寸 NYFG

耻 BNG2　　耳止
　 BNG2　　耳止
耻辱 BHDF

齿 HWBJ3　止人凵
　 HWBJ3　止人凵
齿轮 HWLW

侈 WQQY3　亻夕夕
　 WQQY3　亻夕夕

褫 PURM　　礻丶厂几
　 PURW　　礻丶厂几

豉 GKUC　　一口䒑又
　 GKUC　　一口䒑又

chì

赤 FOU2　　土小
　 FOU2　　土小
赤诚 FOYD　赤字 FOPB
赤道 FOUT　赤峰 FOMT[98]

翅 FCND3　十又羽
　 FCND3　十又羽

斥 RYI　　斥丶
　 RYM　　斥丶
斥责 RYGM[86]

炽 OKWY2　火口八
　 OKWY3　火口八
炽热 OKRV[86]

傺 WWFI　亻癶二小
　 WWFI　亻癶二小

叱 KXN　　口匕
　 KXN　　口匕

啻 UPMK　立冖冂口
　 YUPK　丄丷冖口

饬 QNTL　　𠂤乚丿力
　 QNTE　　𠂤乚丿力

敕 GKIT　一口小攵
　 SKTY　木口攵

瘈 UDHN　疒三丨心
　 UDHN　疒三丨心

彳 TTTH　彳丿丿丨
　 TTTH　彳丿丿丨

眙 HCKG3　目厶口
　 HCKG3　目厶口

chōng

充 YCQB2　亠厶儿
　 YCQB2　亠厶儿
充电 YCJN　充实 YCPU
充分 YCWV　充满 YCIA
充满活力 YIIE[98]　充足 YCKH
充满希望 YIRY[98]

茺 AYCQ3　卝亠厶儿
　 AYCQ3　卝亠厶儿

冲 UKHH3　冫口丨
　 UKHH3　冫口丨
冲洗 UKIT　冲突 UKPW
冲锋 UKQT
冲击 UKFM[86]/UKGB[98]
冲破 UKDH[86]/UKDB[98]

忡 NKHH3　忄口丨
　 NKHH3　忄口丨

C

憧	NUJF	↑立曰土
	NUJF	↑立曰土
憧憬 NUNJ		
朣	TEUF	丿舟立土
	TUUF	丿舟立土
春	DWVF3	三人臼
	DWEF	三人臼
涌	ICEH3	氵マ用
	ICEH3	氵マ用

chóng

虫	JHNY	虫丨フ、
	JHNY	虫丨フ、
虫害 JHPD		
崇	MPFI3	山宀二小
	MPFI3	山宀二小
崇高 MPYM 崇敬 MPAQ		
崇拜 MPRD 崇尚 MPIM[98]		
重	TGJF3	丿一曰土
	TGJF3	丿一曰土
重庆 TGYD[86]/TGOD[98]		
重新 TGUS[86] 重叠 TGCC[86]		
重申 TGJH 重复 TGTJ		
重返 TGRC[98]		
重整旗鼓 TGYF[86]		
重建家园 TVPL[98]		
重重困难 TTLC[98]		
种	TKHH3	禾口丨
	TKHH3	禾口丨

chǒng

宠	PDXB3	宀ナヒ
	PDXY	宀ナヒ、

chòng

铳	QYCQ3	钅亠厶儿
	QYCQ3	钅亠厶儿
冲	UKHH3	冫口丨
	UKHH3	冫口丨

chōu

抽	RMG2	扌由
	RMG2	扌由
抽签 RMTW 抽查 RMSJ		
抽烟 RMOL 抽空 RMPW[86]		
抽象 RMQJ[86]/RMQK[98]		
抽调 RMYM[98] 抽检 RMSW[98]		
抽样 RMSU[98]		
抽样调查 RSYS[98]		
瘳	UNWE	疒羽人彡
	UNWE	疒羽人彡

chóu

酬	SGYH	西一、丨
	SGYH3	西一、丨
酬谢 SGYT[86]		
畴	LDTF3	田三丿寸
	LDTF3	田三丿寸
踌	KHDF	口止三寸
	KHDF	口止三寸
俦	WDTF	亻三丿寸
	WDTF	亻三丿寸
帱	MHDF3	冂丨三寸
	MHDF3	冂丨三寸
筹	TDTF	⺮三丿寸
	TDTF	⺮三丿寸

筹划 TDAJ　筹备 TDTL
筹措 TDRA　筹委会 TTWF
筹办 TDLW[86]/TDEW[98]
筹建 TDVF[86]/TDVG[98]
筹款 TDFF[98]　筹备会 TTWF[86]

稠 TMFK　禾冂土口
　　TMFK　禾冂土口

绸 XMFK3　纟冂土口
　　XMFK3　纟冂土口

绸缎 XMXW[86]

惆 NMFK3　忄冂土口
　　NMFK3　忄冂土口

愁 TONU　禾火心
　　TONU　禾火心

仇 WVN　亻九
　　WVN　亻九

仇视 WVPY[86]

雠 WYYY3　亻圭讠圭
　　WYYY3　亻圭讠圭

chǒu

瞅 HTOY3　目禾火
　　HTOY3　目禾火

丑 NFD　乛土
　　NHGG3　乛丨一一

丑恶 NFGO[86]/NHGO[98]
丑陋 NFBG[86]　丑闻 NFUB[98]

chòu

臭 THDU　丿目犬
　　THDU　丿目犬

臭氧 THRN[86]/THRU[98]
臭氧层 TRNF[98]

chū

初 PUVN3　衤𠃌刀
　　PUVN3　衤𠃌刀

初步 PUHI[86]/PUHH[98]
初级 PUXE[86]/PUXB[98]
初期 PUAD[86]/PUDW[98]
初级阶段 PXBT[98]　初衷 PUYK
初见成效 PMDU[98]

出 BMK2　凵山
　　BMK2　凵山

出入 BMTY　出口 BMKK
出世 BMAN　出版 BMTH
出路 BMKH　出境 BMFU
出现 BMGM　出发 BMNT
出席 BMYA[86]/BMOA[98]
出于 BMGF　出名 BMQK
出面 BMDM[86]/BMDL[98]
出生 BMTG　出事 BMGK
出纳 BMXM　出资 BMUQ
出租车 BTLG　出厂 BMDG
出售 BMWY　出租 BMTE
出差 BMUA[86]/BMUA[98]
出版社 BTPY　出生率 BTYX
出产 BMUT　出租汽车 BTIL[98]

樗 SFFN　木雨二𠃌
　　SFFN　木雨二𠃌

chú

厨 DGKF　厂一口寸
　　DGKF　厂一口寸

厨房 DGYN　厨师 DGJG

蹰 KHDF　口止厂寸
　　KHDF　口止厂寸

橱	SDGF	木厂一寸
	SDGF	木厂一寸
橱窗 SDPW		
蹰	KHAJ	口止卄日
	KHAJ	口止卄日
锄	QEGL	钅月一力
	QEGE	钅月一力
刍	QVF	⺈⺕
	QVF	⺈⺕
雏	QVWY3	⺈⺕亻圭
	QVWY3	⺈⺕亻圭
除	BWTY3	阝人禾
	BWGS3	阝人一木
除夕 BWQT	除外 BWQH	
除非 BWDJ[86]/BWHD[98]		
除法 BW1F[86]	除去 BWFC[98]	
除此之外 BHPQ		
滁	IBWT3	氵阝人禾
	IBWS3	氵阝人木
蜍	JWTY3	虫人禾
	JWGS	虫人一木

chǔ

楚	SSNH3	木木⁻⻊
	SSNH3	木木⁻⻊
础	DBMH3	石凵山
	DBMH3	石凵山
储	WYFJ3	亻讠土日
	WYFJ3	亻讠土日
储备 WYTL	储蓄 WYAY	
储存 WYDH	储蓄所 WARN	
楮	SFTJ	木土丿日

	SFTJ	木土丿日
褚	PUFJ	⻂丬土日
	PUFJ3	⻂丬土日
杵	STFH	木⺧十
	STFH	木⺧十
处	THI2	夂卜
	THI2	夂卜
处分 THWV	处罚 THLY	
处理 THGJ	处境 THFU	
处长 THTA	处女 THVV[86]	
处方 THYY	处级 THXB	
处在 THDH[98]		

chù

处	THI2	夂卜
	THI2	夂卜
畜	YXLF3	亠幺田
	YXLF3	亠幺田
搐	RYXL	扌亠幺田
	RYXL	扌亠幺田
触	QEJY	⺈用虫
	QEJY	⺈用虫
触犯 QEQT[98]	触角 QEQE[98]	
触电 QEJN[98]	触动 QEFC[98]	
触及 QEBY[98]		
触目惊心 QHNN[86]		
亍	FHK	二丨
	GSJ	一丁
怵	NSYY3	忄木丶
	NSYY3	忄木丶
憷	NSSH3	忄木木⻊
	NSSH3	忄木木⻊

绌	XBMH3	纟凵山
	XBMH3	纟凵山
黜	LFOM	罒土灬山
	LFOM	罒土灬山
蠢	FHFH	十且十且
	FHFH	十且十且

chuāi

揣	RMDJ3	扌山刂
	RMDJ3	扌山刂
搋	RRHM	扌厂卢几
	RRHW	扌厂虍几

chuǎi

揣	RMDJ3	扌山刂
	RMDJ3	扌山刂

chuài

膪	EUPK	月立宀口
	EYUK	月亠丷口
嘬	KCCC	口又又又
	KCCC	口又又又
揣	RMDJ3	扌山刂
	RMDJ3	扌山刂
踹	KHMJ	口止山刂
	KHMJ	口止山刂
㖞	KJBC3	口日耳又
	KJBC3	口日耳又

chuān

川	KTHH	川丿丨丨
	KTHH	川丿丨丨

川流不息 KIGT[86]

氚	RNKJ	𠂉乙川
	RKK	气川
穿	PWAT	宀八匚丿
	PWAT3	宀八匚丿

穿梭 PWSC　穿插 PWRT[86]
穿衣 PWYE[98]　穿着 PWUH[98]
穿过 PWFP[98]　穿越 PWFH[98]

chuán

传	WFNY	亻二𠃌丶
	WFNY3	亻二𠃌丶

传动 WFFC　传达 WFDP
传奇 WFDS　传染 WFIV
传说 WFYU　传统 WFXY
传递 WFUX　传真 WFHH
传授 WFRE　传播 WFRT
传送 WFUD　传呼 WFKT
传染病 WIUG

椽	SXEY3	木彐豕丶
	SXEY3	木彐豕丶
船	TEMK	丿舟几口
	TUWK3	丿舟几口

船舶 TETE[86]/TUTU[98]
船只 TEKW[86]/TUKW[98]
船票 TESF[86]　船厂 TEDG[86]
船员 TEKM[86]/TUKM[98]
船舶工业总公司 TTAN[98]

舡	TEAG3	丿舟工
	TUAG	丿舟工
遄	MDMP3	山厂门辶
	MDMP3	山厂门辶

chuǎn

喘	KMDJ3	口山厂刂

KMDJ3 口山丆‖
舛 QAHH3 夕匚丨
QGH 夕㐄

chuàn

串 KKHK3 口口丨
KKHK3 口口丨
串连 KKLP[86] 串联 KKBU[86]
钏 QKH 钅川
QKH 钅川

chuāng

窗 PWTQ3 宀八丿夕
PWTQ3 宀八丿夕
疮 UWBV3 疒人㔾
UWBV3 疒人㔾
疮疤 UWUC[86]
创 WBJH3 人㔾刂
WBJH3 人㔾刂

chuáng

床 YSI 广木
OSI2 广木
床位 YSWU[86]/OSWU[98]
幢 MHUF3 冂丨立土
MHUF3 冂丨立土

chuǎng

闯 UCD 门马
UGCD 门马一
闯入 UCTY[98] 闯进 UCFJ[98]

chuàng

怆 NWBN3 忄人㔾
NWBN3 忄人㔾
创 WBJH3 人㔾刂
WBJH3 人㔾刂
创造 WBTF 创新 WBUS
创立 WBUU 创刊 WBFJ
创汇 WBIA 创造性 WTNT
创办 WBLW[86]/WBEW[98]
创业 WBOG[86]/WBOH[98]
创建 WBVF[86]/WBVG[98]
创举 WBIW[86]/WBIG[98]

chuī

吹 KQWY3 口𠂉人
KQWY3 口𠂉人
吹嘘 KQKH[86] 吹牛 KQRH[86]
吹风 KQMQ[86]
吹毛求疵 KTFU[86]
炊 OQWY3 火𠂉人
OQWY3 火𠂉人
炊事 OQGK 炊事员 OGKM[86]

chuí

垂 TGAF3 丿一艹土
TGAF 丿一艹土
垂直 TGFH 垂头丧气 TUFR[86]
捶 RTGF 扌丿一土
RTGF 扌丿一土
锤 QTGF 钅丿一土
QTGF 钅丿一土
陲 BTGF 阝丿一土

C

極　BTGF　阝丿一土

椿　STGF3　木丿一土
　　STGF　木丿一土

椎　SWYG3　木亻圭
　　SWYG3　木亻圭

槌　SWNP3　木亻冂辶
　　SWNP　木丿日辶

chūn

春　DWJF2　三人日
　　DWJF3　三人日

春节 DWAB　春秋 DWTO
春季 DWTB　春联 DWBU[86]
春光 DWIQ[86]/DWIG[98]
春色 DWQC[86]　春雨 DWFG[86]
春风 DWMQ[86]/DWWR[98]
春笋 DWTV[98]　春夏 DWDH[98]
春耕 DWDI[86]/DWFS[98]

椿　DWJF　木三人日
　　DWJF　木三人日

蝽　JDWJ　虫三人日
　　JDWJ　虫三人日

chún

醇　SGYB　西一亩子
　　SGYB　西一亩子

唇　DFEK　厂二衣口
　　DFEK　厂二衣口

淳　IYBG3　氵亩子
　　IYBG3　氵亩子

鹑　YBQG3　亩子勹一
　　YBQG3　亩子鸟一

纯　XGBN3　纟一凵乚
　　XGBN3　纟一凵乚

纯朴 XGSH　纯净 XGUQ
纯洁 XGIF　纯粹 XGOY

莼　AXGN3　艹纟一乚
　　AXGN3　艹纟一乚

chǔn

蠢　DWJJ　三人日虫
　　DWJJ　三人日虫

chuō

戳　NWYA　羽亻圭戈
　　NWYA　羽亻圭戈

踔　KHHJ　口止卜早
　　KHHJ　口止卜早

chuò

绰　XHJH3　纟卜早
　　XHJH3　纟卜早

绰号 XHKG[86]

啜　KCCC　口又又又
　　KCCC　口又又又

辍　LCCC　车又又又
　　LCCC　车又又又

辍学 LCIP[98]

龊　HWBH　止人凵止
　　HWBH　止人凵止

cī

疵　UHXV3　疒止匕
　　UHXV3　疒止匕

差　UDAF3　丷手工

	UAF	芓工	

刺	GMIJ3	一冂小刂
	SMJH3	木冂刂
猁	UQWO	冫犭人米
	UQWO	冫犭人米

cí

词	YNGK	讠乛一口
	YNGK	讠乛一口

词汇 YNIA　词语 YNYG[86]
词组 YNXE[86]　词类 YNOD[86]
词不达意 YGDU[86]

祠	PYNK	礻丶乛口
	PYNK	礻丶乛口
茨	AUQW	艹冫犭人
	AUQW	艹冫犭人
瓷	UQWN	冫犭人乙
	UQWY3	冫犭人丶
兹	UXXU3	丷幺幺
	UXXU3	丷幺幺
慈	UXXN	丷幺幺心
	UXXN	丷幺幺心

慈善 UXUD[86]/UXUU[98]
慈祥 UXPY[86]

磁	DUXX2	石丷幺幺
	DUXX3	石丷幺幺

磁场 DUFN　磁带 DUGK
磁头 DUUD[86]　磁盘 DUTE[86]
磁疗 DUUB[86]

鹚	UXXG	丷幺幺一
	UXXG	丷幺幺一
糍	OUXX3	米丷幺幺

	OUXX3	米丷幺幺	

雌	HXWY3	止匕亻⺉
	HXWY3	止匕亻⺉
辞	TDUH	丿古辛
	TDUH	丿古辛

辞职 TDBK　辞典 TDMA
辞别 TDKL[86]　辞海 TDIT[86]
辞退 TDVE[86]/TDVP[98]
辞去 TDFC[98]

龇	AHXB3	齿止匕
	AHXB3	齿止匕

cǐ

此	HXN2	止匕
	HXN2	止匕

此时 HXJF　此外 HXQH
此地 HXFB　此后 HXRC
此刻 HXYN　此事 HXGK

cì

次	UQWY3	冫犭人
	UQWY3	冫犭人

次数 UQOV　次序 UQYC[86]
次日 UQJJ[98]

刺	GMIJ3	一冂小刂
	SMJH3	木冂刂
赐	MJQR3	贝日勹彡
	MJQR3	贝日勹彡
伺	WNGK3	亻乛一口
	WNGK3	亻乛一口

cōng

聪	BUKN	耳丷口心

	BUKN	耳丷口心
聪明 BUJE	聪明才智 BJFT	

匆	QRYI3	勹ㄅ、
	QRYI3	勹ㄅ、
匆匆 QRQR	匆忙 QRNY	

葱	AQRN	艹勹ㄅ心
	AQRN3	艹勹ㄅ心

囱	TLQI	丿囗夕
	TLQI3	丿囗夕

骢	CTLN3	马丿囗心
	CGTN	马一丿心

璁	GTLN3	王丿囗心
	GTLN3	王丿囗心

苁	AWWU	艹人人
	AWWU	艹人人

枞	SWWY3	木人人
	SWWY3	木人人

cóng

从	WWY2	人人
	WWY2	人人
从容 WWPW	从而 WWDM	
从前 WWUE	从此 WWHX	
从今 WWWY	从头 WWUD	
从小 WWIH	从严 WWGO	
从来 WWGO[86]/WWGU[98]		
从政 WWGH[86]		
从长远看 WTFR[98]		
从这个意义上 WYWH[98]		

丛	WWGF3	人人一
	WWGF3	人人一
丛林 WWSS	丛书 WWNN	

淙	IPFI	氵宀二小

	IPFI	氵宀二小

琮	GPFI3	王宀二小
	GPFI3	王宀二小

còu

凑	UDWD3	冫三人大
	UDWD3	冫三人大
凑合 UDWG[86]		

辏	LDWD3	车三人大
	LDWD3	车三人大

腠	EDWD3	月三人大
	EDWD3	月三人大

楱	SDWD	木三人大
	SDWD	木三人大

cū

粗	OEGG2	米月一
	OEGG2	米月一
粗犷 OEQT	粗暴 OEJA	
粗糙 OEOT	粗壮 OEUF[86]	
粗鲁 OEQG[86]	粗心 OENY[86]	
粗制滥造 ORIT[86]	粗放 OEYT[98]	

cú

徂	TEGG	彳月一
	TEGG	彳月一

殂	GQEG3	一夕月一
	GQEG3	一夕月一

cù

醋	SGAJ3	西一卄日
	SGAJ	西一卄日

簇	TYTD	𥫗方𠂉大

	TYTD	⻗方⼂大
蔌	AYTD3	艹方⼂大
	AYTD3	艹方⼂大
卒	YWWF	亠人人十
	YWWF3	亠人人十
猝	QTYF	犭丿亠十
	QTYF	犭丿亠十
蹙	DHIH	厂上小龰
	DHIH	戊上小龰
促	WKHY3	亻口龰
	WKHY3	亻口龰

促进 WKFJ　促使 WKWG
促成 WKDN[86]　促销 WKQI[98]
促进作用 WFWE[98]
促进生产 WFTU[98]

| 蹴 | KHYN | 口止言乚 |
| | KHYY | 口止言丶 |

cuān

撺	RPWH	扌宀八｜
	RPWH	扌宀八｜
蹿	KHPH	口止宀｜
	KHPH	口止宀｜
镩	QPWH3	钅宀八｜
	QPWH3	钅宀八｜
氽	TYIU	丿八水
	TYIU	丿八水

cuán

| 攒 | RTFM | 扌丿土贝 |
| | RTFM | 扌丿土贝 |

cuàn

窜	PWKH3	宀八口｜
	PWKH3	宀八口｜
篡	THDC	𥫗目大厶
	THDC	𥫗目大厶

篡夺 THDF[86]

| 爨 | WFMO | 亻二门火 |
| | EMGO | 臼门一火 |

cuī

崔	MWYF3	山亻圭
	MWYF3	山亻圭
催	WMWY3	亻山亻圭
	WMWY3	亻山亻圭

催促 WMWK[86]　催眠 WMHN[86]
催款 WMFF[86]　催化 WMWX[98]

| 摧 | RMWY3 | 扌山亻圭 |
| | RMWY3 | 扌山亻圭 |

摧残 RMGQ
摧毁 RMVA[86]/RMEA[98]

衰	YKGE	亠口一衣
	YKGE	亠口一衣
榱	SYKE3	木亠口衣
	SYKE3	木亠口衣

cuǐ

| 璀 | GMWY | 王山亻圭 |
| | GMWY | 王山亻圭 |

cuì

| 脆 | EQDB3 | 月⺈厂㔾 |
| | EQDB3 | 月⺈厂㔾 |

脆弱 EQXU

| 存档 DHSI[86] | 存亡 DHYN[98] |

存储器 DWKK[86]

瘁 UYWF3　疒亠人十
　　UYWF3　疒亠人十

粹 OYWF3　米亠人十
　　OYWF3　米亠人十

淬 IYWF　氵亠人十
　　IYWF　氵亠人十

啐 KYWF3　口亠人十
　　KYWF　口亠人十

悴 NYWF　忄亠人十
　　NYWF　忄亠人十

翠 NYWF　羽亠人十
　　NYWF　羽亠人十

萃 AYWF3　艹亠人十
　　AYWF3　艹亠人十

毳 TFNN　丿二乚乚
　　EEEB　毛毛毛

cūn

村 SFY2　木寸
　　SFY　木寸

村庄 SFYF[86]/SFOF[98]
村长 SFTA　村子 SFBB
村民 SFNA[98]　村落 SFAI[98]

皴 CWTC　厶八夂又
　　CWTB3　厶八夂皮

cún

存 DHBD3　ナ丨子
　　DHBD3　ナ丨子

存在 DHDH　存放 DHYT
存储 DHWY　存款 DHFF
存根 DHSV[86]　存贮 DHMP[86]

cǔn

忖 NFY　忄寸
　　NFY　忄寸

cùn

寸 FGHY　寸一寸丶
　　FGHY　寸一寸丶

cuō

搓 RUDA3　扌丷手工
　　RUAG　扌羊工

蹉 KHUA　口止手工
　　KHUA　口止羊工

磋 DUDA3　石丷手工
　　DUAG3　石羊工

磋商 DUUM[86]/DUYU[98]

撮 RJBC3　扌曰耳又
　　RJBC3　扌曰耳又

cuó

痤 TDWF3　𠂊大人土
　　TDWF　𠂊大人土

痤 UWWF3　疒人人土
　　UWWF3　疒人人土

瘥 UUDA　疒丷手工
　　UUAD3　疒羊工

嵯 MUDA3　山丷手工
　　MUAG3　山羊工

鹾 HLQA　卜口乂工
　　HLRA　卜口乂工

cuǒ

脞 EWWF3　月人人土
　　EWWF3　月人人土

cuò

挫 RWWF3　扌人人土
　　RWWF3　扌人人土
挫折 RWRR　挫伤 RWWT[98]

锉 QWWF3　钅人人土
　　QWWF3　钅人人土

措 RAJG3　扌卅日
　　RAJG3　扌卅日
措施 RAYT　措辞 RATD[86]

错 QAJG3　钅卅日
　　QAJG3　钅卅日
错误 QAYK　错觉 QAIP[86]
错案 QAPV[98]　错过 QAFP[98]

厝 DAJD3　厂卅日
　　DAJD3　厂卅日

C

D

dā

搭 RAWK　扌艹人口
　　RAWK　扌艹人口
搭配 RASG[86]　搭桥 RAST[98]

嗒 KAWK　口艹人口
　　KAWK　口艹人口

褡 PUAK3　衤丷艹口
　　PUAK3　衤丷艹口

答 TWGK2　𥫗人一口
　　TWGK2　𥫗人一口
答应 TWYI

耷 DBF　大耳
　　DBF　大耳

哒 KDPY3　口大辶
　　KDPY3　口大辶

dá

达 DPI2　大辶
　　DPI2　大辶
达成 DPDN　达到 DPGC
达标 DPSF[98]

鞑 AFDP　廿革大辶
　　AFDP3　廿革大辶

答 TWGK2　𥫗人一口
　　TWGK2　𥫗人一口
答案 TWPV　答复 TWTJ

答辨 TWUY　答谢 TWYT[86]

瘩 UAWK3　疒艹人口
　　UAWK3　疒艹人口

妲 VJGG3　女日一
　　VJGG3　女日一

怛 NJGG3　忄日一
　　NJGG3　忄日一

笪 TJGF3　𥫗日一
　　TJGF　𥫗日一

靼 AFJG　廿革日一
　　AFJG　廿革日一

沓 IJF　水日
　　IJF　水日

打 RSH2　扌丁
　　RSH2　扌丁

dǎ

打 RSH2　扌丁
　　RSH2　扌丁
打败 RSMT　打算 RSTH
打听 RSKR　打动 RSFC
打击 RSFM[86]/RSGB[98]
打球 RSGF[86]/RSGG[98]
打印机 RQSM[86]

dà

大 DDDD2　大大大大

DDDD2　大大大大

大局 DDNN　　大型 DDGA
大约 DDXQ　　大楼 DDSO
大炮 DDOQ　　大军 DDPL
大气 DDRN[86]/DDRT[98]
大陆 DDBF[86]/DDBG[98]
大幅度 DMYA[86]/DMOA[98]
大使馆 DWQN　大团结 DLXF
大熊猫 DCQT　大理石 DGDG
大西北 DSUX　大兴安岭 DIPM

da

疸 UJGD3　　广日一
　　UJGD3　　广日一
塔 FAWK　　土艹人口
　　FAWK3　　土艹人口

dāi

呆 KSU2　　口木
　　KSU2　　口木
呆账 KSMH[98]
呔 KDYY　　口大、
　　KDYY　　口大、
待 TFFY　　彳土寸
　　TFFY　　彳土寸

dǎi

歹 GQI　　　一夕
　　GQI　　　一夕
傣 WDWI3　彳三人水
　　WDWI3　彳三人水
逮 VIPI3　　彐水辶
　　VIPI3　　彐水辶
逮捕 VIRG[86]/VIRS[98]

dài

戴 FALW3　十戈田八
　　FALW3　十戈田八
带 GKPH　　一川冖丨
　　GKPH　　一川冖丨
带头 GKUD　带回 GKLK[98]
带来 GKGO[86]/GKGU[98]
带队 GKBW[98]
殆 GQCK3　一夕厶口
　　GQCK3　一夕厶口
迨 CKPD3　厶口辶
　　CKPD3　厶口辶
绐 XCKG3　纟厶口
　　XCKG3　纟厶口
骀 CCKG3　马厶口
　　CGCK　　马一厶口
怠 CKNU3　厶口心
　　CKNU3　厶口心
怠慢 CKNJ[86]
代 WAY2　　亻弋
　　WAYY2　亻弋、
代码 WADC[86]　代理 WAGJ
代办 WALW[86]/WAEW[98]
代替 WAFW[86]/WAGG[98]
代表 WAGE　代表会 WGWF[98]
贷 WAMU3　亻代贝
　　WAYM　　亻弋、贝
袋 WAYE　　亻弋衣
　　WAYE　　亻弋衣
岱 WAMJ　　亻代山
　　WAYM　　亻弋、山

D

玳	GWAY3	王亻弋
	GWAY3	王亻弋、
黛	WALO3	亻弋囗灬
	WAYO	亻弋、灬
待	TFFY	彳土寸
	TFFY	彳土寸
待遇	TFJM	
待业	TFOG[86]/TFOH[98]	
待业青年	TOGR[86]/TOGT[98]	
埭	FVIY3	土彐水
	FVIY3	土彐水
甙	AAFD	弋艹二
	AFYI3	弋甘、
大	DDDD2	大大大大
	DDDD2	大大大大

dān

丹	MYD	冂一丶
	MYD2	冂一丶
丹麦	MYGT[98]	丹东 MYAI[98]
耽	BPQN3	耳宀儿
	BPQN3	耳宀儿
耽搁	BPRU[86]	耽误 BPYK[98]
聸	BMFG	耳门土
	BMFG	耳门土
担	RJGG	扌日一
	RJGG3	扌日一
担责任	RGWT[98]	担保 RJWK
担任	RJWT	担搁 RJRU[86]
担风险	RWBW[98]	担心 RJNY
单	UJFJ	丷日十
	UJFJ	丷日十

单位	UJWU	单据 UJRN
单纯	UJXG	单独 UJQT
单词	UJYN[86]	单方 UJYY[98]
单身	UJTM[98]	单打 UJRS[98]
单枪匹马	USAC[86]	
郸	UJFB	丷日十阝
	UJFB	丷日十阝
箪	TUJF	竹丷日十
	TUJF	竹丷日十
殚	GQUF3	一夕丷十
	GQUF3	一夕丷十
儋	WQDY3	亻⺈厂言
	WQDY3	亻⺈厂言
眈	HPQN3	目宀儿
	HPQN3	目宀儿

dǎn

胆	EJGG2	月日一
	EJGG2	月日一
胆识	EJYK	胆略 EJLT[86]
胆子	EJBB[98]	
疸	UJGD3	疒日一
	UJGD3	疒日一
掸	RUJF	扌丷日十
	RUJF	扌丷日十
赕	MOOY3	贝火火
	MOOY3	贝火火

dàn

旦	JGF	日一
	JGF	日一
但	WJGG3	亻日一

	WJGG3	亻日一
但要	WJSV⁹⁸	但愿 WJDR
担	RJGG	扌日一
	RJGG3	扌日一
弹	XUJF3	弓丷日十
	XUJF3	弓丷日十
惮	NUJF3	忄丷日十
	NUJF3	忄丷日十
瘅	UUJF	疒丷日十
	UUJF	疒丷日十
氮	RNOO3	𠂉乀火火
	ROOI3	气火火
氮肥	RNEC⁸⁶	
淡	IOOY2	氵火火
	IOOY3	氵火火
淡季	IOTB	淡化 IOWX
淡薄	IOAI	
啖	KOOY3	口火火
	KOOY3	口火火
诞	YTHP	讠丿止辶
	YTHP3	讠丿⺊辶
蛋	NHJU3	乛止虫
	NHJU3	乛止虫
蛋白	NHRR	蛋糕 NHOU
蛋白质	NRRF	
石	DGTG	石一丿一
	DGTG	石二丿一
萏	AQVF	艹⺈臼
	AQEF3	艹⺈臼
澹	IQDY	氵⺈厂言
	IQDY3	氵⺈厂言

dāng

当	IVF2	忄彐
	IVF2	忄彐
当时	IVJF	当初 IVPU
当年	IVRH⁸⁶	/IVTG⁹⁸
当选	IVTF	当做 IVWD
当务之急	ITPQ	
铛	QIVG3	钅忄彐
	QIVG3	钅忄彐
裆	PUIV	衤丷忄彐
	PUIV3	衤丷忄彐

dǎng

挡	RIVG3	扌忄彐
	RIVG3	扌忄彐
党	IPKQ3	忄冖口
	IPKQ2	忄冖口
党派	IPIR	党章 IPUJ
党中央	IKMD	党委书记 ITNY
谠	YIPQ3	讠忄冖儿
	YIPQ3	讠忄冖儿

dàng

当	IVF2	忄彐
	IVF2	忄彐
挡	RIVG3	扌忄彐
	RIVG3	扌忄彐
档	SIVG2	木忄彐
	SIVG2	木忄彐
档案	SIPV	档次 SIUQ⁹⁸
档案室	SPPG⁸⁶	
砀	DNRT3	石𠃌丿

	DNRT3	石弓彡
荡	AINR3	艹氵弓彡
	AINR3	艹氵弓彡
荡漾	AIIU[86]	

凼	IBK	水凵
	IBK	水凵
蓎	APDF	艹宀石
	APDF	艹宀石
宕	PDF	宀石
	PDF	宀石

dāo

刀	VNT2	刀乛丿
	VNT	刀乛丿
叨	KVN	口刀
	KVT	口刀丿
忉	NVN	忄刀
	NVT	忄刀丿
氘	RNJJ3	乍乀刂刂
	RJK	气刂

dáo

| 叨 | KVN | 口刀 |
| | KVT | 口刀丿 |

dǎo

岛	QYNM	勹丶乚山
	QMK	鸟山
岛屿	QYMG[86]/QMMG[98]	
岛国	QMLG[98]	
捣	RQYM	扌勹丶山
	RQMH3	扌鸟山

捣毁	RQVA[86]/RQEA[98]	
捣乱	RQTD[86]	
蹈	KHEV	口止爫臼
	KHEE	口止爫臼
倒	WGCJ3	亻一厶刂
	WGCJ3	亻一厶刂
倒闭	WGUF	倒霉 WGFT[86]
祷	PYDF3	礻丶三寸
	PYDF3	礻丶三寸
导	NFU2	巳寸
	NFU2	巳寸
导师 NFJG	导体 NFWS	
导线 NFXG	导致 NFGC	
导弹 NFXU	导演 NFIP	
导航 NFTE[86]/NFTU[98]		

dào

到	GCFJ2	一厶土刂
	GCFJ2	一厶土刂
到达 GCDP	到会 GCWF	
到底 GCYQ[86]/GCOQ[98]		
到期 GCAD[86]/GCDW[98]		
倒	WGCJ3	亻一厶刂
	WGCJ3	亻一厶刂
倒退 WGVE[86]/WGVP[98]		
倒流 WGIY[86]		
稻	TEVG3	禾爫臼
	TEEG3	禾爫臼
稻谷 TEWW	稻米 TEOY[86]	
悼	NHJH	忄卜早
	NHJH	忄卜早
悼词 NHYN[86]		
道	UTHP	丷丆目辶

	UTHP2	ㆍ丿目辶

的	RQYY3	白勹丶丶
	RQYY3	白勹丶丶

道义 UTYQ[86]/UTYR[98]

道理 UTGJ　道路 UTKH

道听途说 UKWY[86]

道德教育 UTFY[98]

底	YQAY3	广匚七丶
	OQAY3	广匚七丶

盗	UQWL	㇉冫人皿
	UQWL	㇉冫人皿

得	TJGF2	彳日一寸
	TJGF2	彳日一寸

盗窃 UQPW　盗权 UQSC[98]

děi

帱	MHDF3	冂丨三寸
	MHDF	冂丨三寸

得	TJGF2	彳日一寸
	TJGF2	彳日一寸

泰	DTFO3	三丿寸灬
	DTFO3	三丿寸灬

dēng

纛	GXFI3	𡈼母十小
	GXHI3	𡈼母且小

登	WGKU	癶一口丷
	WGKU	癶一口丷

登山 WGMM　登台 WGCK[98]

登高 WGYM[86]　登封 WGFF[98]

登峰造极 WMTS[86]

dé

德	TFLN3	彳十四心
	TFLN3	彳十四心

噔	KWGU	口癶一丷
	KWGU	口癶一丷

德国 TFLG　德才 TFFT[98]

德智体 TTWS[86]

镫	QWGU	钅癶一丷
	QWGU	钅癶一癶

得	TJGF2	彳日一寸
	TJGF2	彳日一寸

簦	TWGU	𥫗癶一丷
	TWGU	𥫗癶一丷

得力 TJLT[86]/TJEN[98]

得罪 TJLD[86]/TJLH[98]

得失 TJRW[86]　得名 TJQK[98]

得心应手 TNYR[86]

得过且过 TFEF[86]

蹬	KHWU	口止癶丷
	KHWU	口止癶丷

锝	QJGF	钅日一寸
	QJGF	钅日一寸

灯	OSH2	火丁
	OSH	火丁

灯火 OSOO　灯笼 OSTD

de

地	FBN2	土也
	FBN2	土也

děng

等	TFFU	𥫗土寸
	TFFU2	𥫗土寸

等于 TFGF　等候 TFWH

等级 TFXE[86]/TFXB[98]
等效 TFUQ[86]   等比例 TXWG[86]
等距离 TKYB[86]/TKYR[98]

戥 JTGA   日丿圭戈
　　JTGA   日丿圭戈

dèng

瞪 HWGU3   目癶一䒑
　　HWGU3   目癶一䒑
凳 WGKM   癶一口几
　　WGKW   癶一口几
嶝 MWGU   山癶一䒑
　　MWGU3   山癶一䒑
磴 DWGU   石癶一䒑
　　DWGU   石癶一䒑
镫 QWGU   钅癶一䒑
　　QWGU   钅癶一䒑
澄 IWGU   氵癶一䒑
　　IWGU   氵癶一䒑
邓 CBH2   又阝
　　CBH2   又阝
邓小平 CIGU
邓小平理论 CIGY[98]

dī

低 WQAY3   亻氐七丶
　　WQAY3   亻氐七丶
低档 WQSI   低价 WQWW
低温 WQIJ   低级 WQXE[86]
低沉 WQIP[86]   低利率 WTYX[98]
氐 QAYI3   氐七丶
　　QAYI3   氐七丶

羝 UDQY3   䒑手乚丶
　　UQAY3   羊乚七丶
堤 FJGH   土日一龰
　　FJGH   土日一龰
堤坝 FJFM[86]
提 RJGH2   扌日一龰
　　RJGH2   扌日一龰
滴 IUMD3   氵立冂古
　　IYUD3   氵㇊丷古
镝 QUMD3   钅立冂古
　　QYUD3   钅㇊丷古
嘀 KUMD3   口立冂古
　　KYUD   口㇊丷古

dí

敌 TDTY3   丿古攵
　　TDTY3   丿古攵
敌对 TDCF   敌人 TDWW
敌后 TDRG   敌视 TDPY[86]
迪 MPD2   由辶
　　MPD2   由辶
笛 TMF   竹由
　　TMF   竹由
狄 QTOY   犭丿火
　　QTOY3   犭丿火
荻 AQTO   艹犭丿火
　　AQTO   艹犭丿火
涤 ITSY3   氵夂木
　　ITSY3   氵夂木
翟 NWYF   羽亻圭
　　NWYF   羽亻圭

嫡	VUMD3 女立门古		FQAY3 土匚七、
	VYUD3 女丷丷古	柢	SQAY3 木匚七、
嫡系 VUTX[86]			SQAY3 木匚七、
镝	QUMD3 钅立门古	砥	DQAY3 石匚七、
	QYUD 钅丷丷古		DQAY3 石匚七、
嘀	KUMD3 口立门古	骶	MEQY 凸月匚、
	KYUD 口丷丷古		MEQY3 凸月匚、
籴	TYOU3 丿八米		**dì**
	TYOU3 丿八米	地	FBN2 土也
觌	FNUQ 十一:儿		FBN2 土也
	FNUQ 十一:儿	地图 FBLT 地址 FBFH	
的	RQYY3 白勹、	地方 FBYY	
	RQYY3 白勹、	地步 FBHI[86]/FBHII[98]	
	dǐ	地球 FBGF[86]/FBGG[98]	
底	YQAY3 广匚七、	地面 FBDM[86]/FBDL[98]	
	OQAY2 广匚七、	的	RQYY3 白勹、
底细 YQXL[86] 底稿 YQTY[86]			RQYY3 白勹、
底版 YQTH[86] 底片 YQTH[86]		帝	UPMH2 立冖门丨
底部 OQUK[98]			YUPH 丶丷冖丨
氐	QAYI3 匚七、	帝王 UPGG[86]/YUGG[98]	
	QAYI 匚七、	帝国 UPLG[86]/YULG[98]	
抵	RQAY3 扌匚七、	蒂	AUPH3 艹立冖丨
	RQAY3 扌匚七、		AYUH3 艹丶丷丨
抵债 RQWG		缔	XUPH3 纟立冖丨
抵御 RQTR[86]/RQTT[98]			XYUH3 纟丶丷丨
抵抗力量 RREJ[98]		缔约 XUXQ[86]/XYXQ[98]	
诋	YQAY 讠匚七、	缔结 XUXF[86]/XYXF[98]	
	YQAY3 讠匚七、	缔交 XUUQ[86]	
邸	QAYB 匚七、阝	谛	YUPH 讠立冖丨
	QAYB3 匚七、阝		YYUH 讠丶丷丨
坻	FQAY3 土匚七、	碲	DUQH 石立冖丨

	DYUH	石⺊丶丨
弟	UXHT3	丶弓丨丿
	UXHT3	丶弓丨丿
弟兄 UXKQ[86]		弟子 UXBB[98]
第	TXHT2	竹弓丨丿
	TXHT3	竹弓丨丿
第四 TXLH		第六 TXUY
第七 TXAG		第一位 TGWU[98]
第三产业 TDUO		
第九届人民代表大会 TVNW[98]		
递	UXHP	丶弓丨辶
	UXHP	丶弓丨辶
递交 UXUQ[86]/UXUR[98]		
递补 UXPU[86]		
娣	VUXT3	女丶弓丿
	VUXT3	女丶弓丿
睇	HUXT3	目丶弓丿
	HUXT3	目丶弓丿
棣	SVIY3	木彐水
	SVIY3	木彐水

diǎ

嗲	KWQQ3	口八乂夕
	KWRQ3	口八乂夕

diān

颠	FHWM	十且八贝
	FHWM	十且八贝
颠簸 FHTA[86]/FHTD[98]		
颠倒 FHWG[86]		颠覆 FHST[86]
滇	IFHW	氵十且八
	IFHW	氵十且八
滇池 IFIB[98]		

巅	MFHM3	山十且贝
	MFHM3	山十且贝
癫	UFHM	疒十且贝
	UFHM3	疒十且贝
癫痫 UFUU[98]		
掂	RYHK3	扌广⺊口
	ROHK3	扌广⺊口

diǎn

典	MAWU3	冂廿八
	MAWU3	冂廿八
典礼 MAPY		典型 MAGA
典雅 MAAH[98]		
碘	DMAW3	石冂廿八
	DMAW3	石冂廿八
点	HKOU3	⺊口灬
	HKOU3	⺊口灬
点缀 HKXC		点燃 HKOQ
点火 HKOO[98]		
踮	KHYK	口止广口
	KHOK	口止广口

diàn

电	JNV2	曰乚
	JNV2	曰乚
电视 JNPY		电话 JNYT
电影 JNJY		电讯 JNYN
电力 JNLT[86]/JNEN[98]		
电气 JNRN[86]/JNRT[98]		
电视剧 JPND		电话号码 JYKD
靛	GEPH3	圭月宀止
	GEPH	圭月宀止
淀	IPGH	氵宀一止

	IPGH	冫宀一龰
淀粉 IPOW[98]		
垫	RVYF	扌九丶土
	RVYF	扌九丶土
佃	WLG2	亻田
	WLG2	亻田
钿	QLG	钅田
	QLG	钅田
甸	QLD2	勹田
	QLD2	勹田
店	YHKD3	广卜口
	OHKD3	广卜口
店员 YHKM[86]		
店铺 YHQG[86]/OHQS[98]		
惦	NYHK3	忄广卜口
	NOHK3	忄广卜口
阽	BHKG	阝卜口
	BHKG	阝卜口
坫	FHKG	土卜口
	FHKG3	土卜口
玷	GHKG3	王卜口
	GHKG3	王卜口
奠	USGD	丷西一大
	USGD	丷西一大
奠定 USPG		
奠基 USAD[86]/USDW[98]		
殿	NAWC3	尸共八又
	NAWC3	尸共八又
癜	UNAC3	疒尸共又
	UNAC3	疒尸共又
簟	TSJJ3	竹西早

| **簟** | TSJJ3 | 竹西早 |

刁	NGD	乛一
	NGD	乛一
刁难 NGCW[86]		
叼	KNGG3	口乛一
	KNGG3	口乛一
雕	MFKY	冂土口隹
	MFKY	冂土口隹
雕刻 MFYN 雕像 FMWQ		
碉	KMFK3	石冂土口
	KMFK3	石冂土口
碉堡 DMWK[86]		
凋	UMFK3	冫冂土口
	UMFK3	冫冂土口
凋谢 UMYT[86]		
鲷	QGMK3	鱼一冂口
	QGMK3	鱼一冂口
貂	EEVK3	罒豸刀口
	EVKG3	豸刀口

| **鸟** | QYNG | 勹丶乛一 |
| | QGD | 鸟一 |

掉	RHJH3	扌卜早
	RHJH3	扌卜早
掉以轻心 RNLN[86]		
吊	KMHJ3	口冂丨
	KMHJ3	口冂丨
吊装 KMUF[98] 吊车 KMLG[98]		

D

锦	QKMH	钅口冂丨	鲽	QGAS3	鱼一廿木
	QKMH	钅口冂丨		QGAS3	鱼一廿木
钓	QQYY3	钅勹丶	谍	YANS3	讠廿乚木
	QQYY3	钅勹丶		YANS3	讠廿乚木
钓鱼台 QQCK			揲	RANS	扌廿乚木
调	YMFK3	讠冂土口		RANS	扌廿乚木
	YMFK3	讠冂土口	眵	RCYW	厂厶乀人
调动 YMFC 调查 YMSJ				RCYG	厂厶乀夫
调换 YMRQ 调任 YMWT			迭	RWPI3	乀人辶
调查研究 YSDP				TGPI3	丿夫辶
铫	QIQN3	钅八儿	叠	CCCG	又又又一
	QQIY3	钅儿八		CCCG	又又又一

diē

爹	WQQQ	八乂夕夕	垤	FGCF3	土一厶土
	WRQQ3	八乂夕夕		FGCF3	土一厶土
跌	KHRW3	口止乀人	耋	FTXF	土丿匕土
	KHTG	口止丿夫		FTXF	土丿匕土

dié

dīng

碟	DANS3	石廿乚木	丁	SGH	丁一丨
	DANS3	石廿乚木		SGH	丁一丨
蝶	JANS3	虫廿乚木	盯	HSH2	目丁
	JANS3	虫廿乚木		HSH2	目丁
堞	FANS3	土廿乚木	盯住 HSWY[98]		
	FANS3	土廿乚木	叮	KSH	口丁
喋	KANS	口廿乚木		KSH	口丁
	KANS3	口廿乚木	叮嘱 KSKN 叮咛 KSKP[86]		
牒	THGS	丿丨一木	钉	QSH2	钅丁
	THGS	丿丨一木		QSH2	钅丁
蹀	KHAS	口止廿木	仃	WSH	亻丁
	KHAS	口止廿木		WSH	亻丁
			玎	GSH	王丁

	GSH	王丁
疔	USK	疒丁
	USK	疒丁
耵	BSH	耳丁
	BSH	耳丁
町	LSH	田丁
	LSH	田丁
酊	SGSH3	西一丁
	SGSH3	西一丁

dǐng

顶	SDMY3	丁厂贝
	SDMY2	丁厂贝

顶替 SDFW[86]　顶峰 SDMT[86]

酊	SGSH3	西一丁
	SGSH3	西一丁
鼎	HNDN3	目𠃌𠄌丿
	HNDN3	目𠃌𠄌丿

dìng

定	PGHU2	宀一止
	PGHU3	宀一止

定向 PGTM　定金 PGQQ[98]
定义 PGYQ[86]/PGYR[98]
定期 PGAD[86]/PGDW[98]
定计划 PYAJ[98]

锭	QPGH2	钅宀一止
	QPGH2	钅宀一止
啶	KPGH	口宀一止
	KPGH	口宀一止
腚	EPGH3	月宀一止
	EPGH3	月宀一止
碇	DPGH3	石宀一止
	DPGH3	石宀一止
订	YSH2	讠丁
	YSH2	讠丁

订货 YSWX　订购 YSMQ[98]
订合同 YWMG[98]　订单 YSUJ

铤	QTFP	钅丿士廴
	QTFP	钅丿士廴

diū

丢	TFCU3	丿土厶
	TFCU3	丿土厶

丢掉 TFRH[98]

铥	QTFC	钅丿土厶
	QTFC	钅丿土厶

dōng

东	AII2	七小
	AII2	七小

东京 AIYI　东部 AIUK
东风 AIMQ[86]/AIWR[98]
东欧 AIAQ[86]/AIAR[98]
东方 AIYY

鸫	AIQG3	七小勹一
	AIQG3	七小鸟一
崬	MAIU3	山七小
	MAIU3	山七小
冬	TUU	夂冫
	TUU2	夂冫

冬天 TUGD
冬季奥运会 TTTW[98]

咚	KTUY	口夂冫
	KTUY	口夂冫

D

氡	RNTU	气乁攵:	垌	FMGK3	土冂一口
	RTUI	气攵:		FMGK3	土冂一口

dǒng

峒	MMGK	山冂一口
	MMGK	山冂一口

董	ATGF3	卄丿一土
	ATGF3	卄丿一土

董事长 AGTA   董事会 AGWF
董建华 AVWX[98]

胴	EMGK3	月冂一口
	EMGK3	月冂一口

懂	NATF3	忄卄丿土
	NATF3	忄卄丿土

懂得 NATJ   懂事 NAGK[86]

硐	DMGK3	石冂一口
	DMGK3	石冂一口

dòng

dōu

动	FCLN3	二厶力
	FCET3	二厶力

动荡 FCAI   动听 FCKR[86]
动物 FCTR[86]/FCCQ[98]

兜	QRNQ	乚白冂儿
	RQNQ	白乚冂儿

蔸	AQRQ	卄乚白儿
	ARQQ	卄白乚儿

栋	SAIY3	木七小
	SAIY3	木七小

栋梁 SAIV[86]

篼	TQRQ	𥫗乚口白儿
	TRQQ	𥫗口白儿

冻	UAIT3	冫七小
	UAIT3	冫七小

冻结 UAXF

都	FTJB	土丿日阝
	FTJB	土丿日阝

dǒu

胨	EAIY3	月七小
	EAIY3	月七小

侗	WMGK	亻冂一口
	WMGK3	亻冂一口

斗	UFK	冫十
	UFK2	冫十

恫	NMGK3	忄冂一口
	NMGK3	忄冂一口

抖	RUFH	扌冫十
	RUFH3	扌冫十

洞	IMGK	氵冂一口
	IMGK	氵冂一口

蚪	JUFH	虫冫十
	JUFH	虫冫十

洞庭湖 IYID[86]/IOID[98]
洞口 IMKK[98]

钭	QUFH3	钅冫十
	QUFH3	钅冫十

陡	BFHY3	阝土𤴓
	BFHY3	阝土𤴓

dòu

豆	GKUF3	一口丷二
	GKUF3	一口丷二

豆腐 GKYW[86]/GKOW[98]
豆制品 GRKK[86]

| 逗 | GKUP | 一口丷辶 |
| | GKUP | 一口丷辶 |

逗留 GKQY　逗号 GKKG[86]

| 痘 | UGKU | 疒一口丷 |
| | UGKU | 疒一口丷 |

| 斗 | UFK | ⺀十 |
| | UFK2 | ⺀十 |

斗争 UFQV　斗志 UFFN
斗志昂扬 UFJR[86]

| 读 | YFND3 | 讠十乛大 |
| | YFND3 | 讠十乛大 |

| 窦 | PWFD | 宀八十大 |
| | PWFD | 宀八十大 |

dū

| 都 | FTJB | 土丿日阝 |
| | FTJB | 土丿日阝 |

都市 FTYM　都督 FTHI[86]

| 嘟 | KFTB | 口土丿阝 |
| | KFTB | 口土丿阝 |

| 督 | HICH | 上小又目 |
| | HICH | 上小又目 |

督促 HIWK
督促检查 HWSS[98]

dú

| 毒 | GXGU | 丰乛一冫 |

| | GXU | 丰母 |

毒害 GXPD[86]　毒品 GXKK[98]

| 犊 | TRFD | 丿扌十大 |
| | CFND3 | 牜十乛大 |

| 读 | YFND3 | 讠十乛大 |
| | YFND3 | 讠十乛人 |

读书 YFNN　读者 YFFT
读物 YFTR[86]/YFCQ[98]

| 渎 | IFND | 氵十乛大 |
| | IFND | 氵十乛大 |

渎职 IFBK[86]

| 椟 | SFND3 | 木十乛大 |
| | SFND3 | 木十乛大 |

| 牍 | THGD | 丿丨一大 |
| | THGD | 丿丨一大 |

| 黩 | LFOD | 囗土灬大 |
| | LFOD | 囗土灬大 |

| 顿 | GBNM | 一凵乚贝 |
| | GBNM | 一凵乚贝 |

| 髑 | MELJ3 | 冎月罒虫 |
| | MELJ3 | 冎月罒虫 |

| 独 | QTJY3 | 犭丿虫 |
| | QTJY3 | 犭丿虫 |

独具 QTHW[98]　独创 QTWB
独特 QTTR[86]/QTCF[98]
独生子 QTBB[86]　独立 QTUU
独出心裁 QBNF[86]

dǔ

| 堵 | FFTJ3 | 土土丿日 |
| | FFTJ3 | 土土丿日 |

堵塞 FFPF[86]/FFPA[98]

D

堵住	FFWY[98]				AFF	艹土
睹	HFTJ3	目土丿日		**蠹**	GKHJ	一口丨虫
	HFTJ3	目土丿日			GKHJ	一口丨虫
赌	MFTJ	贝土丿日				
	MFTJ	贝土丿日				

duān

赌博	MFFG[86]/MFFS[98]		**端**	UMDJ3	立山而刂
笃	TCF	⺮马		UMDJ2	立山而刂
	TCGF3	⺮马一	端正	UMGH	端详 UMYU[86]

肚	EFG	月土	
	EFG2	月土	

duǎn

dù

杜	SFG	木土	**短**	TDGU3	𠂉大一丷
	SFG	木土		TDGU3	𠂉大一丷
杜绝	SFXQ		短暂	TDLR	短评 TDYG
肚	EFG	月土	短期	TDAD[86]/TDDW[98]	
	EFG2	月土	短促	TDWK[86]	
肚子	EFBB				

duàn

度	YACI2	广廿又	**段**	WDMC3	亻三几又
	OACI3	广廿又		THDC	丿丨三又
度过	YAFP[86]/OAFP[98]		段落	WDAI[86]	
度假	YAWN[86]/OAWN[98]		**锻**	QWDC3	钅亻三又
度数	YAOV[86]			QTHC3	钅丿丨又
镀	QYAC3	钅广廿又	锻炼	QWOA[86]/QTOA[98]	
	QOAC3	钅广廿又	锻造	QWTF[86]	
镀金	QYQQ[86]		**缎**	XWDC3	纟亻三又
渡	IYAC3	氵广廿又		XTHC3	纟丿丨又
	IOAC2	氵广廿又	**椴**	SWDC3	木亻三又
渡口	IYKK[86]			STHC	木丿丨又
妒	VYNT	女丶尸	**煅**	OWDC3	火亻三又
	VYNT	女丶尸		OTHC	火丿丨又
苄	AFF	艹土	**断**	ONRH2	米乚斤
				ONRH2	米乚斤
			断然	ONQD	断送 ONUD[86]

断裂 ONGQ[98]

簖 TONR ᴀᴀ米乚斤
　　TONR ᴀᴀ米乚斤

duī

堆 FWYG3 土亻圭
　　FWYG3 土亻圭

堆放 FWYT[98]　堆积 FWTK[98]

duì

兑 UKQB ⿰口儿
　　UKQB ⿰口儿

兑现 UKGM　兑换 UKRQ

队 BWY2 阝人
　　BWY2 阝人

队伍 BWWG　队部 BWUK[86]
队友 BWDC[98]

对 CFY2 又寸
　　CFY2 又寸

对于 CFGF　对立 CFUU
对方 CFYY　对话 CFYT
对象 CFQJ[86]/CFQK[98]
对面 CFDM[86]/CFDL[98]
对外开放 CQGY

怼 CFNU3 又寸心
　　CFNU3 又寸心

敦 YBTY3 亯子攵
　　YBTY3 亯子攵

镦 QYBT3 钅亯子攵
　　QYBT3 钅亯子攵

憝 YBTN 亯子攵心
　　YBTN 亯子攵心

碓 DWYG 石亻圭

碓 DWYG 石亻圭

dūn

吨 KGBN3 口一凵乚
　　KGBN3 口一凵乚

蹲 KHUF 口止丷寸
　　KHUF 口止丷寸

蹲点 KHHK[98]

敦 YBTY3 亯子攵
　　YBTY3 亯子攵

敦促 YBWK　敦煌 YBOR[98]

礅 DYBT3 石亯子攵
　　DYBT3 石亯子攵

墩 FYBT3 土亯子攵
　　FYBT3 土亯子攵

镦 QYBT3 钅亯子攵
　　QYBT3 钅亯子攵

dǔn

盹 HGBN3 目一凵乚
　　HGBN3 目一凵乚

趸 DNKH3 厂丁口止
　　GQKH3 一厂口止

dùn

顿 GBNM 一凵乚贝
　　GBNM 一凵乚贝

顿时 GBJF　顿号 GBKG[86]

囤 LGBN3 囗一凵乚
　　LGBN3 囗一凵乚

钝 QGBN 钅一凵乚
　　QGBN 钅一凵乚

沌	IGBN3	氵一凵乚		DFU2	大寸

沌 IGBN3　氵一凵乚
　　IGBN3　氵一凵乚

炖 OGBN　火一凵乚
　　OGBN3　火一凵乚

砘 DGBN3　石一凵乚
　　DGBN3　石一凵乚

盾 RFHD3　厂十目
　　RFHD3　厂十目

遁 RFHP　厂十目辶
　　RFHP　厂十目辶

遁词 RFYN[86]

duō

多 QQU2　夕夕
　　QQU2　夕夕

多种 QQTK　多少 QQIT
多么 QQTC　多数 QQOV
多年 QQRH[86]/QQTG[98]
多余 QQWT[86]/QQWG[98]
多功能 QACE　多种多样 QTQS
多种经营 QTXA

哆 KQQY3　口夕夕
　　KQQY3　口夕夕

哆嗦 KQKF[86]

剟 KBMH3　口凵山
　　KBMH3　口凵山

掇 RCCC3　扌又又又
　　RCCC3　扌又又又

裰 PUCC　礻丶又又
　　PUCC　礻丶又又

duó

夺 DFU2　大寸

夺取 DFBC　夺冠 DFPF
夺标 DFSF[86]　夺目 DFHH[98]

铎 QCFH3　钅又二丨
　　QCGH3　钅又龶

度 YACI2　广廿又
　　OACI3　广廿又

踱 KHYC　口止广又
　　KHOC　口止广又

duǒ

朵 MSU2　几木
　　WSU　几木

哚 KMSY3　口几木
　　KWSY　口几木

垛 FMSY3　土几木
　　FWSY3　土几木

躲 TMDS　丿门三木
　　TMDS　丿门三木

躲避 TMNK[86]

duò

跺 KHMS3　口止几木
　　KHWS　口止几木

垛 FMSY3　土几木
　　FWSY3　土几木

剁 MSJH3　几木刂
　　MSJH3　几木刂

舵 TEPX　丿舟宀匕
　　TUPX3　丿舟宀匕

柁 SPXN3　木宀匕
　　SPXN3　木宀匕

惰	NDAE3	忄ナ工月	驮	CDY	马大
	NDAE3	忄ナ工月		CGDY	马一大
堕	BDEF	阝ナ月土	沱	ITBN3	氵丿乚也
	BDEF	阝ナ月土		ITBN3	氵丿乚也
堕落	BDAI[86]				

D

E

ē

阿	BSKG2	阝丁口
	BSKG2	阝丁口
阿弥陀佛 BXBW[86]		
屙	NBSK3	尸阝丁口
	NBSK3	尸阝丁口
婀	VBSK3	女阝丁口
	VBSK3	女阝丁口

é

鹅	TRNG	ノ扌乚一
	TRNG	ノ扌乚一
俄	WTRT3	亻ノ扌ノ
	WTRY3	亻ノ扌丶
俄国 WTLG 俄语 WTYG[86]		
蛾	JTRT3	虫ノ扌ノ
	JTRY3	虫ノ扌丶
峨	MTRT3	山ノ扌ノ
	MTRY3	山ノ扌丶
峨眉山 MNMM[86]		
娥	VTRT3	女ノ扌ノ
	VTRY3	女ノ扌丶
锇	QTRT	钅ノ扌ノ
	QTRY	钅ノ扌丶
莪	ATRT3	艹ノ扌ノ
	ATRY3	艹ノ扌丶

哦	KTRT3	口ノ扌ノ
	KTRY3	口ノ扌丶
讹	YWXN	讠亻匕
	YWXN	讠亻匕
讹诈 YWYT[86]		
额	PTKM	宀夂口贝
	PTKM	宀夂口贝
额外 PTQH 额度 PTOA[98]		

ě

恶	GOGN	一业一心
	GONU3	一业心

è

恶	GOGN	一业一心
	GONU3	一业心
恶劣 GOIT 恶化 GOWX		
恶性循环 GNTG		
厄	DBV	厂巳
	DBV	厂巳
厄运 DBFC[86]		
厄瓜多尔 DRQQ[98]		
苊	ADBB3	艹厂巳
	ADBB3	艹厂巳
扼	RDBN3	扌厂巳
	RDBN3	扌厂巳
扼杀 RDQS[86] 扼要 RDSV[86]		

呃	KDBN3	口厂㦉
	KDBN3	口厂㦉
轭	LDBN3	车厂㦉
	LDBN3	车厂㦉
遏	JQWP	日勹人辶
	JQWP3	日勹人辶
鄂	KKFB	口口二阝
	KKFB	口口二阝
鄂西	KKSG[98]	
谔	YKKN	讠口口乛
	YKKN	讠口口乛
愕	NKKN3	忄口口乛
	NKKN3	忄口口乛
萼	AKKN	艹口口乛
	AKKN	艹口口乛
腭	EKKN	月口口乛
	EKKN3	月口口乛
锷	QKKN	钅口口乛
	QKKN	钅口口乛
鹗	KKFG	口口二一
	KKFG	口口二一
颚	KKFM	口口二贝
	KKFM	口口二贝
鳄	QGKN	鱼一口乛
	QGKN3	鱼一口乛
阏	UYWU	门方人冫
	UYWU	门方人冫
饿	QNTT3	𠂉乙丿丿
	QNTY	𠂉乙丿丶
鿏	GKKK	王口口口
	GKKK	王口口口

壾耗	GKDI[86]	
垩	GOGF	一业一土
	GOFF3	一业土

e

呃	KDBN3	口厂㦉
	KDBN3	口厂㦉

èi

诶	YCTD3	讠厶𠂇大
	YCTD3	讠厶𠂇大

ēn

恩	LDNU3	口大心
	LDNU3	口大心
恩情	LDNG[86]	恩赐 LDMJ[86]
恩格斯	LSAD[86]/LSDW[98]	
蒽	ALDN	艹口大心
	ALDN	艹口大心

èn

摁	RLDN3	扌口大心
	RLDN3	扌口大心

ér

儿	QTN2	儿丿乙
	QTN2	儿丿乙
儿子	QTBB	儿女 QTVV
儿科	QTTU	儿童节 QUAB
儿媳	QTVT[98]	
而	DMJJ3	丆冂‖
	DMJJ2	丆冂‖
而后	DMRG	而且 DMEG
而又	DMCC[98]	

鸸	DMJG	フ冂‖一	
	DMJG	フ冂‖一	
鲕	QGDJ	鱼一フ‖	
	QGDJ	鱼一フ‖	

ěr

耳	BGHG3	耳一丨一
	BGHG3	耳一丨一

耳目 BGHH　耳机 BGSM[86]
耳朵 BGMS[86]/BGWS[98]
耳目一新 BHGU[98]

饵	QNBG	ク乚耳
	QNBG	ク乚耳
洱	IBG	氵耳
	IBG	氵耳
珥	GBG	王耳
	GBG	王耳
铒	QBG	钅耳
	QBG	钅耳
尔	QIU	ケ小

	QIU2	ケ小
尔后	QIRG[98]	
迩	QIPI3	ケ小辶
	QIPI	ケ小辶

èr

二	FGG2	二一一
	FGG	二一一

二月 FGEE[86]　二级 FGXB[98]
二等 FGTF[98]　二者 FGFT[98]
二等功 FTAE[98]
二氧化碳 FRWD
二话没说 FYIY[98]
二十一世纪 FFGX[98]
二十世纪九十年代 FFAW[98]

贰	AFMI3	弋二贝
	AFMY3	弋二贝丶
佴	WBG	亻耳
	WBG	亻耳

F

fā

发 NTCY3　ㄥノ又丶
　　 NTCY3　ㄥノ又丶
发达 NTDP　发展 NTNA
发扬 NTRN　发誓 NTRR
发言 NTYY　发财 NTMF
发射 NTTM　发展生产 NNTU
发电机 NJSM[86]/NJSW[98]
发扬光大 NRID
发展中国家 NNKP

fá

罚 LYJJ2　罒讠刂
　　 LYJJ2　罒讠刂
罚款 LYFF　罚金 LYQQ[98]

伐 WAT　亻戈
　　 WAY　亻戈

筏 TWAR3　⺮亻戈
　　 TWAU3　⺮亻戈

阀 UWAE3　门亻戈
　　 UWAI3　门亻戈

垡 WAFF　亻戈土
　　 WAFF　亻戈土

乏 TPI　ノ之
　　 TPU2　ノ之

fǎ

法 IFCY2　氵土厶
　　 IFCY3　氵土厶
法人 IFWW　法纪 IFXN
法律 IFTV　法制建设 IFOT[98]
法庭 IFYT[86]/IFOT[98]
法律效力 ITUE[98]
法律知识 ITTY[98]

砝 DFCY　石土厶
　　 DFCY　石土厶

fà

发 NTCY3　ㄥノ又丶
　　 NTCY3　ㄥノ又丶

珐 GFCY3　王土厶
　　 GFCY3　王土厶

fān

帆 MHMY3　冂丨几丶
　　 MHWY3　冂丨几丶
帆船 MHTE[86]/MHTU[98]

番 TOLF3　ノ米田
　　 TOLF3　ノ米田

翻 TOLN　ノ米田羽
　　 TOLN　ノ米田羽
翻译 TOYC　翻案 TOPV[86]
翻开 TOGA[98]

翻天覆地 TGSF[86]

蕃	ATOL	艹 丿 米 田
	ATOL	艹 丿 米 田
藩	AITL3	艹 氵 丿 田
	AITL3	艹 氵 丿 田
幡	MHTL	冂 丨 丿 田
	MHTL	冂 丨 丿 田

fán

凡	MYI2	几 丶
	WYI2	几 丶

凡例 MYWG[86]   凡属 WYNT[98]

矾	DMYY3	石 几 丶
	DWYY3	石 几 丶
钒	QMYY	钅 几 丶
	QWYY	钅 几 丶
繁	TXGI	ノ 一 口 一 小
	TXTI	ノ 一 母 攵 小

繁华 TXWX   繁荣 TXAP
繁荣昌盛 TAJD   繁重 TXTG[86]
繁简共容 TTAP[86]

蘩	ATXI	艹 ノ 口 小
	ATXI	艹 ノ 母 小
烦	ODMY3	火 ノ 一 贝
	ODMY3	火 ノ 一 贝

烦琐 ODGI   烦躁 ODKH[86]

燔	OTOL3	火 丿 米 田
	OTOL3	火 丿 米 田
蹯	KHTL	口 止 丿 田
	KHTL	口 止 丿 田
蕃	ATOL3	艹 丿 米 田
	ATOL3	艹 丿 米 田

樊	SQQD	木 乂 乂 大
	SRRD	木 乂 乂 大

fǎn

反	RCI2	厂 又
	RCI2	厂 又

反击 RCFM[86]／RCGB[98]
反义词 RYYN[86]   反贪污 RWIF
反抗 RCRY   反馈 RCQN
反腐败 ROMT[98]   反悔 RCNT[86]
反劲派 RFIR[86]   反感 RCDG
反省 RCIT   反腐倡廉 ROWO[98]

返	RCPI3	厂 又 辶
	RCPI3	厂 又 辶

返乡 RCXT   返航 RCTE[86]
返还 RCDH[98]

fàn

范	AIBB3	艹 氵 巳
	AIBB3	艹 氵 巳

范围 AILF   范例 AIWG

犯	QTBN3	犭 丿 巳
	QTBN3	犭 丿 巳

犯罪 QTLD[86]／QTLH[98]
犯规 QTFW[86]／QTGM[98]

饭	QNRC3	𠂉 乚 乚 又
	QNRC3	𠂉 乚 乚 又

饭菜 QNAE   饭厅 QNDS[86]

贩	MRCY2	贝 乚 又
	MRCY3	贝 乚 又

贩卖 MRFN   贩毒 MRGX[98]

泛	ITPY3	氵 丿 之
	ITPY3	氵 丿 之

泛滥 ITIJ			

畈	LRCY3	田巳又	
	LRCY3	田巳又	
梵	SSMY3	木木几丶	
	SSWY3	木木几丶	

fāng

| 方 | YYGN2 | 方丶一乙 | |
| | YYGT2 | 方丶一丿 | |

方位 YYWU　方案 YYPV
方便 YYWG　方针政策 YQGT

邡	YBH	方阝	
	YBH	方阝	
枋	SYN	木方	
	SYT	木方	
钫	QYN	钅方	
	QYT	钅方	
坊	FYN	土方	
	FYT2	土方	
芳	AYB2	艹方	
	AYR2	艹方	

芳菲 AYAD[86]　芳香 AYTJ

fáng

肪	EYN	月方	
	EYT2	月方	
房	YNYV3	丶尸方	
	YNYE3	丶尸方	

房产 YNUT　房子 YNBB
房屋 YNNG

| 防 | BYN2 | 阝方 | |
| | BYT | 阝方 | |

防汛 BYIN　防空 BYPW

防洪 BYIA　防止 BYHH

| 妨 | VYN2 | 女方 | |
| | VYT2 | 女方 | |

妨碍 VYDJ　妨害 VYPD[86]

坊	FYN	土方	
	FYT2	土方	
鲂	QGYN	鱼一方	
	QGYT	鱼一方	

fǎng

| 仿 | WYN | 亻方 | |
| | WYT | 亻方 | |

仿佛 WYWX　仿古 WYDG[98]

舫	TEYN	丿舟方	
	TUYN	丿舟方	
访	YYN	讠方	
	YYT	讠方	

访问 YYUK　访问团 YULF[98]
访问期间 YUDU[98]

| 纺 | XYN2 | 纟方 | |
| | XYT2 | 纟方 | |

纺织 XYXK　纺织品 XXKK
纺织厂 XXDG

| 彷 | TYN | 彳方 | |
| | TYT | 彳方 | |

fàng

| 放 | YTY2 | 方攵 | |
| | YTY2 | 方攵 | |

放宽 YTPA　放弃 YTYC
放射 YTTM　放假 YTWN
放心 YTNY[86]　放任 YTWT[98]
放开经营 YGXA[98]

放在首位 YDUW[98]

fēi

非 DJDD3　三‖三
　　 HDHD2　 |三|三
非凡 DJMY[86]/HDWY[98]
非法 DJIF[86]/HDIF[98]
非同小可 DMIS[86]

啡 KDJD3　口三‖三
　　 KHDD　口|三三

菲 ADJD3　艹三‖三
　　 AHDD　艹|三三
菲律宾 ATPR

绯 XDJD　纟三‖三
　　 XHDD3　纟|三三

扉 YNDD　、尸三三
　　 YNHD　、尸|三

蜚 DJDJ　三‖三虫
　　 HDHJ　|三|虫

霏 FDJD　雨三‖三
　　 FHDD3　雨|三三

鲱 QGDD　⿰⿱𠂇丶一三三
　　 QGHD　⿰⿱𠂇丶一|三

飞 NUI　乙⺀
　　 NUI　乙⺀
飞跃 NUKH　飞翔 NUUD[86]
飞机 NUSM[86]/NUSW[98]
飞船 NUTE[86]/NUTU[98]
飞扬 NURN[98]

妃 VNN　女己
　　 VNN　女己

féi

肥 ECN2　月巴
　　 ECN2　月巴
肥沃 ECIT[86]　肥皂 ECRA[86]

淝 IECN3　氵月巴
　　 IECN3　氵月巴

腓 EDJD　月三‖三
　　 EHDD3　月|三三

fěi

匪 ADJD　匚三‖三
　　 AHDD　匚|三三

篚 TADD　⺮匚三三
　　 TAHD3　⺮匚|三

诽 YDJD3　讠三‖三
　　 YHDD3　讠|三三
诽谤 YDYU[86]

悱 NDJD　忄三‖三
　　 NHDD　忄|三三

榧 SADD　木匚三三
　　 SAHD3　木匚|三

斐 DJDY　三‖三文
　　 HDHY　|三|文

蜚 DJDJ　三‖三虫
　　 HDHJ　|三|虫

菲 ADJD3　艹三‖三
　　 AHDD3　艹|三三

翡 DJDN　三‖三羽
　　 HDHN　|三|羽
翡翠 HDNY[98]

fèi

肺	EGMH3	月一门丨
	EGMH3	月一门丨
肺病 EGUG[86]		肺腑 EGEO[98]
苇	AGMH3	艹一门丨
	AGMH3	艹一门丨
吠	KDY	口犬
	KDY	口犬
废	YNTY	广乛丿丶
	ONTY3	广乛丿丶
废除 YNBW[86]/ONBW[98]		
废寝忘食 YPYW[86]		
废品 YNKK[86]/ONKK[98]		
废墟 ONFH[98]		
沸	IXJH3	氵弓‖
	IXJH3	氵弓‖
沸腾 IXEU		
费	XJMU3	弓‖贝
	XJMU3	弓‖贝
费尽心机 XNNS[86]		费用 XJET
狒	QTXJ3	犭丿弓‖
	QTXJ	犭丿弓‖
镄	QXJM	钅弓‖贝
	QXJM3	钅弓‖贝
痱	UDJD	疒三‖三
	UHDD3	疒丨三三

fēn

分	WVB2	八刀
	WVR2	八刀
分工 WVAA		分析 WVSR
分解 WVQE		分担 WVRJ

分明 WVJE		分量 WVJG[98]
分离 WVYB[86]/WVYR[98]		
纷	XWVN3	纟八刀
	XWVT3	纟八刀
纷纷 XWXW		纷呈 XWKG[98]
玢	GWVN3	王八刀
	GWVT3	王八刀
芬	AWVB3	艹八刀
	AWVR3	艹八刀
酚	SGWV3	西一八刀
	SGWV3	西一八刀
吩	KWVN3	口八刀
	KWVT3	口八刀
吩咐 KWKW[86]		
氛	RNWV3	匚乁八刀
	RWVE3	气八刀

fén

坟	FYY2	土文
	FYY2	土文
焚	SSOU3	木木火
	SSOU3	木木火
焚烧 SSOA		
汾	IWVN3	氵八刀
	IWVT3	氵八刀
棼	SSWV3	木木八刀
	SSWV3	木木八刀
鼢	VNUV	臼乚丷刀
	ENUV	臼乚丷刀

fěn

粉	OWVN2	米八刀

OWVT3　米八刀

粉身碎骨 OTDM[86]

粉碎 OWDY

粉煤灰 OODO[98]　粉尘 OWIF[98]

fèn

奋 DLF　大田
　　DLF　大田
奋勇 DLCE　奋战 DLHK
奋发图强 DNLX[86]

分 WVB2　八刀
　　WVB2　八刀

份 WWVN3　亻八刀
　　WWVT3　亻八刀
份额 WWPT[98]

忿 WVNU　八刀心
　　WVNU　八刀心

愤 NFAM3　忄十艹贝
　　NFAM3　忄十艹贝
愤慨 NFNV　愤恨 NFNV[86]
愤怒 NFVC

鲼 QGFM　鱼一十贝
　　QGFM　鱼一十贝

偾 WFAM3　亻十艹贝
　　WFAM3　亻十艹贝

粪 OAWU　米共八
　　OAWU3　米共八

瀵 IOLW3　氵米田八
　　IOLW3　氵米田八

fēng

风 MQI2　几乂
　　WRI2　几乂

风云 MQFC[86]/WRFC[98]

风光 MQIQ[86]/WRIG[98]

风采 MQES[86]/WRES[98]

风度 MQYA[86]/WROA[98]

风暴 MQJA[86]/WRJA[98]

风靡 MQYS[86]/WROS[98]

疯 UMQI3　疒几乂
　　UWRI3　疒几乂
疯狂 UMQT[86]/UWQT[98]

枫 SMQY3　木几乂
　　SWRY3　木几乂

砜 DMQY　石几乂
　　DWRY3　石几乂

丰 DHK2　三丨
　　DHK　三丨
丰碑 DHDR　丰收 DHNH
丰厚 DHDJ　丰姿 DHUQ[86]
丰功伟绩 DAWX[98]

沣 IDHH3　氵三丨
　　IDHH3　氵三丨

封 FFFY　土土寸
　　FFFY　土土寸
封闭 FFUF　封山 FFMM[98]
封存 FFDH
封建迷信 FVOW[98]

葑 AFFF　艹土土寸
　　AFFF　艹土土寸

蜂 JTDH3　虫夂三丨
　　JTDH3　虫夂三丨
蜂蜜 JTPN[86]

峰 MTDH3　山夂三丨
　　MTDH3　山夂三丨

F

锋 QTDH3 钅夂三丨
　　QTDH3 钅夂三丨
锋芒毕露 QAXF[86]

烽 OTDH2 火夂三丨
　　OTDH3 火夂三丨

酆 DHDB 三丨三阝
　　MDHB3 山三丨阝

féng

逢 TDHP3 夂三丨辶
　　TDHP3 夂三丨辶
逢年过节 TTFA[98]

缝 XTDP 纟夂三辶
　　XTDP 纟夂三辶
缝纫 XTXV　缝隙 XTBI[86]

冯 UCG2 冫马
　　UCGG3 冫马一

fěng

讽 YMQY3 讠几义
　　YWRY3 讠几义
讽刺 YMGM[86]/YWSM[98]

唪 KDWH3 口三人丨
　　KDWG 口三人夫

fèng

奉 DWFH3 三人二丨
　　DWGJ3 三人夫
奉行 DWTF[86]/DWTG[98]
奉献 DWFM

俸 WDWH 亻三人丨
　　WDWG 亻三人夫

葑 AFFF 艹土土寸

　　AFFF 艹土土寸

缝 XTDP 纟夂三辶
　　XTDP 纟夂三辶

凤 MCI2 几又
　　WCI 几又
凤凰 MCMR[86]/WCWR[98]

fó

佛 WXJH3 亻弓刂
　　WXJH3 亻弓刂
佛教 WXFT

fǒu

否 GIKF3 一小口
　　DHKF 𠂉卜口
否认 GIYW[86]/DHWY[98]
否则 GIMJ[86]/DHMJ[98]
否定 GIPC[86]　否决 DHUN[98]

缶 RMK 𠂉山
　　TFBK 𠂉十凵

fū

夫 FWI2 二人
　　GGGY 夫一一、
夫妇 FWVV[86]/GGVV[98]
夫妻 FWGV[86]/GGGV[98]

肤 EFWY3 月二人
　　EGY 月夫

呋 KFWY3 口二人
　　KGY 口夫

麸 GQFW 𡗗夕二人
　　GQGY 𡗗夕夫

跌 KHFW3 口止二人

	KHGY	口止夫	怫	NXJH3	忄弓∥
稃	TEBG	禾⺤子		NXJH3	忄弓∥
	TEBG	禾⺤子	绋	XXJH3	纟弓∥
孵	QYTB	⺈丶丿子		XXJH3	纟弓∥
	QYTB	⺈丶丿子	舭	XJQC3	弓∥ク巴
孵化 QYWX[98]				XJQC3	弓∥ク巴
跗	KHWF	口止亻寸	砩	DXJH3	石弓∥
	KHWF	口止亻寸		DXJH3	石弓∥
敷	GEHT	一月丨攵	辐	LGKL3	车一口田
	SYTY	甫方攵		LGKL3	车一口田
敷衍 GETI[86]			幅	MHGL3	冂丨一田
				MHGL3	冂丨一田

fú

扶	RFWY3	扌二人	幅度 MHYA[86]/MHOA[98]		
	RGY	扌夫	福	PYGL3	礻丶一田
扶持 RGRF[98]　扶贫 RGWV[98]				PYGL3	礻丶一田
扶助 RGEG[98]			福利 PYTJ　福鼎 PYHN[98]		
夫	FWI2	二人	福建 PYVF[86]/PYVG[98]		
	GGGY	夫一一、	蝠	JGKL	虫一口田
蚨	JFWY3	虫二人		JGKL	虫一口田
	JGY	虫夫	匐	QGKL3	勹一口田
芙	AFWU	艹二人		QGKL	勹一口田
	AGU	艹夫	符	TWFU3	𥫗亻寸
芙蓉 AFAP[86]				TWFU3	𥫗亻寸
弗	XJK	弓∥	符号 TWKG　符合 TWWG		
	XJK	弓∥	苻	AWFU	艹亻寸
拂	RXJH	扌弓∥		AWFU	艹亻寸
	RXJH	扌弓∥	伏	WDY	亻犬
佛	WXJH3	亻弓∥		WDY	亻犬
	WXJH3	亻弓∥	伏特 WDTR[86]		
氟	RNXJ3	⺊乙弓∥	袱	PUWD	礻冫亻犬
	RXJK	气弓∥		PUWD	礻冫亻犬

茯	AWDU3	艹亻犬	绂	XDCY3	纟ナ又
	AWDU3	艹亻犬		XDCY3	纟ナ又
孚	EBF	爫子	袯	PYDC	衤丶ナ又
	EBF	爫子		PYDY	衤丶ナ
蜉	JEBG3	虫爫子	黻	OGUC	业一丷又
	JEBG3	虫爫子		OIDY3	业 兆 ナ
浮	IEBG3	氵爫子	幞	MHOY3	冂丨业丶
	IEBG3	氵爫子		MHOG3	冂丨业夫
浮雕 IEMF　浮夸 IEDF[98]			罘	LGIU3	罒一小
俘	WEBG3	亻爫子		LDHU3	罒ナ卜
	WEBG3	亻爫子	芾	AGMH3	艹一冂丨
俘虏 WEHA[86]				AGMH3	艹一冂丨
莩	AEBF	艹爫子			
	AEBF3	艹爫子			fǔ
郛	EBBH3	爫子阝	抚	RFQN3	扌二儿
	EBBH3	爫子阝		RFQN3	扌二儿
桴	SEBG3	木爫子	抚养 RFUD[86]/RFUG[98]		
	SEBG3	木爫子	抚恤 RFNT[98]　抚顺 RFKD[98]		
服	EBCY2	月卩又	甫	GEHY3	一月丨丶
	EBCY2	月卩又		SGHY	甫一丨丶
服务 EBTL[86]/EBTE[98]			辅	LGEY	车一月丶
服饰 EBQN　服从 EBWW				LSY	车甫
服务部 ETUK　服装厂 EUDG			辅助 LGEG[86]/LSEG[98]		
服务机构 ETSS[98]			辅导 LGNF		
蒯	AEBC	艹月卩又	脯	EGEY3	月一月丶
	AEBC	艹月卩又		ESY	月甫
涪	IUKG3	氵立口	黼	OGUY	业一丷丶
	IUKG3	氵立口		OISY3	业 兆 甫
涪陵 IUBF[98]			府	YWFI3	广亻寸
凫	QYNM	勹丶乛几		OWFI3	广亻寸
	QWB	鸟几	腐	YWFW	广亻寸人
				OWFW	广亻寸人

腐蚀 YWQN[86]/OWQN[98]		
腐败现象 OMGQ[98]		
拊 RWFY3　扌亻寸		
RWFY3　扌亻寸		
俯 WYWF3　亻广亻寸		
WOWF3　亻广亻寸		
腑 EYWF3　月广亻寸		
EOWF3　月广亻寸		
父 WQU　八乂		
WRU　八乂		
斧 WQRJ3　八乂斤		
WRRJ3　八乂斤		
斧正 WQGH[86]		
釜 WQFU3　八乂干丷		
WRFU3　八乂干丷		
釜底抽薪 WYRA[86]		
滏 IWQU3　氵八乂丷		
IWRU3　氵八乂丷		

fù

赴 FHHI3　土龰卜		
FHHI3　土龰卜		
讣 YHY　讠卜		
YHY　讠卜		
讣告 YHTF[86]		
副 GKLJ3　一口田刂		
GKLJ3　一口田刂		
副食品 GWKK[98]	副省长 GITA	
副主席 GYYA[86]/GYOA[98]		
副教授 GFRE	副部长 GUTA[98]	
副本 GKSG[86]	副总理 GUGJ	
副总统 GUXY[98]	副手 GKRT[86]	

富 PGKL3　宀一口田		
PGKL3　宀一口田		
富丽 PGGM	富裕 PGPU	
富强 PGXK	富有 PGDE	
富饶 PGQN[86]	富余 PGWG[98]	
富翁 PGWC[98]		
复 TJTU3　𠂉日夂		
TJTU3　𠂉日夂		
复员 TJKM	复杂 TJVS	
复兴 TJIW[86]/TJIG[98]		
复印件 TQWR[86]	复议 TJYY[98]	
复赛 TJPA[98]		
覆 STTT3　西彳一夂		
STTT3　西彳一夂		
覆灭 STGO[86]	覆盖 STUG	
覆盖面 SUDL[98]		
腹 ETJT3　月𠂉日夂		
ETJT3　月𠂉日夂		
腹泻 ETIP		
馥 TJTT　禾日𠂉夂		
TJTT　禾日𠂉夂		
蝮 JTJT　虫𠂉日夂		
JTJT　虫𠂉日夂		
鲋 QGTT　鱼一𠂉夂		
QGTT　鱼一𠂉夂		
赋 MGAH3　贝一弋丨		
MGAY3　贝一弋丶		
赋予 MGCB[86]/MGCN[98]		
傅 WGEF3　亻一月寸		
WSFY3　亻甫寸		
缚 XGEF3　纟一月寸		
XSFY2　纟甫寸		

赙	MGEF3	贝一月寸	
	MSFY3	贝甫寸	
付	WFY	亻寸	
	WFY	亻寸	

付出 WFBM　付款 WFFF

驸	CWFY3	马亻寸	
	CGWF	马一亻寸	
附	BWFY3	阝亻寸	
	BWFY3	阝亻寸	

附属 BWNT　附近 BWRP
附和 BWTK[86]　附录 BWVI[86]
附中 BWKH[98]

鲋	QGWF3	鱼一亻寸	
	QGWF	鱼一亻寸	
妇	VVG2	女彐	
	VVG2	女彐	

妇联 VVBU　妇科 VVTU
妇幼 VVXE[98]

妇幼保健 VXWW[98]
妇女组织 VVXX[98]

阜	WNNF	亻コ⊐十	
	TNFJ3	ノ𠃌十	

阜新 TNUS[98]　阜阳 TNBJ[98]

父	WQU	八乂	
	WRU	八乂	

父母 WQXG[86]/WRXN[98]
父老乡亲 WFXU[98]

负	QMU2	𠂊贝	
	QMU2	𠂊贝	

负责 QMGM　负伤 QMWT
负责人 QGWW　负重 QMTG[98]
负面 QMDL[98]

服	EBCY2	月卩又	
	EBCY2	月卩又	
咐	KWFY3	口亻寸	
	KWFY3	口亻寸	

F

G

gā

嘎	KDHA3	口厂目戈
	KDHA3	口厂目戈
夹	GUWI3	一丷人
	GUDI3	一丷大
咖	KLKG3	口力口
	KEKG3	口力口
伽	WLKG3	亻力口
	WEKG3	亻力口
旮	VJF	九日
	VJF	九日
呷	KLH	口甲
	KLH	口甲
胳	ETKG3	月夂口
	ETKG3	月夂口

gá

钆	QNN	钅乚
	QNN	钅乚
轧	LNN	车乚
	LNN	车乚
嘎	KAJN3	口艹曰乚
	KAJN3	口艹曰乚
尜	IDIU3	小大小
	IDIU3	小大小

gǎ

尕	EIU	乃小
	BIU	乃小
嘎	KDHA3	口厂目戈
	KDHA3	口厂目戈

gà

尬	DNWJ3	ナ乚人‖
	DNWJ3	ナ乚人‖

gāi

该	YYNW	讠亠乚人
	YYNW	讠亠乚人
陔	BYNW	阝亠乚人
	BYNW	阝亠乚人
垓	FYNW	土亠乚人
	FYNW	土亠乚人
赅	MYNW3	贝亠乚人
	MYNW3	贝亠乚人

gǎi

改	NTY	己攵
	NTY2	己攵

改革 NTAF　改名 NTQK[98]
改建 NTVF[86]/NTVG[98]
改变 NTYO　改革开放 NAGY
改进工作 NFAW[98]

胲	EYNW	月亠乚人
	EYNW	月亠乚人

gài

概	SVCQ3	木彐厶儿
	SVAQ3	木目匚儿

概况 SVUK 概念 SVWY
概括 SVRT 概算 SVTH
概论 SVYW[86] 概率 SVYX[86]
概略 SVLT[86]

溉	IVCQ3	氵彐厶儿
	IVAQ3	氵目匚儿

丐	GHNV3	一卜乛乚
	GHNV3	一卜乛乚

钙	QGHN3	钅一卜乛
	QGHN3	钅一卜乛

盖	UGLF3	丷王皿
	UGLF3	丷王皿

盖章 UGUJ

芥	AWJJ3	艹人刂
	AWJJ3	艹人刂

戤	ECLA	乃又皿戈
	BCLA	乃又皿戈

gān

干	FGGH	干一一丨
	FGGH	干一一丨

干净 FGUQ

杆	SFH	木干
	SFH	木干

竿	TFJ	𥫗干
	TFJ	𥫗干

肝	EFH2	月干
	EFH2	月干

肝癌 EFUK 肝胆 EFEJ
肝脏 EFEY[86]/EFEO[98]

矸	DFH	石干
	DFH	石干

酐	SGFH	西一干
	SGFH	西一干

甘	AFD	艹二
	FGHG	甘一丨一

甘蔗 AFAY[86]/FGAO[98]
甘心 AFNY[86] 甘露 AFFK[86]

柑	SAFG3	木艹二
	SFG	木甘

泔	IAFG3	氵艹二
	IFG	氵甘

坩	FAFG	土艹二
	FFG	土甘

苷	AAFF3	艹艹二
	AFF	艹甘

疳	UAFD3	疒艹二
	UFD	疒甘

尴	DNJL3	ナ乚刂皿
	DNJL3	ナ乚刂皿

尴尬 DNDN

乾	FJTN3	十早𠂉乙
	FJTN3	十早𠂉乙

gǎn

赶	FHFK	土龰干
	FHFK	土龰干

赶快 FHNN 赶回 FHLK[98]

秆	TFH	禾干
	TFH	禾干
杆	SFH	木干
	SFH	木干
擀	RFJF3	扌十早干
	RFJF3	扌十早干
感	DGKN	厂一口心
	DGKN	厂一口心

感动 DGFC　感情 DGNG
感慨 DGNV　感叹 DGKC

| 敢 | NBTY2 | 乛耳攵 |
| | NBTY2 | 乛耳攵 |

敢于 NBGF　敢想 NBSH[86]

| 橄 | SNBT3 | 木乛耳攵 |
| | SNBT3 | 木乛耳攵 |

橄榄 SNSJ[98]

| 澉 | INBT3 | 氵乛耳攵 |
| | INBT3 | 氵乛耳攵 |

gàn

旰	JFH	日干
	JFH	日干
干	FGGH	干一一丨
	FGGH	干一一丨

干群 FGVT[98]　干渠 FGIA[98]
干警 FGAQ[98]
干部队伍 FUBW[98]

淦	IQG	氵金
	IQG	氵金
绀	XAFG3	纟卄二
	XFG	纟甘
赣	UJTM3	立早夂贝

UJTM3　立早夂贝
赣江 UJIA[98]

gāng

| 钢 | QMQY3 | 钅冂乂 |
| | QMQY3 | 钅冂乂 |

钢材 QMSF　钢琴 QMGG
钢铁 QMQR[86]/QMQT[98]
钢轨 QMLV[98]　钢厂 QMDG[98]

冈	MQI	冂乂
	MRI2	冂乂
刚	MQJH3	冂乂刂
	MRJH3	冂乂刂

刚才 MQFT[86]/MRFT[98]
刚强 MQXK[86]　刚果 MRJS[98]

| 纲 | XMQY2 | 纟冂乂 |
| | XMRY3 | 纟冂乂 |

纲要 XMSV

岗	MMQU3	山冂乂
	MMRU3	山冂乂
缸	RMAG3	𠂉山工
	TFBA	丿十凵工
肛	EAG2	月工
	EAG2	月工
扛	RAG	扌工
	RAG	扌工
罡	LGHF3	罒一止
	LGHF3	罒一止

gǎng

| 岗 | MMQU3 | 山冂乂 |
| | MMRU3 | 山冂乂 |

岗位 MMWU

岗位培训 MWFY[98]

港 IAWN　氵丗八巳
　　 IAWN　氵丗八巳
港口 IAKK　港督 IAHI
港商 IAUM[86]/IAYU[98]
港币 IATM[86]　港湾 IAIY[98]
港澳台 IICK[98]

gàng

杠 SAG　木工
　　 SAG　木工
杠杆 SASF[98]

戆 UJTN　立早夂心
　　 UJTN　立早夂心

筻 TGJQ　⺮一曰义
　　 TGJR　⺮一曰义

钢 QMQY3　钅冂义
　　 QMRY3　钅冂义

岗 MMQU3　山冂义
　　 MMRU3　山冂义

gāo

高 YMKF2　亠冂口
　　 YMKF3　亠冂口
高尚 YMIM　高昂 YMJQ
高原 YMDR　高峰 YMMT
高梁 YMIV　高潮 YMIF
高档 YMSI　高龄 YMHW
高消费 YIXJ　高质量 YRJG
高标准 YSUW　高水平 YIGU
高效益 YUUW
高级 YMXE[86]/YMXB[98]
高兴 YMIW[86]/YMIG[98]
高速公路 YSWK[98]

高尔夫球 YQFG[86]
高深莫测 YIAI[86]
高官厚禄 YPDP[86]
高级官员 YXPK[98]
高级职称 YXBT[98]
高新技术 YURS[98]
高技术产业 YRSO[98]
高级人民法院 YXWB[98]

篙 TYMK　⺮亠冂口
　　 TYMK　⺮亠冂口

膏 YPKE3　亠宀口月
　　 YPKE3　亠宀口月

皋 RDFJ　白大十
　　 RDFJ　白大十

槔 SRDF3　木白大十
　　 SRDF3　木白大十

羔 UGOU3　丷王灬
　　 UGOU3　丷王灬

糕 OUGO　米丷王灬
　　 OUGO　米丷王灬
糕点 OUHK

睾 TLFF　丿罒土十
　　 TLFF　丿罒土十

gǎo

搞 RYMK3　扌亠冂口
　　 RYMK3　扌亠冂口
搞活经济 RIXI[86]　搞清 RYIG
搞活国有大中型企业 RILO[98]

镐 QYMK3　钅亠冂口
　　 QYMK3　钅亠冂口

稿 TYMK3　禾亠冂口

	TYMK3	禾言冂口		歌曲 SKMA	歌颂 SKWC	

稿件 TYWR⁸⁶/TYWT⁹⁸

歌唱 SKKJ⁸⁶　歌坛 SKFF⁹⁸

稿费 TYXJ⁸⁶　稿子 TYBB⁸⁶

歌唱家 SKPE⁸⁶/SKPG⁹⁸

| 藁 | AYMS | 艹言冂木 |
| | AYMS | 艹言冂木 |

歌舞团 SRLF⁸⁶/STLF⁹⁸

| 缟 | XYMK3 | 纟言冂口 |
| | XYMK3 | 纟言冂口 |

| 胳 | ETKG3 | 月夕口 |
| | ETKG3 | 月夕口 |

| 槁 | SYMK | 木言冂口 |
| | SYMK | 木言冂口 |

胳膊 ETEG⁸⁶/ETES⁹⁸

胳臂 ETNK⁸⁶

| 杲 | JSU | 曰木 |
| | JSU | 曰木 |

| 袼 | PUTK | 衤丶夂口 |
| | PUTK | 衤丶夂口 |

gào

| 咯 | KTKG3 | 口夂口 |
| | KTKG3 | 口夂口 |

| 告 | TFKF | 丿土口 |
| | TFKF | 丿土口 |

| 格 | STKG2 | 木夂口 |
| | STKG3 | 木夂口 |

告诫 TFYA　告示 TFFI

| 搁 | RUTK3 | 扌门夂口 |
| | RUTK3 | 扌门夂口 |

告诉 TFYR　告辞 TFTD⁸⁶

告别仪式 TKWA⁹⁸

| 鸽 | WGKG | 人一口一 |
| | WGKG | 人一口一 |

| 诰 | YTFK | 讠丿土口 |
| | YTFK | 讠丿土口 |

| 戈 | AGNT | 戈一乙丿 |
| | AGNY | 戈一乙丶 |

| 郜 | TFKB | 丿土口阝 |
| | TFKB | 丿土口阝 |

戈壁 AGNK

| 锆 | QTFK | 钅丿土口 |
| | QTFK | 钅丿土口 |

| 疙 | UTNV3 | 疒丿乙 |
| | UTNV3 | 疒丿乙 |

| 膏 | YPKE3 | 言冖口月 |
| | YPKE3 | 言冖口月 |

疙瘩 UTUA

| 圪 | FTNN3 | 土丿乙 |
| | FTNN3 | 土丿乙 |

gē

| 纥 | XTNN | 纟丿乙 |
| | XTNN | 纟丿乙 |

| 哥 | SKSK3 | 丁口丁口 |
| | SKSK3 | 丁口丁口 |

| 仡 | WTNN3 | 亻丿乙 |
| | WTNN3 | 亻丿乙 |

哥伦比亚 SWXG⁹⁸

| 割 | PDHJ | 宀三丨刂 |

| 歌 | SKSW | 丁口丁人 |

| | SKSW3 | 丁口丁人 |

	PDHJ	⌒三丨刂

gé

革	AFJ2	廿中
	AFJ2	廿中

革命 AFWG　革新 AFUS

革命家 AFPE[86]/AWPG[98]

革命精神 AWOP[98]

葛	AJQN3	艹日勹乚
	AJQN3	艹日勹乚
格	STKG2	木夂口
	STKG2	木夂口

格外 STQH　格局 STNN

格言 STYY[86]

胳	ETKG3	月夂口
	ETKG3	月夂口
阁	UTKD3	门夂口
	UTKD3	门夂口

阁下 UTGH　阁员 UTKM[86]

搁	RUTK3	扌门夂口
	RUTK3	扌门夂口
隔	BGKH3	阝一口丨
	BGKH3	阝一口丨

隔绝 BGXQ[86]　隔阂 BGUY[86]

隔离 BGYB[86]/BGYR[98]

鬲	GKMH	一口冂丨
	GKMH	一口冂丨
塥	FGKH3	土一口丨
	FGKH3	土一口丨
嗝	KGKH	口一口丨
	KGKH	口一口丨
膈	EGKH3	月一口丨

	EGKH3	月一口丨
镉	QGKH	钅一口丨
	QGKH	钅一口丨
蛤	JWGK2	虫人一口
	JWGK2	虫人一口
骼	METK3	骨月夂口
	METK3	骨月夂口
搿	RWGR	手人一手
	RWGR	手人一手

gě

葛	AJQN3	艹日勹乚
	AJQN3	艹日勹乚
舸	TESK3	丿舟丁口
	TUSK3	丿舟丁口
哿	LKSK3	力口丁口
	EKSK3	力口丁口
个	WHJ2	人丨
	WHJ2	人丨

个体 WHWS　个性 WHNT[86]

个别 WHKL[86]/WHKE[98]

个数 WHOV[86]

个人所得税 WWRT[98]

各	TKF2	夂口
	TKF2	夂口
合	WGKF3	人一口
	WGKF3	人一口
盖	UGLF3	丷王皿
	UGLF3	丷王皿

gè

各	TKF2	夂口

TKF2　　夂口

各国 TKLG　各界 TKLW
各项 TKAD　各行 TKTG[98]
各式各样 TATS[86]
各尽所能 TNRC[86]
各抒己见 TRNM[86]
各项政策 TAGT[98]
各族人民 TYWN[98]
各级组织 TXXX[98]
各级政府 TXGO[98]
各级党组织 TXIX[98]

铬　QTKG3　钅夂口
　　QTKG3　钅夂口
硌　DTKG3　石夂口
　　DTKG3　石夂口
个　WHJ2　人丨
　　WHJ2　人丨
蚣　JTNN3　虫八乙
　　JTNN3　虫八乙
膈　EGKH3　月一口丨
　　EGKH3　月一口丨

gěi

给　XWGK2　纟人一口
　　XWGK2　纟人一口
给予 XWCB[86]／XWCN[98]
给以 XWNY[98]

gēn

根　SVEY3　木彐㇆
　　SVY2　木艮
根据 SVRN　根源 SVID
根子 SVBB[86]　根治 SVIC[98]

根本利益 SSTU[98]

跟　KHVE3　口止彐㇆
　　KHVY3　口止艮
跟踪 KHKH[86]　跟随 KHBD

gén

哏　KVEY3　口彐㇆
　　KVY　口艮

gěn

艮　VEI　彐㇆
　　VNGY　艮㇆一丶

gèn

茛　AVEU3　艹彐㇆
　　AVU　艹艮
艮　VEI　彐㇆
　　VNGY　艮㇆一丶
亘　GJGF3　一日一
　　GJGF3　一日一

gēng

耕　DIFJ3　三小二‖
　　FSFJ　二木二‖
更　GJQI3　一日乂
　　GJR　一日乂
更新 GJUS　更名 GJQK[98]
更正 GJGH[98]

庚　YVWI3　广彐人
　　OVWI3　广彐人
赓　YVWM　广彐人贝
　　OVWM　广彐人贝
羹　UGOD　丷王灬大

	UGOD	ⱱ王灬大

gěng

耿	BOY2	耳火
	BOY2	耳火

耿直 BOFH[86]

埂	FGJQ3	土一曰乂
	FGJR	土一曰乂

梗	SGJQ	木一曰乂
	SGJR	木一曰乂

哽	KGJQ3	口一曰乂
	KGJR3	口一曰乂

哽咽 KGKL[86]

绠	XGJQ3	纟一曰乂
	XGJR3	纟一曰乂

鲠	QGGQ	鱼一一乂
	QGGR	鱼一一乂

颈	CADM3	ス工厂贝
	CADM3	ス工厂贝

gèng

更	GJQI3	一曰乂
	GJRI3	一曰乂

更好 GJVB　更深 GJIP[98]
更上一层楼 GHGS

gōng

工	AAAA	工工工工
	AAAA3	工工工工

工人 AAWW　工资 AAUQ
工地 AAFB　工程 AATK
工作 AAWT　工艺品 AAKK
工业 AAOG[86]/AAOH[98]

工程兵 ATRG[86]/ATRW[98]
工程师 ATJG

红	XAG2	纟工
	XAG2	纟工

攻	ATY2	工攵
	ATY2	工攵

攻关 ATUD　攻坚 ATJC[98]
攻击 ATFM[86]/ATGB[98]

功	ALN2	工力
	AET2	工力

功劳 ALAP[86]/AEAP[98]
功名 ALQK[86]　功力 AEEN[98]
功效 ALUQ[86]/AEUR[98]
功勋 ALKM[86]/AEKM[98]
功臣 ALAH[86]/AEAH[98]
功夫不负有心人 AGDW[98]

恭	AWNU	廿八小
	AWNU	廿八小

恭贺 AWLK[86]　恭喜 AWFK[86]

龚	DXAW3	ナ匕廿八
	DXYW	ナ匕丶八

供	WAWY3	亻廿八
	WAWY3	亻廿八

供应 WAYI[86]/WAOI[98]
供求 WAFI[86]/WAGI[98]
供需 WAFD　供水 WAII
供不应求 WGYF[86]/WDOG[98]
供过于求 WFGG[98]

弓	XNGN3	弓フ一フ
	XNGN3	弓フ一フ

躬	TMDX	丿门三弓
	TMDX	丿门三弓

G

公　WCU2　八厶
　　WCU2　八厶
公开 WCGA　公安 WCPV
公证 WCYG　公路 WCKH
公司 WCNG　公共汽车 WAIL
公务 WCTL[86]/WCTE[98]

蚣　JWCY3　虫八厶
　　JWCY3　虫八厶

宫　PKKF2　宀口口
　　PKKF2　宀口口
宫殿 PKNA　宫廷 PKTF[98]

肱　EDCY3　月𠂇厶
　　EDCY3　月𠂇厶

觥　QEIQ3　⺈用业儿
　　QEIQ3　⺈用业儿

gǒng

巩　AMYY3　工几丶
　　AMYY　工几丶
巩固 AMLD[86]
巩义 AWYR[98]　巩县 AWEG[98]

珙　GAWY3　王廾八
　　GAWY3　王廾八

拱　RAWY3　扌廾八
　　RAWY3　扌廾八

汞　AIU　工水
　　AIU　工水

gòng

共　AWU2　廾八
　　AWU2　廾八
共鸣 AWKQ　共享 AWYB
共同 AWMG　共产党 AUIP

共青团 AGLF　共同体 AMWS
共和国 ATLG　共度 AWOA[98]
共产党人 AUIW[98]
共产主义 AUYY
共同努力 AMVE[98]
共同富裕 AWPP[98]

供　WAWY3　亻廾八
　　WAWY3　亻廾八

贡　AMU2　工贝
　　AMU2　工贝
贡献 AMFM　贡献力量 AFEJ[98]

gōu

沟　IQCY3　氵勹厶
　　IQCY2　氵勹厶
沟通 IQCE　沟壑 IQHP[86]

勾　QCI　勹厶
　　QCI　勹厶
勾结 QCXF

钩　QQCY3　钅勹厶
　　QQCY3　钅勹厶

句　QKD　勹口
　　QKD　勹口

佝　WQKG3　亻勹口
　　WQKG　亻勹口

构　SQKG3　木勹口
　　SQKG　木勹口

缑　XWND3　纟亻彐大
　　XWND3　纟亻彐大

篝　TFJF　⺮二刂土
　　TAMF　⺮共门土

韝　AFFF　廿串二土

	AFAF	廿毕芈土

gǒu

苟	AQKF	++勹口
	AQKF	++勹口
狗	QTQK3	犭丿勹口
	QTQK3	犭丿勹口
岣	MQKG3	山勹口
	MQKG3	山勹口
笱	TQKF3	⺮勹口
	TQKF3	⺮勹口
枸	SQKG3	木勹口
	SQKG	木勹口

gòu

垢	FRGK2	土厂一口
	FRGK2	土厂一口
诟	YRGK3	讠厂一口
	YRGK3	讠厂一口
勾	QCI	勹厶
	QCI	勹厶
构	SQCY2	木勹厶
	SQCY2	木勹厶

构思 SQLN 构造 SQTF
构成 SQDN 构想 SQSH[98]

| 购 | MQCY3 | 贝勹厶 |
| | MQCY3 | 贝勹厶 |

购物 MQTR[86]/MQCQ[98]
购房 MQYN[98]

够	QKQQ	勹口夕夕
	QKQQ	勹口夕夕
遘	FJGP	二‖一辶

	AMFP	芈冂土辶
觏	FJGQ	二‖一儿
	AMFQ	芈冂土儿
媾	VFJF3	女二‖土
	VAMF3	女芈冂土
彀	FPGC	士冖一又
	FPGC	士冖一又

gū

| 姑 | VDG2 | 女古 |
| | VDG2 | 女古 |

姑娘 VDVY 姑父 VDWQ[86]
姑息 VDTH[98]

沽	IDG	氵古
	IDG	氵古
辜	DUJ	古辛
	DUJ2	古辛

辜负 DUQM

菇	AVDF3	++女古
	AVDF3	++女古
咕	KDG	口古
	KDG	口古
估	WDG2	亻古
	WDG2	亻古

估计 WDYF 估算 WDTH

轱	LDG	车古
	LDG	车古
鸪	DQYG	古勹丶一
	DQGG3	古鸟一
酤	SGDG	西一古
	SGDG	西一古
蛄	JDG	虫古

G

JDG 虫古
孤 BRCY2 子厂厶乀
BRCY2 子厂厶乀
孤独 BRQT
孤陋寡闻 BBPU86
孤寡老人 BPFW98
菰 ABRY3 艹子厂乀
ABRY 艹子厂乀
觚 QERY3 ⺈用厂乀
QERY3 ⺈用厂乀
呱 KRCY3 口厂厶、
KRCY3 口厂厶、
箍 TRAH3 ⺮扌匚丨
TRAH3 ⺮扌匚丨
毂 FPLC3 士冖车又
FPLC3 士冖车又

gǔ

鼓 FKUC 士口⺌又
FKUC 士口⺌又
鼓掌 FKIP 鼓起 FKFH98
鼓舞 FKRL86/FKTG98
瞽 FKUH 士口⺌目
FKUH 士口⺌目
臌 EFKC 月士口又
EFKC 月士口又
古 DGHG3 古一丨一
DGHG3 古一丨一
古老 DGFT 古典 DGMA
古代 DGWA 古董 DGAT86
古今中外 DWKQ98
诂 YDG 讠古
YDG 讠古
牯 TRDG 丿扌古
CDG 牜古
蛄 JDG 虫古
JDG 虫古
嘏 DNHC3 古コ丨又
DNHC3 古コ丨又
罟 LDF 罒古
LDF 罒古
钴 QDG 钅古
QDG 钅古
蛊 JLF 虫皿
JLF 虫皿
骨 MEF2 ⺼冖月
MEF2 ⺼冖月
骨干 MEFG 骨科 METU
骨气 MERN86 骨灰 MEDO98
谷 WWKF3 八人口
WWKF3 八人口
谷物 WWTR86/WWCQ98
谷子 WWBB86
股 EMCY3 月几又
EMCY3 月几又
股票 EMSF
股市 EMYM86/EWYM98
股东 EMAI86/EWAI98
股票市场 ESYF98
股份有限公司 EWDN98
毂 FPLC3 士冖车又
FPLC3 士冖车又
縠 FPGC 士冖一又
FPGC 士冖一又

汩	IJG	氵日
	IJG	氵日
鹄	TFKG	丿土口一
	TFKG	丿土口一
鸹	MEQG3	罒月勹一
	MEQG	罒月鸟一
贾	SMU	西贝
	SMU2	西贝

gù

故	DTY	古攵
	DTY2	古攵

故乡 DTXT　故事 DTGK
故宫 DTPK　故意 DTUJ
故障 DTBU　故土 DTFF

固	LDD	囗古
	LDD	囗古

固然 LDQD　固体 LDWS
固定 LDPG　固执 LDRV[86]
固始 LDVC[98]

崮	MLDF3	山囗古
	MLDF3	山囗古
鲴	QGLD	鱼一囗古
	QGLD	鱼一囗古
估	WDG2	亻古
	WDG2	亻古
锢	QLDG	钅囗古
	QLDG	钅囗古
痼	ULDD3	疒囗古
	ULDD3	疒囗古
顾	DBDM2	厂㔾厂贝
	DBDM3	厂㔾厂贝

顾问 DBUK　顾委 DBTV[86]
顾虑 DBHA[86]/DBHN[98]
顾全大局 DWDN
顾名思义 DQLY[86]

雇	YNWY	丶尸亻圭
	YNWY3	丶尸亻圭

雇员 YNKM　雇用 YNET
雇主 YNYG[98]

梏	STFK	木丿土口
	STFK	木丿土口
牿	TRTK	丿扌丿口
	CTFK3	牛土口

guā

瓜	RCYI	厂厶丶
	RCYI3	厂厶丶

瓜果 RCJS　瓜分 RCWV[86]

胍	ERCY3	月厂厶丶
	ERCY3	月厂厶丶
呱	KRCY3	口厂厶丶
	KRCY3	口厂厶丶
刮	TDJH	丿古刂
	TDJH	丿古刂

刮起 TDFH[98]　刮目相看 THSR

栝	STDG	木丿古
	STDG	木丿古
鸹	TDQG3	丿古勹一
	TDQG	丿古鸟一
括	RTDG3	扌丿古
	RTDG3	扌丿古

G

guǎ

剐 KMWJ 口冂人刂
KMWJ 口冂人刂
呱 KRCY3 口厂厶乀
KRCY3 口厂厶乀
寡 PDEV3 宀丆月刀
PDEV3 宀丆月刀
寡妇 PDVV[86]

guà

挂 RFFG 扌土土
RFFG 扌土土
挂帅 RFJM 挂职 RFBK[98]
挂历 RFDL[86]/RFDE[98]
褂 PUFH 衤冫土卜
PUFH 衤冫土卜
卦 FFHY 土土卜
FFHY 土土卜
诖 YFFG 讠土土
YFFG 讠土土

guāi

乖 TFUX3 丿十丬匕
TFUX3 丿十丬匕
掴 RLGY 扌囗王丶
RLGY 扌囗王丶

guǎi

拐 RKLN3 扌口力
RKET 扌口力
拐杖 RKSD[98]
拐弯抹角 RYRQ[86]

guài

怪 NCFG2 忄又土
NCFG2 忄又土

guān

关 UDU2 丷大
UDU2 丷大
关于 UDGF 关心 UDNY
关注 UDIY 关税 UDTU
关键 UDQV 关闭 UDUF
关押 UDRL[98]
关键时刻 UQJY[98]
关贸总协定 UQUP[98]
官 PNHN2 宀コ丨コ
PNF2 宀𠂤
官兵 PNRG[86]/PNRW[98]
官方 PNYY 官员 PNKM[98]
官商 PNUM[98]
棺 SPNN3 木宀ココ
SPN 木宀𠂤
倌 WPNN3 亻宀ココ
WPNG3 亻宀𠂤
冠 PFQF 冖二儿寸
PFQF 冖二儿寸
冠心病 PNUG
冠冕堂皇 PJIR[86]
观 CMQN2 又冂儿
CMQN2 又冂儿
观念 CMWY 观测 CMIM
观赏 CMIP 观察 CMPW
观众 CMWW 观察员 CPKM
观光 CMIQ[86]/CMIG[98]
鳏 QGLI 鱼一罒小

	QGLI	鱼一罒小
绲	XWXN3	纟人匕
	XWXN3	纟人匕
矜	CBTN	マ卩丿乛
	CNHN	マ乙丨乛
莞	APFQ	艹宀二儿
	APFQ	艹宀二儿

guǎn

| 管 | TPNN2 | 竹宀コユ |
| | TPNF3 | 竹宀目 |

管理 TPGJ　管线 TPXG[98]
管理水平 TGIG[98]
管理经验 TGXC[98]
管理机制 TGST[98]
管理机构 TGSS[98]

| 馆 | QNPN3 | 𠂤𠃊宀コ |
| | QNPN3 | 𠂤𠃊宀目 |

馆长 QNTA　馆内 QNMW[98]

| 莞 | APFQ | 艹宀二儿 |
| | APFQ | 艹宀二儿 |

guàn

| 惯 | NXFM3 | 忄口十贝 |
| | NXMY3 | 忄毌贝 |

惯例 NXWG　惯用 NXET[86]

| 贯 | XFMU3 | 口十贝 |
| | XMU2 | 毌贝 |

贯穿 XFPW[86]/XMPW[98]
贯通 XMCE[98]
贯彻实施 XTPY[98]
贯彻落实 XTAP[98]

| 掼 | RXFM3 | 扌口十贝 |

	RXMY	扌毌贝
罐	RMAY	𠂤山艹圭
	TFBY	𠂤十艹圭
灌	IAKY3	氵艹口圭
	IAKY3	氵艹口圭

灌木 IASS　灌溉 IAIV
灌区 IAAR[98]

鹳	AKKG	艹口口一
	AKKG	艹口口一
涫	IPNN3	氵宀コユ
	IPNG3	氵宀目
盥	QGIL3	𠂤一水皿
	EILF3	臼水皿
观	CMQN2	又冂儿
	CMQN2	又冂儿
冠	PFQF	冖二儿寸
	PFQF	冖二儿寸

冠军 PFPL

guāng

| 光 | IQB2 | 业儿 |
| | IGQB2 | 业一儿 |

光明 IQJE[86]/IGJE[98]
光泽 IQIC[86]/IGIC[98]
光荣 IQAP[86]/IGAP[98]
光临 IQJT[86]/IGJT[98]
光彩 IQES[86]/IGES[98]
光辉 IQIQ[86]/IGIG[98]
光景 IQJY[86]　光华 IQWX[86]
光明磊落 IJDA[86]　光缆 IGXJ[98]
光彩夺目 IEDH[86]　光驱 IGCG[98]

| 桄 | SIQN | 木业儿 |
| | SIGQ | 木业一儿 |

G

胱	EIQN3	月业儿
	EIGQ3	月业一儿
哐	KIQN3	口业儿
	KIGQ3	口业一儿

guǎng

广	YYGT	广丶一丿
	OYGT2	广丶一丿

广义 YYYQ86/OYYR98
广告 YYTF86/OYTF98
广场 YYFN86/OYFN98
广阔 YYUI86/OYUI98
广度 YYYA86/OYOA98
广东 YYAI86/OYAI98
广州 YYYT86/OYYT98
广播电台 YRJC86/ORJC98
广西壮族自治区 YSUA86/OSUA98

犷	QTYT	犭丿广
	QTOT	犭丿广

guàng

逛	QTGP	犭丿王辶
	QTGP	犭丿王辶
桄	SIQN	木业儿
	SIQN	木业儿

guī

归	JVG2	刂彐
	JVG2	刂彐

归还 JVGI86/JVDH98
归国 JVLG　归类 JVOD86
归宿 JVPW86　归档 JVSI86
归结 JVXF98　归案 JVPV98

归来 JVGU98　归功于 JAGF
归根到底 JSGY86/JSGO98

规	FWMQ3	二人门儿
	GMQN3	夫门儿

规定 FWPG86/GMPG98
规范 FWAI86/GMAI98
规律 FWTV86/GMTV98
规程 FWTK86/GMTK98
规章 FWUJ86/GMUJ98
规模经营 GMUJ98

圭	FFF	土土
	FFF	土土
硅	DFFG3	石土土
	DFFG	石土土
鲑	QGFF	鱼一土土
	QGFF	鱼一土土
闺	UFFD	门土土
	UFFD3	门土土

闺女 UFVV86

妫	VYLY3	女丶力丶
	VYEY3	女丶力丶
皈	RRCY	白厂又
	RRCY	白厂又
龟	QJNB3	⺈日乚
	QJNB3	⺈日乚
瑰	GRQC3	王白儿厶
	GRQC3	王白儿厶

瑰宝 GRPG98

傀	WRQC3	亻白儿厶
	WRQC3	亻白儿厶

guǐ

鬼	RQCI3	白儿厶
	RQCI3	白儿厶
轨	LVN2	车九
	LVN2	车九
轨迹 LVYO		轨道 LVUT
诡	YQDB3	讠⺈厂巳
	YQDB3	讠⺈厂巳
诡计 YQYF[86]		诡辩 YQUY[86]
匦	ALVV3	匚车九
	ALVV3	匚车九
宄	PVB	宀九
	PVB	宀九
晷	JTHK	日夂卜口
	JTHK	日夂卜口
簋	TVEL3	⺮彐⺊皿
	TVLF3	⺮艮皿
庋	YFCI3	广十又
	OFCI3	广十又
癸	WGDU3	⅋一大
	WGDU3	⅋一大

guì

桂	SFFG3	木土土
	SFFG3	木土土
桂林 SFSS		桂冠 SFPF
桂花 SFAW		
柜	SANG3	木匚コ
	SANG3	木匚コ
柜子 SABB[86]		柜台 SACK[98]
跪	KHQB	口止⺈巳

跪	KHQB	口止⺈巳
贵	KHGM	口丨一贝
	KHGM	口丨一贝
贵宾 KHPR		贵州 KHYT
贵阳 KHBJ		贵姓 KHVT[86]
刿	WFCJ	人二厶刂
	WFCJ	人二厶刂
桧	SWFC3	木人二厶
	SWFC3	木人二厶
刿	MQJH	山夕刂
	MQJH	山夕刂
炅	JOU	日火
	JOU	日火
鳜	QGDW	鱼一厂人
	QGDW	鱼一厂人
炔	ONWY3	火コ大
	ONWY3	火コ大

gǔn

滚	IUCE3	氵六厶⿱亠冖
	IUCE3	氵六厶⿱亠冖
滚动 IUFC		滚滚 IUIU[86]
衮	UCEU	六厶⿱亠冖
	UCEU	六厶⿱亠冖
磙	DUCE3	石六厶⿱亠冖
	DUCE3	石六厶⿱亠冖
绲	XJXX3	纟日⺊匕
	XJXX3	纟日⺊匕
辊	LJXX2	车日⺊匕
	LJXX2	车日⺊匕
鲧	QGTI	鱼一丿小
	QGTI	鱼一丿小

gùn

棍 SJXX3   木曰匕匕
  SJXX3   木曰匕匕
棍子 SJBB[86]

guō

锅 QKMW3   钅口冂人
  QKMW3   钅口冂人
锅炉 QKOY

呙 KMWU   口冂人
  KMWU   口冂人

埚 FKMW3   土口冂人
  FKMW   土口冂人

涡 IKMW3   氵口冂人
  IKMW3   氵口冂人

郭 YBBH3   亠子阝
  YBBH3   亠子阝

崞 MYBG3   山亠子
  MYBG3   山亠子

聒 BTDG3   耳丿古
  BTDG3   耳丿古

蝈 JLGY3   虫口王、
  JLGY3   虫口王、

过 FPI2   寸辶
  FPI2   寸辶

guó

国 LGYI3   口王、
  LGYI3   口王、
国旗 LGYT   国境 LGFU
国歌 LGSK   国徽 LGTM
国法 LGIF   国家机关 LPSU
国产 LGUT   国债 LGWG
国货 LGWX   国土 LGFF
国宾 LGPR   国都 LGFT
国际 LGBF   国务院 LTBP
国策 LGTG[86]/LGTS[98]
国籍 LGTD[86]/LGTF[98]
国庆 LGYD[86]/LGOD[98]
国库 LGYL[86]/LGOL[98]
国防 LGBY   国宾馆 LPQN[98]
国务委员 LTTK[98]

掴 RLGY   扌口王、
  RLGY   扌口王、

帼 MHLY3   冂丨口、
  MHLY3   冂丨口、

馘 UTHG   丷丿目一
  UTHG   丷丿目一

虢 EFHM   爫寸卢几
  EFHW   爫寸虍几

guǒ

果 JSI2   日木
  JSI2   日木
果实 JSPU   果断 JSON
果园 JSLF   果树 JSSC
果品 JSKK   果真 JSFH[86]
果敢 JSNB[86]   果农 JSPE[98]
果汁 JSIF[98]

裹 YJSE   亠日木衣
  YJSE   亠日木衣

蜾 JJSY3   虫日木
  JJSY3   虫日木

猓 QTJS   犭丿日木
  QTJS   犭丿日木

椁 SYBG3   木亠吂子
　 SYBG3   木亠吂子

guò

过 FPI2   寸辶
　 FPI2   寸辶
过问 FPUK   过硬 FPDG
过程 FPTK   过去 FPFC
过时 FPJF   过错 FPQA
过节 FPAB   过分 FPWV
过年 FPRH[86]/FPTG[98]

过渡 FPIY[86]/FPIO[98]
过度 FPYA[86]/FPOA
过细 FPXL[86]   过期 FPAD[86]
过来 FPGO[86]   过敏 FPTX[86]
过滤 FPIH[86]   过高 FPYM[98]
过低 FPQA[98]   过半 FPUG[98]
过关 FPUD[98]   过剩 FPTU[98]
过快 FPNN[98]   过量 FPJG[98]
过早 FPJH[98]   过日子 FJBB[98]
过渡时期 FIJD[98]

G

H

hā

哈 KWGK3　口人一口
　　KWGK3　口人一口
哈尔滨 KQIP　哈密 KWPN⁹⁸
哈达 KWDP⁹⁸　哈萨克 KADQ⁹⁸
铪 QWGK　钅人一口
　　QWGK　钅人一口

há

蛤 JWGK2　虫人一口
　　JWGK2　虫人一口
虾 JGHY　虫一卜
　　JGHY　虫一卜

hǎ

哈 KWGK3　口人一口
　　KWGK3　口人一口

hà

哈 KWGK3　口人一口
　　KWGK3　口人一口

hāi

咳 KYNW　口亠乚人
　　KYNW　口亠乚人
嗨 KITU　口氵亠丷
　　KITX　口氵亠母

hái

孩 BYNW　子亠乚人
　　BYNW3　子亠乚人
孩子 BYBB　孩子们 BBWU⁹⁸
骸 MEYW3　冂月亠人
　　MEYW3　冂月亠人
还 GIPI3　一小辶
　　DHPI2　厂卜辶

hǎi

海 ITXU3　氵亠口丷
　　ITX　氵亠母
海防 ITBY　海拔 ITRD
海峡 ITMG　海浪 ITIY⁸⁶
海洋 ITIU　海外侨胞 IQWE
海边 ITLP⁸⁶/ITEP⁹⁸
海岛 ITQY⁸⁶/ITQM⁹⁸
海湾 ITIY　海峡两岸 IMGM
海港 ITIA⁸⁶　海鸟 ITQY⁸⁶
海风 ITMQ⁸⁶　海潮 ITIF⁸⁶
海洛因 IILD⁹⁸　海南岛 IFQY⁸⁶
海陆空 IBPW⁸⁶　海口 ITKK⁹⁸
海燕 ITAK⁹⁸　海滩 ITIC⁹⁸
海面 ITDM⁸⁶/ITDL⁹⁸
海滨 ITIP⁸⁶　海外华人 IQWW⁹⁸
海外投资 IQRU⁹⁸
海洋石油总公司 IIDN⁹⁸

醢	SGDL	西一ナ皿
	SGDL	西一ナ皿
胲	EYNW	月亠乚人
	EYNW	月亠乚人

hài

害	PDHK2	宀三丨口
	PDHK2	宀三丨口

害怕 PDNR　害虫 PDJH

亥	YNTW	亠乚丿人
	YNTW	亠乚丿人
骇	CYNW	马亠乚人
	CGYW	马一亠人

骇人听闻 CWKU[86]

氦	RNYW	乞乀亠人
	RYNW	乞亠乀人

hān

酣	SGAF	西一卄二
	SGFG3	西一甘
蚶	JAFG3	虫卄二
	JFG	虫甘
憨	NBTN	乛耳夂心
	NBTN	乛耳夂心
顸	FDMY	干厂贝
	FDMY	干厂贝
鼾	THLF	丿目田干
	THLF	丿目田干

hán

含	WYNK	人丶乛口
	WYNK	人丶乛口

含义 WYYQ[86]/WYYR[98]

含糊 WYOD[86]　含有 WYDE

晗	JWYK	日人丶口
	JWYK	日人丶口
焓	OWYK3	火人丶口
	OWYK3	火人丶口
邯	AFBH3	卄二阝
	FBH	甘阝
韩	FJFH	十早二丨
	FJFH	十早二丨

韩国 FJLG[98]

寒	PFJU3	宀二川丷
	PAWU3	宀共八丷

寒流 PFIY[86]　寒冬 PATU[98]

寒冷 PFUW[86]/PAUW[98]

寒假 PAWN[98]

函	BIBK3	了バ凵
	BIBK3	了バ凵

函授 BIRE　函件 BIWT[98]

涵	IBIB3	氵了バ凵
	IBIB3	氵了バ凵

涵盖 IBUG[98]

邗	FBH	干阝
	FBH	干阝
汗	JFH	氵干
	JFH	氵干

hǎn

喊	KDGT	口厂一丿
	KDGK	口戊一口
罕	PWFJ3	宀八干
	PWFJ3	宀八干

H

罕见 PWMQ⁹⁸

| 阈 | UNBT3 | 门ㄱ耳攵 |
| | UNBT3 | 门ㄱ耳攵 |

hàn

翰	FJWN3	十早人羽
	FJWN3	十早人羽
瀚	IFJN	氵十早羽
	IFJN	氵十早羽
撼	RDGN	扌厂一心
	RDGN	扌戊一心
憾	NDGN	忄厂一心
	NDGN	忄戊一心
旱	JFJ	曰干
	JFJ	曰干

旱灾 JFPO　旱情 JFNG⁹⁸

| 捍 | RJFH3 | 扌曰干 |
| | RJFH | 扌曰干 |

捍卫 RJBG⁹⁸

悍	NJFH3	忄曰干
	NJFH3	忄曰干
焊	OJFH3	火曰干
	OJFH3	火曰干

焊接 OJRU⁹⁸

| 汗 | JFH | 氵干 |
| | JFH | 氵干 |

汗马功劳 ICAA⁸⁶

| 汉 | ICY2 | 氵又 |
| | ICY2 | 氵又 |

汉字 ICPB　汉族 ICYT
汉代 ICWA⁹⁸　汉城 ICFD⁹⁸

| 菡 | ABIB | 艹了八凵 |

撒	ABIB	艹了八凵
	RNBT	扌ㄱ耳攵
	RNBT	扌ㄱ耳攵
颔	WYNM	人丶ㄱ贝
	WYNM	人丶ㄱ贝

hāng

| 夯 | DLB | 大力 |
| | DER | 大力 |

háng

| 杭 | SYMN3 | 木亠几 |
| | SYMN3 | 木亠几 |

杭州 SYYT　杭州市 SYYM

| 航 | TEYM3 | 丿舟亠几 |
| | TUYW3 | 丿舟亠几 |

航空母舰 TPXT⁹⁸
航空公司 TPWN⁹⁸
航空运输 TPFL⁹⁸
航天事业 TGGO⁹⁸

亢	YMB	亠几
	YWB	亠几
吭	KYMN3	口亠几
	KYWN3	口亠几
颃	YMDM	亠几厂贝
	YWDM3	亠几厂贝
行	TFHH2	彳二丨
	TGSH3	彳一丁
绗	XTFH	纟彳二丨
	XTGS	纟彳一丁

hàng

| 巷 | AWNB3 | 艹八巳 |

	AWNB3	圡八巳
沆	IYMN3	氵亠几
	IYWN	氵亠几
行	TFHH2	彳二亅
	TGSH3	彳一丁

hǎo

蒿	AYMK3	艹亩冂口
	AYMK3	艹亩冂口
嚆	KAYK3	口艹亩口
	KAYK3	口艹亩口
薅	AVDF	艹女厂寸
	AVDF	艹女厂寸

háo

豪	YPEU	亩宀豕
	YPGE3	亩一豕

豪华 YPWX 豪情 YPNG[98]

壕	FYPE3	土亩宀豕
	FYPE3	土亩宀豕
嚎	KYPE3	口亩宀豕
	KYPE3	口亩宀豕
濠	IYPE3	氵亩宀豕
	IYPE3	氵亩宀豕
毫	YPTN3	亩宀丿乚
	YPEB3	亩宀毛

毫米 YPOY 毫克 YPDQ[98]
毫无疑义 YFXY[86]
毫不犹豫 YDQC[98]

嗥	KRDF3	口白大十
	KRDF	口白大十
蚝	JTFN3	虫丿二乚

	JEN	虫毛
貉	EETK	四彡夂口
	ETKG	豸夂口
号	KGNB3	口一㇉
	KGNB2	口一㇉

hǎo

郝	FOBH3	土小阝
	FOBH3	土小阝
好	VBG2	女子
	VBG2	女子

好坏 VBFG[86]/VBFD[98]
好感 VBDG[86] 好莱坞 VAFQ[86]
好事多磨 VGQY[86]
好评 VBYG[98] 好像 VBWQ[98]
好友 VBDC[98] 好收成 VNDN[98]
好意思 VULN
好不容易 VDPJ[98]

hào

耗	DITN	三小丿乚
	FSEN3	二木毛

耗资 FSUQ[98] 耗能 FSCE[98]

号	KGNB3	口一㇉
	KGNB2	口一㇉

号召 KGVK 号码 KGDC
号称 KGTQ[98]

浩	ITFK	氵丿土口
	ITFK	氵丿土口

浩大 ITDD[98] 浩荡 ITAI[98]

皓	RTFK	白丿土口
	RTFK	白丿土口
颢	JYIM	日亩小贝

	JYIM	日亠小贝		AISK3	艹氵丁口
灏	IJYM	氵日亠贝	河	ISKG3	氵丁口
	IJYM	氵日亠贝		ISKG3	氵丁口
昊	JGDU3	日一大	河北 ISUX　河南 ISFM		
	JGDU3	日一大	河流 ISIY　河山 ISMM		
好	VBG2	女子	河畔 ISLU[98]　河边 ISEP[98]		
	VBG2	女子	河南日报 IFJR[98]		
好奇 VBDS			蚵	JSKG3	虫丁口
镐	QYMK3	钅亠门口		JSKG3	虫丁口
	QYMK3	钅亠门口	核	SYNW	木亠乚人
hē				SYNW3	木亠乚人
喝	KJQN3	口日勹乚	核心 SYNY　核对 SYCF		
	KJQN3	口日勹乚	核算 SYTH　核武器 SGKK		
喝酒 KJIS[98]			核准 SYUW[98]　核桃 SYSQ[98]		
呵	KSKG3	口丁口	核实 SYPU[98]　核电 SYJN[98]		
	KSKG3	口丁口	阂	UYNW3	门亠乚人
诃	YSKG3	讠丁口		UYNW3	门亠乚人
	YSKG3	讠丁口	劾	YNTL	亠乚丿力
嗬	KAWK	口艹亻口		YNTE	亠乚丿力
	KAWK	口艹亻口	禾	TTTT3	禾禾禾禾
hé				TTTT3	禾禾禾禾
何	WSKG3	亻丁口	和	TKG	禾口
	WSKG3	亻丁口		TKG	禾口
何必 WSNT　何况 WSUK			和平 TKGU　和谐 TKYX		
何以 WSNY[98]			和睦 TKHF　和谈 TKYO[98]		
何去何从 WFWW[86]			和亲 TKUS[98]　和政 TKGH[98]		
荷	AWSK	艹亻丁口	和平统一 TGXG[98]		
	AWSK	艹亻丁口	和平解决 TGQU[98]		
荷兰 AWUD[98]			和平共处五项原则 TGAM[98]		
菏	AISK3	艹氵丁口	合	WGKF3	人一口
				WGKF	人一口
			合成 WGDN　合同 WGMG		
			合并 WGUA　合肥 WGEC		

合格 WGST	合计 WGYF
合适 WGTD	合作 WGWT
合资 WGUQ	

颌	WGKM	人一口贝
	WGKM	人一口贝
盒	WGKL	人一口皿
	WGKL	人一口皿
貉	EETK	四多夂口
	ETKG	多夂口
涸	ILDG3	氵口古
	ILDG3	氵口古
盍	FCLF	土厶皿
	FCLF3	土厶皿
阖	UFCL3	门土厶皿
	UFCL3	门土厶皿
曷	JQWN	日勹人乚
	JQWN	日勹人乚
翮	GKMN	一口冂羽
	GKMN	一口冂羽
纥	XTNN	纟乀乙
	XTNN	纟乀乙

hè

赫	FOFO3	土小土小
	FOFO3	土小土小
褐	PUJN	衤丷日乚
	PUJN	衤丷日乚
喝	KJQN3	口日勹乚
	KJQN3	口日勹乚
喝彩 KJES[98]	
鹤	PWYG3	冖亻圭一
	PWYG3	冖亻圭一

鹤壁 PWNK[98]

贺	LKMU3	力口贝
	EKMU3	力口贝
贺词 EKYN[98]	贺电 EKJN[98]

壑	HPGF3	卜冖一土
	HPGF3	卜冖一土
吓	KGHY3	口一卜
	KGHY3	口一卜
荷	AWSK	艹亻丁口
	AWSK	艹亻丁口
和	TKG	禾口
	TKG	禾口

hēi

黑	LFOU3	囗土灬
	LFOU3	囗土灬
黑暗 LFJU	黑色 LFQC
黑板 LFSR	黑河 LFIS[98]
黑夜 LFYW[98]	黑板报 LSRB[86]

嘿	KLFO3	口囗土灬
	KLFO3	口囗土灬
嗨	KITU	口氵一丷
	KITX	口氵一母

hén

痕	UVEI3	疒彐㠯
	UVI	疒艮
痕迹 UVYO[98]	

hěn

很	TVEY3	彳彐㠯
	TVY	彳艮
很大 TVDD	很高 TVYM

H

很冷 TVUW[86]   很长 TVTA[98]

很早 TVJH[98]

| 狠 | QTVE3 | 犭丿彐㇏ |
| | QTVY3 | 犭丿艮 |

hèn

| 恨 | NVEY2 | 忄彐㇏ |
| | NVY2 | 忄艮 |

hēng

| 亨 | YBJ | 亠了 |
| | YBJ | 亠了 |

| 哼 | KYBH3 | 口亠了 |
| | KYBH3 | 口亠了 |

héng

| 恒 | NGJG3 | 忄一日一 |
| | NGJG3 | 忄一日一 |

恒生指数 NTRO[98]

| 横 | SAMW3 | 木卄由八 |
| | SAMW3 | 木卄由八 |

横贯 SAXM[98]   横向 SATM[98]

横幅 SAMH[98]   横跨 SAKH[98]

| 衡 | TQDH | 彳鱼大丨 |
| | TQDS3 | 彳鱼大丁 |

衡水 TQII[98]   衡阳 TQBJ[98]

| 蘅 | ATQH | 卄彳鱼丨 |
| | ATQS | 卄彳鱼丁 |

| 行 | TFHH2 | 彳二丨丨 |
| | TGSH3 | 彳一丁 |

| 珩 | GTFH3 | 王彳二丨 |
| | GTGS3 | 王彳一丁 |

| 桁 | STFH | 木彳二丨 |

| | STGS3 | 木彳一丁 |

hèng

| 横 | SAMW3 | 木卄由八 |
| | SAMW3 | 木卄由八 |

hng

| 哼 | KYBH3 | 口亠了 |
| | KYBH3 | 口亠了 |

hōng

| 烘 | OAWY3 | 火卄八 |
| | OAWY3 | 火卄八 |

| 哄 | KAWY3 | 口八卄 |
| | KAWY3 | 口八卄 |

| 訇 | QYD | 勹言 |
| | QYD | 勹言 |

| 薨 | ALPX | 卄四冖匕 |
| | ALPX | 卄四冖匕 |

| 轰 | LCCU3 | 车又又 |
| | LCCU3 | 车又又 |

轰炸 LCOT[98]   轰动 LCFC[98]

轰轰烈烈 LLGG

hóng

| 虹 | JAG2 | 虫工 |
| | JAG | 虫工 |

| 红 | XAG2 | 纟工 |
| | XAG2 | 纟工 |

红旗 XAYT   红领巾 XWMH

红楼梦 XSSS   红绿灯 XXOS[86]

红军 XAPL[98]   红河 XAIS[98]

| 荭 | AXAF3 | 卄纟工 |

	AXAF3	艹纟工
鸿	IAQG	氵工勹一
	IAQG3	氵工鸟一
洪	IAWY3	氵艹八
	IAWY3	氵艹八

洪水 IAII[98]

蕻	ADAW	艹县卅八
	ADAW	艹县卅八
宏	PDCU3	宀ナ厶
	PDCU3	宀ナ厶

宏图 PDLT[98]　宏观经济 PCXI[98]
宏伟目标 PWHS[98]
宏观调控 PCYR[98]

闳	UDCI3	门ナ厶
	UDCI3	门ナ厶
弘	XCY	弓厶
	XCY2	弓厶

弘扬 SCRN[98]

泓	IXCY3	氵弓厶
	IXCY3	氵弓厶
黉	IPAW3	兴宀艹八
	IPAW3	兴宀艹八

hǒng

| 哄 | KAWY3 | 口八艹 |
| | KAWY3 | 口八艹 |

hòng

哄	KAWY3	口八艹
	KAWY3	口八艹
讧	YAG	讠工
	YAG	讠工

| 蕻 | ADAW | 艹县卅八 |
| | ADAW | 艹县卅八 |

hóu

喉	KWND3	口亻⊐大
	KWND3	口亻⊐大
侯	WNTD3	亻⊐ㄷ大
	WNTD3	亻⊐ㄷ大
猴	QTWD3	犭丿亻大
	QTWD3	犭丿亻大
瘊	UWND3	疒亻⊐大
	UWND3	疒亻⊐大
篌	TWND3	竹亻⊐大
	TWND3	竹亻⊐大
糇	OWND3	米亻⊐大
	OWND3	米亻⊐大
骺	MERK3	㠯月厂口
	MERK3	㠯月厂口

hǒu

| 吼 | KBNN3 | 口子乚 |
| | KBNN3 | 口子乚 |

hòu

| 厚 | DJBD3 | 厂日子 |
| | DJBD3 | 厂日子 |

厚望 DJYN[98]　厚度 DJOA[98]
厚爱 DJEP[98]

| 候 | WHND3 | 亻丨⊐大 |
| | WHND3 | 亻丨⊐大 |

候选 WHTF[98]　候车室 WLPG
候补委员 WPTK[98]

H

侯	WNTD3	亻コ└大
	WNTD3	亻コ└大
堠	FWND	土亻コ大
	FWND	土亻コ大
后	RGKD2	厂一口
	RGKD2	厂一口

后天 RGGD   后遗症 RKUG
后悔 RGNT   后勤部 RAUK
后果 RGJS   后顾之忧 RDPN
后期 RGAD[86]/RGDW[98]
后退 RGVE[86]/RGVP[98]
后进 RGFJ[98]   后劲 RGCA[98]
后代 RGWA[98]   后备 RGTL[98]
后卫 RGBG[98]   后裔 RGYE[98]

逅	RGKP	厂一口辶
	RGKP	厂一口辶
後	TXTY3	彳幺夂
	TXTY	彳幺夂
鲎	IPQG	龸冖鱼
	IPQG	龸冖鱼

hū

呼	KTUH2	口丿丷亅
	KTUF3	口丿丷十

呼吸 KTKE[86]/KTKB[98]
呼啸 KTKV[98]   呼喊 KTKD[98]
呼声 KTFN[98]
呼和浩特 KTIT[86]/KTIC[98]

乎	TUHK3	丿丷亅
	TUFK	丿丷十
轷	LTUH	车丿丷亅
	LTUF	车丿丷十
烀	OTUH3	火丿丷亅
	OTUF3	火丿丷十
滹	IHAH	氵虍七亅
	IHTF	氵虍丿十
忽	QRNU3	勹勹心
	QRNU3	勹勹心

忽然 QRQD   忽视 QRPY[98]
忽略 QRLT[98]

唿	KQRN	口勹勹心
	KQRN	口勹勹心
惚	NQRN3	忄勹勹心
	NQRN3	忄勹勹心
糊	ODEG3	米古月
	ODEG3	米古月

hú

胡	DEG2	古月
	DEG2	古月

胡同 DEMG[98]   胡子 DEBB[98]
胡作非为 DWDY[98]

蝴	JDEG3	虫古月
	JDEG3	虫古月

蝴蝶 JDJA[98]

瑚	GDEG3	王古月
	GDEG3	王古月
葫	ADEF	艹古月
	ADEF	艹古月

葫芦 ADAY[98]

糊	ODEG3	米古月
	ODEG3	米古月
湖	IDEG3	氵古月
	IDEG3	氵古月

湖北 IDUX   湖南 IDFM

湖畔 IDLU⁹⁸		湖水 IDII⁹⁸			hǔ
猢	QTDE	犭丿古月	虎	HAMV2	卢七几
	QTDE	犭丿古月		HWV	虍几
煳	ODEG	火古月	虎门 HWUY⁹⁸		
	ODEG	火古月	唬	KHAM	口卢七几
醐	SGDE	西一古月		KHWN	口虍几
	SGDE	西一古月	琥	GHAM3	王卢七几
鹕	DEQG3	古月勹一		GHWN	王虍几
	DEQG3	古月鸟一	浒	IYTF	氵讠⺀十
鹕	MEQG3	冂月勹一		IYTF	氵讠⺀十
	MEQG3	冂月鸟一			hù
鹄	TFKG	丿土口一	户	YNE	丶尸
	TFKG	丿土口一		YNE	丶尸
狐	QTRY3	犭丿厂丶	户口 YNKK 户籍 YNTF⁹⁸		
	QTRY3	犭丿厂丶	户外 YNQH⁹⁸		
弧	XRCY3	弓厂厶丶	护	RYNT3	扌丶尸
	XRCY3	弓厂厶丶		RYNT3	扌丶尸
壶	FPOG3	士冖业一	护照 RYJV 护理 RYGJ⁹⁸		
	FPOF3	士冖业	护卫 RYBG⁹⁸		
和	TKG	禾口	沪	IYNT3	氵丶尸
	TKG	禾口		IYNT3	氵丶尸
囫	LQRE3	口勹丿	戽	YNUF3	丶尸冫十
	LQRE3	口勹丿		YNUF3	丶尸冫十
毂	FPGC	士冖一又	扈	YNKC	丶尸口巴
	FPGC	士冖一又		YNKC	丶尸口巴
斛	QEUF3	⺈用冫十	互	GXGD2	一彐一
	QEUF3	⺈用冫十		GXD2	一彑
槲	SQEF	木⺈用十	互助 GXEG 互访 GXYY⁹⁸		
	SQEF	木⺈用十	互惠 GXGJ⁹⁸ 互联网 GBMR⁹⁸		
核	SYNW	木亠乚人	互不干涉内政 GDFG⁹⁸		
	SYNW3	木亠乚人			

沍 UGXG3 氵一彑一
UGXG 氵一彑
岵 MDG 山古
MDG 山古
怙 NDG 忄古
NDG 忄古
鹱 QYNC 勹丶㇉又
QGAC 鸟一艹又
祜 PYDG 礻丶古
PYDG 礻丶古
糊 ODEG3 米古月
ODEG3 米古月
瓠 DFNY 大二㇉乀
DFNY 大二㇉乀
笏 TQRR3 ⺮勹彡
TQRR3 ⺮勹彡

huā

花 AWXB3 艹亻匕
AWXB3 艹亻匕
花朵 AWMS[86]/AWWS[98]
花纹 AWXY[98] 花絮 AWVK[98]
花草 AWAJ[98] 花园 AWLF[98]
花天酒地 AGIF[86]
化 WXN2 亻匕
WXN2 亻匕
哗 KWXF3 口亻匕十
KWXF3 口亻匕十
砉 DHDF 三丨石
DHDF 三丨石

huá

华 WXFJ3 亻匕十
WXFJ3 亻匕十
华北 WXUX 华南 WXFM
华丽 WXGM 华裔 WXYE
华侨 WXWT 华盛顿 WDGB
哗 KWXF3 口亻匕十
KWXF3 口亻匕十
骅 CWXF3 马亻匕十
CGWF 马一亻十
铧 QWXF3 钅亻匕十
QWXF3 钅亻匕十
划 AJH2 戈刂
AJH2 戈刂
划分 AJWV[98] 划出 AJBM[98]
猾 QTME3 犭丿⺆月
QTME3 犭丿⺆月
滑 IMEG3 氵⺆月
IMEG3 氵⺆月
滑冰 IMUI[98] 滑雪 IMFV[98]
滑坡 IMFB[98]
豁 PDHK3 宀三丨口
PDHK3 宀三丨口

huà

画 GLBJ2 一田凵
GLBJ2 一田凵
画家 GLPE[86]/GLPG[98]
画报 GLRB[86] 画片 GLTH[98]
画册 GLMM[98]
画蛇添足 GJIK[86]
划 AJH2 戈刂

	AJH2	戈刂
化	WXN2	亻匕
	WXN2	亻匕
化妆 WXUV[98]		化疗 WXUB[98]
化石 WXDG[98]		
化验室 WCPG[86]		
化学元素 WIFG[86]		
化工厂 WADG[98]		
化学武器 WIGK[98]		
华	WXFJ3	亻匕十
	WXFJ3	亻匕十
桦	SWXF3	木亻匕十
	SWXF3	木亻匕十
话	YTDG3	讠丿古
	YTDG3	讠丿古
话题 YTJG[98]		话务员 YTKM[86]

huái

怀	NGIY2	忄一小
	NDHY3	忄𠂇卜
怀疑 NGXT[86]/NDXT[98]		
怀念 NGWY[86]		怀化 NDWX[98]
怀仁 NDWF[98]		怀远 NDFQ[98]
怀有 NDDE[98]		
槐	SRQC3	木白儿厶
	SRQC3	木白儿厶
徊	TLKG3	彳囗口
	TLKG3	彳囗口
淮	IWYG3	氵亻主
	IWYG3	氵亻主
淮河 IWIS[98]		淮阴 IWBE[98]
踝	KHJS	口止日木

	KHJS	口止日木

huài

坏	FGIY3	土一小
	FGIY3	土龶卜
坏蛋 FGNH[86]		坏人 FGWW[98]

huan

划	AJH2	戈刂
	AJH2	戈刂

huān

欢	CQWY3	又𠂇人
	CQWY3	又𠂇人
欢送 CQUD		欢笑 CQTT
欢迎 CQQB		欢欣 CQRQ[98]
欢腾 CQEU[98]		
獾	QTAY	犭丿卄主
	QTAY	犭丿卄主

huán

环	GGIY3	王一小
	GDHY3	王𠂇卜
环境 GGFU[86]/GDFU[98]		
环保 GGWK[86]/GDWK[98]		
环节 GDAB[98]		
还	GIPI3	一小辶
	DHPI2	𠂇卜辶
还价 GIWW[86]/DHWW[98]		
还本 DHSG[98]		
桓	SGJG	木一日一
	SGJG	木一日一
洹	IGJG3	氵一日一

H

	IGJG3	氵一日一
崔	AWYF	艹亻圭
	AWYF	艹亻圭
圜	LLGE3	囗四一哀
	LLGE3	囗四一哀
寰	PLGE3	宀四一哀
	PLGE3	宀四一哀
缳	XLGE3	纟四一哀
	XLGE3	纟四一哀
鬟	DELE3	镸彡四哀
	DELE3	镸彡四哀
锾	QEFC	钅爫二又
	QEGC	钅爫一又
郇	QJBH3	勹日阝
	QJBH3	勹日阝

huǎn

缓	XEFC3	纟爫二又
	XEGC	纟爫一又
缓和 XETK		缓解 XEQE[98]
缓慢 XENJ[98]		

huàn

奂	QMDU3	夕冂大
	QMDU3	夕冂大
换	RQMD2	扌夕冂大
	RQMD2	扌夕冂大
换代 RQWA[98]		换届 RQNM[98]
换取 RQBC[98]		
唤	KQND3	口夕冂大
	KQND3	口夕冂大
唤醒 KQSG[98]		唤起 KQFH[98]

痪	UQMD3	疒夕冂大
	UQMD3	疒夕冂大
焕	OQMD3	火夕冂大
	OQMD3	火夕冂大
焕发 OQNT[98]		
焕然一新 OQGU[98]		
涣	IQMD3	氵夕冂大
	IQMD3	氵夕冂大
涣散 IQAE[98]		
患	KKHN	口口丨心
	KKHN	口口丨心
患者 KKFT[98]		
患难之交 KCPU[86]		
患难与共 KCGA[86]		
漶	IKKN	氵口口心
	IKKN	氵口口心
豢	UDEU3	丷大豕
	UGGE3	丷夫一豕
幻	XNN	幺乛
	XNN	幺乛
幻想 XNSH		
擐	RLGE	扌四一哀
	RLGE3	扌四一哀
浣	IPFQ	氵宀二儿
	IPFQ	氵宀二儿
鲩	QGPQ3	鱼一宀儿
	QGPQ	鱼一宀儿
宦	PAHH3	宀匚丨丨
	PAHH3	宀匚丨丨
逭	PNHP	宀乛丨辶
	PNPD3	宀目辶

huāng

荒	AYNQ	艹亠乚儿
	AYNK	艹亠乚儿
慌	NAYQ3	忄艹亠乚儿
	NAYK3	忄艹亠乚儿
肓	YNEF	亠乚月
	YNEF	亠乚月

huáng

黄	AMWU3	廿由八
	AMWU3	廿由八

黄河 AWIS   黄海 AMIT[98]
黄埔 AMFS[98]   黄梅 AMST[98]
黄金时代 AQJW[86]
黄土高原 AFYD[98]

磺	DAMW3	石廿由八
	DAMW3	石廿由八
潢	IAMW3	氵廿由八
	IAMW3	氵廿由八
璜	GAMW	王廿由八
	GAMW	王廿由八
癀	UAMW3	疒廿由八
	UAMW3	疒廿由八
蟥	JAMW3	虫廿由八
	JAMW3	虫廿由八
簧	TAMW	𥫗廿由八
	TAMW3	𥫗廿由八
皇	RGF	白王
	RGF	白王

皇帝 RGUP[86]/RGYU[98]
皇冠 RGPF[98]

蝗	JRGG2	虫白王
	JRGG	虫白王
凰	MRGD3	几白王
	WRGD	几白王
隍	BRGG3	阝白王
	BRGG3	阝白王
徨	TRGG3	彳白王
	TRGG3	彳白王
湟	IRGG	氵白王
	IRGG	氵白王
遑	RGPD3	白王辶
	RGPD3	白王辶
篁	TRGF	𥫗白王
	TRGF	𥫗白王
鳇	QGRG3	鱼一白王
	QGRG3	鱼一白王
惶	NRGG	忄白王
	NRGG	忄白王
煌	ORGG2	火白王
	ORGG2	火白王

huǎng

晃	JIQB2	日业儿
	JIGQ2	日业一儿
幌	MHJQ	冂丨日儿
	MHJQ	冂丨日儿
恍	NIQN3	忄业儿
	NIGQ3	忄业一儿

恍然大悟 NQDN[86]

谎	YAYQ3	讠艹亠儿
	YAYK3	讠艹亠儿

H

huàng

晃	JIQB2	日业儿
	JIQB2	日业儿

huī

灰	DOU2	ナ火
	DOU	ナ火
灰色 DOQC98		灰尘 DOIF98
恢	NDOY3	忄ナ火
	NDOY3	忄ナ火
恢复 NDTJ		
诙	YDOY3	讠ナ火
	YDOY3	讠ナ火
咴	KDOY3	口ナ火
	KDOY3	口ナ火
挥	RPLH3	扌冖车
	RPLH3	扌冖车
挥毫 RPYP98		挥霍 RPFW98
辉	IQPL	业儿冖车
	IGQL	业一儿车
辉煌 IQOR86/IGOR98		
辉映 IGJM98		
珲	GPLH3	王冖车
	GPLH3	王冖车
晖	JPLH	日冖车
	JPLH	日冖车
徽	TMGT	彳山一攵
	TMGT	彳山一攵
隳	BDAN	阝ナ工小
	BDAN	阝ナ工小
堕	BDEF	阝ナ月土

	BDEF	阝ナ月土
麾	YSSN	广木木乚
	OSSE	广木木毛
虺	GQJI	一儿虫
	GQJI	一儿虫

huí

回	LKD	口口
	LKD2	口口
回顾 LKDB		回答 LKTW
回避 LKNK		回族 LKYT98
回家 LKPE86/LKPG98		
回来 LKGO86/LKGU98		
回音 LKUJ98		回头 LKUD98
回报 LKRB98		回国 LKLG98
茴	ALKF	艹口口
	ALKF	艹口口
洄	ILKG3	氵口口
	ILKG3	氵口口
蛔	JLKG3	虫口口
	JLKG3	虫口口
徊	TLKG3	彳口口
	TLKG3	彳口口

huǐ

毁	VAMC2	白工几又
	EAWC3	白工几又
毁灭 VAGO86/EAGO98		
毁坏 EAFD98		
悔	NTXU3	忄𠂉口丶
	NTXY3	忄𠂉母
虺	GQJI	一儿虫
	GQJI	一儿虫

huì

彗	DHDV	三丨三彐
	DHDV	三丨三彐

彗星 DHJT[98]

慧	DHDN3	三丨三心
	DHDN3	三丨三心

卉	FAJ	十廾
	FAJ	十廾

惠	GJHN3	一曰丨心
	GJHN3	一曰丨心

惠州 GJYT[98]

蕙	AGJN3	艹一曰心
	AGJN3	艹一曰心

蟪	JGJN	虫一曰心
	JGJN	虫一曰心

缋	XKHM3	纟口丨贝
	XKHM	纟口丨贝

晦	JTXU3	日𠂉母丶
	JTXY3	日𠂉母

诲	YTXU3	讠𠂉母丶
	YTXY3	讠𠂉母

贿	MDEG3	贝ナ月
	MDEG3	贝ナ月

贿赂 MDMT

秽	TMQY3	禾山夕
	TMQY3	禾山夕

哕	KMQY3	口山夕
	KMQY3	口山夕

会	WFCU2	人二厶
	WFCU3	人二厶

会谈 WFYO   会议 WFYY
会场 WFFN   会员 WFKM
会诊 WFYW[98]

烩	OWFC3	火人二厶
	OWFC3	火人二厶

绘	XWFC3	纟人二厶
	XWFC3	纟人二厶

绘画 XWGL   绘制 XWTG[98]
绘声绘色 XFXQ[86]

桧	SWFC3	木人二厶
	SWFC3	木人二厶

浍	IWFC	氵人二厶
	IWFC3	氵人二厶

荟	AWFC	艹人二厶
	AWFC	艹人二厶

荟萃 AWAY[98]

汇	IAN	氵匚
	IAN	氵匚

汇报 IARB   汇率 IAYX[98]
汇编 IAXY[98]   汇演 IAIP[98]
汇款 IAFF[98]

讳	YFNH	讠二丁丨
	YFNH	讠二丁丨

讳疾忌医 YUNA[86]
讳莫如深 YAVI[86]

喙	KXEY3	口彑一豕
	KXEY	口彑一豕

恚	FFNU	土土心
	FFNU	土土心

hūn

昏	QAJF	厂七日
	QAJF	厂七日

婚	VQAJ2	女匚七日	
	VQAJ2	女匚七日	

婚礼 VQPY[98]　婚姻法 VVIF

婚姻登记 VVWY[98]

阍	UQAJ3	门匚七日
	UQAJ3	门匚七日

荤	APLJ	艹冖车
	APLJ3	艹冖车

hún

魂	FCRC3	二厶白厶
	FCRC3	二厶白厶

浑	IPLH3	氵冖车
	IPLH3	氵冖车

浑水摸鱼 IIRQ[86]

珲	GPLH3	王冖车
	GPLH3	王冖车

混	IJXX3	氵曰匕匕
	IJXX3	氵曰匕匕

锟	QNJX	钅乚曰匕
	QNJX	钅乚曰匕

hùn

混	IJXX3	氵曰匕匕
	IJXX3	氵曰匕匕

混合 IJWG[98]　混乱 IJTD[98]

混淆 IJIR[98]　混凝土 IUFF

溷	ILEY	氵囗豕
	ILGE	氵囗一豕

诨	YPLH3	讠冖车
	YPLH3	讠冖车

huō

劐	AWYJ	艹亻圭刂
	AWYJ	艹亻圭刂

攉	RFWY	扌雨亻圭
	RFWY3	扌雨亻圭

耠	DIWK3	三小人口
	FSWK3	二木人口

豁	PDHK3	宀三丨口
	PDHK3	宀三丨口

锪	QQRN3	钅勹⺈心
	QQRN3	钅勹⺈心

huó

和	TKG	禾口
	TKG	禾口

活	ITDG3	氵丿古
	ITDG3	氵丿古

活动 ITFC　活泼 ITIN

活血 ITTL[98]　活塞 ITPA[98]

活性 ITNT[98]　活动家 IFPE[86]

活灵活现 IVIG[86]

活动中心 IFKN[98]

活动场所 IFFR[98]

huǒ

火	OOOO3	火火火火
	OOOO3	火火火火

火车 OOLG　火花 OOAW

火焰 OOOQ　火柴 OOHX

火炉 OOOY[86]　火箭 OOTU[98]

火灾 OOPO[98]　火炬 OOON[98]

火星 OOJT[98]　火车站 OLUH

火力发电 OENJ[98]
火炬计划 OOYA[98]

伙 WOY2　　　亻火
　　 WOY2　　　亻火
伙伴 WOWU　伙食 WOWY
伙计 WOYF[86]

钦 QOY　　　 钅火
　　 QOY　　　 钅火

夥 JSQQ3　　曰木夕夕
　　 JSQQ3　　曰木夕夕

huò

获 AQTD3　　艹犭丿犬
　　 AQTD3　　艹犭丿犬
获取 AQBC　获奖 AQUQ
获胜 AQET　获得 AQTJ
获准 AQUW　获得者 ATFT
获奖作口 AUWK[98]

或 AKGD2　　戈口一
　　 AKGD2　　戈口一
或者 AKFT　或是 AKJG
或许 AKYT　或者说 AFYU

惑 AKGN　　 戈口一心
　　 AKGN　　 戈口一心

霍 FWYF　　 雨亻圭

FWYF　　　雨亻圭

藿 AFWY　　 艹雨亻圭
　　 AFWY　　 艹雨亻圭

嚯 KFWY　　 口雨亻圭
　　 KFWY3　　口雨亻圭

镬 QAWC3　　钅艹亻又
　　 QAWC3　　钅艹亻又

蠖 JAWC　　 虫艹亻又
　　 JAWC　　 虫艹亻又

豁 PDHK　　 宀三丨口
　　 PDHK3　　宀三丨口

货 WXMU3　　亻匕贝
　　 WXMU3　　亻匕贝
货轮 WXLW[98]　货车 WXLG[98]
货源 WXID[98]　货场 WXFN[98]
货款 WXFF[98]　货运 WXFC[98]
货物 WXTR[86]/WXCQ[98]

祸 PYKW　　 礻丶口人
　　 PYKW　　 礻丶口人
祸国殃民 PLGN[86]

和 TKG　　　 禾口
　　 TKG　　　 禾口

J

jī

机	SMN2	木几
	SWN2	木几

机车 SMLG[86]/SWLG[98]
机会 SMWF[86]/SWWF[98]
机关 SMUD[86]/SWUD[98]
机床 SMYS[86]/SWOS[98]
机械 SMSA[86]　机器人 SKWW
机构改革 SSNA

几	MTN2	几丿乙
	WTN	几丿乙

几乎 MTTU[86]/WTTU[98]
几度 MTYA[86]/WTOA[98]
几经 WTXC[98]　几件 WTWT[98]
几次 MTUQ[98]

肌	EMN2	月几
	EWN	月几

肌肉 EMMW[86]/EWMW[98]

饥	QNMN3	夂乚几
	QNWN3	夂乚几

讥	YMN	讠几
	YWN	讠几

叽	KMN	口几
	KWN	口几

玑	GMN	王几
	GWN	王几

矶	DMN	石几
	DWN	石几

击	FMK	二山
	GBK	十山

击剑 GBWG[98]　击败 GBMT[98]
击中 GBKH[98]　击落 GBAI[98]

圾	FEYY2	土乃丶
	FBYY	土乃丶

芨	AEYU3	艹乃丶
	ABYU3	艹乃丶

其	ADWU3	艹三八
	DWU2	且八

基	ADWF2	艹三八土
	DWFF3	且八土

基本 ADSG[86]/DWSG[98]
基地 ADFB[86]/DWFB[98]
基金 ADQQ[86]/DWQQ[98]
基础 ADDB[86]/DWDB[98]
基于 ADGF[86]/DWGF[98]
基本法 ASIF[86]/DSIF[98]
基本国策 ASLT[86]/DSLT[98]
基本路线 ASKX[86]/DSKX[98]

箕	TADW3	竹艹三八
	TDWU3	竹且八

期	ADWE	艹三八月
	DWEG3	且八月

奇	DSKF	大丁口

	DSKF	大丁口
犄	TRDK3	ノ扌大口
	CDSK3	牜大丁口
畸	LDSK3	田大丁口
	LDSK3	田大丁口
畸形	LDGA[98]	
剞	DSKJ	大丁口刂
	DSKJ	大丁口刂
稽	TDNJ	禾尤乚曰
	TDNJ	禾尤乚曰
稽查	TDSJ	
穧	TDNM	禾尤乚山
	TDNM	禾尤乚山
积	TKWY3	禾口八
	TKWY3	禾口八

积雪 TKFV[98]　积压 TKDF
积蓄 TKAY　积极主动 TSYF[98]
积极 TKSE[86]/TKSB[98]

激	IRYT3	氵白方攵
	IRYT3	氵白方攵

激发 IRNT　激动 IRFC
激烈 IRGQ　激情 IRNG
激励 IRDD[86]/IRDG[98]
激光 IRIQ[86]/IRIG[98]
激进 IRFJ[98]　激增 IRFU[98]

鸡	CQYG3	又勹丶一
	CQGG3	又鸟一

鸡犬不宁 CDGP[86]　鸡蛋 CQNH

姬	VAHH3	女匚丨丨
	VAHH3	女匚丨丨
缉	XKBG3	纟口耳
	XKBG3	纟口耳

缉私 XKTC[98]　缉毒 XKGX[98]

墼	GJFF	一曰十土
	LBWF3	車山几土
唧	KVCB	口彐厶卩
	KVBH3	口艮卩
屐	NTFC	尸彳十又
	NTFC	尸彳十又
幾	XXAL3	幺幺戈田
	XXAL3	幺幺戈田
乩	HKNN3	卜口乚
	HKNN3	卜口乚
赍	FWWM3	十人人贝
	FWWM3	十人人贝
齑	YDJJ	文三刂刂
	YJHG	文刂丨一
羁	LAFC3	罒廿革马
	LAFG3	罒廿革一
笄	TGAJ	竹一廾
	TGAJ	竹一廾
跻	KHYJ	口止文刂
	KHYJ	口止文刂
咭	KFKG	口士口
	KFKG	口士口

吉	FKF2	士口
	FKF2	士口

吉利 FKTJ　吉林 FKSS
吉祥 FKPY　吉安 FKPV[98]

佶	WFKG	亻士口
	WFKG	亻士口

诘	YFKG3	讠士口	集中	WYKH	集团	WYLF
	YFKG3	讠士口	集锦	WYQR	集邮	WYMB
及	EYI2	乃乀	集镇	WYQF	集装箱	WUTS
	BYI2	乃乀	急	QBNU3	⺈彐心	
及时 EYJF[86]/BYJF[98]				QBNU3	⺈彐心	
及早 BYJH[98]	及其 BYDW[98]		急切 QVAV		急剧 QVND	
岌	MEYU	山乃乀	急诊 QVYW[86]		急病 QVUG[86]	
	MBYU3	山乃乀	急促 QVWK[86]		急性 QVNT[98]	
笈	TEYU	⺮乃乀	急救 QVGI[98]		急流勇退 QICV[86]	
	TBYU	⺮乃乀	急起直追 QFFW[86]			
极	SEYY2	木乃乀	疾	UTDI3	疒⺅大	
	SBYY3	木乃乀		UTDI3	疒⺅大	
极限 SEBV[86]/SBBV[98]			疾病 UTUG		疾苦 UTAD	
极度 SEYA[86]/SBOA[98]			疾恶如仇 UGVW[86]			
极端 SEUM[86]/SBUM[98]			疾风知劲草 UMTA[86]			
极点 SEHK[86]			蒺	AUTD3	艹疒⺅大	
汲	IEYY3	氵乃乀		AUTD3	艹疒⺅大	
	IBYY	氵乃乀	嫉	VUTD3	女疒⺅大	
汲取 IEBC[86]/IBBC[98]				VUTD3	女疒⺅大	
级	XEYY2	纟乃乀	崎	MIWE3	山⺍人月	
	XBYY2	纟乃乀		MIWE3	山⺍人月	
级别 XEKL[86]/XBKE[98]			瘠	UIWE3	疒⺍人月	
棘	GMII	一冂小小		UIWE3	疒⺍人月	
	SMSM3	木冂木冂	楫	SKBG3	木口耳	
棘手 SMRT[98]				SKBG3	木口耳	
籍	TDIJ	⺮三小日	辑	LKBG	车口耳	
	TFSJ3	⺮二木日		LKBG	车口耳	
籍贯 TDXF[86]			戢	KBNT	口耳乙丿	
藉	ADIJ3	艹三小日		KBNY	口耳乙丶	
	AFSJ3	艹二木日	蕺	AKBT	艹口耳丿	
集	WYSU3	亻圭木		AKBY	艹口耳丶	
	WYSU3	亻圭木	亟	BKCG3	了口又一	

	BKCG3	了口又一
殛	GQBG3	一歹了一
	GQBG3	一歹了一
即	VCBH3	ヨム卩
	VBH	艮卩

即日 VCJJ[86]/VBJJ[98]
即将 VCUQ[86]/VBUQ[98]
即使 VCWG[86]/VBWG[98]

革	AFJ2	廿串
	AFJ2	廿串

jǐ

挤	RYJH3	扌文刂
	RYJH3	扌文刂
济	IYJH3	氵文刂
	IYJH3	氵文刂

济南 IYFM

几	MTN2	几丿乙
	WTN	几丿乙
虮	JMN	虫几
	JWN	虫几
脊	IWEF3	八人月
	IWEF3	八人月

脊梁 IWIV

己	NNGN3	己乛一乚
	NNGN3	己乛一乚
纪	XNN2	纟己
	XNN2	纟己
掎	RDSK3	扌大丁口
	RDSK3	扌大丁口
戟	FJAT3	十早戈
	FJAY3	十早戈

麂	YNJM	广コ刂几
	OXXW	声匕匕几
给	XWGK2	纟人一口
	XWGK2	纟人一口

jì

技	RFCY3	扌十又
	RFCY3	扌十又

技工 RFAA 技艺 RFAN
技术 RFSY 技术咨询 RSUY
技术革命 RSAW[86]
技术指标 RSRS[98]

伎	WFCY	亻十又
	WFCY	亻十又

伎俩 WFWG[86]

妓	VFCY3	女十又
	VFCY3	女十又
芰	AFCU	艹十又
	AFCU	艹十又
蓟	AQGJ	艹鱼一刂
	AQGJ3	艹鱼一刂
冀	UXLW3	丬匕田八
	UXLW3	丬匕田八

冀南 UXFM[98]

骥	CUXW3	马丬匕八
	CGUW3	马一丬八
季	TBF2	禾子
	TBF	禾子

季度 TBYA[86]/TBOA[98]
季节性 TANT

悸	NTBG3	忄禾子
	NTBG3	忄禾子

J

祭　WFIU3　癶二小
　　WFIU3　癶二小
祭祀 WFPY[98]

剂　YJJH　文∥刂
　　YJJH　文∥刂

齐　YJJ　文∥
　　YJJ　文∥

济　IYJH3　氵文∥
　　IYJH2　氵文∥
济宁 IYPS[98]　济源 IYID[98]

荠　AYJJ　艹文∥
　　AYJJ　艹文∥

哜　KYJH3　口文∥
　　KYJH3　口文∥

霁　FYJJ3　雨文∥
　　FYJJ　雨文∥

鲚　QGYJ　鱼一文∥
　　QGYJ　鱼一文∥

寄　PDSK3　宀大丁口
　　PDSK3　宀大丁口
寄予 PDCB[86]/PDCN[98]
寄托 PDRT　寄信 PDWY[86]
寄存 PDDH[86]　寄生虫 PTJH[86]

寂　PHIC2　宀上小又
　　PHIC2　宀上小又
寂寞 PHPA　寂静 PHGE[86]

计　YFH2　讠十
　　YFH2　讠十
计委 YFTV[98]　计较 YFLU
计算 YFTH　计量 YFJG[86]
计算机 YTSM[86]/YTSW[98]
计划 YFAJ　计划生育 YATY

计划经济 YAXI[98]

既　VCAQ3　ヨム匚儿
　　VAQN2　艮匚儿
既然 VCQD[86]/VAQD[98]
既要 VCSV[86]/VASV[98]
既定 VAPG[98]

暨　VCAG　ヨム匚一
　　VAQG3　艮匚儿一

卿　QGVB　鱼一ヨ卩
　　QGVB3　鱼一艮卩

际　BFIY2　阝二小
　　BFIY2　阝二小

继　XONN2　纟米乚
　　XONN2　纟米乚
继而 XODM[98]　继承法 XBIF[86]
继承权 SBSC[86]
继续发扬 XXNR[98]
继往开来 XTGG

纪　XNN2　纟己
　　XNN2　纟己
纪元 XNFQ　纪要 XNSV
纪律 XNTV　纪念品 XWKK
纪念日 XWJJ　纪录片 XVTH
纪念碑 XWDR

记　YNN2　讠己
　　YNN2　讠己
记忆 YNNN　记者 YNFT
记述 YNSY[86]　记号 YNKG[86]
记载 YNFA　记忆犹新 YNQU[86]

忌　NNU　己心
　　NNU　己心

踞　KHNN　口止己心
　　KHNN　口止己心

J

觊	MNMQ	山己门儿
	MNMQ3	山己门儿
偈	WJQN3	亻日勹乚
	WJQN3	亻日勹乚
洎	ITHG	氵丿目
	ITHG	氵丿目
稷	TLWT3	禾田八夂
	TLWT3	禾田八夂
髻	DEFK3	镸彡士口
	DEFK3	镸彡士口
迹	YOPI3	亠小辶
	YOPI3	亠小辶

迹象 YOQJ[86]／YOQK[98]

| 绩 | XGMY3 | 纟圭贝 |
| | XGMY3 | 纟圭贝 |

jiā

| 加 | LKG2 | 力口 |
| | EKG2 | 力口 |

加剧 LKND[86]／EKND[98]
加紧 LKJC[86]／EKJC[98]
加班 LKGY[86]／EKGY[98]
加深 LKIP[86]／EKIP[98]
加重 LKTG[86]／EKTG[98]

伽	WLKG3	亻力口
	WEKG3	亻力口
迦	LKPD3	力口辶
	EKPD3	力口辶
嘉	FKUK	士口䒑口
	FKUK	士口䒑口
枷	SLKG3	木力口
	SEKG3	木力口

珈	GLKG3	王力口
	GEKG3	王力口
痂	ULKD	疒力口
	UEKD	疒力口
笳	TLKF	⺮力口
	TEKF3	⺮力口
跏	KHLK	口止力口
	KHEK	口止力口
袈	LKYE3	力口亠伙
	EKYE3	力口亠伙
夹	GUWI3	一䒑人
	GUDI3	一丷大
浃	IGUW3	氵一䒑人
	IGUD	氵一丷大
挟	RGUW3	扌一䒑人
	RGUD	扌一丷大
佳	WFFG	亻土土
	WFFG3	亻土土

佳作 WFWT 佳话 WFYT[86]
佳绩 WFXG[98] 佳节 WFAB[98]

| 家 | PEU2 | 宀豕 |
| | PGEU2 | 宀一豕 |

家庭 PEYT[86]／PGOT[98]
家长 PETA[86]／PGTA[98]
家乡 PEXT[86]／PGXT[98]
家具 PEHW[86]／PGET[98]
家用 PEET[86]／PGHW[98]
家务 PETL[86]／PGTE[98]

镓	QPEY3	钅宀豕
	QPGE	钅宀一豕
葭	ANHC	艹コ丨又

	ANHC	艹コ丨又

jiá

夹	GUWI3	一丷人
	GUDI3	一丷大
荚	AGUW	艹一丷人
	AGUD	艹一丷大
颊	GUWM	一丷人贝
	GUDM	一丷大贝
郏	GUWB	一丷人阝
	GUDB	一丷大阝
铗	QGUW	钅一丷人
	QGUD	钅一丷大
蛱	JGUW3	虫一丷人
	JGUD3	虫一丷大
戛	DHAR3	厂目戈
	DHAU3	厂目戈
恝	DHVN	三丨刀心
	DHVN	三丨刀心
袷	PUWK	衤丷人口
	PUWK	衤丷人口

jiǎ

| 贾 | SMU | 西贝 |
| | SMU2 | 西贝 |

贾庆林 SOSS[98]

| 甲 | LHNH | 甲丨乙丨 |
| | LHNH | 甲丨乙丨 |

甲级 LHXB[98]　甲骨文 LMYY[86]

钾	QLH	钅甲
	QLH	钅甲
岬	MLH	山甲
	MLH	山甲
胛	ELH	月甲
	ELH	月甲
假	WNHC3	亻コ丨又
	WNHC3	亻コ丨又

假设 WNYM[86]　假若 WNAD[86]
假象 WNQJ[86]　假货 WNWX[98]
假期 WNAD[86]/WNDW[98]

瘕	UNHC3	疒コ丨又
	UNHC	疒コ丨又
煆	DNHC3	古コ丨又
	DNHC3	古コ丨又

jià

稼	TPEY3	禾宀豕
	TPGE3	禾宀一豕
嫁	VPEY3	女宀豕
	VPGE3	女宀一豕

嫁接 VPRU[98]

| 价 | WWJH3 | 亻人刂 |
| | WWJH3 | 亻人刂 |

价格 WWST　价目 WWHH[86]
价值观 WWCM[98]
价值观念 WWCW[98]

| 架 | LKSU3 | 力口木 |
| | EKSU3 | 力口木 |

架桥 EKST[98]　架构 EKSQ[98]
架子 LKBB[86]/EKBB[98]

| 驾 | LKCF3 | 力口马 |
| | EKCG | 力口马一 |

驾驭 LKCC[86]　驾照 EKJV[98]
驾驶员 LCKM[86]/ECKM[98]

假	WNHC3	亻コ丨又
	WNHC3	亻コ丨又

jiān

戋	GGGT	戋一一丿
	GAI	一戋
浅	IGT	氵戋
	IGAY3	氵一戋
笺	TGR	⺮戋
	TGAU3	⺮一戋
溅	IMGT	氵贝戋
	IMGA	氵贝一戋
渐	ILRH2	氵车斤
	ILRH3	氵车斤
歼	GQTF3	一夕丿十
	GQTF	一夕丿十

歼灭 GQGO 歼击 GQFM[86]

奸	VFH	女干
	VFH	女干

奸商 VFUM[86]

监	JTYL	⺊⼍丶皿
	JTYL	⺊⼍丶皿

监视 JTPY 监禁 JTSS
监察 JTPW 监管 JTTP[98]
监理 JTGJ[98] 监察局 JPNN[98]

坚	JCFF3	丨又土
	JCFF2	丨又土

坚守 JCPF 坚决 JCUN
坚强 JCXK
坚定不移 JPGT[86]/JPDT[98]
坚持四项基本原则 JRLM

鲣	QGJF	鱼一丨土

	QGJF	鱼一丨土
尖	IDU2	小大
	IDU2	小大

尖锐 IDQU 尖端 IDUM
尖子 IDBB[98]

间	UJD2	门日
	UJD2	门日
煎	UEJO	⫟月刂灬
	UEJO	⫟月刂灬
湔	IUEJ3	氵⫟月刂
	IUEJ3	氵⫟月刂
兼	UVOU3	⫟彐⺌
	UVJW3	⫟彐丨八

兼顾 UVDB 兼职 UVBK
兼任 UVWT 兼备 UVTL[98]
兼容性 UPNT[86]

蒹	AUVO3	艹⫟彐⺌
	AUVW3	艹⫟彐八
搛	RUVO	扌⫟彐⺌
	RUVW	扌⫟彐八
缣	XUVO3	纟⫟彐⺌
	XUVW3	纟⫟彐八
鹣	UVOG	⫟彐⺌一
	UVJG	⫟彐丨一
肩	YNED	丶尸月
	YNED	丶尸月

肩负 YNQM
肩膀 YNEU[86]/YNEY[98]

艰	CVEY2	又彐㇏
	CVY2	又艮

艰巨 CVAN 艰辛 CVUY
艰苦卓绝 CAHX[86]

J

艰苦创业 CAWO[98]				SLD2	木囗	
缄	XDGT3	纟厂一丿	**碱**	DDGT3	石厂一丿	
	XDGK3	纟戈一口		DDGK3	石戊一丿	
菅	APNN	艹宀ㄋㄋ	**减**	UDGT3	冫厂一丿	
	APNF3	艹宀目		UDGK3	冫戊一丿	

犍	TRVP3	丿扌彐廴
	CVGP3	牛彐キ廴

减弱 UDXU　减轻 UDLC
减速 UDGK[86]/UDSK[98]
减产 UDUT[86]　减缓 UDXE[98]

鞬	AFAB3	廿单艹子
	AFAB3	廿单艹子

拣	RANW	扌七刀八
	RANW	扌七刀八

jiǎn

茧	AJU	艹虫	**简**	TUJF3	竹门日
	AJU	艹虫		TUJF3	竹门日

检	SWGI2	木人一业
	SWGG3	木人一一

简单 TUUJ　简易 TUJQ
简陋 TUBG　简称 TUTQ
简朴 TUSH

检阅 SWUU　检索 SWFP
检测 SWIM　检查站 SSUH
检验 SWCW[86]/SWCG[98]
检举 SWIW[86]/SWIG[98]
检察院 SPBP　检察官 SPPN
检查组 SSXE[98]
检察机关 SPSU[98]

简历 TUDL[86]/TUDE[98]

锏	QUJG	钅门日
	QUJG	钅门日

硷	DWGI	石人一业	**裥**	PUUJ	衤冫门日
	DWGG	石人一一		PUUJ	衤冫门日

捡	RWGI	扌人一业	**剪**	UEJV	丷月刂刀
	RWGG3	扌人一一		UEJV	丷月刂刀

俭	WWGI	亻人一业
	WWGG	亻人一一

剪彩 UEES　剪纸 UEXQ[98]
剪刀 UEVN[98]

俭朴 WWSH[86]

睑	HWGI	目人一业	**谫**	YUEV3	讠丷月刀
	HWGG	目人一一		YUEV3	讠丷月刀

			翦	UEJN	丷月刂羽
				UEJN	丷月刂羽

柬	GLII3	一田小	**囝**	LBD2	口子
				LBD2	口子

			蹇	PFJH	宀二刂止
				PAWH	宀艹八止

窨	PFJY	宀二‖言
	PAWY	宀艹八言
枧	SMQN	木门儿
	SMQN3	木门儿
筧	TMQB	竹门儿
	TMQB	竹门儿
戬	GOGA	一业一戈
	GOJA	一业日戈
趼	KHGA	口止一廾
	KHGA	口止一廾

jiàn

锏	QUJG	钅门日
	QUJG	钅门日
间	UJD2	门日
	UJD2	门日
间断 UJON	间谍 UJYA
间隙 UJBI[98]
涧	IUJG	氵门日
	IUJG	氵门日
荐	ADHB3	艹ナ丨子
	ADHB3	艹ナ丨子
监	JTYL	‖卜、皿
	JTYL	‖卜、皿
槛	SJTL3	木‖卜皿
	SJTL3	木‖卜皿
鉴	JTYQ	‖卜、金
	JTYQ2	‖卜、金
鉴定 JTPG	鉴赏 JTIP[98]
鉴别 JTKL[86]/JTKE[98]
践	KHGT3	口止戈
	KHGA3	口止一戈

贱	MGT	贝戈
	MGAY3	贝一戈
溅	IMGT	氵贝戈
	IMGA	氵贝一戈
钱	QNGT	钅乚戈
	QNGA3	钅乚一戈
见	MQB	门儿
	MQB2	门儿
见识 MQYK	见闻 MQUB
见解 MQQE	见义勇为 MYCY
见效 MQUQ[86]/MQUR[98]
见异思迁 MNLT[86]
舰	TEMQ	丿舟门儿
	TEMQ3	丿舟门儿
舰队 TEBW[86]
建	VFHP	ヨ二丨廴
	VFPK2	ヨ丰廴
建议 VFYY[86]/VGYY[98]
建设 VFYM[86]/VGYW[98]
建立 VFUU[86]/VGUU[98]
建国 VFLG[86]/VGLG[98]
建造 VFTF[86]/VGTF[98]
楗	SVFP	木ヨ二廴
	SVFP3	木ヨ丰廴
犍	TFNP	丿二乚廴
	EVGP	毛ヨ丰廴
腱	EVFP	月ヨ二廴
	EVGP3	月ヨ丰廴
键	QVFP	钅ヨ二廴
	QVGP	钅ヨ丰廴
键盘 QVTE[86]/QVTU[98]
键位图 QWLT[98]

J

健	WVFP	亻⼅二廴
	WVGP3	亻⼅キ廴

健全 WVWG　健美 WVUG
健身 WVTM　健忘 WVYN[86]
健康 WVYV[86]/WVOV[98]
健康状况 WYUU[86]
健康发展 WONN[98]

踺	KHVP	口止⼅廴
	KHVP	口止⼅廴

箭	TUEJ3	⺮䒑月刂
	TUEJ3	⺮䒑月刂

件	WRHH3	亻⺧丨
	WTGH3	亻丿キ

牮	WARH3	亻弋⺧丨
	WAYG	亻弋丶キ

渐	ILRH2	氵车斤
	ILRH3	氵车斤

渐进 ILFJ

僭	WAQJ	亻匚儿日
	WAQJ	亻匚儿日

谏	YGLI3	讠一囗小
	YSLG3	讠木囗

剑	WGIJ3	人一䒑刂
	WGIJ3	人一䒑刂

jiāng

江	IAG2	氵工
	IAG2	氵工

江山 IAMM　江南 IAFM
江西 IASG　江汉 IAIC[98]
江苏 IAAL[86]/IAAE[98]
江湖 IAID[98]

茳	AIAF3	艹氵工
	AIAF3	艹氵工

豇	GKUA	一口䒑工
	GKUA	一口䒑工

姜	UGVF3	丷王女
	UGVF3	丷王女

将	UQFY3	丬夕寸
	UQFY3	丬夕寸

将军 UQPL　将要 UQSV[98]

浆	UQIU3	丬夕水
	UQIU3	丬夕水

僵	WGLG3	亻一田一
	WGLG3	亻一田一

缰	XGLG3	纟一田一
	XGLG3	纟一田一

礓	DGLG3	石一口一
	DGLG3	石一口一

疆	XFGG3	弓土一一
	XFGG	弓土一一

jiǎng

蒋	AUQF3	艹丬夕寸
	AUQF2	艹丬夕寸

桨	UQSU3	丬夕木
	UQSU3	丬夕木

奖	UQDU3	丬夕大
	UQDU3	丬夕大

奖状 UQUD　奖章 UQUJ
奖惩 UQTG　奖杯 UQSD[98]
奖励 UQDD[86]/UQDG[98]

讲	YFJH3	讠二刂
	YFJH3	讠二刂

讲究 YFPW　讲师 YFJG
讲授 YFRE　讲课 YFYJ
讲座 YFYW[86]/YFOW[98]
讲义 YFYQ[86]

耩 DIFF　三小二土
　　FSAF　二木龷土

jiàng

匠 ARK2　匚斤
　　ARK　匚斤
酱 YQSG　丬夕西一
　　YQSG　丬夕西一
浆 UQIU3　丬夕水
　　UQIU3　丬夕水
将 UQFY3　丬夕寸
　　UQFY3　丬夕寸
将士 UQFG
降 BTAH2　阝夂匚丨
　　BTGH2　阝夂龶
降临 BTJT　降温 BTIJ
降水 BTII　降雨 BTFG
降落 BTAI
绛 XTAH　纟夂匚丨
　　XTGH3　纟夂龶
洚 ITAH3　氵夂匚丨
　　ITGH3　氵夂龶
强 XKJY2　弓口虫
　　XKJY2　弓口虫
犟 XKJH　弓口虫丨
　　XKJG　弓口虫龶
糨 OXKJ2　米弓口虫
　　OXKJ3　米弓口虫

虹 JAG2　虫工
　　JAG　虫工

jiāo

交 UQU2　六乂
　　URU2　六乂
交际 UQBF[86]/URBF[98]
交易 UQJQ[86]/URJQ[98]
交流 UQIY[86]/URIY[98]
交通 UQCE[86]/URCE[98]
交替 UQFW[86]/URGG[98]
交响乐 UKQI[86]/UKTN[98]
茭 AUQU　艹六乂
　　AURU3　艹六乂
郊 UQBH3　六乂阝
　　URBH3　六乂阝
郊区 UQAQ[86]/URAR[98]
郊外 UQQH[86]/URQH[98]
胶 EUQY2　月六乂
　　EURY2　月六乂
胶印 EUQG[86]　胶囊 EUGK[98]
胶卷 EUUD[86]/EUUG[98]
蛟 JUQY2　虫六乂
　　JURY3　虫六乂
姣 VUQY3　女六乂
　　VURY3　女六乂
跤 KHUQ　口止六乂
　　KHUR　口止六乂
鲛 QGUQ　鱼一六乂
　　QGUR　鱼一六乂
椒 SHIC3　木上小又
　　SHIC3　木上小又

J

焦 WYOU3   亻圭灬
　 WYOU3   亻圭灬
焦点 WYHK   焦急 WYQV
焦虑 WYHA[86]/WYHN[98]

礁 DWYO3   石亻圭灬
　 DWYO3   石亻圭灬

蕉 AWYO3   艹亻圭灬
　 AWYO3   艹亻圭灬

僬 WWYO   亻亻圭灬
　 WWYO   亻亻圭灬

鷦 WYOG   亻圭灬一
　 WYOG   亻圭灬一

浇 IATQ3   氵七丿儿
　 IATQ3   氵七丿儿

骄 CTDJ   马丿大刂
　 CGTJ   马一丿刂
骄傲 CTWG[86]

娇 VTDJ   女丿大刂
　 VTDJ   女丿大刂
娇气 VTRN[86]   娇艳 VTDH[86]

艽 AVB   艹九
　 AVB   艹九

jiáo

嚼 KELF3   口罒爫寸
　 KELF3   口罒爫寸

矫 TDTJ   ⺂大丿刂
　 TDTJ   ⺂大丿刂

jiǎo

搅 RIPQ   扌⺍冖儿
　 RIPQ   扌⺍冖儿

搅拌 RIRU

铰 QUQY3   钅六乂
　 QURY3   钅六乂

狡 QTUQ3   犭丿六乂
　 QTUR3   犭丿六乂
狡猾 QTQT[86]

饺 QNUQ   𠂉乚六乂
　 QNUR   𠂉乚六乂
饺子 QNBB

绞 XUQY3   纟六乂
　 XURY3   纟六乂
绞尽脑汁 XNEI[86]

佼 WUQY3   亻六乂
　 WURY3   亻六乂

皎 RUQY3   白六乂
　 RURY3   白六乂

矫 TDTJ   ⺂大丿刂
　 TDTJ   ⺂大丿刂
矫正 TDGH[98]

挢 RTDJ   扌丿大刂
　 RTDJ   扌丿大刂

侥 WATQ   亻七丿儿
　 WATQ3   亻七丿儿
侥幸 WAFU[86]

脚 EFCB   月土厶卩
　 EFCB   月土厶卩
脚印 EFQG[98]
脚步 EFHI[86]/EFHH[98]

角 QEJ2   𠂊用
　 QEJ2   𠂊用
角落 QEAI   角膜 QEEA[98]
角度 QEYA[86]/QEOA[98]

敫 RYTY 白方攵
RYTY 白方攵

徼 TRYT3 彳白方攵
TRYT3 彳白方攵

缴 XRYT3 纟白方攵
XRYT3 纟白方攵

缴纳 XRXM　缴费 XRXJ[98]

剿 VJSJ 巛日木刂
VJSJ 巛日木刂

湫 ITOY 氵禾火
ITOY 氵禾火

jiào

教 FTBT 土丿子攵
FTBT 土丿子攵

教训 FTYK　教师 FTJG
教练 FTXA　教室 FTPG
教授 FTRE
教养 FTUD[86]/FTUG[98]

酵 SGFB 西一土子
SGFB 西一土子

醮 SGWO 西一亻灬
SGWO 西一亻灬

噍 KWYO 口亻圭灬
KWYO 口亻圭灬

轿 LTDJ3 车丿大刂
LTDJ3 车丿大刂

轿车 LTLG

峤 MTDJ 山丿大刂
MTDJ 山丿大刂

较 LUQY2 车六义
LURY2 车六义

较量 LUJG　较强 LUXK[98]
较短 LUTD[98]　较快 LUNN[98]

校 LUQY3 木六义
LURY3 木六义

校正 SUGH[86]　校对 SUCF[86]

叫 KNHH2 口乚丨
KNHH2 口乚丨

叫做 KNWD　叫苦 KNAD[98]

窖 PWTK 宀八丿口
PWTK 宀八丿口

觉 IPMQ 丷宀冂儿
IPMQ3 丷宀冂儿

嚼 KELF3 口罒罒寸
KELF3 口罒罒寸

徼 TRYT3 彳白方攵
TRYT3 彳白方攵

jiē

阶 BWJH3 阝人刂
BWJH3 阝人刂

阶层 BWNF
阶级 BWXE[86]/BWXB[98]
阶段 BWWD[86]/BWTH[98]

揭 RJQN3 扌日勹乚
RJQN3 扌日勹乚

揭晓 RJJA　揭幕 RJAJ
揭露 RJFK

接 RUVG3 扌立女
RUVG3 扌立女

接待 RUTF　接触 RUQE
接送 RUUD[98]　接纳 RUXM[98]
接轨 RULV[98]　接通 RUCE[98]

皆 XXRF3 匕匕白

	XXRF3	匕匕白
嗜	KXXR	口匕匕曰
	KXXR	口匕匕曰
楷	SXXR2	木匕匕白
	SXXR2	木匕匕白
秸	TFKG	禾士口
	TFKG	禾士口
结	XFKG2	纟士口
	XFKG2	纟士口
街	TFFH	彳土土丨
	TFFS	彳土土丁

街道 TFUT　街头 TFUD
街道办事处 TUET[98]

嗟	KUDA	口丷𦥑工
	KUAG3	口羊工
疖	UBK	疒卩
	UBK	疒卩
节	ABJ2	艹卩
	ABJ2	艹卩

jié

截	FAWY3	十戈亻圭
	FAWY3	十戈亻圭

截止 FAHH　截然 FAQD[98]
截流 FAIY[98]　截至 FAGC[98]

劫	FCLN	土厶力
	FCET	土厶力
节	ABJ2	艹卩
	ABJ2	艹卩

节约 ABXQ　节奏 ABDW
节俭 ABWW　节制 ABRM[86]
节水 ABII　节外生枝 AQTS[86]

节能降耗 ACBF[98]
节目主持人 AHYW[98]

杰	SOU2	木灬
	SOU2	木灬

杰出 SOBM　杰作 SOWT

婕	VGVH3	女一彐止
	VGVH3	女一彐止
捷	RGVH3	扌一彐止
	RGVH3	扌一彐止

捷报 RGRB　捷径 RGTC
捷足先登 RKTW

睫	HGVH3	目一彐止
	HGVH3	目一彐止
竭	UJQN	立曰勹乚
	UJQN	立曰勹乚

竭诚 UJYD　竭尽 UJNY[98]
竭力 UJLT[86]/UJEN[98]

偈	WJQN3	亻曰勹乚
	WJQN3	亻曰勹乚
碣	DJQN3	石曰乚勹
	DJQN3	石曰乚勹
羯	UDJN	丷𦍌曰乚
	UJQN	羊曰勹乚
讦	YFH	讠干
	YFH	讠干
洁	IFKG3	氵士口
	IFKG3	氵士口

洁白 IFRR[98]

结	XFKG2	纟士口
	XFKG2	纟士口

结论 XFYW　结局 XFNN
结晶 XFJJ　结婚 XFVQ

结识 XFYK98   结盟 XFJE98

结构调整 XSYS98

诘 YFKG3   讠士口
　　 YFKG3   讠士口

拮 RFKG3   扌士口
　　 RFKG3   扌士口

桔 SFKG3   木士口
　　 SFKG3   木士口

颉 FKDM3   士口厂贝
　　 FKDM3   士口厂贝

鲒 QGFK   鱼一士口
　　 QGFK   鱼一士口

孑 BNHG   子乛丨一
　　 BNHG   子乛丨一

桀 QAHS   夕匚丨木
　　 QGSU3   夕㐄木

jiě

解 QEVH3   ⺈用刀丨
　　 QEVG3   ⺈用刀㐄

解决 QEUN   解剖 QEUK
解释 QETO   解雇 QEYN
解说 QEYU86   解脱 QEEU98
解放思想 QYLS98
解铃还需系铃人 QQDW98

姐 VEGG3   女月一
　　 VEGG2   女月一

姐姐 VEVE   姐妹 VEVF

jiè

戒 AAK   戈廾
　　 AAK   戈廾

戒指 AARX98   戒烟 AAOL

戒毒 AAGX98

诫 YAAH   讠戈廾
　　 YAAH3   讠戈廾

藉 ADIJ3   艹三小日
　　 AFSJ3   艹二木日

介 WJJ2   人刂刂
　　 WJJ2   人刂刂

介入 WJTY   介质 WJRF86
介意 WJUJ86   介绍 WJXV

疥 UWJK3   疒人刂刂
　　 UWJK3   疒人刂刂

价 WWJH3   亻人刂刂
　　 WWJH3   亻人刂刂

蚧 JWJH3   虫人刂刂
　　 JWJH3   虫人刂刂

骱 MEWJ3   冎月人刂刂
　　 MEWJ3   冎月人刂刂

芥 AWJJ3   艹人刂刂
　　 AWJJ3   艹人刂刂

界 LWJJ3   田人刂刂
　　 LWJJ2   田人刂刂

界线 LWXG   界限 LWBV
界定 LWPG98

借 WAJG3   亻卅日
　　 WAJG3   亻卅日

借助 WAEG   借用 WAET
借贷 WAWA98
借古讽今 WDYW86

届 NMD2   尸由
　　 NMD2   尸由

届时 NMJF

解 QEVH3   ⺈用刀丨

QEVG3　　⺈用刀⺫

jie

家　PEU2　　宀豕
　　PGEU2　　宀一豕

价　WWJH3　亻人‖
　　WWJH3　亻人‖

jīn

今　WYNB　　人丶乛
　　WYNB3　　人丶乛
今天 WYGD　今晚 WYJQ
今年 WYRH[86]/WYTG[98]
今春 WYDW[98]

衿　PUWN　　衤:人乛
　　PUWN　　衤:人乛

矜　CBTN　　マ卩丿乛
　　CNHN　　マ乛丿乛

巾　MHK　　冂丨
　　MHK　　冂丨
巾帼 MHMH[98]

筋　TELB　　⺮月力
　　TEER　　⺮月力

斤　RTTH3　斤丿丿丨
　　RTTH3　斤丿丿丨
斤斤计较 RRYL[86]

金　QQQQ　金金金金
　　QQQQ　金金金金
金属 QQNT　金融 QQGK
金星 QQJT　金字塔 QPFA[86]
金融机构 QGSS[98]

津　IVFH　　氵⺕二丨
　　IVGH　　氵⺕丰

津贴 IVMH　津巴布韦 ICDF[98]

禁　SSFI3　木木二小
　　SSFI3　木木二小

襟　PUSI3　衤:木小
　　PUSI3　衤:木小
襟怀 PUNG[86]

jĭn

紧　JCXI2　‖又幺小
　　JCXI3　‖又幺小
紧张 JCXT　紧密 JCPN
紧缩 JCXP　紧锣密鼓 JQPF[98]
紧密结合 JPXW[98]

锦　QRMH3　钅白门丨
　　QRMH3　钅白门丨
锦旗 QRYT　锦绣 QRXT
锦标赛 QSPF[86]/QSPA[98]
锦纶 QRXW[86]　锦西 QRSG[98]
锦上添花 QHIA[86]

仅　WCY　　亻又
　　WCY　　亻又
仅仅 WCWC　仅限 WCBV[98]

堇　AKGF　　廿口⺀
　　AKGF　　廿口⺀

谨　QNAG　　⺈乚廿⺀
　　QNAG　　⺈乚廿⺀

廑　YAKG　　广廿口⺀
　　OAKG3　　广廿口⺀

瑾　GAKG　　王廿口⺀
　　GAKG　　王廿口⺀

槿　SAKG3　木廿口⺀
　　SAKG3　木廿口⺀

谨	YAKG3	讠廿口丰		近	RPK2	斤辶
	YAKG3	讠廿口丰			RPK2	斤辶

谨慎 YANF   谨小慎微 YINT[86]

莟	BIGB	了八一巳
	BIGB	了八一巳
尽	NYUU3	尸丶丷
	NYUU3	尸丶丷

近视 RPPY   近邻 RPWY[98]
近来 RPGO[86]/RPGU[98]
近郊 RPUR[98]
近年 RPRH[86]/RPTC[98]
近期 RPAD[86]/RPDW[98]
近水楼台先得月 RISE[98]

jìn

进	FJPK2	二刂辶
	FJPK3	二刂辶

进口 FJKK   进军 FJPL
进步 FJHI[86]/FJHH[98]
进度 FJYA[86]/FJOA[98]
进修 FJWH   进程 FJTK

靳	AFRH3	廿串斤
	AFRH3	廿串斤
觐	AKGQ	廿口丰儿
	AKGQ	廿口丰儿
晋	GOGJ	一业一日
	GOJF	一业日

晋升 GOTA   晋级 GOXB[98]
晋江 GOIA[98]   晋城 GOFD[98]

缙	XGOJ	纟一业日
	XGOJ3	纟一业日
禁	SSFI3	木木二小
	SSFI3	木木二小

禁区 SSAQ[86]/SSAR[98]
禁止 SSHH   禁忌 SSNN[86]
禁毒 SSGX[98]   禁地 SSFB[98]

噤	KSSI	口木木小
	KSSI	口木木小

尽管 NYTP   尽责 NYGM[98]
尽力 NYLT[86]/NYEN[98]
尽职 NYBK[98]   尽可能 NSCE[98]
尽善尽美 NUNU[86]

尽	NYUU3	尸丶丷
	NYUU3	尸丶丷
荩	ANYU	艹尸丶丷
	ANYU3	艹尸丶丷
烬	ONYU	火尸丶丷
	ONYU3	火尸丶丷
赆	MNYU	贝尸丶丷
	MNYU3	贝尸丶丷
浸	IVPC3	氵彐冖又
	IVPC3	氵彐冖又
劲	CALN3	ス工力
	CAET3	ス工力
妗	VWYN3	女人丶乛
	VWYN3	女人丶乛
仅	WCY	亻又
	WCY	亻又

jīng

京	YIU	亩小
	YIU	亩小

J

京城 YIFD　京华 YIWX⁹⁸
京郊 YIUR⁹⁸　京津 YIIV⁹⁸

惊　NYIY　忄亠小
　　NYIY　忄亠小

惊叹 NYKC　惊诧 NYYP⁸⁶
惊喜 NYFK　惊奇 NYDS
惊讶 NYYA　惊心动魄 NNFR⁸⁶
惊天动地 NGFF⁸⁶

鲸　QGYI3　鱼一亠小
　　QGYI3　鱼一亠小

荆　AGAJ3　艹一丼刂
　　AGAJ3　艹一丼刂

荆门 AGUY⁹⁸

菁　AGEF　艹生月
　　AGEF3　艹生月

睛　HGEG2　目生月
　　HGEG2　目生月

精　OGEG3　米生月
　　OGEG2　米生月

精力 OGLT⁸⁶/LGEN⁹⁸
精干 OGFG　精致 OGGC
精度 OGYA⁸⁶/OGOA⁹⁸
精彩 OGES　精髓 OGME

腈　EGEG　月生月
　　EGEG　月生月

兢　DQDQ3　古儿古儿
　　DQDQ3　古儿古儿

兢兢业业 DDOO

茎　ACAF3　艹ス工
　　ACAF3　艹ス工

经　XCAG2　纟ス工
　　XCAG3　纟ス工

经常 XCIP　经典 XCMA
经济 XCIY
经历 XCDL⁸⁶/XCDE⁹⁸
经验 XCCW⁸⁶/XCCG⁹⁸

泾　ICAG3　氵ス工
　　ICAG3　氵ス工

晶　JJJF3　日日日
　　JJJF3　日日日

晶体 JJWS　晶莹 JJAP⁹⁸
晶体管 JWTP⁸⁶

粳　OGJQ3　米一日乂
　　OGJR3　米一日乂

旌　YTTG　方ノノ生
　　YTTG　方ノノ生

井　FJK　二刂
　　FJK　二刂

井井有条 FFDT⁸⁶

阱　BFJH3　阝二刂
　　BFJH3　阝二刂

胼　EFJH3　月二刂
　　EFJH3　月二刂

警　AQKY　艹勹口言
　　AQKY3　艹勹口言

警钟 AQQK　警告 AQTF
警惕 AQNJ　警察 AQPW
警句 AQQK⁸⁶　警报 AQRB⁹⁸
警卫 AQBG

儆　WAQT　亻艹勹攵
　　WAQT3　亻艹勹攵

景　JYIU2　日亠小
　　JYIU3　日亠小

景气 JYRN⁸⁶/JYRT⁹⁸
景象 JYQJ⁸⁶/JYQK⁹⁸
景色 JYQC   景点 JYHK⁹⁸
景观 JYCM⁹⁸

憬	NJYI3	忄日亠小
	NJYI3	忄日亠小
刭	CAJH	ス工刂
	CAJH	ス工刂
颈	CADM3	ス工厂贝
	CADM3	ス工厂贝

jìng

| 竟 | UJQB3 | 立日儿 |
| | UJQB3 | 立日儿 |

竟然 UJQD

| 镜 | QUJQ3 | 钅立日儿 |
| | QUJQ3 | 钅立日儿 |

镜头 QUUD   镜子 QUBB

獍	QTUQ	犭丿立儿
	QTUQ	犭丿立儿
境	FUIQ3	土立日儿
	FUIQ3	土立日儿

境内 FUMW⁹⁸

| 敬 | AQKT3 | 艹勹口夂 |
| | AQKT | 艹勹口夂 |

敬佩 AQWM⁸⁶/AQWW⁹⁸
敬老 AQFT⁸⁶   敬仰 AQWQ⁸⁶
敬意 AQUJ   敬而远之 ADFP⁸⁶

径	TCAG3	彳ス工
	TCAG3	彳ス工
劲	CALN3	ス工力
	CAET3	ス工力

腔	ECAG3	月ス工
	ECAG3	月ス工
经	XCAG2	纟ス工
	XCAG3	纟ス工
痉	UCAD3	疒ス工
	UCAD3	疒ス工
靖	UGEG3	立龶月
	UGEG3	立龶月
静	GEQH3	龶月⺈亅
	GEQH3	龶月⺈亅

静电 GEJN   静止 GEHH⁸⁶

婧	VGEG3	女龶月
	VGEG3	女龶月
竞	UKQB	立口儿
	UKQB3	立口儿

竞争 UKQV   竞技 UKRF⁹⁸
竞赛 UKPF⁸⁶/UKPA⁹⁸

| 净 | UQBH3 | 丷⺈彐亅 |
| | UQBH3 | 丷⺈彐亅 |

净化 UQWX⁹⁸   净增 UQFU⁹⁸

| 弪 | XCAG | 弓ス工 |
| | XCAG | 弓ス工 |

jiōng

| 扃 | YNMK | 、尸冂口 |
| | YNMK | 、尸冂口 |

jiǒng

迥	MKPD3	冂口辶
	MKPD3	冂口辶
炯	OMKG3	火冂口
	OMKG3	火冂口

J

炯炯 OMOM[86]

窘	PWVK	宀八彐口
	PWVK	宀八彐口
炅	JOU	日火
	JOU	日火

jiū

究	PWVB3	宀八九
	PWVB3	宀八九

究其原因 PDDL[98]

鸠	VQYG	九勹丶一
	VQGG3	九乛一
揪	RTOY3	扌禾火
	RTOY	扌禾火
啾	KTOY3	口禾火
	KTOY3	口禾火
鬏	DETO	镸彡禾火
	DETO	镸彡禾火
纠	XNHH3	纟乚丨丨
	XNHH3	纟乚丨丨

纠缠 XNXY[86]/XNXO[98]

纠纷案 XXPV[98]

赳	FHNH	土止乚丨
	FHNH	土止乚丨
阄	UQJN3	门勹日乚
	UQJN3	门勹日乚

jiǔ

久	QYI2	勹丶
	QYI2	勹丶

久远 QYFQ　久久 QYQY[98]

灸	QYOU3	勹丶火

	QYOU3	勹丶火
玖	GQYY3	王勹丶
	GQYY3	王勹丶
韭	DJDG	三刂三一
	HDHG	丨三丨一
九	VTN2	九丿乙
	VTN2	九丿乙

九千 VTTF[98]　九州 VTYT[98]

九段 VTTH[98]　九江 VTIA[98]

九霄云外 VFFQ[86]

九八版五笔字型 VWTG[98]

九届全国人大 VNWD[98]

酒	ISGG	氵西一
	ISGG	氵西一

酒会 ISWF　酒泉 ISRI[98]

酒店 ISYH[86]/ISOH[98]

酒吧 ISKC[98]

jiù

旧	HJG2	丨日
	HJG2	丨日

旧社会 HPWF　旧金山 HQMM

旧中国 HKLG

臼	THKF3	𠂉卜口
	THKF3	𠂉卜口
厩	DVCQ3	厂彐厶儿
	DVAQ3	厂艮匚儿
救	FIYT	十冰丶攵
	GIYT	一冰丶攵

救护 FIRY[86]/GIIY[98]

救济 FIIY[86]/GIRY[98]

救灾 FIPO[86]/GIPO[98]

救国 FILG[86]/GILG[98]

救亡 GIYN[98]

臼 VTHG3 臼丿丨一
ETHG3 臼丿丨一

桕 SVG 木臼
SEG 木臼

舅 VLLB2 臼田力
ELER3 臼田力

就 YIDN2 亠小尤乚
YIDY2 亠小尢丶

就职 YIBK 就绪 YIXF
就业 YIOG[86]/YIOH[98]
就学 YIIP[98] 就餐 YIHQ[98]
就医 YIAT[98]

鹫 YIDG 亠小尤一
YIDG 亠小尤一

僦 WYIN3 亻亠小乙
WYIY 亻亠小丶

疚 UQYI3 疒⺈㇏
UQYI3 疒⺈㇏

柩 SAQY 木匚⺈丶
SAQY3 木匚⺈丶

jū

居 NDD2 尸古
NDD2 尸古

居然 NDQD 居室 NDPG[98]
居民 NDNA 居心叵测 NNAI[86]
居高不下 NYDG[98]
居民委员会 NNTW[98]

琚 GNDG3 王尸古
GNDG3 王尸古

椐 SNDG3 木尸古
SNDG3 木尸古

裾 PUND 衤冫尸古
PUND 衤冫尸古

锯 QNDG3 钅尸古
QNDG3 钅尸古

掬 RQOY3 扌勹米
RQOY3 扌勹米

鞠 AFQO3 廿串勹米
AFQO 廿串勹米

鞠躬 AFTM 鞠躬尽瘁 ATNU[86]

鞫 AFQY 廿串勹言
AFQY 廿串勹言

拘 RQKG3 扌勹口
RQKG3 扌勹口

拘留 RQQY 拘役 RQTW[98]

驹 CQKG3 马勹口
CGQK3 马一勹口

苴 AEGF3 艹月一
AEGF3 艹月一

俱 WHWY3 亻且八
WHWY3 亻且八

疽 UEGD3 疒月一
UEGD3 疒月一

狙 QTEG 犭丿月一
QTEG3 犭丿月一

趄 FHEG3 土龰月一
FHEG3 土龰月一

车 LGNH2 车一乚丨
LGNH2 车一乚丨

锔 QNNK 钅尸㇆口
QNNK 钅尸㇆口

睢	EGWY3	月一亻圭	
	EGWY3	月一亻圭	

jú

局 NNKD3　尸丁口
　　 NNKD3　尸丁口
局势 NNRV　局限 NNBV
局面 NNDM[86]/NNDL[98]
局级 NNXB[98]

锔 QNNK　钅尸丁口
　　 QNNK　钅尸丁口

桔 SFKG3　木士口
　　 SFKG3　木士口

菊 AQOU3　艹勹米
　　 AQOU3　艹勹米
菊花 AQAW

橘 SCBK　木マ卩口
　　 SCNK　木マ乛口

jǔ

举 IWFH3　⺍八二丨
　　 IGWG　⺍一八キ
举足轻重 IKLT　举报 IGRB[98]
举行 IWTF[86]/IGTG[98]
举国 IWLG[86]/IGLG[98]
举办 IWLW[86]　举止 IGHH[98]
举一反三 IGRD[86]
举世瞩目 LAHH[98]

榉 SIWH3　木⺍八丨
　　 SIGG3　木⺍一キ

咀 KEGG3　口月一一
　　 KEGG3　口月一一

沮 IEGG3　氵月一

	IEGG3	氵月一	
龃	HWBG	止人凵一	
	HWBG	止人凵一	

矩 TDAN3　⺧大匚コ
　　 TDAN3　⺧大匚コ
矩形 TDGA[86]

榘 TDAS　⺧大匚木
　　 TDAS　⺧大匚木

柜 SANG3　木匚コ
　　 SANG3　木匚コ

莒 AKKF　艹口口
　　 AKKF　艹口口

踽 KHTY　口止丿丶
　　 KHTY　口止丿丶

枸 SQKG3　木勹口
　　 SQKG　木勹口

jù

聚 BCTI3　耳又丿氺
　　 BCIU3　耳又氺
聚集 BCWY　聚居 BCND[98]

巨 AND　匚コ
　　 AND　匚コ
巨变 ANYO　巨资 ANUQ[98]
巨著 ANAF[98]　巨幅 ANMH[98]
巨额 ANPT　巨大成就 ADDY[98]
巨大贡献 ADAF[98]

拒 RANG3　扌匚コ
　　 RANG3　扌匚コ

距 KHAN3　口止匚コ
　　 KHAN3　口止匚コ
距离 KHYB[86]/KHYR[98]

炬	OANG3	火匚コ
	OANG3	火匚コ
讵	YANG	讠匚コ
	YANG	讠匚コ
钜	QANG3	钅匚コ
	QANG3	钅匚コ
苣	AANF3	艹匚コ
	AANF3	艹匚コ
据	RNDG3	扌尸古
	RNDG3	扌尸古

据介绍 RWXV[98]　据说 RNYU
据称 RNTQ[98]　据分析 RWSR[98]
据调查 RYSJ[98]　据报道 RRUT[98]
据初步统计 RPHY[98]
据有关人士透露 RDUF[98]

踞	KHND	口止尸古
	KHND	口止尸古
锯	QNDG3	钅尸古
	QNDG3	钅尸古
剧	NDJH3	尸古刂
	NDJ	尸古刂

剧团 NDLF　剧烈 NDGQ
剧种 NDTK[98]　剧院 NDBP

倨	WNDG3	亻尸古
	WNDG3	亻尸古
具	HWU2	且八
	HWU2	且八

具备 HWTL　具有 HWDE
具体化 HWWX
具体要求 HWSG[98]
具体工作 HWAW[98]

俱	WHWY3	亻且八
	WHWY3	亻且八

俱全 WHWG
俱乐部 WQUK[86]/WTUK[98]

惧	NHWY3	忄且八
	NHWY3	忄且八
犋	TRHW	丿扌且八
	CHWY2	牛且八
飓	MQHW3	几乂且八
	WRHW	几乂且八
沮	IEGG3	氵月一
	IEGG3	氵月一
句	QKD	勹口
	QKD	勹口

句子 QKBB[86]

遽	HAEP3	卢七豕辶
	HGEP	虍一豕辶
醵	SGHE	西一卢豕
	SGHE	西一虍豕
屦	NTOV	尸彳米女
	NTOV	尸彳米女
窭	PWOV3	宀八米女
	PWOV3	宀八米女
瞿	HHWY	目目亻圭
	HHWY3	目目亻圭

juān

捐	RKEG3	扌口月
	RKEG3	扌口月

捐献 RKFM　捐款 RKFF

鹃	KEQG3	口月勹一
	KEQG3	口月鸟一
娟	VKEG3	女口月

	VKEG3	女口月		UGHF	丷夫目
涓	IKEG3	氵口月	隽	WYEB	亻圭乃
	IKEG3	氵口月		WYBR3	亻圭乃
蠲	UWLJ	丷八皿虫	郮	SFBH3	西土阝
	UWLJ	丷八皿虫		SFBH3	西土阝
镌	QWYE	钅亻圭乃			

juē

	QWYB	钅亻圭乃	撅	RDUW	扌厂丷人
圈	LUDB3	囗丷大巳		RDUW	扌厂丷人
	LUGB	囗丷夫巳	噘	KDUW3	口厂丷人
				KDUW	口厂丷人

juǎn

						jué
卷	UDBB	丷大巳
	UGBB3	丷夫巳

卷土重来 UFTG[86]
卷烟 UGOL[98]

jué

决	UNWY2	冫コ人
	UNWY3	冫コ人

锩	QUDB	钅丷大巳
	QUGB	钅丷夫巳

决定性 UPNT[98]　决定 UNPG
决策 UNTG[86]/UNTS[98]
决赛 UNPF[86]/UNPA[98]
决口 UNKK[98]　决胜 UNET[98]
决赛权 UPSC[98]　决心 UNNY

juàn

诀	YNWY	讠コ人
	YNWY	讠コ人

卷	UDBB	丷大巳
	UGBB3	丷夫巳

抉	RNWY	扌コ人
	RNWY3	扌コ人

倦	WUDB3	亻丷大巳
	WUGB	亻丷夫巳

抉择 RNRC

圈	LUDB3	囗丷大巳
	LUGB	囗丷夫巳

矍	HHWC3	目目亻又
	HHWC	目目亻又

绢	XKEG3	纟口月
	XKEG3	纟口月

攫	RHHC3	扌目目又
	RHHC3	扌目目又

狷	QTKE	犭丿口月
	QTKE	犭丿口月

掘	RNBM	扌尸凵山
	RNBM3	扌尸凵山

桊	UDSU3	丷大木
	UDSU3	丷大木

掘进 RNFJ[98]

眷	UDHF	丷大目

倔	WNBM3	亻尸凵山	
	WNBM3	亻尸凵山	
崛	MNBM	山尸凵山	
	MNBM	山尸凵山	
爵	ELVF3	爫罒ヨ寸	
	ELVF	爫罒艮寸	
嚼	KELF3	口爫罒寸	
	KELF3	口爫罒寸	
爝	OELF3	火爫罒寸	
	OELF3	火爫罒寸	
觉	IPMQ	丷冖门儿	
	IPMQ3	丷冖门儿	
绝	XQCN3	纟⺈巴	
	XQCN3	纟⺈巴	

绝对 XQCF　绝望 XQYN
绝密 XQPN[86]　绝缘 XQXX
绝非 XQHD[98]　绝无 XQFQ[98]
绝对值 XCWF[86]

厥	DUBW	厂丷凵人	
	DUBW	厂丷凵人	
蕨	ADUW3	艹厂丷人	
	ADUW	艹厂丷人	
獗	QTDW	犭丿厂人	
	QTDW	犭丿厂人	
橛	SDUW3	木厂丷人	
	SDUW3	木厂丷人	
劂	DUBJ	厂丷凵刂	
	DUBJ	厂丷凵刂	
镢	QDUW	钅厂丷人	
	QDUW	钅厂丷人	
蹶	KHDW	口止丷人	

	KHDW	口止丷人	
谲	YCBK	讠マ卩口	
	YCNK	讠マ乛口	
孑	BYI	了乀	
	BYI	了乀	
珏	GGYY3	王王丶	
	GGYY3	王王丶	
角	QEJ2	⺈用	
	QEJ2	⺈用	
桷	SQEH3	木⺈用	
	SQEH3	木⺈用	
觖	QENW3	⺈用⊐人	
	QENW3	⺈用⊐人	
脚	EFCB	月土厶卩	
	EFCB	月土厶卩	
噱	KHAE	口虍七豕	
	KHGE	口虍一豕	

juě

蹶	KHDW	口止丷人	
	KHDW	口止丷人	

juè

倔	WNBM3	亻尸凵山	
	WNBM3	亻尸凵山	

jūn

军	PLJ2	冖车	
	PLJ2	冖车	

军火 PLOO　军队 PLBW
军事 PLGK　军备 PLTL
军令 PLWY　军官 PLPN
军阀 PLUW　军训 PLYK

军舰 PLTE⁸⁶/PLTU⁹⁸
军纪 PLXN⁸⁶　军种 PLTK⁸⁶
军费 PLXJ⁹⁸　军营 PLAP⁹⁸
军分区 PWAQ⁸⁶/PWAR⁹⁸
军委主席 PTYO⁹⁸
军队建设 PBVY⁹⁸

辑 PLHC3　宀车户又
　　　PLBY　　宀车皮

均 FQUG3　土勹丶
　　　FQUG3　土勹丶
均衡 FQTQ　均匀 FQQU
均等 FQTF⁸⁶　均可 FQSK⁹⁸
均有 FQDE⁹⁸　均由 FQMH⁹⁸

筠 TFQU　⺮土勹丶
　　　TFQU　⺮土勹丶

钧 QQUG　钅勹丶
　　　QQUG　钅勹丶

菌 ALTU3　艹囗禾
　　　ALTU3　艹囗禾

君 VTKD　彐丿口
　　　VTKF3　彐丿口
君子 VTBB⁹⁸

麇 YNJT　广⼰刂禾
　　　OXXT　声匕比禾

龟 QJNB3　⺈日乚
　　　QJNB3　⺈日乚

jùn

峻 MCWT3　山厶八夂
　　　MCWT2　山厶八夂

俊 WCWT3　亻厶八夂
　　　WCWT3　亻厶八夂

竣 UCWT3　立厶八夂
　　　UCWT3　立厶八夂
竣工 UCAA

浚 ICWT　氵厶八夂
　　　ICWT　氵厶八夂

骏 CCWT3　马厶八夂
　　　CGCT　马一厶夂

郡 VTKB　彐丿口阝
　　　VTKB　彐丿口阝

捃 RVTK3　扌彐丿口
　　　RVTK3　扌彐丿口

隽 WYEB　亻圭乃
　　　WYBR3　亻圭乃

菌 ALTU3　艹囗禾
　　　ALTU3　艹囗禾

K

kā

咖 KLKG3　口力口
　　KEKG3　口力口
咖啡 KLKD[86]/KEKH[98]

喀 KPTK3　口宀夂口
　　KPTK3　口宀夂口
喀什 KPWF[98]

咔 KHHY　口上卜
　　KHHY　口上卜

kǎ

卡 HHU　上卜
　　HHU　上卜
卡片 HHTH[98]　卡车 HHLG[98]

佧 WHHY3　亻上卜
　　WHHY3　亻上卜

咔 KHHY　口上卜
　　KHHY　口上卜

胩 EHHY3　月上卜
　　EHHY3　月上卜

喀 KTKG3　口夂口
　　KTKG3　口夂口

喀 KPTK3　口宀夂口
　　KPTK3　口宀夂口

kāi

开 GAK2　一廾
　　GAK2　一廾
开心 GANY　开发 GANT
开放 GAYT　开拓 GARD
开封 GAFF　开除 GABW
开朗 GAYV

锎 QUGA　钅门一廾
　　QUGA　钅门一廾

揩 RXXR　扌匕匕白
　　RXXR　扌匕匕白

kǎi

凯 MNMN3　山己几
　　MNWN3　山己几
凯旋 MNYT　凯歌 MNSK[86]

剀 MNJH3　山己刂
　　MNJH3　山己刂

垲 FMNN3　土山己
　　FMNN3　土山己

恺 NMNN3　忄山己
　　NMNN3　忄山己

铠 QMNN3　钅山己
　　QMNN3　钅山己

慨 NVCQ3　忄彐厶几
　　NVAQ3　忄艮匚几

K

蒈	AXXR	卄匕匕白	
	AXXR	卄匕匕白	
楷	SXXR2	木匕匕白	
	SXXR2	木匕匕白	

楷模 SXSA　楷书 SXNN[86]
楷体 SXWS[86]

锴	QXXR3	钅匕匕白	
	QXXR3	钅匕匕白	

kài

忾	NRNN3	忄𠂉乛	
	NRN	忄气	

kān

刊	FJH	干刂	
	FJH2	干刂	

刊登 FJWG　刊号 FJKG[98]
刊物 FJTR[86]/FJCQ[98]

堪	FADN3	土卄三乙	
	FDWN3	土且甚	

堪称 FATQ[86]/FDTQ[98]
堪培拉 FFRU[98]

勘	ADWL	卄三八力	
	DWNE	且八甚力	

勘测 ADIM[86]/DWIM[98]
勘探 ADRP[86]/DWRP[98]
勘察 ADPW[86]/DWRP[98]
勘查 DWSJ[98]

戡	ADWA	卄三八戈	
	DWNA	且八甚戈	

龛	WGKX	人一口匕	
	WGKY	人一口、	

看	RHF	𠂆目	
	RHF2	𠂆目	

kǎn

坎	FQWY3	土𠂉人	
	FQWY3	土𠂉人	

坎坷 FQFS[98]

莰	AFQW	卄土𠂉人	
	AFQW	卄土𠂉人	

砍	DQWY3	石𠂉人	
	DQWY3	石𠂉人	

砍掉 DQRH[98]

侃	WKQN3	亻口儿	
	WKKN	亻口儿	

槛	SJTL3	木刂𠂉皿	
	SJTL3	木刂𠂉皿	

kàn

看	RHF	𠂆目	
	RHF2	𠂆目	

看望 RHYN　看不见 RDMQ[98]
看报 RHRB[98]　看完 RHPF[98]
看起来 RFGU[98]　看待 RHTF

阚	UNBT3	门乛耳攵	
	UNBT3	门乛耳攵	

瞰	HNBT3	目乛耳攵	
	HNBT3	目乛耳攵	

嵌	MAFW3	山卄二人	
	MFQW3	山甘𠂉人	

kāng

康	YVII3	广彐水	
	OVII3	广彐水	

康复 YVTJ[86]/OVTJ[98]
康乐 OVTN[98]　康熙 OVAH[98]

慷　NYVI3　忄广彐水
　　NOVI　忄广彐氺

慷慨 NYNV[86]/NONV[98]

糠　OYVI　米广彐水
　　OOVI　米广彐氺

阆　UYMV　门一几
　　UYWV　门一几

káng

扛　RAG　扌工
　　RAG　扌工

kàng

亢　YMB　亠几
　　YWB　亠几

炕　OYMN3　火亠几
　　OYWN3　火亠几

伉　WYMN3　亻亠几
　　WYWN3　亻亠几

钪　QYMN　钅亠几
　　QYWN3　钅亠几

抗　RYMN　扌亠几
　　RYWN3　扌亠几

抗灾 RYPO　抗议 RYYY
抗拒 RYRA　抗癌 RYUK[98]
抗美援朝 RURF[98]
抗日战争 RJHQ
抗洪抢险 RIRB[98]

阆　UYMV　门一几
　　UYWV　门一几

kāo

尻　NVV　尸九
　　NVV　尸九

kǎo

考　FTGN3　土丿一乚
　　FTGN3　土丿一乚

考古 FTDG　考察 FTPW
考证 FTYG
考虑 FTHA[86]/FTHN[98]
考验 FTCW[86]/FTCG[98]

拷　RFTN3　扌土丿乚
　　RFTN3　扌土丿乚

拷贝 RFMH[86]

烤　OFTN3　火土丿乚
　　OFTN3　火土丿乚

烤烟 OFOL[98]

栲　SFTN　木土丿乚
　　SFTN　木土丿乚

kào

靠　TFKD　丿土口三
　　TFKD　丿土口三

靠山 TFMM　靠近 TFRP

犒　TRYK　丿扌亠口
　　CYMK3　牛亠冂口

铐　QFTN　钅土丿乚
　　QFTN　钅土丿乚

kē

科　TUFH2　禾丷十
　　TUFH　禾丷十

科学 TUIP　科普 TUUO

科研	TUDG	科学院 TIBP
科级	TUXB[98]	科目 TUHH
科协	TUFL[86]/TUFE[98]	
科学家	TIPE[86]/TIPG[98]	
科技知识	TRTY[98]	

蝌	JTUF3	虫禾冫十
	JTUF3	虫禾冫十
稞	TJSY	禾曰木
	TJSY	禾曰木
髁	MEJS3	⊿月曰木
	MEJS3	⊿月曰木
棵	SJSY3	木曰木
	SJSY3	木曰木
颗	JSDM3	曰木厂贝
	JSDM3	曰木厂贝
颗粒	JSOU[98]	
窠	PWJS3	宀八曰木
	PWJS3	宀八曰木
磕	DFCL3	石土厶皿
	DFCL3	石土厶皿
嗑	KFCL	口土厶皿
	KFCL	口土厶皿
瞌	HFCL	目土厶皿
	HFCL	目土厶皿
珂	GSKG3	王丁口
	GSKG3	王丁口
轲	LSKG3	车丁口
	LSKG3	车丁口
钶	QSKG3	钅丁口
	QSKG3	钅丁口
苛	ASKF2	艹丁口

	ASKF3	艹丁口
苛刻	ASYN[86]	
柯	SSKG3	木丁口
	SSKG3	木丁口
呵	KSKG3	口丁口
	KSKG3	口丁口
疴	USKD	疒丁口
	USKD	疒丁口
坷	FSKG3	土丁口
	FSKG3	土丁口
颏	YNTM	亠乚丿贝
	YNTM	亠乚丿贝

ké

壳	FPMB3	士冖几
	FPWB3	士冖几
咳	KYNW	口亠乚人
	KYNW	口亠乚人
颏	YNTM	亠乚丿贝
	YNTM	亠乚丿贝

kě

可	SKD2	丁口
	SKD2	丁口
可观	SKCM	可是 SKJG
可靠	SKTF	可爱 SKEP
可望而不可即	SYDE[86]	
可谓	SKYL[98]	可能性 SCNT
可乘之机	STPS[98]	
可口可乐	SKST[98]	
岢	MSKF3	山丁口
	MSKF3	山丁口

轲	LSKG3	车丁口	
	LSKG3	车丁口	
坷	FSKG3	土丁口	
	FSKG3	土丁口	
渴	IJQN3	氵曰勹乚	
	IJQN3	氵曰勹乚	

渴望 IJYN　渴求 IJGI[98]

kè

克	DQB2	古儿	
	DQB2	古儿	

克服 DQEB　克拉 DQRU[98]
克制 DQRM[86]/DQTG[98]
克己奉公 DNDW[86]
克服困难 DELC

刻	YNTJ3	亠乚丿刂	
	YNTJ3	亠乚丿刂	

刻苦 YNAD　刻画 YNGL[98]
刻不容缓 YGPX[86]/YDPX[98]
刻舟求剑 YTFW[86]

客	PTKF2	宀夂口	
	PTKF2	宀夂口	

客人 PTWW　客观 PTCM
客车 PTLG[98]　客栈 PTSG[86]
客商 PTUM[86]/PTYU[98]

恪	NTKG3	忄夂口	
	NTKG3	忄夂口	
氪	RNDQ	宀气古儿	
	RDQV3	气古儿	
锞	QJSY3	钅曰木	
	QJSY3	钅曰木	
课	YJSY3	讠曰木	
	YJSY3	讠曰木	

课程 YJTK　课本 YJSG
课堂 YJIP

骒	CJSY3	马曰木	
	CGJS3	马一曰木	
嗑	KFCL	口土厶皿	
	KFCL	口土厶皿	
溘	IFCL	氵土厶皿	
	IFCL	氵土厶皿	
缂	XAFH	纟廿串	
	XAFH3	纟廿串	

kěn

肯	HEF2	止月	
	HEF2	止月	

肯定 HEPC[86]　肯尼亚 HNGO[98]

啃	KHEG3	口止月	
	KHEG3	口止月	
垦	VEFF3	彐㠯土	
	VFF	艮土	

垦区 AFAR[98]

恳	VENU3	彐㠯心	
	VNU2	艮心	

恳切 VEAV[86]　恳请 VEYG[86]

龈	HWBE	止人凵㠯	
	HWBV	止人凵艮	

kèn

裉	PUVE	衤冫彐㠯	
	PUVY	衤冫艮	

kēng

坑	FYMN3	土亠几	

K

FYWN3 土宀几

吭 KYMN3 口宀几
KYWN3 口宀几

坑口 FYKK[98]

铿 QJCF3 钅刂又土
QJCF3 钅刂又土

kōng

空 PWAF2 宀八工
PWAF2 宀八工

空袭 PWDX[98]　空洞 PWIM[86]
空气 PWRN[86]/PWRT[98]
空虚 PWHA[86]　空调 PWYM[98]
空军 PWPL　空间站 PUUH[98]
空军基础 PPDF[98]

崆 MPWA3 山宀八工
MPWA3 山宀八工

箜 TPWA3 竹宀八工
TPWA3 竹宀八工

倥 WPWA3 亻宀八工
WPWA3 亻宀八工

kǒng

恐 AMYN 工几丶心
AWYN3 工几丶心

恐慌 AMNA[86]　恐龙 AWDX[98]
恐慌主义 ANYY[98]

孔 BNN 子乚
BNN 子乚

孔子 BNBB　孔雀 BN1W[98]

倥 WPWA3 亻宀八工
WPWA3 亻宀八工

kòng

控 RPWA3 扌宀八工
RPWA3 扌宀八工

控制区 RTAR[98]　控诉 RPYR[86]
控制人口 RTWK[98]　控告 RPTF

空 PWAF2 宀八工
PWAF2 宀八工

kōu

抠 RAQY3 扌匚乂
RARY3 扌匚乂

眍 HAQY3 目匚乂
HARY3 目匚乂

芤 ABNB3 艹子乚
ABNB3 艹子乚

kǒu

口 KKKK 口口口口
KKKK 口口口口

口号 KKKG　口腔 KKEP[86]
口气 KKRN[86]/KKRT[98]
口头 KKUD　口子 KKBB[98]
口是心非 KJND[86]

kòu

扣 RKG2 扌口
RKG2 扌口

扣押 RKRL[98]　扣除 RKBW

筘 TRKF3 竹扌口
TRKF3 竹扌口

叩 KBH 口卩
KBH 口卩

寇	PFQC	宀二儿又	
	PFQC	宀二儿又	
蔻	APFL	艹宀二又	
	APFC	艹宀二又	

kū

枯	SDG2	木古	
	SDG	木古	
枯燥 SDOK		枯木逢春 SSTD[86]	
骷	MEDG	冎月古	
	MEDG	冎月古	
哭	KKDU	口口犬	
	KKDU	口口犬	
哭泣 KKIU[86]			
窟	PWNM3	宀八尸山	
	PWNM3	宀八尸山	
堀	FNBM	土尸凵山	
	FNBM	土尸凵山	
刳	DFNJ	大二乛刂	
	DFNJ	大二乛刂	

kǔ

苦	ADF	艹古	
	ADF2	艹古	
苦练 ADXA[98]		苦心 ADNY[98]	
苦难 ADCW		苦口婆心 AKIN[86]	

kù

酷	SGTK	西一丿口	
	SGTK3	西一丿口	
酷爱 SGEP		酷暑 SGJF	
嚳	IPTK3	丷冖丿口	
	IPTK3	丷冖丿口	

库	YLK	广车	
	OLK2	广车	
库存 YLDH[86]/OLDH[98]			
库房 YLYN[86]/OLYN[98]			
裤	PUYL3	衤丶广车	
	PUOL3	衤丶广车	
裤子 PUBB			
绔	XDFN3	纟大二乛	
	XDFN3	纟大二乛	

kuā

夸	DFNB3	大二乛	
	DFNB	大二乛	
夸张 DFXT		夸耀 DFIQ[86]	
夸奖 DFUQ[86]			

kuǎ

侉	WDFN3	亻大二乛	
	WDFN3	亻大二乛	
垮	FDFN	土大二乛	
	FDFN	土大二乛	
垮台 FDCK[86]			

kuà

跨	KHDN3	口止大乛	
	KHDN3	口止大乛	
跨国 KHLG[98]		跨世纪 KAXN[98]	
跨越 KHFH[98]		跨行业 KTOH[98]	
胯	EDFN3	月大二乛	
	EDFN3	月大二乛	
挎	RDFN	扌大二乛	
	RDFN3	扌大二乛	

K

kuǎi

| 蒯 | AEEJ | 艹月月刂 |
| | AEEJ | 艹月月刂 |

kuài

| 快 | NNWY3 | 忄ㄱ大 |
| | NNWY3 | 忄ㄱ大 |

快乐 NNQI[86]/NNTN[98]
快速 NNGK[86]/NNSK[98]
快马加鞭 NCLA[86]
快刀斩乱麻 NVLY[86]

| 筷 | TNNW3 | 灬忄ㄱ人 |
| | TNNW | 灬忄ㄱ人 |

| 块 | FNWY3 | 土ㄱ人 |
| | FNWY3 | 土ㄱ人 |

| 会 | WFCU2 | 人二厶 |
| | WFCU3 | 人二厶 |

会计 WFYF　会计师 WYJG

| 侩 | WWFC | 亻人二厶 |
| | WWFC | 亻人二厶 |

| 郐 | WFCB | 人二厶阝 |
| | WFCB | 人二厶阝 |

| 哙 | KWFC | 口人二厶 |
| | KWFC | 口人二厶 |

| 狯 | QTWC | 犭丿人厶 |
| | QTWC | 犭丿人厶 |

| 浍 | IWFC | 氵人二厶 |
| | IWFC | 氵人二厶 |

| 脍 | EWFC3 | 月人二厶 |
| | EWFC3 | 月人二厶 |

脍炙人口 EQWK[86]

kuān

| 宽 | PAMQ2 | 宀艹冂儿 |
| | PAMQ3 | 宀艹冂儿 |

宽容 PAPW　宽阔 PAUI
宽敞 PAIM[98]

| 髋 | MEPQ | 骨月宀儿 |
| | MEPQ3 | 骨月宀儿 |

kuǎn

| 款 | FFIW3 | 士二小人 |
| | FFIW3 | 士二小人 |

款式 FFAA　款待 FFTF
款项 FFAD

kuāng

| 筐 | TAGF3 | 灬匚王 |
| | TAGF3 | 灬匚王 |

| 匡 | AGD | 匚王 |
| | AGD | 匚王 |

| 诓 | YAGG | 讠匚王 |
| | YAGG | 讠匚王 |

| 哐 | KAGG3 | 口匚王 |
| | KAGG3 | 口匚王 |

kuáng

| 狂 | QTGG3 | 犭丿王 |
| | QTGG | 犭丿王 |

狂热 QTRV[86]
狂风 QTMQ[86]/QTWR[98]

| 诳 | YQTG3 | 讠犭丿王 |
| | YQTG3 | 讠犭丿王 |

kuǎng

夼	DKJ	大川
	DKJ	大川

kuàng

框	SAGG	木匚王
	SAGG	木匚王

框框 SASA[98]　框架 SAEK[98]

眶	HAGG3	目匚王
	HAGG	目匚王
矿	DYT	石广
	DOT2	石广

矿产 DYUT[86]/DOUT[98]
矿物 DYTR[86]/DOCQ[98]
矿藏 DYAD[86]/DOAA[98]

圹	FYT	土广
	FOT	土广
纩	XYT	纟广
	XOT	纟广
旷	JYT	日广
	JOT	日广
邝	YBH	广阝
	OBH	广阝
况	UKQN3	冫口儿
	UKQN	冫口儿

况且 UKEG

贶	MKQN3	贝口儿
	MKQN3	贝口儿

kuī

亏	FNV	二丂
	FNB	二丂

亏损 FNRK　亏损额 FRPT[98]

盔	DOLF3	ナ火皿
	DOLF3	ナ火皿

盔甲 DOLH[86]

岿	MJVF3	山丨彐
	MJVF3	山丨彐
窥	PWFQ	宀八二儿
	PWGQ3	宀八夫儿
悝	NJFG	忄曰土
	NJFG	忄曰土

kuí

葵	AWGD3	艹癶一大
	AWGD3	艹癶一大
揆	RWGD	扌癶一大
	RWGD	扌癶一大
奎	DFFF	大土土
	DFFF3	大土土
喹	KDFF3	口大土土
	KDFF3	口大土土
蝰	JDFF	虫大土土
	JDFF	虫大土土
暌	JWGD	日癶一大
	JWGD	日癶一大
睽	HWGD	目癶一大
	HWGD	目癶一大
逵	FWFP	土八土辶
	FWFP3	土八土辶
夔	UHTT3	丷止目夂
	UTHT	丷丿目夂
魁	RQCF	白儿厶十

	RQCF	白儿厶十
魁梧	RQSG[86]	
隗	BRQC3	阝白儿厶
	BRQC3	阝白儿厶
馗	VUTH	九丷丿目
	VUTH	九丷丿目

kuǐ

傀	WRQC3	亻白儿厶
	WRQC	亻白儿厶
跬	KHFF	口止土土
	KHFF3	口止土土

kuì

馈	QNKM3	勹乚口贝
	QNKM3	勹乚口贝
溃	IKHM3	氵口丨贝
	IKHM2	氵口丨贝
溃疡	IKUN[98]	
匮	AKHM3	匚口丨贝
	AKHM3	匚口丨贝
匮乏	AKTP[98]	
蒉	AKHM	艹口丨贝
	AKHM	艹口丨贝
愦	NKHM	忄口丨贝
	NKHM	忄口丨贝
聩	BKHM3	耳口丨贝
	BKHM3	耳口丨贝
箦	TKHM	𥫗口丨贝
	TKHM	𥫗口丨贝
愧	NRQC3	忄白儿厶
	NRQC3	忄白儿厶

喟	KLEG3	口田月
	KLEG3	口田月

kūn

昆	JXXB2	曰匕匕
	JXXB2	曰匕匕
昆仑	JXWX	昆明 JXJE
昆虫	JXJH	
琨	GJXX3	王曰匕匕
	GJXX3	王曰匕匕
锟	QJXX3	钅曰匕匕
	QJXX3	钅曰匕匕
醌	SGJX	西一曰匕
	SGJX	西一曰匕
鲲	QGJX	鱼一曰匕
	QGJX	鱼一曰匕
坤	FJHH	土曰丨
	FJHH	土曰丨
髡	DEGQ	镸彡一儿
	DEGQ	镸彡一儿

kǔn

捆	RLSY3	扌囗木
	RLSY3	扌囗木
悃	NLSY3	忄囗木
	NLSY3	忄囗木
阃	ULSI3	门囗木
	ULSI3	门囗木

kùn

困	LSI2	囗木
	LSI2	囗木
困惑	LSAK	困境 LSFU

澜沧 IUIW[98]

谰	YUGI3	讠门一小
	YUSL3	讠门木囗
斓	YUGI	文门一小
	YUSL	讠门木囗
镧	QUGI	钅门一小
	QUSL3	钅门木囗
褴	PUJL	衤冫皿
	PUJL	衤冫皿
嫠	SSVF3	木木女
	SSVF3	木木女
岚	MMQU	山几乂
	MWRU3	山几乂

览	JTYQ	⺊丶儿
	JTYQ3	⺊丶儿
揽	RJTQ3	扌⺊儿
	RJTQ3	扌⺊儿
缆	XJTQ3	纟⺊儿
	XJTQ3	纟⺊儿
榄	SJTQ	木⺊儿
	SJTQ	木⺊儿
懒	NGKM	忄一口贝
	NSKM2	忄木口贝

懒惰 NGND[86]

漤	ISSV	氵木木女
	ISSV	氵木木女
罱	LFMF3	四十门十
	LFMF3	四十门十

| 烂 | OUFG | 火⺍二 |
| | OUDG3 | 火丷三 |

烂漫 OUIJ[86]

| 滥 | IJTL3 | 氵川⺊皿 |
| | IJTL3 | 氵川⺊皿 |

滥用 IJET[98]　滥竽充数 ITYO[98]

| 啷 | KYVB3 | 口丶ヨ阝 |
| | KYVB | 口丶艮阝 |

| 狼 | QTYE3 | 犭丿丶⺄ |
| | QTYV | 犭丿丶艮 |

狼心狗肺 QNQE[86]
狼狈为奸 QQYV[86]

锒	QYVE3	钅ヨ⺄
	QYVY	钅丶艮
琅	GYVE3	王ヨ⺄
	GYV	王艮
稂	TYVE3	禾丶ヨ⺄
	TYVY3	禾丶艮
阆	UYVE3	门丶ヨ⺄
	UYVI3	门丶艮
郎	YVCB	丶ヨ厶阝
	YVBH3	丶艮阝
榔	SYVB3	木丶ヨ阝
	SYVB3	木丶艮阝
廊	YYVB3	广丶ヨ阝
	OYVB	广丶艮阝

困扰 LSRD　困苦 LSAD[98]
困难重重 LCTT[98]

| 阔 | UITD3 | 门氵丿古 |
| | UITD3 | 门氵丿古 |

阔步 UIHI[86]

蛞	JTDG	虫丿古
	JTDG	虫丿古
栝	STDG	木丿古
	STDG	木丿古
适	TDPD3	丿古辶
	TDPD3	丿古辶
括	RTDG3	扌丿古
	RTDG3	扌丿古

括号 RTKG[86]

| 扩 | RYT2 | 扌广 |
| | ROT2 | 扌广 |

扩展 RYNA[86]/RONA[98]
扩建工程 RVAT[98]

| 廓 | YYBB3 | 广古子阝 |
| | YYBB3 | 广古子阝 |

L

K

L

lā

拉	RUG2	扌立
	RUG2	扌立
拉美	RUUG[98]	拉拢 RURD[86]
拉萨	RUAB	拉开序幕 RGOA[98]
垃	FUG	土立
	FUG	土立
垃圾	FUFE[86]/FUFB[98]	
啦	KRUG3	口扌立
	KRUG3	口扌立
邋	VLQP3	巜口乂辶
	VLRP3	巜口乂辶
喇	KGKJ3	口一口刂
	KSKJ	口木口刂

lá

砬	DUG	石立
	DUG	石立
拉	RUG2	扌立
	RUG2	扌立
旯	JVB	曰九
	JVB	曰九
剌	GKIJ	一口小刂
	SKJH3	木口刂

lǎ

喇	KGKJ3	口一口刂
	KSKJ	口木口刂
喇嘛	KSKO[98]	
拉	RUG2	扌立
	RUG2	扌立

là

蜡	JAJG3	虫廿日
	JAJG3	虫廿日
蜡烛	JAOJ	
腊	EAJG3	月廿日
	EAJG	月廿日
腊月	EAEE[98]	
辣	UGKI3	辛一口小
	USKG	辛木口一
辣椒	UGSH[86]/USSH[98]	
剌	GKIJ	一口小刂
	SKJH3	木口刂
瘌	UGKJ	疒一口刂
	USKJ	疒木口刂
落	AITK3	艹氵夂口
	AITK	艹氵夂口
拉	RUG2	扌立
	RUG2	扌立

la

啦	KRUG3	口扌立
	KRUG3	口扌立

lái

来	GOI2	一米
	GUSI2	一丷木
来宾	GOPR[86]/GUPR[98]	
来源	GOID[86]/GUID[98]	
来访	GOYY[86]/GUYY[98]	
来临	GOJT[86]/GUJT[98]	
来华	GUWX[98]	
来日方长	GJYT[86]	
来龙去脉	GDFE[86]	
来之不易	GPDJ[98]	
莱	AGOU3	艹一米
	AGUS	艹一丷木
莱芜	AGAF[98]	莱阳 AGBJ[98]
崃	MGOY3	山一米
	MGUS	山一丷木
徕	TGOY3	彳一米
	TGUS	彳一丷木
涞	IGOY3	氵一米
	IGUS3	氵一丷木
铼	QGOY	钅一米
	QGUS	钅一丷木

lài

赖	GKIM	一口小贝
	SKQM3	木口勹贝
濑	IGKM	氵一口贝
	ISKM	氵木口贝
癞	UGKM	疒一口贝
	USKM	疒木口贝
籁	TGKM	竹一口贝
	TSKM3	竹木口贝
睐	HGOY3	目一米
	HGUS3	目一丷木
徕	TGOY3	彳一米
	TGUS	彳一丷木
赉	GOMU3	一米贝
	GUSM	一丷木贝

lán

兰	UFF	丷二
	UDF	丷三
兰西	UDSG[98]	兰考 UDFT[98]
兰花	UDAW[98]	
栏	SUFG3	木丷二
	SUDG3	木丷三
栏目	SUHH[98]	
拦	RUFG3	扌丷二
	RUDG3	扌丷三
拦截	RUFA[98]	拦住 RUWY[98]
蓝	AJTL3	艹皿
	AJTL3	艹皿
蓝天	AJGD	蓝色 AJQC
篮	TJTL	竹皿
	TJTL	竹皿
篮球	TJGG[98]	篮球队 TGBW[98]
阑	UGLI	门一田小
	USLD3	门木刂
澜	IUGI	氵门一小
	IUSL3	氵门木田

蟑	JYVB3	虫、彐阝		劳改	APNT	劳务市场 ATYF⁹⁸
	JYVB3	虫、艮阝	嵝	MAPL3	山艹冖力
	lǎng			MAPE	山艹冖力
朗	YVCE3	、彐厶月	锊	QAPL3	钅艹冖力
	YVEG3	、艮月		QAPE3	钅艹冖力
朗读 YVYF⁸⁶		朗诵 YVYC⁹⁸	唠	KAPL3	口艹冖力
	làng			KAPE3	口艹冖力
浪	IYVE3	氵、彐㇏	痨	UAPL	疒艹冖力
	IYVY3	氵、艮		UAPE	疒艹冖力
浪头 IYUD⁸⁶		浪费 IYXJ	牢	PRHJ3	宀⺊丨
浪潮 IYIF				PTGJ3	宀丿幸
郎	YVCB	、彐厶阝	牢骚 PRCC⁸⁶/PTCG⁹⁸		
	YVBH3	、艮阝	牢固 PRLD⁸⁶/PTLD⁹⁸		
茛	AYVE3	艹、彐㇏	醪	SGNE	西一羽彡
	AYVU3	艹、艮		SGNE	西一羽彡
蒗	AIYE	艹氵、㇏		**lǎo**	
	AIYV	艹氵、艮	老	FTXB3	土丿匕
阆	UYVE3	门、彐㇏		FTXB3	土丿匕
	UYVI3	门、艮	老师 FTJG		老百姓 FDVT
	lāo		老婆 FTIH⁸⁶/FTIB⁹⁸		
捞	RAPL3	扌艹冖力	老总 FTUK⁹⁸		老兵 FTRW⁹⁸
	RAPE3	扌艹冖力	老龄化 FHWX⁹⁸		老乡 FTXT
	láo		老马识途 FCYW⁸⁶		
劳	APLB3	艹冖力	老羞成怒 FUDV⁸⁶		
	APER3	艹冖力	老谋深算 FYIT⁸⁶		
劳动 APFC		劳动者 AFFT	佬	WFTX3	亻土丿匕
劳驾 APLK⁸⁶		劳资 APUQ		WFTX3	亻土丿匕
劳务 APTL⁸⁶/APTE⁹⁸			姥	VFTX3	女土丿匕
劳动力 AFLE⁸⁶/AFEN⁹⁸				VFTX3	女土丿匕
			栳	SFTX	木土丿匕
				SFTX	木土丿匕

L

铑	QFTX	钅土丿匕	鳓	QGAL	鱼一廿力
	QFTX	钅土丿匕		QGAE	鱼一廿力
潦	IDUI	氵大⺍小	仂	WLN	亻力
	IDUI	氵大⺍小		WET	亻力

lào

酪	SGTK	西一夂口	叻	KLN	口力
	SGTK	西一夂口		KET	口力
烙	OTKG3	火夂口	泐	IBLN3	氵阝力
	OTKG3	火夂口		IBET3	氵阝力
烙印	OTQG[86]		乐	QII2	⺁小
落	AITK3	艹氵夂口		TNII2	丿乚小
	AITK	艹氵夂口			

乐观 QICM[86]/TNCM[98]

络	XTKG3	纟夂口
	XTKG3	纟夂口

乐园 QILF[86]/TNLF[98]

涝	IAPL3	氵艹冖力
	IAPE3	氵艹冖力

乐趣 QIFH[86]/TNFH[98]

唠	KAPL3	口艹冖力
	KAPE	口艹冖力

乐意 TNUJ[98] 乐极生悲 QSTD[86]

耢	DIAL	三小艹力
	FSAE3	二木艹力

le

lē

肋	ELN2	月力	了	BNH	了乛丨
	EET	月力		BNH	了乛丨

lēi

嘞	KAFL3	口廿串力
	KAFE3	口廿串力

勒	AFLN3•	廿串力
	AFET3	廿串力

lè

léi

勒	AFLN3	廿串力	雷	FLF	雨田
	AFET3	廿串力		FLF2	雨田
勒索	AFFP				

雷达 FLDP 雷锋 FLQT

雷锋精神 FQOP[98]

镭	QFLG3	钅雨田
	QFLG3	钅雨田
檑	SFLG3	木雨田
	SFLG3	木雨田
擂	RFLG3	扌雨田

	RFLG3	扌雨田
擂台	RFCK[98]	擂台赛 RCPA[98]
累	LXIU2	田幺小
	LXIU2	田幺小
累计	LXYF	累加 LXLK[86]
嫘	VLXI3	女田幺小
	VLXI3	女田幺小
缧	XLXI	纟田幺小
	XLXI3	纟田幺小
蠃	YNKY	亠乚口丶
	YEUY	冖月羊丶

lěi

蕾	AFLF	艹雨田
	AFLF3	艹雨田
磊	DDDF3	石石石
	DDDF3	石石石
累	LXIU2	田幺小
	LXIU2	田幺小
儡	WLLL3	亻田田田
	WLLL3	亻田田田
垒	CCCF	厶厶厶土
	CCCF	厶厶厶土
耒	DII	三小
	FSI	二木
诔	YDIY	讠三小
	YFSY	讠二木

lèi

类	ODU2	米大
	ODU2	米大
类似	ODWN	类推 ODRW[86]

类别	ODKL[86]/ODKE[98]	
肋	ELN2	月力
	EET	月力
擂	RFLG3	扌雨田
	RFLG3	扌雨田
泪	IHG	氵目
	IHG	氵目
泪水	IHII	
酹	SGEF3	西一爫寸
	SGEF3	西一爫寸
累	LXIU2	田幺小
	LXIU2	田幺小

lei

嘞	KAFL3	口廿串力
	KAFE3	口廿串力

lēng

棱	SFWT3	木土八夂
	SFWT3	木土八夂

léng

棱	SFWT3	木土八夂
	SFWT3	木土八夂
棱角	SFQE[86]	
楞	SLYN2	木罒方
	SLYT3	木罒方
塄	FLYN3	土罒方
	FLYN3	土罒方

lěng

冷	UWYC	冫人丶マ
	UWYC3	冫人丶マ

L

冷静 UWGE　冷气 UWRN[86]
冷藏 UWAIJ[86]/UWAAJ[98]
冷落 UWAI[86]　冷清 UWIG[98]
冷言冷语 UYUY[86]

lèng

愣　NLYN3　忄罒方
　　NLYT　忄罒方

lī

哩　KJFG3　口日土
　　KJFG3　口日土

lí

厘　DJFD　厂日土
　　DJFD　厂日土
厘米 DJOY
喱　KDJF　口厂日土
　　KDJF3　口厂日土
狸　QTJF　犭丿日土
　　QTJF　犭丿日土
嫠　FITV3　一小攵女
　　FTDV3　未攵厂女
梨　TJSU3　禾刂木
　　TJSU3　禾刂木
犁　TJRH3　禾刂⺈丨
　　TJTG　禾刂丿丰
蜊　JTJH3　虫禾刂
　　JTJH　虫禾刂
黎　TQTI3　禾勹丿氺
　　TQTI3　禾勹丿氺
黎明 TQJE[86]　黎巴嫩 TCVS[98]
藜　ATQI3　艹禾勹氺

　　ATQI3　艹禾勹水
蟊　TQTO　禾勹丿灬
　　TQTO　禾勹丿灬
离　YBMC2　文凵冂厶
　　YRBC　亠乂凵厶
离开 YBGA[86]/YRGA[98]
离任 YBWT[86]/YRWT[98]
离婚 YBVQ[86]/YRVQ[98]
离休 YBWS[86]/YRWS[98]
离家 YBPE[86]/YRPE[98]
篱　TYBC3　⺮文凵厶
　　TYRC3　⺮亠乂厶
蓠　AYBC　艹文凵厶
　　AYRC　艹亠乂厶
漓　IYBC　氵文凵厶
　　IYRC3　氵亠乂厶
缡　XYBC3　纟文凵厶
　　XYRC3　纟亠乂厶
璃　GYBC3　王文凵厶
　　GYRC3　王亠乂厶
罹　LNWY3　罒忄亻圭
　　LNWY3　罒忄亻圭
丽　GMYY3　一冂丶丶
　　GMYY3　一冂丶丶
骊　CGMY2　马一冂丶
　　CGGY3　马一一丶
鹂　GMYG　一冂丶一
　　GMYG　一冂丶一
鲡　QCGY　鱼一一丶
　　QGGY3　鱼一一丶
蠡　XEJJ3　彑豕虫虫

	XEJJ3	彐豕虫虫

lǐ

里	JFD	日土
	JFD	日土

里程 JFTK   里程碑 JTDR
里面 JFDM[86]/JFDL[98]

哩	KJFG3	口日土
	KJFG3	口日土

鲤	QGJF	鱼一日土
	QGJF	鱼一日土

锂	QJFG3	钅日土
	QJFG3	钅日土

悝	NJFG	忄日土
	NJFG	忄日土

理	GJFG2	王日土
	GJFG2	王日土

理论 GJYW   理智 GJTD
理直气壮 GFRU   理发 GJNT
理所当然 GRIQ   理想 GJSH

俚	WJFG3	亻日土
	WJFG3	亻日土

娌	VJFG	女日土
	VJFG	女日土

李	SBF2	木子
	SBF2	木子

李鹏 SBEE
李瑞环 SGGG[86]/SGGD[98]

礼	PYNN	礻乚
	PYNN	礻乚

礼堂 PYIP   礼节 PYAB[86]
礼貌 PYEE[86]/PYER[98]
礼物 PYTR[86]/PYCQ[98]

礼仪 PYWY[98]

澧	IMAU3	氵冂廿丷
	IMAU3	氵冂廿丷

醴	SGMU	西一冂丷
	SGMU	西一冂丷

鳢	QGMU	鱼一冂丷
	QGMU	鱼一冂丷

逦	GMYP	一冂丶辶
	GMYP	一冂丶辶

蠡	XEJJ3	彑豕虫虫
	XEJJ3	彐豕虫虫

lì

荔	ALLL3	艹力力力
	AEEE3	艹力力力

荔枝 ALSF[86]/AESF[98]

吏	GKQI3	一口乂
	GKRI3	一口乂

栗	SSU	西木
	SSU	西木

篥	TSSU3	𥫗西木
	TSSU3	𥫗西木

溧	ISSY	氵西木
	ISSY	氵西木

傈	WSSY3	亻西木
	WSSY3	亻西木

厉	DDNV3	厂ア丁
	DGQE3	厂一ク

厉害 DDPD[86]/DGPD[98]

励	DDNL	厂ア丁力
	DGQE	厂一ク力

励精图治 DOLI[86]

砺	DDDN	石厂ㄱㄱ		坜	FDLN3	土厂力
	DDGQ	石厂一ㄣ			FDET	土厂力
蛎	JDDN3	虫厂ㄱㄱ		枥	SDLN3	木厂力
	JDGQ	虫厂一ㄣ			SDET3	木厂力
粝	ODDN3	米厂ㄱㄱ		苈	ADLB3	⧺厂力
	ODGQ	米厂一ㄣ			ADER	⧺厂力
疠	UDNV	疒厂ㄱ		雳	FDLB	雨厂力
	UGQE	疒一ㄣ			FDER3	雨厂力
力	LTN2	力ノㄱ		利	TJH	禾刂
	ENT2	力ノㄱ			TJH	禾刂

力争 LTQV[86]/ENQV[98]　　利用 TJET　利害 TJPD
力学 LTIP[86]/ENIP[98]　　利益 TJUW　利息 TJTH
力量 LTJG[86]/ENJG[98]　　利弊 TJUM[86]　利国 TJLG[98]
力不从心 LGWN[86]/EDWN[98]

力图 ENLT[98]　　力求 ENGI[98]				俐	WTJH3	亻禾刂
					WTJH3	亻禾刂
力所能及 ERCB[98]				痢	UTJK3	疒禾刂
历	DLV2	厂力			UTJK3	疒禾刂
	DEE2	厂力		猁	QTTJ3	犭ノ禾刂
历来 DLGO[86]/DEGU[98]					QTTJ	犭ノ禾刂
历史 DLKQ[86]/DEKR[98]				莉	ATJJ3	⧺禾刂
历代 DLWA[86]/DEWA[98]					ATJJ3	⧺禾刂
历经 DEXC[98]				例	WGQJ3	亻一夕刂
历史悠久 DKWQ[98]					WGQJ3	亻一夕刂
历史博物馆 DKFQ[98]				例外 WGQH　例如 WGVK		
历史唯物主义 DKKY				例题 WGJG[86]　例证 WGYG[98]		
疬	UDLV3	疒厂力		立	UUUU2	立立立立
	UDEE3	疒厂力			UUUU2	立立立立
沥	IDLN3	氵厂力		立场 UUFN　立体 UUWS		
	IDET	氵厂力		立刻 UUYN　立秋 UUTO[86]		
沥青 IDGE				立即 UUVC[86]/UUVB[98]		
呖	KDLN3	口厂力		立春 UUDW[86]　立案 UUPV[98]		
	KDET3	口厂力		立宪 UUPT[98]　立方米 UYOY[98]		

粒	OUG	米立
	OUG2	米立
粒子	OUBB[98]	
笠	TUF	竹立
	TUF	竹立
莅	AWUF	艹亻立
	AWUF	艹亻立
莅临	AWJT[86]	
隶	VII	彐水
	VII	彐水
隶属	VINT	隶属于 VNGF[98]
丽	GMYY3	一冂、、
	GMYY3	一冂、、
俪	WGMY	亻一冂、
	WGMY	亻一冂、
郦	GMYB	一冂、阝
	GMYB	一冂、阝
栎	SQIY3	木⺄小
	STNI	木丿乚小
砾	DQIY3	石⺄小
	DTNI3	石丿乚小
轹	LQIY3	车⺄小
	LTNI3	车丿乚小
跞	KHQI	口止⺄小
	KHTI	口止丿小
戾	YNDI3	、尸犬
	YNDI3	、尸犬
唳	KYND	口、尸犬
	KYND	口、尸犬
詈	LYF	罒言
	LYF	罒言

奰	GKMH	一口冂丨
	GKMH	一口冂丨

li

哩	KJFG3	口曰土
	KJFG3	口曰土

liǎ

俩	WGMW3	亻一冂人
	WGMW	亻一冂人

lián

连	LPK	车辶
	LPK2	车辶
连续	LPXF	连锁 LPQI[98]
连云港	LFIA	连环画 LGGL[98]
莲	ALPU3	艹车辶
	ALPU3	艹车辶
涟	ILPY3	氵车辶
	ILPY3	氵车辶
鲢	QGLP	鱼一车辶
	QGLP	鱼一车辶
裢	PULP3	衤冫车辶
	PULP3	衤冫车辶
廉	YUVO	广丷彐业
	OUVW3	广丷彐八
廉价	YUWW[86]/OUWW[98]	
廉洁	YUIF[86]/OUIF[98]	
廉政	YUGH[86]/OUGH[98]	
镰	QYUO3	钅广丷业
	QOUW	钅广丷八
濂	IYUO3	氵广丷业
	IOUW3	氵广丷八

L

膁	EYUO3	月广⺍业	
	EOUW3	月广⺍八	
蠊	JYUO3	虫广⺍业	
	JOUW	虫广⺍八	
怜	NWYC	忄人丶マ	
	NWYC	忄人丶マ	

怜悯 NWNU[86]　怜惜 NWNA[86]

帘	PWMH3	宀八门丨
	PWMH3	宀八门丨
奁	DAQU3	大匚乂
	DARU3	大匚乂
联	BUDY2	耳⺍大
	BUDY2	耳⺍大

联系 BUTX　联想 BUSH
联席 BUYA[86]/BUOA[98]
联网 BUMQ[86]/BUMR[98]
联邦 BUDT　联合声明 BWFJ[98]
联合公司 BWWN[98]
联合国安理会 BWLW[98]

liǎn

脸	EWGI2	月人一业
	EWGG3	月人一一

脸色 EWQC

敛	WGIT	人一业攵
	WGIT	人一⺍攵
蔹	AWGT	艹人一攵
	AWGT	艹人一攵
裣	PUWI	衤冫人业
	PUWG	衤冫人一
琏	GLPY3	王车辶
	GLPY3	王车辶

liàn

链	QLPY3	钅车辶
	QLPY3	钅车辶

链条 QLTS[98]

恋	YONU3	亠小心
	YONU3	亠小心

恋恋不舍 YYGW[86]　恋爱 YOEP

炼	OANW	火七丁业
	OANW	火七丁八

炼钢 OAQM　炼铁 OAQR[86]

练	XANW3	纟七丁八
	XANW3	纟七丁八

练习 XANU
练兵 XARG[86]/XARW[98]

潋	IWGT	氵人一攵
	IWGT	氵人一攵
殓	GQWI3	一夕人业
	GQWG3	一夕人一
楝	SGLI3	木一囮小
	SSLG3	木木囮

liáng

良	YVEI2	丶彐以
	YVI2	丶艮

良种 YVTK　良好 YVVB
良心 YVNY[86]　良田 YVLL[98]

莨	AYVE3	艹丶彐以
	AYVU3	艹丶艮
粮	OYVE3	米丶彐以
	OYVY3	米丶艮

粮食 OYWY　粮棉 OYSR
粮店 OYYH[86]/OYOH[98]

粮油 OYIM   粮仓 OYWB[98]

踉	KHYE	口止丶 KHYV 口止丶艮
椋	SYIY	木亠小 SYIY 木亠小
凉	UYIY	冫亠小 UYIY 冫亠小

凉爽 UYDQ[86]   凉山 UYMM[98]

梁	IVWS3	氵刀八木 IVWS3 氵刀八木

梁山 IVMM[98]

粱	IVWO	氵刀八米 IVWO 氵刀八米
墚	FIVS3	土氵刀木 FIVS3 土氵刀木
量	JGJF2	曰一曰土 JGJF2 曰一曰土

量度 JGYA[86]   量力 JGEN[98]

liǎng

两	GMWW	一冂人人 GMWW 一冂人人

两面 GMDM[86]/GMDL[98]
两个 GMWH[86]
两全其美 GWAU[86]
两岸关系 GMUT[98]
两个基本点 GWDH[98]

魉	RQCW	白儿厶人 RQCW 白儿厶人
俩	WGMW3	亻一冂人 WGMW 亻一冂人

liàng

辆	LGMW3	车一冂人 LGMW3 车一冂人
量	JGJF2	曰一曰土 JGJF2 曰一曰土
晾	JYIY	日亠小 JYIY 日亠小
谅	YYIY3	讠亠小 YYIY3 讠亠小

谅解 YYQE

凉	UYIY	冫亠小 UYIY 冫亠小
亮	YPMB3	亠冖几 YPWB2 亠冖几

亮相 YPSH   亮光 YPIQ[86]
亮出 YPBM[98]

踉	KHYE	口止丶 KHYV 口止丶艮
靓	GEMQ3	圭月冂儿 GEMQ3 圭月冂儿

liāo

撩	RDUI3	扌大丷小 RDUI3 扌大丷小

liáo

疗	UBK	疒了 UBK2 疒了

疗效 UBUQ[86]/UBUR[98]
疗法 UBIF[98]   疗养院 UUBP

辽	BPK2	了辶 BPK2 了辶

辽阔 BPUI　辽宁 BPPS

辽河 BPIS[98]

撩	RDUI3	扌大丷小
	RDUI3	扌大丷小
潦	IDUI	氵大丷小
	IDUI	氵大丷小
嘹	KDUI	口大丷小
	KDUI3	口大丷小
獠	QTDI	犭丿大小
	QTDI	犭丿大小
缭	XDUI3	纟大丷小
	XDUI3	纟大丷小

缭绕 XDXA[86]

寮	PDUI3	宀大丷小
	PDUI3	宀大丷小
鹩	DUJG	大丷日一
	DUJG	大丷日一
僚	WDUI3	亻大丷小
	WDUI3	亻大丷小
燎	ODUI	火大丷小
	ODUI	火大丷小
聊	BQTB3	耳匚丿阝
	BQTB3	耳匚丿阝

聊天 BQGD　聊城 BQFD[98]

| 寥 | PNWE3 | 宀羽人彡 |
| | PNWE3 | 宀羽人彡 |

寥寥 PNPN[86]

liǎo

| 了 | BNH | 了一丨 |
| | BNH | 了一丨 |

了解 BNQE　了如指掌 BVRI[86]

了结 BNXF[98]　了不起 BDFH[98]

蓼	ANWE3	艹羽人彡
	ANWE3	艹羽人彡
燎	ODUI	火大丷小
	ODUI	火大丷小

liào

| 料 | OUFH2 | 米丷十 |
| | OUFH3 | 米丷十 |

料理 OUGJ[86]　料到 OUGC[98]

摺	RLTK3	扌田夂口
	RLTK3	扌田夂口
镣	QDUI3	钅大丷小
	QDUI3	钅大丷小
廖	YNWE3	广羽人彡
	ONWE	广羽人彡
炮	DNQY3	ナ乚勹丶
	DNQY3	ナ乚勹丶
钌	QBH	钅了
	QBH	钅了

liē

| 咧 | KGQJ3 | 口一夕刂 |
| | KGQJ3 | 口一夕刂 |

liě

咧	KGQJ3	口一夕刂
	KGQJ3	口一夕刂
裂	GQJE	一夕刂衣
	GQJE	一夕刂衣

liè

| 列 | GQJH2 | 一夕刂 |

GQJH3 一夕刂
列车 GQLG 列举 GQIG[98]
列席 GQYA[86]/GQOA[98]
列宁主义 GPYY
裂 GQJE 一夕刂𧘇
GQJE 一夕刂𧘇
烈 GQJO 一夕刂灬
GQJO 一夕刂灬
烈属 GQNT 烈日 GQJJ[98]
烈士陵园 GFBL[98]
冽 UGQJ3 冫一夕刂
UGQJ3 冫一夕刂
洌 IGQJ3 氵一夕刂
IGQJ 氵一夕刂
趔 FHGJ 土龰一刂
FHGJ 土龰一刂
劣 ITLB3 小丿力
ITER 小丿力
劣势 ITRV 劣质 ITRF[98]
猎 QTAJ3 犭丿龷日
QTAJ 犭丿龷日
埒 FEFY3 土爫寸
FEFY3 土爫寸
捩 RYND 扌丶尸犬
RYND 扌丶尸犬
躐 KHVN 口止巛乀
KHVN 口止巛乀
鬣 DEVN 镸彡巛乀
DEVN3 镸彡巛乀

lie

咧 KGQJ3 口一夕刂
KGQJ3 口一夕刂

līn

拎 RWYC 扌人丶マ
RWYC 扌人丶マ

lín

林 SSY2 木木
SSY2 木木
林业 SSOG[86]/SSOH[98]
林海 SSIT[98] 林场 SSFN[98]
林业部 SOUK
琳 GSSY3 王木木
GSSY3 王木木
琳琅满目 GGIH[98]
淋 ISSY3 氵木木
ISSY3 氵木木
淋漓尽致 IING[86]
啉 KSSY3 口木木
KSSY3 口木木
霖 FSSU3 雨木木
FSSU3 雨木木
磷 DOQH3 石米夕丨
DOQG3 石米夕㐄
磷肥 DOEC[98]
鳞 QGOH3 鱼一米丨
QGOG3 鱼一米㐄
嶙 MOQH3 山米夕丨
MOQG3 山米夕㐄
遴 OQAP3 米夕匚辶
OQGP3 米夕㐄辶
辚 LOQH2 车米夕丨

L

	LOQG3	车米夕㐅
螣	HOQH3	目米夕丨
	HOQG3	目米夕㐅
粼	OQAB	米夕匚《
	OQGB	米夕㐅《
麟	YNJH	广⼜‖丨
	OXXG	声匕匕㐅
临	JTYJ3	‖⺀丶囗
	JTYJ	‖⺀丶囗

临近 JTRP　临终 JTXT[98]

临床 JTYS[86]/JTOS[98]

临行 JTTG[98]

邻	WYCB	人丶マ阝
	WYCB	人丶マ阝

邻居 WYND　邻邦 WYDT

lǐn

凛	UYLI3	冫亠口小
	UYLI3	冫亠口小
廪	YYLI	广亠口小
	YYLI	广亠口小
懔	NYLI3	忄亠口小
	NYLI3	忄亠口小
檩	SYLI	木亠口小
	SYLI	木亠口小

lìn

赁	WTFM	亻丿士贝
	WTFM	亻丿士贝
吝	YKF	文口
	YKF	文口

吝啬 YKFU[86]

蔺	AUWY3	艹门亻圭
	AUWY3	艹门亻圭
躏	KHAY	口止艹圭
	KHAY	口止艹圭
膦	EOQH3	月米夕丨
	EOQG3	月米夕㐅
淋	ISSY3	氵木木
	ISSY3	氵木木

líng

令	WYCU3	人丶マ
	WYCU3	人丶マ
玲	GWYC3	王人丶マ
	GWYC3	王人丶マ

玲珑 GWGD[98]

苓	AWYC	艹人丶マ
	AWYC	艹人丶マ
零	FWYC	雨人丶マ
	FWYC2	雨人丶マ

零星 FWJT　零售 FWWY

零件 FWWR[86]/FWWT[98]

零度 FWOA[98]　零时 FWJF[98]

龄	HWBC	止人凵マ
	HWBC	止人凵マ
铃	QWYC	钅人丶マ
	QWYC	钅人丶マ

铃声 QWFN[98]

伶	WWYC	亻人丶マ
	WWYC	亻人丶マ
瓴	WYCN	人丶マ乙
	WYCY	人丶マ丶
聆	BWYC	耳人丶マ

	BWYC	耳人丶マ
聆听 BWKR		
蛉	JWYC	虫人丶マ
	JWYC	虫人丶マ
翎	WYCN	人丶マ羽
	WYCN	人丶マ羽
羚	UDWC	㇑手人マ
	UWYC	羊人丶マ
囹	LWYC3	囗人丶マ
	LWYC3	囗人丶マ
泠	IWYC	氵人丶マ
	IWYC	氵人丶マ
柃	SWYC	木人丶マ
	SWYC	木人丶マ
棱	SFWT3	木土八夂
	SFWT3	木土八夂
菱	AFWT	艹土八夂
	AFWT	艹土八夂
凌	UFWT3	冫土八夂
	UFWT3	冫土八夂
凌晨 UVJD		
陵	BFWT3	阝土八夂
	BFWT3	阝土八夂
陵园 BFLF 陵墓 BFAJ[86]		
绫	XFWT3	纟土八夂
	XFWT3	纟土八夂
鲮	QGFT	鱼一土夂
	QGFT	鱼一土夂
灵	VOU2	彐火
	VOU2	彐火
灵感 VODG 灵魂 VOFC		
灵巧 VOAG[86] 灵宝 VOPG[98]		

灵丹妙药 VMVA[86]
灵通 VOCE[98]

棂	SVOY3	木彐火
	SVOY3	木彐火
酃	FKKB3	雨口口阝
	FKKB3	雨口口阝

lǐng

岭	MWYC	山人丶マ
	MWYC	山人丶マ
领	WYCM	人丶マ贝
	WYCM	人丶マ贝

领土 WYFF 领袖 WYPU
领域 WYFA 领事馆 WGQN
领略 WYLT[98] 领取 WYBC[98]
领导工作 WNAW[98]
领导体制 WNWT[98]

令	WYCU3	人丶マ
	WYCU3	人丶マ

lìng

另	KLB2	口力
	KER2	口力

另外 KLQH[86]/KEQH[98]
另有 KEDE[98] 另一方面 KGYD
另据报道 KRRU[98]

令	WYCU3	人丶マ
	WYCU3	人丶マ

令人满意 WWIU[98]

吟	KWYC	口人丶マ
	KWYC	口人丶マ

L

liū

溜 IQYL 氵⺈丶田
   IQYL 氵⺈丶田
熘 OQYL 火⺈丶田
   OQYL 火⺈丶田

liú

留 QYVL ⺈丶刀田
   QYVL ⺈丶刀田
留言 QYYY   留念 QYWY
留学生 QITG   留恋 QYYO[86]
留给 QYXW[98]
榴 SQYL3 木⺈丶田
   SQYL3 木⺈丶田
馏 QNQL ⺈乚⺈田
   QNQL ⺈乚⺈田
瘤 UQYL 疒⺈丶田
   UQYL 疒⺈丶田
骝 CQYL 马⺈丶田
   CGQL 马一⺈
镏 QQYL 钅⺈丶田
   QQYL 钅⺈丶田
琉 GYCQ3 王亠厶儿
   GYCK3 王亠厶儿
硫 DYCQ3 石亠厶儿
   DYCK3 石亠厶儿
流 IYCQ3 氵亠厶儿
   IYCK3 氵亠厶儿
流程 IYTK   流露 IYFK
流域 IYFA   流血 IYTL
流泪 IYIH[98]   流程图 ITLT[98]
流行歌曲 ITSM[98]

旒 YTYQ 方⺈亠儿
   YTYK 方⺈亠儿
鎏 IYCQ 氵亠厶金
   IYCQ 氵亠厶金
刘 YJH2 文刂
   YJH2 文刂
浏 IYJH 氵文刂
   IYJH 氵文刂
浏览 IYJT[86]

liǔ

柳 SQTB3 木⺈丿卩
   SQTB3 木⺈丿卩
柳州 SQYT[98]   柳暗花明 SJAJ[86]
绺 XTHK3 纟夂卜口
   XTHK 纟夂卜口
锍 QYCQ 钅亠厶儿
   QYCK 钅亠厶儿

liù

六 UYGY2 六丶一丶
   UYGY2 六丶一丶
六亿 UYWN[98]   六万 UYGQ[98]
六十年代 UFTW[98]
溜 IQYL 氵⺈丶田
   IQYL 氵⺈丶田
遛 QYVP ⺈丶刀辶
   QYVP ⺈丶刀辶
镏 QQYL 钅⺈丶田
   QQYL 钅⺈丶田
馏 QNQL ⺈乚⺈田
   QNQL ⺈乚⺈田

L

碌	DVIY3	石彐水
	DVIY3	石彐水
陆	BFMH3	阝二山
	BGBH3	阝半山
鹨	NWEG	羽人彡一
	NWEG	羽人彡一

lo

| 咯 | KTKG3 | 口夂口 |
| | KTKG3 | 口夂口 |

lōng

| 隆 | BTGG3 | 阝夂一丰 |
| | BTGG3 | 阝夂一丰 |

lóng

龙	DXV2	尢匕
	DXYI3	尢匕、
龙凤 DXWC[98]		龙舟 DXTU[98]
龙口 DXKK[98]		龙潭 DXIS[98]
龙江 DXIA[98]		
聋	DXBF3	尢匕耳
	DXYB	尢匕、耳
聋哑 DXKG[98]		
咙	KDXN3	口尢匕
	KDXY3	口尢匕、
笼	TDXB3	⺮尢匕
	TDXY3	⺮尢匕、
茏	ADXB3	艹尢匕
	ADXY3	艹尢匕、
泷	IDXN3	氵尢匕
	IDXY3	氵尢匕、

珑	GDXN3	王尢匕
	GDXY3	王尢匕、
栊	SDXN3	木尢匕
	SDXY3	木尢匕、
胧	EDXN3	月尢匕
	EDXY3	月尢匕、
砻	DXDF3	尢匕石
	DXYD	尢匕、石
窿	PWBG3	宀八阝丰
	PWBG	宀八阝丰
隆	BTGG3	阝夂一丰
	BTGG3	阝夂一丰
隆重 BTTG		
癃	UBTG	疒阝夂丰
	UBTG	疒阝夂丰

lǒng

垄	DXFF3	尢匕土
	DXYF	尢匕、土
垄断 DXON		
拢	RDXN3	扌尢匕
	RDXY3	扌尢匕、
埪	FDXN3	土尢匕
	FDXY3	土尢匕、
陇	BDXN3	阝尢匕
	BDXY3	阝尢匕、
笼	TDXB3	⺮尢匕
	TDXY3	⺮尢匕、
笼罩 TDLH		

lòng

| 弄 | GAJ | 王廾 |

L

GAJ　王廾

lōu

| 搂 | ROVG2 | 扌米女 |
| | ROVG3 | 扌米女 |

lóu

娄	OVF2	米女
	OVF	米女
楼	SOVG3	木米女
	SOVG3	木米女

楼房 SOYN　楼梯 SOSU[86]

喽	KOVG3	口米女
	KOVG3	口米女
耧	DIOV3	三小米女
	FSOV3	二木米女
蝼	JOVG3	虫米女
	JOVG3	虫米女
偻	WOVG3	亻米女
	WOVG3	亻米女
髅	MEOV3	凸月米女
	MEOV3	凸月米女
蒌	AOVF3	艹米女
	AOVF	艹米女

lǒu

搂	ROVG2	扌米女
	ROVG3	扌米女
篓	TOVF3	⺮米女
	TOVF3	⺮米女
嵝	MOVG3	山米女
	MOVG3	山米女

lòu

| 漏 | INFY | 氵尸雨 |
| | INFY3 | 氵尸雨 |

漏洞 INIM[98]

陋	BGMN3	阝一冂乚
	BGMN3	阝一冂乚
露	FKHK	雨口止口
	FKHK	雨口止口

露面 FKDL[98]　露出 FKBM[98]

镂	QOVG3	钅米女
	QOVG	钅米女
瘘	UOVD3	疒米女
	UOVD3	疒米女

lou

| 喽 | KOVG3 | 口米女 |
| | KOVG3 | 口米女 |

lū

噜	KQGJ3	口鱼一日
	KQGJ	口鱼一日
撸	RQGJ3	扌鱼一日
	RQGJ3	扌鱼一日

lú

| 卢 | HNE2 | 卜尸 |
| | HNR | 卜尸 |

卢氏 HNQA[98]　卢旺达 HJDP[98]

颅	HNDM	卜尸アベ贝
	HNDM	卜尸アベ贝
垆	FHNT	土卜尸
	FHNT	土卜尸

泸	IHNT3	氵卜尸
	IHNT	氵卜尸
泸州	IHYT[98]	
栌	SHNT	木卜尸
	SHNT	木卜尸
胪	EHNT	月卜尸
	EHNT3	月卜尸
轳	LHNT	车卜尸
	LHNT	车卜尸
鸬	IINQG3	卜尸勹一
	HNQG3	卜尸鸟一
舻	TEHN3	丿舟卜尸
	TUHN	丿舟卜尸
鲈	QGHN	鱼一卜尸
	QGHN	鱼一卜尸
芦	AYNR	艹丶尸
	AYNR3	艹丶尸
芦苇	AYAF	
庐	YYNE	广丶尸
	OYNE	广丶尸
庐山	YYMM[86]/OYMM[98]	
炉	OYNT3	火丶尸
	OYNT3	火丶尸

鲁	QGJF3	鱼一日
	QGJF3	鱼一日
鲁莽	QGAD[86]	鲁山 QGMM[98]
橹	SQGJ3	木鱼一日
	SQGJ3	木鱼一日
镥	QQGJ3	钅鱼一日
	QQGJ3	钅鱼一日

虏	HALV	卢七力
	HEE	卢力
掳	RHAL3	扌卢七力
	RHET3	扌卢力
卤	HLQI2	卜口乂
	HLRU2	卜口乂
芦	AYNR	艹丶尸
	AYNR3	艹丶尸

鹿	YNJX3	广コ刂匕
	OXXV2	鹿匕匕
麓	SSYX	木木广匕
	SSOX	木木鹿匕
漉	IYNX	氵广コ匕
	IOXX3	氵鹿匕匕
辘	LYNX3	车广コ匕
	LOXX2	车鹿匕匕
簏	TYNX	𥫗广コ匕
	TOXX3	𥫗鹿匕匕
六	UYGY2	六丶一丶
	UYGY2	六丶一丶
路	KHTK3	口止夂口
	KHTK3	口止夂口
路线	KHXG	路途 KHWT[86]
路灯	KHOS[98]	路边 KHLP[98]
潞	IKHK	氵口止口
	IKHK	氵口止口
鹭	KHTG	口止夂一
	KHTG	口止夂一
露	FKHK	雨口止口

L

	FKHK	雨口止口
露天	FKGD[98]	
璐	GKHK	王口止口
	GKHK	王口止口
辂	LTKG	车夂口
	LTKG	车夂口
赂	MTKG3	贝夂口
	MTKG3	贝夂口
录	VIU2	彐氺
	VIU2	彐氺
录音 VIUJ 录像 VIWQ		
录制 VIRM[86]/VITG[98]		
录取 VIBC		
录音机 VUSM[86]/VUSW[98]		
禄	PYVI3	礻丶彐氺
	PYVI3	礻丶彐氺
绿	XVIY2	纟彐氺
	XVIY3	纟彐氺丶
渌	IVIY3	氵彐氺
	IVIY3	氵彐氺
逯	VIPI	彐氺辶
	VIPI	彐氺辶
陆	BFMH3	阝二山
	BGBH3	阝±山
戮	NWEA3	羽人彡戈
	NWEA3	羽人彡戈
蓼	ANWE3	艹羽人彡
	ANWE3	艹羽人彡

lu

氇	TFNJ	丿二乙日
	EQGJ	毛鱼一日

lǘ

驴	CYNT3	马丶尸
	CGYN3	马一丶尸
闾	UKKD	门口口
	UKKD	门口口
榈	SUKK3	木门口口
	SUKK3	木门口口

lǚ

吕	KKF2	口口
	KKF2	口口
吕梁 KKIV[98]		
铝	QKKG3	钅口口
	QKKG3	钅口口
铝合金 QWQQ[98]		
侣	WKKG3	亻口口
	WKKG3	亻口口
稆	TKKG3	禾口口
	TKKG3	禾口口
旅	YTEY	方𠂉𪜮衣
	YTEY3	方𠂉𪜮衣
旅客 YTPT 旅游 YTIY		
旅途 YTWT[86]/YTWG[98]		
旅游区 YIAR[98]		
旅游资源 YIUI[98]		
膂	YTEE	方𠂉衣月
	YTEE	方𠂉衣月
履	NTTT3	尸彳𠂉夂
	NTTT3	尸彳𠂉夂
履历 NTDL[86]/NTTF[98]		
屡	NOVD2	尸米女

	NOVD2	尸米女
屡次	NOUQ	
屡见不鲜	NMGQ[86]/NMDQ[98]	
缕	XOVG3	纟米女
	XOVG3	纟米女
褛	PUOV3	衤ⵉ米女
	PUOV	衤ⵉ米女
偻	WOVG3	亻米女
	WOVG3	亻米女
捋	REFY	扌爫寸
	REFY3	扌爫寸

lǜ

虑	HANI3	卢七心
	HNI2	虍心
滤	IHAN3	氵卢七心
	IHNY3	氵虍心
氯	RNVI3	ⸯ乀彐水
	RVII3	气彐氺
绿	XVIY2	纟彐氺
	XVIY3	纟彐氺
绿茵	XVAL[98]	绿树 XVSC[98]
绿色食品	XQWK[98]	绿色 XVQC[98]
律	TVFH	彳彐二丨
	TVGH3	彳彐龶
律师	TVJG	
律师事务所	TJGR[98]	
率	YXIF2	亠幺八十
	YXIF2	亠幺八十

luán

峦	YOMJ3	亠小山

	YOMJ3	亠小山
挛	YORJ3	亠小手
	YORJ3	亠小手
孪	YOBF3	亠小子
	YOBF3	亠小子
栾	YOSU3	亠小木
	YOSU3	亠小木
滦	IYOS	氵亠小木
	IYOS	氵亠小木
脔	YOMW	亠小门人
	YOMW	亠小门人
娈	YOVF3	亠小女
	YOVF3	亠小女
鸾	YOQG3	亠小勹一
	YOQG	亠小鸟一
銮	YOQF	亠小金
	YOQF3	亠小金

luǎn

卵	QYTY3	厂丶丿丶
	QYTY	厂丶丿丶

luàn

乱	TDNN3	丿古乚
	TDNN3	丿古乚
乱摊派	TRIR[98]	乱收费 TNXJ[98]

lüē

掠	RYIY	扌亠小
	RYIY	扌亠小

lüè

略	LTKG3	田夂口

L

LTKG2　田夂口

略微 LTTM[86]　略有 LTDE[98]

掠 RYIY　扌亩小
　　RYIY　扌亩小

掠夺 RYDF

锊 QEFY3　钅罒寸
　　QEFY3　钅罒寸

lūn

抡 RWXN3　扌人匕
　　RWXN3　扌人匕

lún

抡 RWXN3　扌人匕
　　RWXN3　扌人匕

仑 WXB　人匕
　　WXB　人匕

轮 LWXN3　车人匕
　　LWXN3　车人匕

轮廓 LWYY[86]　轮椅 LWSD[98]
轮船 LWTE[86]/LWTU[98]
轮胎 LWED[98]

伦 WWXN3　亻人匕
　　WWXN3　亻人匕

伦敦 WWYB
伦理道德 WGUT[98]

沦 IWXN3　氵人匕
　　IWXN3　氵人匕

沦为 IWYE[98]

纶 XWXN3　纟人匕
　　XWXN3　纟人匕

论 YWXN3　讠人匕
　　YWXN3　讠人匕

囵 LWXV　囗人匕
　　LWXV　囗人匕

lùn

论 YWXN3　讠人匕
　　YWXN3　讠人匕

论文 YWYY　论述 YWSY
论点 YWHK　论调 YWYM[86]
论断 YWON[86]　论据 YWRN[86]
论题 YWJG[86]

luō

将 REFY3　扌罒寸
　　REFY3　扌罒寸

落 AITK3　艹氵夂口
　　AITK　艹氵夂口

luó

罗 LQU2　罒夕
　　LQU2　罒夕

罗列 LQGQ[86]　罗山 LQMM[98]
罗干 LQFG[98]
罗马尼亚 LCNG[98]
罗马 LQCN[86]/LQCG[98]

逻 LQPI3　罒夕辶
　　LQPI3　罒夕辶

逻辑 LQLK

锣 QLQY3　钅罒夕
　　QLQY3　钅罒夕

锣鼓 QLFK[98]

猡 QTLQ　犭丿罒夕
　　QTLQ　犭丿罒夕

椤 SLQY3　木罒夕

	SLQY3	木罒夕			ITKG3	氵夂口
箩	TLQU3	⺮罒夕	洛阳 ITBJ 洛杉矶 ISDM[86]			
	TLQU3	⺮罒夕	骆	CTKG3	马夂口
萝	ALQU3	艹罒夕		CGTK	马一夂口
	ALQU3	艹罒夕	骆驼 CTCP[86]			
螺	JLXI3	虫田幺小	络	XTKG3	纟夂口
	JLXI3	虫田幺小		XTKG3	纟夂口
螺丝钉 JXQS[86]			烙	OTKG3	火夂口
骡	CLXI3	马田幺小		OTKG3	火夂口
	CGLI3	马一田小	珞	GTKG3	王夂口
脶	EKMW3	月口冂人		GTKG3	王夂口
	EKMW	月口冂人	硌	DTKG3	石夂口
				DTKG3	石夂口
luǒ			咯	KTKG3	口夂口
				KTKG3	口夂口
裸	PUJS	礻:曰木	雒	TKWY	夂口亻圭
	PUJS	礻:曰木		TKWY	夂口亻圭
倮	WJSY3	亻曰木	荦	APRH3	艹冖⺈丨
	WJSY3	亻曰木		APTG3	艹冖丿丰
瘰	ULXI3	疒田幺小	摞	RLXI3	扌田幺小
	ULXI3	疒田幺小		RLXI3	扌田幺小
蠃	YNKY3	亠乚口、	漯	ILXI3	氵田幺小
	YEJY3	亖月虫、		ILXI3	氵田幺小
			漯河 ILIS[98]			
luò			泺	IQIY3	氵⺈小
落	AITK3	艹氵夂口		ITNI	氵丿乚小
	AITK	艹氵夂口	跞	KHQI	口止⺈小
落实 AIPU 落后 AIRG				KHTI	口止丿小
落款 AIFF[86] 落叶 AIKF[98]					
落幕 AIAJ[98] 落花流水 AAII[86]					
落到实处 AGPT[98]					
洛	ITKG3	氵夂口			

M

ḿ

呒	KFQN3	口二乙儿
	KFQN3	口二乙儿

mā

妈	VCG2	女马
	VCGG2	女马一
妈妈 VCVC		
蚂	JCG	虫马
	JCGG3	虫马一
蚂蚁 JCJY98		
麻	YSSI3	广木木
	OSSI3	广木木
麻痹 YSUL86/OSUL98		
麻烦 YSOD86/OSOD98		
麻雀 YSIW86	麻将 YSUQ86	
摩	YSSR	广木木手
	OSSR	广木木手
抹	RGSY3	扌一木
	RGSY3	扌一木

má

麻	YSSI3	广木木
	OSSI3	广木木
吗	KCG	口马
	KCGG3	口马一

蟆	JAJD	虫艹日大
	JAJD	虫艹日大

mǎ

马	CNNG2	马乛乙一
	CGD2	马一
马达 CNDP86/CGDP98		
马赛 CGPA98	马拉松 CRSW	
马到成功 CGDA86		
马克思主义 CDLY86		
马列主义毛泽东思想 CGYS98		
玛	GCG	王马
	CCGG3	王马一
玛瑙 GCGV98		
码	DCG	石马
	DCGG3	石马一
码头 DCUD	码元 DCFQ98	
蚂	JCG	虫马
	JCGG3	虫马一
犸	QTCG	犭丿马
	QTCG3	犭丿马一
吗	KCG	口马
	KCGG3	口马

mà

骂	KKCF3	口口马
	KKCG3	口口马一

蚂	JCG	虫马	
	JCGG3	虫马一	
杩	SCG	木马	
	SCGG3	木马一	

ma

嘛	KYSS2	口广木木	
	KOSS2	口广木木	
么	TCU2	丿厶	
	TCU2	丿厶	
吗	KCG	口马	
	KCGG3	口马一	

mái

埋	FJFG3	土曰土	
	FJFG3	土曰土	

埋伏 FJWD86　埋葬 FJAG86
埋头苦干 FUAF

霾	FEEF	雨罒豸土	
	FEJF3	雨豸日土	

mǎi

买	NUDU	乛丷大	
	NUDU	乛丷大	

买卖 NUFN　买进 NUFJ98

荬	ANUD	艹乛丷大	
	ANUD	艹乛丷大	

mài

麦	GTU	圭夂	
	GTU2	圭夂	

麦克风 GDMQ86　麦田 GTLL98

唛	KGTY3	口圭夂	

	KGTY3	口圭夂	
卖	FNUD	十乛丷大	
	FNUD	十乛丷大	

卖方 FNYY98　卖价 FNWW98
卖淫 嫖娼 FIVV98

迈	DNPV3	丆乙辶	
	GQPE3	一力辶	

迈进 DNFJ86/GQFJ98

劢	DNLN3	丆乙力	
	GQET	一力力	
脉	EYNI	月丶乛八	
	EYNI3	月丶乛八	

脉搏 EYRG86/EYRS98

mān

颟	AGMM	艹一门贝	
	AGMM	艹一门贝	

mán

蛮	YOJU3	亠少虫	
	YOJU3	亠少虫	

蛮横 YOSA86

瞒	HAGW	目艹一人	
	HAGW2	目艹一人	
馒	QNJC	𠂉乚日又	
	QNJC	𠂉乚日又	

馒头 QNUD98

鳗	QGJC	鱼一日又	
	QGJC	鱼一日又	
谩	YJLC3	讠日罒又	
	YJLC3	讠日罒又	
蔓	AJLC3	艹日罒又	

M

	AJLC3	艹日皿又
埋	FJFG3	土日土
	FJFG3	土日土
埋怨 FJQB		
鞔	AFQQ	廿串乀儿
	AFQQ	廿串乀儿

măn

满	IAGW	氵艹一人
	IAGW	氵艹一人

满腔 IAEP　满脸 IAEW[98]
满怀 IANG[86]/IAND[98]
满意 IAUJ　满面春风 IDDM[86]
满怀信心 INWN

螨	JAGW	虫艹一人
	JAGW	虫艹一人

màn

曼	JLCU3	日皿又
	JLCU3	日皿又

曼哈顿 JKGB[98]

蔓	AJLC3	艹日皿又
	AJLC3	艹日皿又

蔓延 JTH[98]

慢	NJLC2	忄日皿又
	NJLC2	忄日皿又

慢性 NJNT

漫	IJLC	氵日皿又
	IJLC	氵日皿又

漫步 IJHH[98]　漫不经心 IGXN[86]
漫天 IJGD[98]　漫山遍野 IMYJ[86]

谩	YJLC3	讠日皿又
	YJLC3	讠日皿又

墁	FJLC3	土日皿又
	FJLC3	土日皿又
幔	MHJC	冂丨日又
	MHJC	冂丨日又
缦	XJLC3	纟日皿又
	XJLC3	纟日皿又
熳	OJLC3	火日皿又
	OJLC3	火日皿又
镘	QJLC3	钅日皿又
	QJLC3	钅日皿又

máng

忙	NYNN	忄丶乙
	NYNN3	忄丶乙

忙碌 NYDV　忙于 NYGF

邙	YNBH3	亠乙阝
	YNBH	亠乙阝
硭	DAYN3	石艹亠乙
	DAYN3	石艹亠乙
芒	AYNB3	艹亠乙
	AYNB	艹亠乙

芒果 AYJS[98]

茫	AIYN3	艹氵亠乙
	AIYN3	艹氵亠乙

茫茫 AIAI　茫然 AIQD[86]

盲	YNHF3	亠乙目
	YNHF3	亠乙目

盲从 YNWW[86]　盲文 YNYY[86]
盲目性 YHNT

氓	YNNA	亠乙尸七
	YNNA	亠乙尸七

M

măng

莽	ADAJ3	⺾犬廾
	ADAJ3	⺾犬廾
漭	IADA	氵⺾犬廾
	IADA3	氵⺾犬廾
蟒	JADA	虫⺾犬廾
	JADA3	虫⺾犬廾

māo

| 猫 | QTAL | 犭丿⺾田 |
| | QTAL3 | 犭丿⺾田 |

máo

矛	CBTR3	⌐卩丿
	CNHT	⌐𠃌丨丿
矛盾 CBRF[86]/CNRF[98]		
茅	ACBT	⺾⌐卩丿
	ACNT3	⺾⌐𠃌丿
茅台 ACCK		
蝥	CBTJ	⌐卩丿虫
	CNHJ	⌐𠃌丨虫
蟊	CBTJ	⌐卩丿虫
	CNHJ	⌐𠃌丨虫
锚	QALG3	钅⺾田
	QALG3	钅⺾田
猫	QTAL	犭丿⺾田
	QTAL3	犭丿⺾田
毛	TFNV3	丿二乚
	ETGN	毛丿一乚
牦	TRTN	丿扌丿乚
	CEN	牛毛

旄	YTTN	方⺀丿乚
	YTEN	方⺀毛
氂	DETN	长彡丿乚
	DEEB	长彡毛
茆	AQTB	⺾匚丿卩
	AQTB	⺾匚丿卩

măo

卯	QTBH	匚丿卩
	QTBH	匚丿卩
铆	QQTB3	钅匚丿卩
	QQTB3	钅匚丿卩
峁	MQTB3	山匚丿卩
	MQTB3	山匚丿卩
泖	IQTB3	氵匚丿卩
	IQTB	氵匚丿卩
昴	JQTB3	曰匚丿卩
	JQTB3	曰匚丿卩

mào

冒	JHF	曰目
	JHF	曰目
冒险 JHBW	冒雨 JHFG[98]	
冒名顶替 JQSF[86]		
帽	MHJH3	冂丨曰目
	MHJH3	冂丨曰目
帽子 MHBB		
瑁	GJHG	王曰目
	GJHG	王曰目
茂	ADNT3	⺾厂乙丿
	ADU	⺾戊
茂密 ADPN[86]	茂盛 ADDN[86]	

M

貌 EERQ ⺁多白儿
ERQN2 多白儿
贸 QYVM3 𠂉、刀贝
QYVM3 𠂉、刀贝
贸易 QYJQ 贸易谈判 QJYU⁹⁸
贸易公司 QJWN⁹⁸
贸易中心 QJKN⁹⁸
贸易保护主义 QJWY⁹⁸
耄 FTXN 土丿匕乚
FTXE 土丿匕毛
懑 SCBN 木マ卩心
SCNN 木マ冖心
瞀 CBTH マ卩丿目
CNHH マ冖丨目
袤 YCBE 亠マ卩𧘇
YCNE 亠マ冖𧘇

me

么 TCU2 丿ㄙ
TCU2 丿ㄙ
麽 YSSC 广木木厶
OSSC 广木木厶
末 GSI2 一木
GSI2 一木

méi

眉 NHD 尸目
NHD 尸目
嵋 MNHG3 山尸目
MNHG3 山尸目
猸 QTNH 犭丿尸目
QTNH 犭丿尸目

湄 INHG3 氵尸目
INHG3 氵尸目
楣 SNHG3 木尸目
SNHG3 木尸目
镅 QNHG3 钅尸目
QNHG 钅尸目
鹛 NHQG3 尸目勹一
NHQG3 尸目鸟一
玫 GTY2 王攵
GTY 王攵
玫瑰 GTGR
枚 STY 木攵
STY2 木攵
梅 STXU3 木𠂉𠃌丶
STXY3 木𠂉母
梅毒 STGX⁸⁶ 梅花 STAW
酶 SGTU 西一𠂉丶
SGTX 西一𠂉母
霉 FTXU 雨𠂉𠃌丶
FTXU 雨𠂉𠃌母
莓 ATXU3 艹𠂉𠃌丶
ATXU3 艹𠂉母
煤 OAFS2 火艹二木
OFSY3 火甘木
煤气 OARN⁸⁶/OFRT⁹⁸
煤炭 OAMD⁸⁶/OFMD⁹⁸
煤矿 OADY⁸⁶/OFDO⁹⁸
媒 VAFS3 女艹二木
VFSY3 女甘木
媒介 VAWJ⁸⁶/VFWJ⁹⁸
媒体 VFWS⁹⁸

M

没　IMCY2　氵几又
　　IWCY2　氵几又
没精打采 IORE[86]
没有 IMDE[86]/IWDE[98]
没想到 ISGC[98]　没什么 IWTC[98]
靡　YSSO　广木木米
　　OSSO　广木木米

měi

美　UGDU　丷王大
　　UGDU　丷王大
美味 UGKF　美术 UGSY
美德 UGTF　美丽 UGGM
美貌 UGEE[86]　美术馆 USQN[98]
镁　QUGD3　钅丷王大
　　QUGD3　钅丷王大
每　TXGU3　╯口 丶丷
　　TXU2　╯母
每天 TXGD　每期 TXDW[98]
每户 TXYN[98]　每逢 TXTD[98]
每周 TXMF[98]
浼　IQKQ3　氵⺈口儿
　　IQKQ3　氵⺈口儿

mèi

妹　VFIY3　女二小
　　VFY　女未
妹妹 VFVF
昧　JFIY3　日二小
　　JFY　日未
寐　PNHI　宀乙丨小
　　PUFU　宀爿未
魅　RQCI　白儿厶小

魅　RQCF　白儿厶未
魅力 RQEN[98]
媚　VNHG3　女尸目
　　VNHG3　女尸目
袂　PUNW3　衤丶⊐大
　　PUNW3　衤丶⊐大

mēn

闷　UNI　门心
　　UNI2　门心

mén

门　UYHN3　门丶丨丁
　　UYHN3　门丶丨丁
门票 UYSF　门面 UYDM[86]
门徒 UYTF[86]　门市 UYYM[86]
门口 UYKK[98]
扪　RUN　扌门
　　RUN　扌门
钔　QUN　钅门
　　QUN　钅门

mèn

闷　UNI　门心
　　UNI2　门心
焖　OUNY3　火门心
　　OUNY3　火门心
懑　IAGN　氵艹一心
　　IAGN　氵艹一心

men

们　WUN2　亻门
　　WUN2　亻门

M

mēng

蒙 APGE3　艹冖一豕
　　APFE3　艹冖二豕

méng

蒙 APGE3　艹冖一豕
　　APFE3　艹冖二豕
蒙蔽 APAU[86]　蒙山 APMM[98]
蒙受 APEP[98]　蒙古 APDG[98]

檬 SAPE3　木艹冖豕
　　SAPE3　木艹冖豕

朦 EAPE3　月艹冖豕
　　EAPE3　月艹冖豕
朦胧 EAED

礞 DAPE3　石艹冖豕
　　DAPE3　石艹冖豕

艨 TEAE　丿舟艹豕
　　TUAE3　丿舟艹豕

氓 YNNA　亠乚《七
　　YNNA　亠乚《七

虻 JYNN3　虫亠乚
　　JYNN　虫亠乚

萌 AJEF3　艹日月
　　AJEF3　艹日月
萌芽 AJAA　萌发 AJNT[98]

盟 JELF3　日月皿
　　JELF3　日月皿
盟国 JELG[98]

蘷 ALPN　艹皿冖乙
　　ALPY　艹皿冖丶

瞢 ALPH　艹皿冖目

ALPH　艹皿冖目

měng

锰 QBLG3　钅子皿
　　QBLG3　钅子皿

猛 QTBL　犭丿子皿
　　QTBL　犭丿子皿
猛烈 QTGQ　猛增 QTFU
猛涨 QTIX[98]

蜢 JBLG3　虫子皿
　　JBLG3　虫子皿

艋 TEBL　丿舟子皿
　　TEBL3　丿舟子皿

勐 BLLN3　子皿力
　　BLET3　子皿力

懵 NALH3　忄艹皿目
　　NALH3　忄艹皿目

蒙 APGE3　艹冖一豕
　　APFE3　艹冖二豕

蠓 JAPE3　虫艹冖豕
　　JAPE　虫艹冖豕

mèng

梦 SSQU3　木木夕
　　SSQU3　木木夕
梦想 SSSH　梦幻 SSXN[98]

孟 BLF　子皿
　　BLF　子皿
孟子 BLBB

mī

眯 HOY2　目米
　　HOY　目米

咪	KOY	口米
	KOY	口米

mí

迷	OPI2	米辶
	OPI2	米辶

迷茫 OPAI[86]　迷恋 OPYO[86]
迷惑 OPAK[86]　迷人 OPWW[98]

眯	HOY2	目米
	HOY	目米
谜	YOPY	讠米辶
	YOPY	讠米辶

谜语 YOYG[86]

醚	SGOP3	西一米辶
	SGOP3	西一米辶
靡	YSSD	广木木三
	OSSD	广木木三
蘼	AYSD	艹广木三
	AOSD	艹广木三
糜	YSSO	广木木米
	OSSO	广木木米
縻	YNJO	广コ‖米
	OXXO	声匕匕米
麽	YSSI	广木木小
	OSSI	广木木小
弥	XQIY3	弓⺈小
	XQIY3	弓⺈小

弥补 XQPU　弥漫 XQIJ

猕	QTXI	犭丿弓小
	QTXI3	犭丿弓小
祢	PYQI3	礻丶⺈小
	PYQI	礻丶⺈小

mǐ

米	OYTY2	米丶丿丶
	OYTY3	米丶丿丶
脒	EOY	月米
	EOY	月米
敉	OTY	米攵
	OTY	米攵
芈	GJGH	一‖一丨
	HGHG	丨一卜キ
弭	XBG	弓耳
	XBG	弓耳
靡	YSSD	广木木三
	OSSD	广木木三

mì

秘	TNTT2	禾心丿
	TNTT3	禾心丿

秘方 TNYY　秘书 TNNN
秘诀 TNYN　秘密 TNPN

泌	INTT3	氵心丿
	INTT3	氵心丿
宓	PNTR	宀心丿
	PNTR	宀心丿
蜜	PNTJ	宀心丿虫
	PNTJ	宀心丿虫

蜜月 PNEE[86]

密	PNTM3	宀心丿山
	PNTM3	宀心丿山

密集 PNWY　密谋 PNYA
密切联系 PABT[98]　密切 PNAV
密封 PNFF　密不可分 PDSW[98]

M

嘧	KPNM3	口宀心山
	KPNM3	口宀心山
谧	YNTL	讠心丿皿
	YNTL	讠心丿皿
觅	EMQB3	爫冂儿
	EMQB2	爫冂儿
幂	PJDH3	冖曰大丨
	PJDH3	冖曰大丨
汨	IJG	氵曰
	IJG	氵曰
糸	XIU	幺小
	XIU	幺小

mián

棉	SRMH3	木白门丨
	SRMH3	木白门丨

棉布 SRDM　棉纱 SRXI
棉纺 SRXY

绵	XRMH2	纟白门丨
	XRMH2	纟白门丨

绵延 XRTH[98]　绵阳 XRBJ[98]

眠	HNAN3	目尸匕
	HNAN3	目尸匕

miǎn

免	QKQB3	勹口儿
	QKQB3	勹口儿

免职 QKBK　免费 QKXJ
免税 QKTU　免除 XKBW[98]

冕	JQKQ	曰勹口儿
	JQKQ3	曰勹口儿
勉	QKQL	勹口儿力

	QKQE	勹口儿力
勉励	QKDD[86]/QKDG[98]	
勉强	QKXK	
娩	VQKQ3	女勹口儿
	VQKQ3	女勹口儿
黾	KJNB3	口曰乚
	KJNB3	口曰乚
渑	IKJN3	氵口曰乚
	IKJN3	氵口曰乚
湎	IDMD3	氵プ门三
	IDLF3	氵プ口二
腼	EDMD	月プ门三
	EDLF3	月プ口二
缅	XDMD	纟プ门三
	XDMD3	纟プ口二

缅怀 XDNG[86]/XDND[98]
缅甸 XDQL

沔	IGHN3	氵一丨乚
	IGHN3	氵一丨乚
眄	HGHN3	目一丨乚
	HGHN	目一丨乚

miàn

面	DMJD2	プ门‖三
	DLJF2	プ口‖二

面临 DMJT[86]/DLJT[98]
面积 DMTK[86]/DLTK[98]
面貌 DMEE[86]/DLER[98]
面议 DLYY[98]

眄	HGHN3	目一丨乚
	HGHN	目一丨乚

M

miāo

| 喵 | KALG3 | 口艹田 |
| | KALG3 | 口艹田 |

miáo

苗	ALF	艹田
	ALF2	艹田
苗头 ALUD	苗族 ALYT[98]	
描	RALG3	扌艹田
	RALG3	扌艹田
描写 RAPG	描述 RASY	
描绘 RAXW		
瞄	HALG3	目艹田
	HALG3	目艹田
瞄准 HAUW[98]		
鹋	ALQG	艹田勹一
	ALQG	艹田鸟一

miǎo

秒	TITT2	禾小丿
	TITT2	禾小丿
秒钟 TIQK[98]		
杪	SITT3	木小丿
	SITT3	木小丿
眇	HITT3	目小丿
	HITT3	目小丿
渺	IHIT	氵目小丿
	IHIT	氵目小丿
渺茫 IHAI[86]		
缈	XHIT3	纟目小丿
	XHIT3	纟目小丿
藐	AEEQ3	艹爫豸儿

	AERQ3	艹豸白儿
邈	EERP	爫豸白辶
	ERQP	豸白儿辶
淼	IIIU	水水水
	IIIU	水水水

miào

庙	YMD	广由
	OMD	广由
庙会 YMWF[86]/OMWF[98]		
妙	VITT3	女小丿
	VITT3	女小丿
妙龄 VIHW[86]		
妙趣横生 VFST[86]		
缪	XNWE3	纟羽人彡
	XNWE3	纟羽人彡

miē

乜	NNV	乛乚
	NNV	乛乚
咩	KUDH3	口丷手
	KUH	口羊

miè

灭	GOI	一火
	GOI	一火
灭绝 GOXQ[98]	灭火 GOOO[98]	
蔑	ALDT	艹皿厂丿
	ALAW3	艹皿戈人
蔑视 ALPY[86]		
蠛	JALT3	虫艹皿丿
	JALW3	虫艹皿人
篾	TLDT	竹皿厂丿

M

TLAW3　竹四戈人

mín

民 NAV2　尸七
　 NAV2　尸七
民间 NAUJ　民政 NAGH
民族 NAYT　民情 NANG
民歌 NASK
民航 NATE[86]/NATU[98]
民主集中制 NYWR[86]/NYWT[98]

芪 ANAB3　艹尸七
　 ANAB3　艹尸七

缗 XNAJ3　纟尸七日
　 XNAJ3　纟尸七日

珉 GNAN3　王尸七
　 GNAN3　王尸七

岷 MNAN3　山尸七
　 MNAN3　山尸七

mǐn

抿 RNAN3　扌尸七
　 RNAN3　扌尸七

泯 INAN3　氵尸七
　 INAN3　氵尸七

愍 NATN　尸七攵心
　 NATN　尸七攵心

皿 LHNG3　皿丨乙一
　 LHNG3　皿丨乙一

敏 TXGT　丿口一攵
　 TXTY3　丿母攵丶
敏捷 TXRG　敏锐 TXQU

鳘 TXGG　丿口一一
　 TXTG　丿母攵一

闵 UYI　门文
　 UYI　门文

悯 NUYY3　忄门文
　 NUYY3　忄门文

闽 UJI　门虫
　 UJI　门虫
闽南 UJFM[98]

黾 KJNB3　口日乚
　 KJNB3　口日乚

míng

明 JEG2　日月
　 JEG2　日月
明亮 JEYP　明朗 JEYV
明确 JEDQ　明显 JEJO
明星 JEJT[98]

名 QKF2　夕口
　 QKF2　夕口
名言 QKYY　名词 QKYN
名誉 QKIW[86]/QKIG[98]
名义 QKYQ[86]/QKYR[98]

茗 AQKF　艹夕口
　 AQKF　艹夕口

铭 QQKG3　钅夕口
　 QQKG3　钅夕口
铭记 QQYN

冥 PJUU3　冖日六
　 PJUU3　冖日六

溟 IPJU　氵冖日六
　 IPJU　氵冖日六

暝 JPJU　日冖日六
　 JPJU3　日冖日六

瞑 HPJU3 目宀日六
　 HPJU3 目宀日六
螟 JPJU3 虫宀日六
　 JPJU3 虫宀日六
鸣 KQYG3 口勹丶一
　 KQGG3 口鸟一

mǐng

酩 SGQK 西一夕口
　 SGQK 西一夕口

mìng

命 WGKB 人一口卩
　 WGKB 人一口卩
命令 WGWY 命脉 WGEY
命运 WGFC 命名 WGQK
命题 WGJG[98]

miù

谬 YNWE 讠羽人彡
　 YNWE 讠羽人彡
谬论 YNYW[86]
缪 XNWE3 纟羽人彡
　 XNWE3 纟羽人彡

mō

摸 RAJD 扌艹日大
　 RAJD 扌艹日大
摸索 RAFP 摸底 RAOQ[98]

mó

磨 YSSD 广木木石
　 OSSD 广木木石
磨灭 YSGO[86]/OSGO[98]

磨炼 YSXA[86]/OSXA[98]
磨难 OSCW[98]
蘑 AYSD3 艹广木石
　 AOSD3 艹广木石
摩 YSSR 广木木手
　 OSSR 广木木手
魔 YSSC 广木木厶
　 OSSC 广木木厶
魔术 YSSY[86]/OSSY[98]
魔鬼 YSRQ[86]
麽 YSSC 广木木厶
　 OSSC 广木木厶
嬷 VYSC3 女广木厶
　 VOSC 女广木厶
摹 AJDR 艹日大手
　 AJDR 艹日大手
模 SAJD3 木艹日大
　 SAJD2 木艹日大
模仿 SAWY 模型 SAGA
模样 SASU
模特 SATR[86]/SACF[98]
膜 EAJD 月艹日大
　 EAJD 月艹日大
谟 YAJD3 讠艹日大
　 YAJD3 讠艹日大
馍 QNAD 勹乚艹大
　 QNAD 勹乚艹大
嫫 VAJD 女艹日大
　 VAJD3 女艹日大
无 FQV2 二儿
　 FQV2 二儿

mǒ

抹	RGSY3	扌一木
	RGSY3	扌一木

mò

末	GSI2	一木
	GSI2	一木

末期 GSDW[98]

抹	RGSY3	扌一木
	RGSY3	扌一木

沫	IGSY3	氵一木
	IGSY3	氵一木

秣	TGSY3	禾一木
	TGSY3	禾一木

茉	AGSU3	艹一木
	AGSU3	艹一木

莫	AJDU3	艹曰大
	AJDU3	艹曰大

莫名其妙 AQAV[86]
莫过于 AFGF
莫斯科 AATU[86]/ADTU[98]

镆	QAJD	钅艹曰大
	QAJD	钅艹曰大

漠	IAJD3	氵艹曰大
	IAJD3	氵艹曰大

漠不关心 IGUN[86]

寞	PAJD3	宀艹曰大
	PAJD3	宀艹曰大

瘼	UAJD	疒艹曰大
	UAJD	疒艹曰大

貘	EEAD3	罒豸艹大

蓦	EAJD	豸艹曰大
	AJDC	艹曰大马
	AJDC	艹曰大一

墨	LFOF	黑土灬土
	LFOF	黑土灬土

墨水 LFII[86]   墨脱 LFEU[98]
墨西哥 LSSK[98]

嘿	KLFO3	口黑土灬
	KLFO3	口黑土灬

默	LFOD	黑土灬犬
	LFOD	黑土灬犬

默认 LFYW[86]   默默 LFLF
默契 LFDH

陌	BDJG3	阝厂日
	BDJG3	阝厂日

陌生 BDTG

貊	EEDJ3	罒豸厂日
	EDJG	豸厂日

貊	EETK	罒豸夂口
	ETKG	豸夂口

万	DNV	厂乙
	GQE2	一力

冒	JHF	曰目
	JHF	曰目

殁	GQMC	一夕几又
	GQWC	一夕几又

磨	YSSD	广木木石
	OSSD	广木木石

糖	DIYD3	三小广石
	FSOD	二木广石

脉	EYNI	月丶乛八

M

	EYNI3	月、冂八
没	IMCY2	氵几又
	IWCY2	氵几又

mōu

| 哞 | KCRH3 | 口厶牛丨 |
| | KCTG | 口厶丿キ |

móu

谋	YAFS3	讠艹二木
	YFSY3	讠甘木
谋害	YAPD[86]	
谋私	YATC[86]/YFTC[98]	
谋取	YABC[86]/YFBC[98]	
牟	CRHJ2	厶牛丨
	CTGJ	厶丿キ
牟取	CRBC[86]/CTBC[98]	
牟取暴利	CBJT[98]	
侔	WCRH3	亻厶牛丨
	WCTG	亻厶丿キ
眸	HCRH3	目厶牛丨
	HCTG2	目厶丿キ
蛑	JCRH3	虫厶牛丨
	JCTG	虫厶丿キ
鍪	CBTQ	マ卩丿金
	CNHQ	マ乛丨金
缪	XNWE3	纟羽人彡
	XNWE3	纟羽人彡

mǒu

某	AFSU3	艹二木
	FSU2	甘木
某种	AFTK[86]/FSTK[98]	

| 某些 | AFHX[86]/FSHX[98] | |
| 某部 | AFUK[98] | |

mú

毪	TFNH	丿二乚丨
	ECTG3	毛厶丿キ
模	SAJD3	木艹曰大
	SAJD2	木艹曰大

mǔ

姆	VFTX3	女土丿匕
	VFTX3	女土丿匕
母	XGUI3	口一丷
	XNNY	母丁乚、
母子	XGBB[86]/XNBB[98]	
母校	XGSU[86]/XNSU[98]	
姆	VXGU2	女口一丷
	VXY2	女母
拇	RXGU3	扌口一丷
	RXY	扌母
拇指	RXRX[98]	
坶	FXGU3	土口一丷
	FXY2	土母
牡	TRFG	丿扌土
	CFG	牛土
牡丹	TRMY[86]/CFMY[98]	
牡丹江	CMIA[98]	
亩	YLF	亠田
	YLF2	亠田
亩产	YLUT	

mù

| 木 | SSSS | 木木木木 |

M

	SSSS	木木木木	
木材 SSSF		木雕 SSMF	
木头 SSUD[86]		木炭 SSMD[86]	
木匠 SSAR[86]		木偶 SSWJ[98]	
木板 SSSR[98]			

沐	ISY	氵木
	ISY	氵木

沐浴 ISIW

牟	CRHJ2	厶午丨
	CTGJ	厶丿キ

牧	TRTY3	丿丬攵
	CTY	牛攵

牧场 TRFN[86]/CTFN[98]
牧师 TRJG[86]　牧草 CRAJ[98]
牧民 TRNA[86]/CTNA[98]
牧业 TROG[86]/CTOH[98]
牧区 CTAR[98]

墓	AJDF	艹日大土
	AJDF	艹日大土

暮	AJDJ	艹日大日
	AJDJ	艹日大日

幕	AJDH	艹日大丨
	AJDH	艹日大丨

幕后 AJRG[86]

募	AJDL	艹日大力
	AJDE	艹日大力

募集 AJWY[98]　募捐 AJRK

慕	AJDN	艹日大小
	AJDN	艹日大小

目	HHHH	目目目目
	HHHH	目目目目

目的 HHRQ　目击 HHGB[98]
目的地 HRFB　目睹 HHHF
目瞪口呆 HHKK[86]　目录 HHVI
目中无人 HKFW[86]　目标 HHSF
目标管理 HSTG[98]

苜	AHF	艹目
	AHF	艹目

钼	QHG	钅目
	QHG	钅目

睦	HFWF2	目土八土
	HFWF2	目土八土

睦邻 HFWY　睦邻友好 HWDV[98]

穆	TRIE3	禾白小彡
	TRIE3	禾白小彡

穆斯林 TASS[86]/TDSS[98]

坶	FXGU3	土口一丷
	FXY2	土母

仫	WCTY	亻厶丿
	WTCY3	亻丿厶

N

ń

唔	KGKG	口五口
	KGKG3	口五口
嗯	KLDN	口口大心
	KLDN	口口大心

ň

嗯	KLDN	口口大心
	KLDN	口口大心

ǹ

嗯	KLDN	口口大心
	KLDN	口口大心

nā

那	VFBH3	刀二阝
	NGBH3	刁丮阝
南	FMUF2	十冂䒑十
	FMUF2	十冂䒑十

ná

拿	WGKR	人一口手
	WGKR	人一口手
拿下	WGGH[98]	
镎	QWGR	钅人一手
	QWGR	钅人一手

nǎ

哪	KVFB2	口刀二阝
	KNGB	口刁丮阝
哪个	KVWH[86]/KNWH[98]	
哪些	KVHX[86]/KNHX[98]	
哪怕	KVNR[86]/KNNR[98]	
哪里	KVJF[86]/KNJF[98]	

nà

呐	KMWY3	口冂人
	KMWY3	凵冂人
呐喊	KMKD	
钠	QMWY3	钅冂人
	QMWY3	钅冂人
纳	XMWY3	纟冂人
	XMWY3	纟冂人
纳入	XMTY	纳税 XMTU
纳西	XMSG[98]	
肭	EMWY3	月冂人
	EMWY3	月冂人
衲	PUMW	衤丷冂人
	PUMW	衤丷冂人
捺	RDFI	扌大二小
	RDFI	扌大二小
那	VFBH3	刀二阝
	NGBH2	刁丮阝

N

那么 VFTC[86]/NGTC[98]
那样 VFSU[86]/NGSU[98]
那种 VFTK[86]/NGTK[98]
那次 NGUQ[98]   那里 NGJF[98]
那边 VFLP[86]/NGEP[98]
那天 NGGD[98]

娜 VVFB3   女刀二阝
   VNGB3   女丁扌阝

na

哪 KVFB2   口刀二阝
   KNGB   口丁扌阝

nǎi

乃 ETN   乃丿乛
   BNT   乃乛丿
乃至 GNGC[98]

氖 RNEB3   气乛乃
   RBE   气乃

奶 VEN2   女乃
   VBT   女乃
奶奶 VEVE[86]/VBVB[98]
奶粉 VEOW[86]/VBOW[98]
奶牛 VBTG[98]

芀 AEB   艹乃
   ABR   艹乃

nài

奈 DFIU3   大二小
   DFIU3   大二小
奈何 DFWS[98]
萘 ADFI   艹大二小
   ADFI   艹大二小

奈 SFIU   木二小
   SFIU   木二小

鼐 EHNN3   乃目乙乙
   BHNN3   乃目乙乙

耐 DMJF   ﾅ门刂寸
   DMJF   ﾅ门刂寸
耐心 DMNY   耐人寻味 DWVK
耐磨 DMOS[98]   耐用 DMET

佴 WBG   亻耳
   WBG   亻耳

nān

囡 LVD   口女
   LVD   口女

囝 LBD2   口子
   LBD2   口子

nán

男 LLB2   田力
   LER2   田力
男人 LLWW[86]/LEWW[98]
男女 LLVV[86]/LEVV[98]
男篮 LETJ[98]   男青年 LGTG[98]
男生 LLTG[86]/LETG[98]
男性 LLNT[86]/LENT[98]
男孩 LLBY[86]/LEBY[98]
男子汉 LBIC   男女老少 LVFI

南 FMUF2   十冂丷十
   FMUF2   十冂丷十
南疆 FMXF   南方 FMYY
南京 FMYI   南阳 FMBJ[98]
南车 FMLG[98]   南沙 FMII[98]

喃 KFMF3   口十冂十

	KFMF3	口十冂十
楠	SFMF3	木十冂十
	SFMF3	木十冂十
难	CWYG2	又亻圭
	CWYG2	又亻圭

难道 CWUT 难堪 CWFA[86]

难度 CWYA[86]/CWOA[98]

nǎn

赧	FOBC	土小卩又
	FOBC3	土小卩又
腩	EFMF3	月十冂十
	EFMF3	月十冂十
蝻	JFMF3	虫十冂十
	JFMF3	虫十冂十

nàn

难	CWYG2	又亻圭
	CWYG2	又亻圭

nāng

囊	GKHE3	一口丨哀
	GKHE3	一口丨哀
囔	KGKE	口一口哀
	KGKE	口一口哀

náng

囊	GKHE3	一口丨哀
	GKHE3	一口丨哀

囊括 GKRT[98]

馕	QNGE	⺈乚一哀
	QNGE	⺈乚一哀

nǎng

攮	RGKE	扌一口哀
	RGKE	扌一口哀
馕	QNGE	⺈乚一哀
	QNGE	⺈乚一哀
曩	JYKE3	日亠口哀
	JYKE3	日亠口哀

nāo

孬	GIVB3	一小女子
	DHVB	⺈卜女子

náo

挠	RATQ	扌七丿儿
	RATQ3	扌七丿儿
铙	QATQ3	钅七丿儿
	QATQ3	钅七丿儿
蛲	JATQ	虫七丿儿
	JATQ	虫七丿儿
呶	KVCY3	口女又
	KVCY3	口女又
猱	QTCS	犭丿マ木
	QTCS	犭丿マ木
硇	DTLQ3	石丿口乂
	DTLR3	石丿口乂

nǎo

脑	EYBH3	月文凵
	EYRB2	月亠乂凵

脑海 EYIT 脑子 EYBB

恼	NYBH3	忄文凵
	NYRB3	忄亠乂凵

N

垴 FYBH 土文凵
FYRB3 土亠乂凵

瑙 GVTQ3 王巛丿乂
GVTR3 王巛丿乂

nào

闹 UYMH3 门亠冂丨
UYMH3 门亠冂丨

闹事 UYGK 闹剧 UYND[86]
闹市区 UYAR[98]

淖 IHJH3 氵⺊早
IHJH3 氵⺊早

né

哪 KVFB2 口刀二阝
KNGB 口乛⺷阝

nè

讷 YMWY3 讠冂人
YMWY3 讠冂人

那 VFBH3 刀二阝
NGBH2 乛⺷阝

ne

呢 KNXN3 口尸匕
KNXN3 口尸匕

něi

馁 QNEV3 𠂊乚爫女
QNEV3 𠂊乚爫女

哪 KVFB2 口刀二阝
KNGB 口乛⺷阝

nèi

内 MWI2 冂人
MWI2 冂人

内容 MWPW 内阁 MWUT
内地 MWFB 内部 MWUK
内政 MWGH 内战 MWHK
内蒙 MWAP 内存 MWDH[86]
内奸 MWVF[86] 内线 MWXG[86]
内疚 MWUQ[86] 内功 MWAE[98]
内行 MWTF[86]/MWTG[98]
内务 MWTL[86]/MWTE[98]
内蒙古 MADG[98]
内部事务 MUGT[98]
内蒙古自治区 MADA

那 VFBH3 刀二阝
NFBH2 乛⺷阝

nèn

嫩 VGKT3 女一口攵
VSKT3 女木口攵

恁 WTFN 亻丿士心
WTFN 亻丿士心

néng

能 CEXX2 厶月匕匕
CEXX2 厶月匕匕

能动 CEFC 能量 CEJG
能源 CEID 能够 CEQK
能手 CERT 能源部 CIUK
能力 CELT[86]/CEEN[98]
能否 CEGI[86]/CEDH[98]
能耗 CEFS[98]

		ńg	铌	QNXN3	钅尸匕
唔	KGKG	口五口		QNXN3	钅尸匕
	KGKG3	口五口	霓	FVQB3	雨白儿
嗯	KLDN	口口大心		FEQB3	雨白儿
	KLDN	口口大心	倪	WVQN3	亻白儿
		ňg		WEQN3	亻白儿
嗯	KLDN	口口大心	猊	QTVQ	犭丿白儿
	KLDN	口口大心		QTEQ	犭丿白儿
		ǹg	鲵	QGVQ	鱼一白儿
嗯	KLDN	口口大心		QGEQ3	鱼一白儿
	KLDN	口口大心			nǐ
		nī	拟	RNYW3	扌乚丶人
妮	VNXN3	女尸匕		RNYW3	扌乚丶人
	VNXN3	女尸匕	拟订 RNYS[86] 拟议 RNYY[86]		
		ní	拟定 RNPG[86]		
泥	INXN3	氵尸匕	你	WQIY2	亻⺈小
	INXN3	氵尸匕		WQIY2	亻⺈小
泥沙 INII 泥土 INFF			你们 WQWU 你好 WQVB[98]		
泥泞 INIP[98]			你的 WQRQ[98]		
尼	NXV2	尸匕	旎	YTNX	方⺊尸匕
	NXV2	尸匕		YTNX	方⺊尸匕
尼龙 NXDX[98] 尼泊尔 NIQI[98]					nì
坭	FNXN3	土尸匕	腻	EAFM3	月弋二贝
	FNXN3	土尸匕		EAFY3	月弋二丶
呢	KNXN3	口尸匕	泥	INXN3	氵尸匕
	KNXN3	口尸匕		INXN3	氵尸匕
怩	NNXN3	忄尸匕	昵	JNXN3	日尸匕
	NNXN3	忄尸匕		JNXN3	日尸匕
			伲	WNXN3	亻尸匕
				WNXN3	亻尸匕

N

匿 AADK 匚艹𠂇口
AADK3 匚艹𠂇口
匿名 AAQK[86]
逆 UBTP3 䒑凵丿辶
UBTP3 䒑凵丿辶
逆流 UBIY[86] 逆水行舟 UITT[86]
逆差 UBUA[98] 逆转 UBLF[98]
溺 IXUU3 氵弓冫冫
IXUU3 氵弓冫冫
溺爱 IXEP[86]
睨 HVQN3 目臼儿
HEQN3 目臼儿

niān

蔫 AGHO 艹一止灬
AGHO3 艹一止灬
拈 RHKG 扌⺊口
RHKG3 扌⺊口
拈轻怕重 RLNT[86]

nián

年 RHFK2 𠂉丨十
TGJ2 𠂉丰
年代 RHWA[86]/TGWA[98]
年头 RHUD[86]/TGUD[98]
年轻 RHLC[86]/TGLC[98]
年龄 RHHW[86]/TGHW[98]
年青 RHGE[86]/TGGE[98]
年纪 RHXN[86]/TGXN[98]
年度 RHYA[86] 年鉴 TGJT[98]
年限 RHBV[98]
粘 OHKG2 米⺊口
OHKG 米⺊口
黏 TWIK 禾人水口
TWIK 禾人水口
鲇 QGHK 鱼一⺊口
QGHK 鱼一⺊口
鲶 QGWN 鱼一人心
QGWN3 鱼一人心

niǎn

碾 DNAE3 石尸龷𧘇
DNAE3 石尸龷𧘇
辇 FWFL 二人二车
GGLJ 夫夫车
撵 RFWL 扌二人车
RGGL3 扌夫夫车
捻 RWYN 扌人丶心
RWYN 扌人丶心

niàn

念 WYNN 人丶乛心
WYNN 人丶乛心
念头 WYUD
埝 FWYN 土人丶心
FWYN 土人丶心
廿 AGHG3 廿一丨一
AGHG 廿一丨一

niáng

娘 VYVE3 女丶彐𧘇
VYVY3 女丶艮
娘家 VYPE[86]/VYPG[98]

niàng

酿 SGYE 西一丶𧘇

N

	SGYV	西一丶艮
酿酒 SGIS		酿成 SGDN[98]

niǎo

鸟	QYNG	勹丶乚一
	QGD	鸟一
鸟类 QYOD[86]	/ QGOD[98]	
茑	AQYG	艹勹丶一
	AQGF	艹鸟一
袅	QYNE	勹丶乚仪
	QYEU	鸟丷仪
嬲	LLVL3	田力女力
	LEVE3	田力女力

niào

尿	NII	尸水
	NII2	尸水
尿素 NIGX[98]		
脲	ENIY3	月尸水
	ENIY3	月尸水
溺	IXUU3	氵弓冫冫
	IXUU3	氵弓冫冫

niē

捏	RJFG	扌日土
	RJFG3	扌日土
捏造 RJTF[86]		

niè

聂	BCCU3	耳又又
	BCCU3	耳又又
聂荣 BCAP[98]		
镊	QBCC3	钅耳又又

嗫	QBCC3	钅耳又又
	KBCC3	口耳又又
	KBCC3	口耳又又
颞	BCCM	耳又又贝
	BCCM	耳又又贝
蹑	KHBC3	口止耳又
	KHBC3	口止耳又
孽	AWNB	艹亻コ子
	ΛTNB	艹丿目子
蘖	AWNS	艹亻コ木
	ATNS	艹丿目木
啮	KHWB	口止人凵
	KHWB	口止人凵
臬	THSU3	丿目木
	THSU3	丿目木
镍	QTHS3	钅丿目木
	QTHS3	钅丿目木
涅	IJFG	氵日土
	IJFG	氵日土
陧	BJFG3	阝日土
	BJFG3	阝日土
乜	NNV	乛乚
	NNV	乛乚

nín

您	WQIN	亻ク小心
	WQIN	亻ク小心
恁	WTFN	亻丿士心
	WTFN	亻丿士心

níng

宁	PSJ2	宀丁

N

	PSJ2	宀丁
宁可	PSSK	宁愿 PSDR
宁静	PSGE	宁夏 PSDH
宁肯	PSHE[86]	宁波 PSIB[98]
拧	RPSH3	扌宀丁
	RPSH3	扌宀丁
咛	KPSH3	口宀丁
	KPSH3	口宀丁
聍	BPSH3	耳宀丁
	BPSH3	耳宀丁
柠	SPSH3	木宀丁
	SPSH3	木宀丁
狞	QTPS3	犭丿宀丁
	QTPS3	犭丿宀丁
凝	UXTH3	冫匕𠂆疋
	UXTH3	冫匕𠂆疋
凝固	UXLD	凝聚 UXBC
凝结	UXXF[98]	凝重 UXTG[98]
凝聚力	UBLT[86]/UBEN[98]	
甯	PNEJ3	宀心用
	PNEJ3	宀心用

nǐng

拧	RPSH3	扌宀丁
	RPSH3	扌宀丁

nìng

泞	IPSH3	氵宀丁
	IPSH3	氵宀丁
宁	PSJ2	宀丁
	PSJ2	宀丁
拧	RPSH3	扌宀丁

	RPSH3	扌宀丁
佞	WFVG3	亻二女
	WFVG3	亻二女
甯	PNEJ3	宀心用
	PNEJ3	宀心用

niū

妞	VNFG3	女乛土
	VNHG	女乛丨土

niú

牛	RHK	𠂉丨
	TGK	丿キ
牛奶	RHVE[86]/TGVB[98]	
牛肉	RHMW[86]/TGMW[98]	
牛皮	TGBN[98]	

niǔ

扭	RNFG3	扌乛土
	RNHG3	扌乛丨一
扭转	RNLF	扭曲 RNMA[98]
扭亏为盈	RFYE[86]/RFYB[98]	
钮	QNFG3	钅乛土
	QNHG3	钅乛丨一
纽	XNFG3	纟乛土
	XNHG3	纟乛丨一
纽约	XNXQ	纽带 XNGK[86]
狃	QTNF	犭丿乛土
	QTNG	犭丿乛一
忸	NNFG3	忄乛土
	NNHG	忄乛丨一

niù

拗
拗	RXLN3	扌幺力
	RXET3	扌幺力

nóng

农
农	PEI	冖伙
	PEI2	冖伙

农牧业 PCOH⁹⁸   农药 PEAX
农历 PEDL⁸⁶/PEDE⁹⁸
农业 PEOG⁸⁶/PEOH⁹⁸
农会 PEWF⁸⁶   农村 PESF
农行 PETF⁸⁶/PETG⁹⁸
农贸市场 PQYF   农民 PENA
农村信用合作社 PSWP⁹⁸

脓
脓	EPEY3	月冖伙
	EPEY3	月冖伙

浓
浓	IPEY3	氵冖伙
	IPEY3	氵冖伙

浓厚 IPDJ   浓缩 IPXP
浓度 IPYA⁸⁶

侬
侬	WPEY3	亻冖伙
	WPEY3	亻冖伙

哝
哝	KPEY3	口冖伙
	KPEY3	口冖伙

nòng

弄
弄	GAJ	王廾
	GAJ	王廾

弄清 GAIG   弄虚作假 GHWW

nòu

耨
耨	DIDF3	三小厂寸
	FSDF3	二木厂寸

nú

奴
奴	VCY	女又
	VCY	女又

奴隶 VCVI

驽
驽	VCCF3	女又马
	VCCG3	女又马一

孥
孥	VCBF	女又子
	VCBF3	女又子

nǔ

努
努	VCLB3	女又力
	VCER3	女又力

努力 VCLT⁸⁶/VCEN⁹⁸
努力奋斗 VEDU⁹⁸
努力学习 VEIN⁹⁸
努力提高 VERY⁹⁸

呶
呶	KVCY3	口女又
	KVCY3	口女又

弩
弩	VCXB3	女又弓
	VCXB3	女又弓

胬
胬	VCMW	女又冂人
	VCMW	女又冂人

nù

怒
怒	VCNU3	女又心
	VCNU3	女又心

怒火 VCOO⁸⁶   怒吼 VCKB⁸⁶

nǚ

女
女	VVVV3	女女女女
	VVVV3	女女女女

女工 VVAA   女士 VVFG

N

女人 VVWW　　女婿 VVVN
女生 VVTG　　女排 VVRD
女性 VVNT　　女孩 VVBY
女方 VVYY[98]

钕　QVG　　　钅女
　　QVG　　　钅女

nǔ

恧　DMJN　　フ冂‖心
　　DMJN　　フ冂‖心
衄　TLNF　　丿皿コ土
　　TLNG　　丿皿コ一

nuǎn

暖　JEFC3　　日爫二又
　　JEGC3　　日爫一又
暖气 JERN[86]/JERT[98]
暖流 JEIY[86]　暖和 JETK[86]

nüè

虐　HAAG3　　卢七匚一
　　HAGD3　　卢匚一
虐待 HATF
疟　UAGD　　疒匚一
　　UAGD3　　疒匚一

nuó

挪　RVFB3　　扌刀二阝

　　RNGB　　　扌刀丰阝
挪用 RVET[86]/RNET[98]
娜　VVFB3　　女刀二阝
　　VNGB3　　女刀丰阝
傩　WCWY　　亻又亻圭
　　WCWY　　亻又亻圭

nuò

诺　YADK3　　讠卄𠂇口
　　YADK3　　讠卄𠂇口
诺言 YAYY
诺贝尔奖金 YMQQ[98]
喏　KADK　　口卄𠂇口
　　KADK3　　口卄𠂇口
锘　QADK3　　钅卄𠂇口
　　QADK3　　钅卄𠂇口
懦　NFDJ　　忄雨プ‖
　　NFDJ3　　忄雨プ‖
糯　OFDJ3　　米雨プ‖
　　OFDJ3　　米雨プ‖
搦　RXUU3　　扌弓冫冫
　　RXUU3　　扌弓冫冫

N

O

ō

| 噢 | KTMD | 口丿冂大 |
| | KTMD | 口丿冂大 |

ó

| 哦 | KTRT3 | 口丿扌丿 |
| | KTRY3 | 口丿扌、 |

ò

| 哦 | KTRT3 | 口丿扌丿 |
| | KTRY3 | 口丿扌、 |

ōu

| 欧 | AQQW3 | 匚乂ㄅ人 |
| | ARQW3 | 匚乂ㄅ人 |

欧洲 AQIY[86]/ARIY[98]
欧美 AQUG 欧亚 AQGO[98]
欧安会 APWF[98]
欧洲国家 AILP[98]
欧洲共同体 AIAW[98]

区	AQI2	匚乂
	ARI2	匚乂
鸥	AQQG	匚乂勹一
	ARQG	匚乂鸟一
殴	AQMC3	匚乂几又
	ARWC3	匚乂几又

殴打 AQRS[86]/ARRS[98]

讴	YAQY3	讠匚乂
	YARY3	讠匚乂
瓯	AQGN	匚乂一乙
	ARGY3	匚乂一、
沤	IAQY3	氵匚乂
	IARY3	氵匚乂

ǒu

耦	DIJY3	三小曰、
	FSJY3	二木曰、
藕	ADIY	艹三小、
	AFSY	艹二木、
偶	WJMY3	亻曰冂、
	WJMY3	亻曰冂、

偶尔 WJQI 偶像 WJWQ[86]
偶然 WJQD 偶然性 WQNT[86]

| 呕 | KAQY | 口匚乂 |
| | KARY | 口匚乂 |

呕心沥血 KNIT

òu

沤	IAQY3	氵匚乂
	IARY3	氵匚乂
怄	NAQY3	忄匚乂
	NARY3	忄匚乂

P

pā

啪	KRRG3	口扌白
	KRRG3	口扌白
葩	ARCB3	艹白巴
	ARCB3	艹白巴
趴	KHWY3	口止八
	KHWY3	口止八
派	IREY3	氵厂𠂇𧘇
	IREY3	氵厂𠂇𧘇

pá

扒	RWY	扌八
	RWY	扌八
耙	DICN3	三小巴
	FSCN3	二木巴
钯	QCN	钅巴
	QCN	钅巴
爬	RHYC	厂丨乀巴
	RHYC	厂丨乀巴
筢	TRCB3	竹扌巴
	TRCB3	竹扌巴
杷	SCN	木巴
	SCN	木巴
琶	GGCB3	王王巴
	GGCB3	王王巴

pà

怕	NRG2	忄白
	NRG2	忄白
帕	MHRG3	冂丨白
	MHRG3	冂丨白

pāi

| 拍 | RRG | 扌白 |
| | RRG | 扌白 |

拍卖 RRFN　拍摄 RRRB
拍板 RRSR[98]　拍照 RRJV[98]

pái

| 排 | RDJD3 | 扌三刂三 |
| | RHDD3 | 扌丨三三 |

排除 RDBW[86]/RHBW[98]
排长 RDTA[86]/RHTA[98]
排球 RDGF[86]/RHGG[98]
排练 RHXA[98]　排斥 RHRY[98]
排灌 RHIA[98]

| 徘 | TDJD | 彳三刂三 |
| | THDD | 彳丨三三 |

徘徊 TDTL[86]/THTL[98]

俳	WDJD	亻三刂三
	WHDD3	亻丨三三
牌	THGF	丿丨一十
	THGF	丿丨一十

牌号 THKG　牌照 THJV
牌价 THWW[86]　牌子 THBB

pǎi

排	RDJD3	扌三‖三
	RHDD3	扌丨三三
迫	RPD	白辶
	RPD	白辶

pài

湃	IRDF3	氵手三十
	IRDF3	氵手三十
派	IREY3	氵厂厃
	IREY3	氵厂厃

派别 IRKL[86]/IRKE[98]
派遣 IRKH　派出所 IBRN
派往 IRTY[98]　派兵 IRRW[98]
派员 IRKM[98]　派驻 IRCG[98]

蒎	AIRE3	艹氵厂厃
	AIRE3	艹氵厂厃
哌	KREY3	口厂厃
	KREY3	口厂厃

pān

潘	ITOL	氵丿米田
	ITOL3	氵丿米田
扳	RRCY3	扌厂又
	RRCY3	扌厂又
番	TOLF3	丿米田
	TOLF3	丿米田
攀	SQQR3	木乂乂手
	SRRR3	木乂乂手

攀登 SQWG[86]/SRWG[98]

攀比 SRXX[98]　攀升 SRTA[98]

pán

| 盘 | TELF3 | 丿舟皿 |
| | TULF3 | 丿舟皿 |

盘货 TEWX[86]　盘旋 TEYT[86]

磐	TEMD	丿舟几石
	TUWD	丿舟几石
爿	NHDE	㇄丨丿乛
	UNHT	爿㇄丨丿
蟠	JTOL	虫丿米田
	JTOL3	虫丿米田
蹒	KHAW	口止艹人
	KHAW	口止艹人
胖	EUFH3	月丷十
	EUGH3	月丷キ

pàn

| 盼 | HWVN3 | 目八刀 |
| | HWVT | 目八刀 |

盼望 HWYN

畔	LUFH3	田丷十
	LUGH3	田丷キ
判	UDJH	丷ナ刂
	UGJH	丷キ刂

判决 UDUN[86]/UGUN[98]
判断 UDON[86]/UGON[98]
判处 UGTH[98]　判刑 UGGA[98]

| 叛 | UDRC | 丷ナ厂又 |
| | UGRC | 丷キ厂又 |

叛乱 UDTD[86]　叛变 UDYO[86]
叛徒 UDTF[86]

P

泮	IUFH3	冫ㅗ十
	IUGH	冫丷十
袢	PUUF3	衤：ㅗ十
	PUUG3	衤：丷十
拚	RCAH3	扌厶廾
	RCAH3	扌厶廾
拚命 RCWG[98]		
襻	PUSR	衤：木手
	PUSR	衤：木手

pāng

乓	RGYU3	斤一丶
	RYU	丘丶
膀	EUPY3	月立冖方
	EYUY3	月一丷方
滂	IUPY3	冫立冖方
	IYUY	冫一丷方
滂沱 IUIP[86]		

páng

旁	UPYB3	立冖方
	YUPY3	一丷冖方
旁边 UPLP[86]/YUEP[98]		
磅	DUPY3	石立冖方
	DYUY3	石一丷方
磅礴 DYDA[98]		
螃	JUPY3	虫立冖方
	JUPY3	虫一丷方
膀	EUPY3	月立冖方
	EYUY3	月一丷方
庞	YDXV3	广ナヒ
	ODXV3	广ナヒ

庞大 YDDD[86]/ODDD[98]		
彷	TYN	彳方
	TYT	彳方
逄	TAHP3	夂匚丨辶
	TGPK	夂丰辶

pǎng

榜	DIUY	三小立方
	FSYY	二木一方

pàng

胖	EUFH3	月ㅗ十
	EUGH3	月丷十

pāo

抛	RVLN3	扌九力
	RVET3	扌九力
抛售 RVWY[98] 抛物线 RTXG[86]		
抛头露面 RUFD[86] 抛弃 RVYC		
脬	EEBG3	月爫子
	EEBG3	月爫子
泡	IQNN3	冫勹巳
	IQNN3	冫勹巳
泡沫 IQIG		

páo

咆	KQNN3	口勹巳
	KQNN3	口勹巳
刨	QNJH	勹巳刂
	QNJH	勹巳刂
狍	QTQN	犭丿勹巳
	QTQN	犭丿勹巳
袍	PUQN3	衤：勹巳

	PUQN3	礻:勹巳		SGUK	西一立口

péi

匏	DFNN	大二𠃌巳	培	FUKG3	土立口
	DFNN	大二𠃌巳		FUKG3	土立口

培训 FUYK　培育 FUYC

跑	KHQN3	口止勹巳
	KHQN3	口止勹巳

培植 FUSF　培训班 FYGY

跑步 KHHI⁸⁶/KHHH⁹⁸

培养 FUUD⁸⁶/FUUG⁹⁸

庖	YQNV3	广勹巳
	OQNV	广勹巳

培训中心 FYKN

炮	OQNN2	火勹巳	赔	MUKG3	贝立口
	OQNN3	火勹巳		MUKG3	贝立口

炮弹 OQXU　炮火 OQOO⁹⁸

赔偿 MUWI　赔款 MUFF

炮兵 OQRG⁸⁶/OQRW⁹⁸

赔偿损失 MWRT⁹⁸

pǎo

陪	BUKG3	阝立口
	BUKG3	阝立口

跑	KHQN3	口止勹巳
	KHQN3	口止勹巳

陪伴 BUWU⁹⁸　陪同 BUMG

pào

锫	QUKG	钅立口
	QUKG	钅立口

炮	OQNN2	火勹巳
	OQNN3	火勹巳

裴	DJDE	三‖三衣
	HDHE	‖三‖衣

泡	IQNN3	氵勹巳
	IQNN3	氵勹巳

pèi

疱	UQNV3	疒勹巳	配	SGNN3	西一己
	UQNN3	疒勹巳		SGNN3	西一己

配备 SGTL　配套 SGDD

pēi

配偶 SGWJ　配角 SGQE⁸⁶

胚	EGIG3	月一小一
	EDHG3	月丆卜一

配音 SGUJ⁸⁶　配合 SGWG

胚胎 EDEC⁹⁸

配件 SGWR⁸⁶/SGWT⁹⁸

呸	KGIG3	口一小一
	KDHG	口丆卜一

配额 SGPT⁹⁸

醅	SGUK	西一立口	佩	WMGH3	亻几一丨
				WWGH	亻几一丨

佩服 WMEB⁸⁶/WWEB⁹⁸

沛	IGMH	氵一冂丨

IGMH 氵一冂丨

旆 YTGH3 方𠂉一丨
YTGH3 方𠂉一丨

霈 FIGH3 雨氵一丨
FIGH3 雨氵一丨

辔 XLXK3 纟车纟口
LXXK 车纟纟口

帔 MHHC 冂丨广又
MHBY3 冂丨皮

pēn

喷 KFAM3 口十卄贝
KFAM3 口十卄贝

pén

盆 WVLF3 八刀皿
WVLF3 八刀皿

盆地 WVFB 盆景 WVJY[98]

湓 IWVL 氵八刀皿
IWVL 氵八刀皿

pèn

喷 KFAM3 口十卄贝
KFAM3 口十卄贝

pēng

烹 YBOU3 亠了灬
YBOU3 亠了灬

烹饪 YBQN 烹调 YBYM

怦 NGUH3 忄一丷丨
NGUF3 忄一丷丨

砰 DGUH3 石一丷丨
DGUF3 石一丷丨

抨 RGUH 扌一丷丨
RGUF3 扌一丷丨

抨击 RGFM[86]/RGGB[98]

澎 IFKE 氵士口彡
IFKE 氵士口彡

嘭 KFKE 口士口彡
KFKE 口士口彡

péng

彭 FKUE 士口丷彡
FKUE 士口丷彡

澎 IFKE 氵士口彡
IFKE 氵士口彡

澎湃 IFIR[86]

膨 EFKE3 月士口彡
EFKE3 月士口彡

膨胀 EFET

蟛 JFKE3 虫士口彡
JFKE3 虫士口彡

蓬 ATDP 卄夂三辶
ATDP 卄夂三辶

蓬头垢面 AUFD[86] 蓬莱 ATAG[98]

篷 TTDP 𥫗夂三辶
TTDP 𥫗夂三辶

朋 EEG2 月月
EEG2 月月

朋友 EEDC

鹏 EEQG3 月月勹一
EEQG3 月月鸟一

堋 FEEG3 土月月
FEEG3 土月月

棚 SEEG3 木月月

	SEEG3	木月月		RBY	扌皮
硼	DEEG3	石月月	披露 RBFK⁹⁸ 披星戴月 RJFE⁸⁶		
	DEEG3	石月月	铍	QHCY3	钅广又
				QBY	钅皮
pěng			霹	FNKU3	雨尸口辛
捧	RDWH3	扌三人丨		FNKU3	雨尸口辛
	RDWG3	扌三人夫	劈	NKUV	尸口辛刀
				NKUV	尸口辛刀
pèng			噼	KNKU3	口尸口辛
碰	DUOG3	石䒑业一		KNKU3	口尸口辛
	DUOG3	石䒑业一	辟	NKUH3	尸口辛
碰撞 DURU 碰到 DUGC⁹⁸				NKUH	尸口辛
pī			**pí**		
批	RXXN2	扌匕匕			
	RXXN3	扌匕匕	琵	GGXX3	王王匕匕
批发 RXNT 批评 RXYG				GGXX3	王王匕匕
批准 RXUW 批示 RXFI⁸⁶			毗	LXXN3	田匕匕
批判 RXUD⁸⁶/RXUG⁹⁸				LXXN3	田匕匕
批语 RXYG⁸⁶ 批复 RXTJ			毗邻 LXWY⁹⁸		
批转 RXLF 批发市场 RNYF⁹⁸			枇	SXXN	木匕匕
批评与自我批评 RYGY⁹⁸				SXXN	木匕匕
砒	DXXN3	石匕匕	蚍	JXXN	虫匕匕
	DXXN3	石匕匕		JXXN	虫匕匕
纰	XXXN	纟匕匕	芘	AXXB3	艹匕匕
	XXXN3	纟匕匕		AXXB3	艹匕匕
丕	GIGF	一小一	貔	EETX	爫彡丿匕
	DHGD	𠂇卜一		ETLX3	豸丿口匕
邳	GIGB	一小一阝	啤	KRTF3	口白丿十
	DHGB	𠂇卜一阝		KRTF3	口白丿十
坯	FGIG	土一小一	啤酒 KRIS		
	FDHG	土𠂇卜一	脾	ERTF3	月白丿十
披	RHCY3	扌广又		ERTF3	月白丿十

P

脾气	ERRN[86]/ERRT[98]	
陴	BRTF3	阝白丿十
	BRTF3	阝白丿十
裨	PURF3	衤丷白十
	PURF3	衤丷白十
郫	RTFB	白丿十阝
	RTFB	白丿十阝
埤	FRTF3	土白丿十
	FRTF3	土白丿十
蜱	JRTF	虫白丿十
	JRTF	虫白丿十
鼙	FKUF	士口丷十
	FKUF	士口丷十
皮	HCI2	广又
	BNTY3	皮乛丿八
皮棉	HNSR	皮带 BNGK[98]
皮毛	HCTF[86]/BNET[98]	
皮肤	HCEF[86]/BNEG[98]	
皮鞋	BNAF[98]	
陂	BHCY3	阝广又
	BBY	阝皮
疲	UHCI3	疒广又
	UBI	疒皮
疲劳	UHAP[86]/UBAP[98]	
疲惫	UHTL[86]/UBTL[98]	
疲软	UHLQ[86]/UBLQ[98]	
罴	LFCO	罒土厶灬
	LFCO	罒土厶灬

pǐ

匹	AQV	匚儿
	AQV2	匚儿

疋	NHI	乛龰
	NHI	乛龰
否	GIKF3	一小口
	DHKF	丆卜口
痞	UGIK3	疒一小口
	UDHK3	疒丆卜口
仳	WXXN3	亻匕匕
	WXXN	亻匕匕
吡	KXXN3	口匕匕
	KXXN	口匕匕
庀	YXV	广匕
	OXV	广匕
圮	FNN	土己
	FNN	土己
擗	RNKU3	扌尸口辛
	RNKU3	扌尸口辛
癖	UNKU3	疒尸口辛
	UNKU3	疒尸口辛
劈	NKUV	尸口辛刀
	NKUV	尸口辛刀

pì

辟	NKUH3	尸口辛
	NKUH	尸口辛
譬	NKUY	尸口辛言
	NKUY	尸口辛言
僻	WNKU3	亻尸口辛
	WNKU3	亻尸口辛
甓	NKUN	尸口辛乙
	NKUY	尸口辛、
屁	NXXV3	尸匕匕

P

	NXXV3	尸匕匕
媲	VTLX3	女丿口匕
	VTLX3	女丿口匕
媲美 VTUG[98]		
淠	ILGJ	氵田一‖
	ILGJ	氵田一‖
睥	HRTF3	目白丿十
	HRTF3	目白丿十
埤	FRTF3	土白丿十
	FRTF3	土白丿十

piān

偏	WYNA	亻丶尸艹
	WYNA	亻丶尸艹
偏见 WYMQ		偏偏 WYWY
偏爱 WYEP		偏向 WYTM[86]
偏差 WYUD[86]/WYUA[98]		
偏旁 WYUP[86]		偏僻 WYWN[86]
偏远 WYFQ[98]		
扁	YNMA	丶尸门艹
	YNMA	丶尸门艹
犏	TRYA	丿扌丶艹
	CYNA3	牛丶尸艹
翩	YNMN	丶尸门羽
	YNMN	丶尸门羽
篇	TYNA	竹丶尸艹
	TYNA3	竹丶尸艹
篇章 TYUJ		篇幅 TYMH
片	THGN3	丿丨一フ
	THGN3	丿丨一フ

pián

骈	CUAH2	马丷廾
	CGUA3	马一丷廾
胼	EUAH3	月丷廾
	EUAH3	月丷廾
蹁	KHYA	口止丶艹
	KHYA	口止丶艹
便	WGJQ3	亻一曰乂
	WGJR3	亻一曰乂
便宜 WGPE		
缏	XWGQ	纟亻一乂
	XWGR	纟亻一乂

piǎn

谝	YYNA	讠丶尸艹
	YYNA	讠丶尸艹

piàn

片	THGN3	丿丨一フ
	THGN3	丿丨一フ
片面 THDM[86]/THDL[98]		
片刻 THYN[86]		
骗	CYNA	马丶尸艹
	CGYA	马一丶艹
骗子 CYBB[86]		骗取 CGBC[98]

piāo

飘	SFIQ	西二小乂
	SFIR	西二小乂
飘扬 SFRN[86]		飘荡 SFAI[86]
飘然 SFQD[86]		飘渺 SFIH[86]
飘逸 SFQK[86]		

P

漂	ISFI3	氵西二小
	ISFI3	氵西二小
剽	SFIJ	西二小刂
	SFIJ	西二小刂
螵	JSFI3	虫西二小
	JSFI3	虫西二小
缥	XSFI3	纟西二小
	XSFI	纟西二小

piáo

瓢	SFIY	西二小丶
	SFIY	西二小丶
嫖	VSFI3	女西二小
	VSFI3	女西二小
嫖娼	VSVJ[98]	
朴	SHY	木卜
	SHY	木卜

piǎo

莩	GQEB	一夕罒子
	GQEB	一夕罒子
莩	AEBF	艹罒子
	AEBF	艹罒子
瞟	HSFI3	目西二小
	HSFI3	目西二小
缥	XSFI3	纟西二小
	XSFI	纟西二小
漂	ISFI3	氵西二小
	ISFI3	氵西二小

piào

票	SFIU	西二小

	SFIU2	西二小
票据 SFRN		票价 SSWW
票面 SFDM[86]/SFDL[98]		
票贩子 SMBB[98]		
嘌	KSFI3	口西二小
	KSFI3	口西二小
漂	ISFI3	氵西二小
	ISFI3	氵西二小
漂亮 ISYP		
骠	CSFI3	马西二小
	CGSI	马一西小

piē

撇	RUMT	扌丷冂攵
	RITY	扌敝攵
瞥	UMIH	丷冂小目
	ITHF	敝攵目
氕	RNTR	𠂉乀丿
	RTE	气丿

piě

撇	RUMT	扌丷冂攵
	RITY	扌敝攵
苤	AGIG3	艹一小一
	ADHG	艹丆卜一

pīn

拼	RUAH3	扌丷廾
	RUAH3	扌丷廾
拼音 RUUJ[86]		拼命 RUWG
拼搏 RURG[86]/RURS[98]		
姘	VUAH3	女丷廾
	VUAH3	女丷廾

拚	RCAH3	扌厶廾	
	RCAH3	扌厶廾	

pín

频	HIDM3	止小厂贝	
	HHDM	止少厂贝	

频率 HIYX[86]/HHYX[98]
频繁 HITX[86]/HHTX[98]
频道 HIUT[86]

颦	HIDF	止小厂十	
	HHDF	止少厂十	

贫	WVMU3	八刀贝	
	WVMU3	八刀贝	

贫乏 WVTP 贫瘠 WVUI[98]
贫困 WVLS 贫穷 WVPW
贫富 WVPG 贫农 WVPE[86]
贫血 WVTL 贫困户 WLYN[98]

嫔	VPRW3	女宀斤八	
	VPRW3	女宀丘八	

pǐn

品	KKKF3	口口口	
	KKKF3	口口口	

品德 KKTF 品质 KKRF
品种 KKTK 品格 KKST
品位 KKWU[98] 品名 KKQK[98]
品尝 KKIP[98]

榀	SKKK3	木口口口	
	SKKK3	木口口口	

pìn

聘	BMGN3	耳由一勹	
	BMGN3	耳由一勹	

聘用 BMET 聘请 BMYG
聘任 BMWT 聘书 BMNN[86]
聘为 BMYE[98]

牝	TRXN3	丿扌匕	
	CXN2	牛匕	

pīng

乒	RGTR3	斤一丿	
	RTR	丘丿	

乒乓 RTRY[98] 乒坛 RTFF[98]
乒乓球 RRGF[86]/RRGG[98]

俜	WMGN	亻由一勹	
	WMGN	亻由一勹	

娉	VMGN	女由一勹	
	VMGN	女由一勹	

píng

平	GUHK2	一丷丨	
	GUFK3	一丷十	

平民 GUNA 平等 GUTF
平衡 GUTQ 平均 GUFQ
平整 GUGK[86]/GUSK[98]
平时 GUJF 平安 GUPV
平面 GUDM[86]/GUDL[98]
平凡 GUMY[86] 平房 GUYN
平常 GUIP 平方公里 GYWJ
平易近人 GJRW[86]

坪	FGUH3	土一丷丨	
	FGUF3	土一丷十	

苹	AGUH3	艹一丷丨	
	AGUF	艹一丷十	

苹果 AGJS

萍	AIGH	艹氵一丨	

	AIGF3	艹氵一十		颇	BDMY3	皮厂丆贝
萍乡	AIXT[98]			颇为	BDYE[98]	颇多 BDQQ[98]
评	YGUH3	讠一丷丨		颇具	BDHW[98]	颇有 BDDE[98]
	YGUF3	讠一丷十		**陂**	BHCY3	阝广又
评比	YGXX	评论 YGYW			BBY	阝皮
评价	YGWW	评估 YGWD		**泊**	IRG2	氵白
评奖	YGUQ	评选 YGTF			IRG	氵白
评语	YGYG[86]	评判 YGUD[86]		**涿**	IQIY3	氵彑小
评级	YGXE[86]/YGXB[98]				ITNI	氵丿乚小
评委	YGTV[98]	评委会 YTWF[98]		**泼**	INTY3	氵一丿八
评论员文章 YYKU					INTY	氵一丿八
枰	SGUH3	木一丷丨		**钋**	QHY	钅卜
	SGUF3	木一丷十			QHY	钅卜
鲆	QGGH3	鱼一一丨		**朴**	SHY	木卜
	QGGF	鱼一一十			SHY	木卜
凭	WTFM	亻丿士几		**pó**		
	WTFW	亻丿士几				
凭借	WTWA	凭空 WTPW[86]		**婆**	IHCV	氵广又女
凭证	WTYG	凭着 WTUH[98]			IBVF3	氵皮女
瓶	UAGN3	丷廾一乙		婆婆	IHIH[86]	
	UAGY3	丷廾一丶		**鄱**	TOLB	丿米田阝
瓶装	UAUF[98]	瓶颈 UACA[98]			TOLB	丿米田阝
屏	NUAK3	尸丷廾		**皤**	RTOL	白丿米田
	NUAK3	尸丷廾			RTOL	白丿米田
屏障	NUBU	屏幕 NUAJ		**繁**	TXGI	𠂢丿一小
屏蔽	NUAU[86]				TXTI	𠂢母夊小
冯	UCG2	冫马		**pǒ**		
	UCGG3	冫马一				
pō				**叵**	AKD	匚口
					AKD	匚口
坡	FHCY3	土广又		**钷**	QAKG3	钅匚口
	FBY2	土皮			QAKG3	钅匚口
颇	HCDM3	广又丆贝				

| 箳 | TAKF | ⺮匸口 |
| | TAKF | ⺮匸口 |

pò

| 破 | DHCY3 | 石丨又 |
| | DBY2 | 石皮 |

破产 DHUT[86]/DBUT[98]
破例 DHWG[86]/DBWG[98]
破除 DHBW[86]/DBBW[98]
破案 DHPV[86]/DBPV[98]
破格 DHST[86]/DBST[98]
破裂 DHGQ[86]/DBGQ[98]
破坏 DHFG[86]/DHFD[98]
破碎 DHDY[86]/DBDY[98]
破烂 DHOU[86]/DBOU[98]

| 魄 | RRQC | 白白儿厶 |
| | RRQC | 白白儿厶 |

魄力 RRLT[86]/RREN[98]

| 迫 | RPD | 白辶 |
| | RPD | 白辶 |

迫切 RPAV　迫使 RPWG
迫害 RPPD　迫不及待 RGET[86]
迫切要求 RASG[98]

| 粕 | ORG | 米白 |
| | ORG2 | 米白 |

| 珀 | GRG | 王白 |
| | GRG2 | 王白 |

| 朴 | SHY | 木卜 |
| | SHY | 木卜 |

pōu

| 剖 | UKJH3 | 立口刂 |
| | UKJH3 | 立口刂 |

剖析 UKSR

póu

| 掊 | RUKG3 | 扌立口 |
| | RUKG3 | 扌立口 |

| 裒 | YVEU | 亠臼衣 |
| | YEEU3 | 亠臼衣 |

pōu

| 掊 | RUKG3 | 扌立口 |
| | RUKG | 扌立口 |

pū

| 扑 | RHY | 扌卜 |
| | RHY | 扌卜 |

扑灭 RHGO[98]　扑救 RHGI[98]
扑面 RHDL[98]

| 仆 | WHY | 亻卜 |
| | WHY | 亻卜 |

| 噗 | KOGY3 | 口业一丶 |
| | KOUG3 | 口业丷夫 |

| 铺 | QGEY3 | 钅一月丶 |
| | QSY | 钅甫 |

铺张 QGXT[86]/QSXT[98]
铺设 QSYW[98]　铺轨 QSLV[98]
铺路 QSKH[98]　铺平 QSGU[98]
铺张浪费 QXIX

pú

| 蒲 | AIGY | 艹氵一丶 |
| | AISU3 | 艹氵甫 |

| 匍 | QGEY | 勹一月丶 |
| | QSI | 勹甫 |

脯	EGEY3	月一月、
	ESY	月甫
葡	AQGY3	艹勹一、
	AQSU3	艹勹甫
葡萄	AQAQ	葡萄牙 AAAH[98]
莆	AGEY3	艹一月、
	ASU2	艹甫
莆田	ASLL[98]	
仆	WHY	亻卜
	WHY	亻卜
菩	AUKF	艹立口
	AUKF3	艹立口
菩萨	AUAB	
璞	GOGY	王业一、
	GOUG3	王业丷夫
镤	QOGY3	钅业一、
	QOUG	钅业丷夫
濮	IWOY3	氵亻业、
	IWOG3	氵亻业夫

pǔ

埔	FGEY	土一月、
	FSY	土甫
圃	LGEY	囗一月、
	LSI	囗甫
浦	IGEY	氵一月、
	ISY2	氵甫
朴	SHY	木卜
	SHY	木卜
朴素	SHGX[86]	朴实 SHPU[98]

普	UOGJ2	丷业一日
	UOJF3	丷业日
普遍	UOYN	普查 UOSJ
普通	UOCE	普通话 UCYT
普及	UOEY[86]／UOBY[98]
普选	UOTF[86]	普法 UOIF[98]
普通性	UYNT[98]	
谱	YUOJ3	讠丷业日
	YUOJ3	讠丷业日
氆	TFNJ	丿二乚日
	EUOJ3	毛丷业日
镨	QUOJ3	钅丷业日
	QUOJ3	钅丷业日
蹼	KHOY3	口止业、
	KHOG	口止业夫
溥	IGEF	氵一月寸
	ISFY	氵甫寸

pù

铺	QGEY3	钅一月、
	QSY	钅甫
暴	JAWI3	日共八水
	JAWI3	日共八水
曝	JJAI3	日日共水
	JJAI3	日日共水
瀑	IJAI3	氵日共水
	IJAI3	氵日共水
瀑布	IJDM	
堡	WKSF	亻口木土
	WKSF	亻口木土

Q

qī

| 七 | AGN2 | 七一乚 |
| | AGN2 | 七一乚 |

七亿 AGWN[98]　七万 AGGQ[98]

| 柒 | IASU3 | 氵七木 |
| | IASU3 | 氵七木 |

| 期 | ADWE | 卄三八月 |
| | DWE | 甘八月 |

期盼 DWHW[98]
期限 ADBV[86]/DWBV[98]

| 欺 | ADWW | 卄三八人 |
| | DWQW3 | 甘八丿人 |

欺骗 ADCY[86]/DWCG[98]
欺诈 OWYT[98]

| 栖 | SSG | 木西 |
| | SSG | 木西 |

栖息 SSTH[98]

| 戚 | DHIT3 | 厂上小丿 |
| | DHII | 戊上小 |

| 喊 | KDHT | 口厂上丿 |
| | KDHI | 口戊上丿 |

| 妻 | GVHV2 | 一彐丨女 |
| | GVHV2 | 一彐丨女 |

妻子 GVBB

| 萋 | AGVV3 | 卄一彐女 |
| | AGVV3 | 卄一彐女 |

| 凄 | UGVV | 冫一彐女 |
| | UGVV | 冫一彐女 |

凄凉 UGUY[86]　凄惨 UGNC[86]

| 漆 | ISWI3 | 氵木人氺 |
| | ISWI3 | 氵木人氺 |

| 沏 | IAVN3 | 氵七刀 |
| | IAVT3 | 氵七刀 |

| 榿 | SMNN | 木山己 |
| | SMNN3 | 木山己 |

| 蹊 | KHED | 口止⺈大 |
| | KHED | 口止⺈大 |

| 缉 | XKBG3 | 纟口耳 |
| | XKBG3 | 纟口耳 |

| 欹 | DSKW | 大丁口人 |
| | DSKW | 大丁口人 |

qí

| 其 | ADWU3 | 卄三八 |
| | DWU2 | 甘八 |

其实 ADPU[86]/DWPU[98]
其余 DWWG[98]
其中 ADKH[86]/DWKH[98]

| 萁 | AADW | 卄卄三八 |
| | ADWU | 卄甘八 |

| 棋 | SADW3 | 木卄三八 |
| | SDWY3 | 木甘八 |

棋手 SDRT[98]

淇	IADW	氵卄三八	岐	MFCY3	山十又
	IDWY	氵其八		MFCY3	山十又
骐	CADW	马卄三八	畦	LFFG3	田土土
	CGDW	马一其八		LFFG3	田土土
祺	PYAW3	礻、卄八	齐	YJJ	文‖
	PYDW	礻、其八		YJJ	文‖

齐心 YJNY[98]
齐心协力 YNFL[86]/YNFE[98]

麒	YNJW	广コ‖八	荠	AYJJ	卄文‖
	OXXW	声串匕八		AYJJ	卄文‖
蜞	JADW3	虫卄三八	脐	EYJH3	月文‖
	JADW3	虫其八		EYJH3	月文‖
琪	GADW3	王卄三八	蛴	JYJH3	虫文‖
	GDWY3	王其八		JYJH3	虫文‖
旗	YTAW3	方𠂉卄八	祈	PYRH3	礻、斤
	YTDW	方𠂉其八		PYRH3	礻、斤

旗鼓相当 YFSI[86]　旗帜 YTMH

祈求 PYFI[86]

綦	ADWI	卄三八小	圻	FRH	土斤
	DWXI3	其八小		FRH	土斤
奇	DSKF	大丁口	祁	PYBH3	礻、阝
	DSKF	大丁口		PYBH3	礻、阝

奇异 DSNA　奇闻 DSUB[86]
奇观 DSCM[98]

崎	MDSK3	山大丁口	亓	FJJ	二‖
	MDSK3	山大丁口		FJJ	二‖

崎岖 MDMA[86]

骑	CDSK3	马大口	芪	AQAB3	卄𠂉七
	CGDK	马一大口		AQAB3	卄𠂉七
琦	GDSK3	王大丁口	蕲	AUJR	卄丷日斤
	GDSK3	王大丁口		AUJR	卄丷日斤
歧	HFCY3	止十又	颀	RDMY3	斤厂贝
	HFCY3	止十又		RDMY3	斤厂贝

歧视 HFPY　歧途 HFWT[86]

耆	FTXJ	土丿匕日
	FTXJ	土丿匕日

鳍	QGFJ	鱼一土日
	QGFJ	鱼一土日
俟	WCTD3	亻厶ノ大
	WCTD3	亻厶ノ大

qǐ

| 起 | FHNV3 | 土龰己 |
| | FHNV3 | 土龰己 |

起诉 FHYR   起码 FHDC
起家 FHPE[86]/FHPG[98]
起源 FHID   起点 FHHK
起草 FHAJ   起身 FHTM[98]
起床 FHOS[98]

| 岂 | MNB2 | 山己 |
| | MNB2 | 山己 |

岂非 MNDJ[86]

屺	MNN	山己
	MNN	山己
芑	ANB	艹己
	ANB	艹己
杞	SNN	木己
	SNN	木己
乞	TNB	ノ乙
	TNB	ノ乙

乞求 TNFI[86]

| 企 | WHF | 人止 |
| | WHF | 人止 |

企业 WHOG[86]/WHOH[98]
企求 WHFI[86]   企盼 WHHW[98]
企业集团 WOWL[98]

| 启 | YNKD3 | 、尸口 |
| | YNKD3 | 、尸口 |

启发 YNNT   启蒙 YNAP
启程 YNTK[98]

綮	YNTI	、尸攵小
	YNTI	、尸攵小
稽	TDNJ	禾尤乚日
	TDNJ	禾尤乚日
绮	XDSK3	纟大丁口
	XDSK3	纟大丁口

qì

| 气 | RNB | 𠂉乁 |
| | RTGN3 | 气丿一乁 |

气氛 RNRN[86]/RTRW[98]
气质 RNRF[86]/RTRF[98]
气派 RNIR[86]/RTIR[98]
气魄 RNRR[86]/RTRR[98]

| 汽 | IRNN3 | 氵𠂉乁 |
| | IRN2 | 氵气 |

汽车 IRLG   汽船 IRTE[86]

| 迄 | TNPV3 | ノ乙辶 |
| | TNPV3 | ノ乙辶 |

迄今 TNWY[98]

讫	YTNN	讠ノ乙
	YTNN3	讠ノ乙
汔	ITNN3	氵ノ乙
	ITNN3	氵ノ乙
契	DHVD3	三丨刀大
	DHVD3	三丨刀大

契约 DHXQ   契机 DHSW[98]

砌	DAVN3	石七刀
	DAVT3	石七刀
器	KKDK3	口口犬口

	KKDK3	口口犬口
器具	KKHW	器材 KKSF
器皿	KKLH[86]	
弃	YCAJ3	宀厶廾
	YCAJ3	宀厶廾
弃权	YCSC	
泣	IUG	氵立
	IUG	氵立
葺	AKBF3	艹口耳
	AKBF3	艹口耳
憩	TDTN	丿古丿心
	TDTN	丿古丿心
碛	DGMY3	石丰贝
	DGMY3	石丰贝
械	SDHT	木厂上丿
	SDHI	木戊上小
妻	GVHV2	一彐丨女
	GVHV2	一彐丨女
孬	BKCG3	了口又一
	BKCG3	了口又一

qiā

掐	RQVG3	扌夕臼
	RQEG3	扌夕臼
葜	ADHD	艹三丨大
	ADHD	艹三丨大
袷	PUWK	衤丷人口
	PUWK	衤丷人口

qiǎ

卡	HHU	上卜
	HHU	上卜

qià

恰	NWGK3	忄人一口
	NWGK2	忄人一口
恰如其分	NVAW[86]	恰当 NWIV
洽	IWGK3	氵人一口
	IWGK3	氵人一口
洽谈	IWYO	
髂	MEPK3	骨月宀口
	MEPK3	骨月宀口

qiān

千	TFK	丿十
	TFK	丿十
千古	TFDG	千秋 TFTO[86]
千钧一发	TQGN[86]	
千里之行始于足下	TJPG[98]	
迁	TFPK3	丿十辶
	TFPK3	丿十辶
迁移	TFTQ	
扦	RTFH	扌丿十
	RTFH	扌丿十
钎	QTFH3	钅丿十
	QTFH3	钅丿十
仟	WTFH3	亻丿十
	WTFH3	亻丿十
阡	BTFH3	阝丿十
	BTFH3	阝丿十
芊	ATFJ3	艹丿十
	ATFJ3	艹丿十
铅	QMKG3	钅几口
	QWKG3	钅几口

Q

铅笔 QMTT86/QWTE98
铅印 QMQG86
牵 DPRH3 大冖𠂉丨
DPTG3 大冖丿扌
牵引 DPXH 牵线 DPXG
牵线搭桥 DXRS98
佥 WGIF 人一业
WGIG 人一丷一
签 TWGI 竹人一业
TWGG 竹人一一
签名 TWQK 签署 TWLF
签约 TWXQ98
谦 YUVO3 讠丷彐小
YUVW3 讠丷彐八
谦虚 YUHA86/YUHO98
谦逊 YUBI86
岍 MGAH 山一廾
MGAH 山一廾
悭 NJCF3 忄刂又土
NJCF3 忄刂又土
骞 PFJC 宀二刂马
PAWG 宀龷八一
搴 PFJR 宀二刂手
PAWR 宀龷八手
褰 PFJE 宀二刂衣
PAWE 宀龷八衣
愆 TIFN 彳氵二心
TIGN 彳氵一心

qián

乾 FJTN3 十早𠂉乙
FJTN3 十早𠂉乙
乾坤 FJFJ86 乾隆 FJBT86
黔 LFON 罒土灬㇇
LFON 罒土灬㇇
黔驴技穷 LCRP86
钤 QWYN 钅人丶㇇
QWYN 钅人丶㇇
钱 QGT2 钅戋
QGAY3 钅一戈
钱币 QGTM98 钱物 QGCQ98
钳 QAFG3 钅艹二
QFG 钅甘
箝 TRAF 竹扌卄二
TRFF 竹扌甘
前 UEJJ2 丷月刂
UEJJ2 丷月刂
前程 UETK 前进 UEFJ
前线 UEXG 前方 UEYY98
前辈 UEDJ86/UEHD98
掮 RYNE 扌丶尸月
RYNE 扌丶尸月
虔 HAYI3 虍七文
HYI2 虍文
犍 TRVP3 丿扌彐廴
CVGP3 牛彐ǂ廴
潜 IFWJ3 氵二人曰
IGGJ 氵夫夫曰
潜伏 IFWD86 潜心 IGNY98
荨 AVFU3 艹彐寸
AVFU3 艹彐寸

qiǎn

遣 KHGP 口丨一辶

	KHGP	口丨一辶
谴	YKHP	讠口丨辶
	YKHP	讠口丨辶
谴责	YKGM	
缱	XKHP	纟口丨辶
	XKHP	纟口丨辶
浅	IGT	氵戋
	IGAY3	氵一戈
浅显	IGJO[86]	
朕	EQWY3	月𠂉人
	EQWY3	月𠂉人

qiàn

欠	QWU2	𠂉人
	QWU2	𠂉人
欠款	QWFF	
芡	AQWU3	艹𠂉人
	AQWU3	艹𠂉人
歉	UVOW	⺌彐⺌人
	UVJW	⺌彐刂人
歉意	UVUJ[86]	
慊	NUVO3	忄⺌彐⺌
	NUVW3	忄⺌彐刂
嵌	MAFW3	山艹二人
	MFQW3	山甘𠂉人
堑	LRFF3	车斤土
	LRFF3	车斤土
椠	LRSU3	车斤木
	LRSU3	车斤木
纤	XTFH3	纟丿十
	XTFH3	纟丿十
倩	WGEG	亻青月

	WGEG	亻青月
茜	ASF	艹西
	ASF	艹西

qiāng

枪	SWBN3	木人㔾
	SWBN3	木人㔾
枪林弹雨 SSXF[86]		
呛	KWBN3	口人㔾
	KWBN3	口人㔾
抢	RWBN3	扌人㔾
	RWBN3	扌人㔾
跄	KHWB	口止人
	KHWB	口止人
戗	WBAT3	人㔾戋
	WBAY3	人㔾戈
腔	EPWA3	月宀八工
	EPWA3	月宀八工
羌	UDNB	⺶尹乚
	UNV	羌乚
蜣	JUDN	虫⺶尹乚
	JUNQ3	虫羌
戕	NHDA	乚丨厂戈
	UAY	爿戈
将	UQFY3	爿夕寸
	UQFY3	爿夕寸
锵	QUQF	钅爿夕寸
	QUQF3	钅爿夕寸
镪	QXKJ3	钅弓口虫
	QXKJ3	钅弓口虫
锖	QGEG	钅青月

QGEG　钅三月

qiáng

墙　FFUK　土十丷口
　　FFUK　土十丷口
墙壁 FFNK

嫱　VFUK　女十丷口
　　VFUK　女十丷口

樯　SFUK3　木十丷口
　　SFUK3　木十丷口

蔷　AFUK3　艹十丷口
　　AFUK3　艹十丷口

强　XKJY2　弓口虫
　　XKJY2　弓口虫
强化 XKWX　强调 XKYM
强盛 XKDN

qiǎng

强　XKJY2　弓口虫
　　XKJY2　弓口虫

襁　PUXJ3　衤丨弓虫
　　PUXJ3　衤丨弓虫

镪　QXKJ3　钅弓口虫
　　QXKJ3　钅弓口虫

抢　RWBN3　扌人㔾
　　RWBN3　扌人㔾
抢险 RWBW[86]
抢险救灾 RBGP[98]

羟　UDCA　丷デス工
　　UCAG　䒑ス工

qiàng

炝　OWBN3　火人㔾

炝　OWBN3　火人㔾

戗　WBAT3　人㔾戈
　　WBAY3　人㔾戈

跄　KHWB　口止人㔾
　　KHWB　口止人㔾

呛　KWBN3　口人㔾
　　KWBN3　口人㔾

qiāo

敲　YMKC　亠冂口又
　　YMKC　亠冂口又
敲诈 YMYT[98]

悄　NIEG2　忄丷月
　　NIEG3　忄丷月
悄悄 NINI　悄然 NIQD[98]

橇　STFN3　木丿二乚
　　SEEE　木毛毛毛

锹　QTOY3　钅禾火
　　QTOY3　钅禾火

劁　WYOJ　亻圭灬刂
　　WYOJ　亻圭灬刂

缲　XKKS3　纟口口木
　　XKKS3　纟口口木

硗　DATQ3　石七丿儿
　　DATQ3　石七丿儿

跷　KHAQ　口止七儿
　　KHAQ　口止七儿

雀　IWYF　小亻圭
　　IWYF　小亻圭

qiáo

乔　TDJJ3　丿大刂

	TDJJ3	丿大‖
侨	WTDJ3	亻丿大‖
	WTDJ3	亻丿大‖

侨胞 WTEQ　侨联 WTBU[98]

桥	STDJ3	木丿大‖
	STDJ3	木丿大‖

桥梁 STIV　桥头 STUD[98]

荞	ATDJ	艹丿大‖
	ATDJ	艹丿大‖
峤	MTDJ	山丿大‖
	MTDJ	山丿大‖
鞒	AFTJ	廿串丿‖
	AFTJ	廿串丿‖
瞧	HWYO3	目亻圭灬
	HWYO3	目亻圭灬
谯	YWYO	讠亻圭灬
	YWYO	讠亻圭灬
憔	NWYO	忄亻圭灬
	NWYO	忄亻圭灬
樵	SWYO	木亻圭灬
	SWYO	木亻圭灬
蕉	AWYO3	艹亻圭灬
	AWYO	艹亻圭灬
翘	ATGN	七丿一羽
	ATGN	七丿一羽

qiǎo

巧	AGNN	工一乛
	AGNN	工一乛

巧妙 AGVI　巧夺天工 ADGA[86]

悄	NIEG2	忄⺌月
	NIEG3	忄⺌月

愀	NTOY3	忄禾火
	NTOY3	忄禾火
雀	IWYF	小亻圭
	IWYF	小亻圭

qiào

鞘	AFIE	廿串⺌月
	AFIE	廿串⺌月
峭	MIEG2	山⺌月
	MIEG2	山⺌月
俏	WIEG3	亻⺌月
	WIEG3	亻⺌月

俏皮 WIHC[86]

诮	YIEG3	讠⺌月
	YIEG3	讠⺌月
撬	RTFN	扌丿二乚
	REEE3	扌毛毛毛
翘	ATGN	七丿一羽
	ATGN	七丿一羽
窍	PWAN	宀八工乚
	PWAN	宀八工乚

窍门 PWUY[86]

壳	FPMB3	士冖几
	FPWB3	士冖几

qiē

切	AVN2	七刀
	AVT2	七刀

qié

茄	ALKF	艹力口
	AEKF3	艹力口

伽	WLKG3	亻力口
	WEKG3	亻力口

qiě

且	EGD2	月一
	EGD2	月一

qiè

切	AVN2	七刀
	AVT2	七刀

切实 AVPU　切磋 AVDU
切除 AVBW[98]

窃	PWAV	宀八七刀
	PWAV	宀八七刀

窃取 PWBC[86]

怯	NFCY	忄土厶
	NFCY	忄土厶

郄	QDCB3	乂𠂇厶阝
	RDCB	乂𠂇厶阝

惬	NAGW3	忄匚一人
	NAGD3	忄匚一大

箧	TAGW	⺮匚一人
	TAGD	⺮匚一大

慊	NUVO3	忄⺲彐小
	NUVW3	忄⺲彐⺀

妾	UVF	立女
	UVF	立女

砌	DAVN3	石七刀
	DAVT3	石七刀

趄	FHEG3	土⺊月一
	FHEG3	土⺊月一

挈	DHVR	三丨刀手

	DHVR	三丨刀手
锲	QDHD3	钅三丨大
	QDHD3	钅三丨大

锲而不舍 QDGW[86]

qīn

亲	USU2	立木
	USU2	立木

亲切 USAV　亲戚 USDH
亲自 USTH　亲临 USJT[98]

钦	QQWY3	钅𠂊人
	QQWY3	钅𠂊人

钦佩 QQWM[86]/QQWW[98]
钦州 QQYT[98]

侵	WVPC3	亻彐冖又
	WVPC3	亻彐冖又

侵袭 WVDX　侵略 WVLT
侵略者 WLFT

衾	WYNE	人丶乛𧘇
	WYNE	人丶乛𧘇

qín

秦	DWTU3	三人禾
	DWTU3	三人禾

秦岭 DWMW　秦皇岛 DRQM[98]

嗪	KDWT	口三人禾
	KDWT	口三人禾

溱	IDWT3	氵三人禾
	IDWT	氵三人禾

螓	JDWT	虫三人禾
	JDWT	虫三人禾

勤	AKGL	廿口⺺力
	AKGE3	廿口⺺力

Q

勤奋 AKDL   勤工俭学 AAWI

芹	ARJ	艹斤	
	ARJ	艹斤	
禽	WYBC3	人文凵厶	
	WYRC	人亠乂厶	
禽兽 WYUL[86]			
擒	RWYC	扌人文厶	
	RWYC	扌人亠厶	
噙	KWYC	口人文厶	
	KWYC	口人亠厶	
檎	SWYC	木人文厶	
	SWYC	木人亠厶	
芩	AWYN	艹人丶㇆	
	AWYN	艹人丶㇆	
矜	CBTN	㇇卩丿㇆	
	CNN	㇇㇆丿㇆	
琴	GGWN3	王王人㇆	
	GGWN3	王王人㇆	
覃	SJJ	西早	
	SJJ	西早	
廑	YAKG	广廿口垂	
	OAKG3	广廿口垂	

qǐn

寝	PUVC	宀丬ヨ又	
	PUVC	宀丬ヨ又	
锓	QVPC3	钅ヨ㇇又	
	QVPC3	钅ヨ㇇又	

qìn

沁	INY2	氵心	
	INY2	氵心	

沁阳 INBJ[98]

吣	KNY	口心	
	KNY	口心	
揿	RQQW3	扌钅㇒人	
	RQQW3	扌钅㇒人	

qīng

青	GEF	龶月	
	GEF	龶月	
青春 GEDW		青睐 GEHG[98]	
青海省 GIIT			
青年团 GRLF[86] / GTLF[98]			
清	IGEG3	氵龶月	
	IGEG3	氵龶月	
清醒 IGSG		清香 IGTJ	
清秀 IGTE[86]		清闲 IGUS[86]	
清晰 IGJS[98]			
圊	LGED	囗龶月	
	LGED	囗龶月	
蜻	JGEG	虫龶月	
	JGEG	虫龶月	
鲭	QGGE	鱼一龶月	
	QGGE	鱼一龶月	
轻	LCAG2	车ス工	
	LCAG2	车ス工	
轻骑 LCCG[98]		轻松 LCSW	
轻而易举 LDJI[86]		轻微 LCTM	
氢	RNCA3	㇟㇋ス工	
	RCAD3	气ス工	
倾	WXDM3	亻匕厂贝	
	WXDM3	亻匕厂贝	
倾听 WXKR		倾斜 WXWG[98]	

倾盆大雨 WWDF[86]

卿　QTVB　匚丿彐卩
　　QTVB　匚丿艮卩

qíng

晴　JGEG3　日⺀月
　　JGEG3　日⺀月
晴天霹雳 JGFF[86]

氢　RNGE　⺈乀⺀月
　　RGED3　气⺀月

情　NGEG3　忄⺀月
　　NGEG3　忄⺀月
情理 NGGJ　情绪 NGXF
情感 NGDG　情操 NGRK

擎　AQKR　艹勹口手
　　AQKR　艹勹口手

檠　AQKS　艹勹口木
　　AQKS　艹勹口木

鲸　LFOI　囮土灬小
　　LFOI　囮土灬小

qǐng

请　YGEG3　讠⺀月
　　YGEG3　讠⺀月
请教 YGFT　请问 YGUK
请便 YGWG[86]

苘　AMKF3　艹冂口
　　AMKF3　艹冂口

謦　FNMY　士尸几言
　　FNWY　士尸几言

顷　XDMY2　匕厂贝
　　XDMY2　匕厂贝

綮　YNTI　丶尸攵小
　　YNTI　丶尸攵小

qìng

庆　YDI2　广大
　　ODI　广大
庆贺 YDLK[86]/ODEK[98]
庆典 ODMA[98]

磬　FNMD　士尸几石
　　FNWD　士尸几石

罄　FNMM　士尸几山
　　FNWB　士尸几山

箐　TGEF3　⺮⺀月
　　TGEF3　⺮⺀月

亲　USU2　立木
　　USU2　立木

qióng

穷　PWLB3　宀八力
　　PWER3　宀八力

琼　GYIY　王亠小
　　GYIY　王亠小
琼海 GYIT[98]

邛　ABH　工阝
　　ABH　工阝

筇　TABJ3　⺮工阝
　　TABJ3　⺮工阝

茕　APNF3　艹冖乛十
　　APNF3　艹冖乛十

穹　PWXB3　宀八弓
　　PWXB3　宀八弓

蛩　AMYJ　工几丶虫

AWYJ 工几丶虫
蛩 AMYH 工几丶疋
AWYH 工几丶疋
銎 AMYQ 工几丶金
AWYQ 工几丶金

qiū

秋 TOY2 禾火
TOY2 禾火
秋季 TOTB 秋天 TOGD
秋波 TOIH[86] 秋粮 TOOY[98]
秋高气爽 TYRD[86]
楸 STOY3 木禾火
STOY3 木禾火
鳅 QGTO 鱼一禾火
QGTO 鱼一禾火
龟 QJNB3 ⺈日乚
QJNB3 ⺈日乚
丘 RGD 斤一
RTHG3 丘丿丨
丘陵 RGBF[86]/RTBF[98]
邱 RGBH3 斤一阝
RBH 丘阝
蚯 JRGG 虫斤一
JRG2 虫丘

qiú

仇 WVN 亻九
WVN 亻九
犰 QTVN 犭丿九
QTVN 犭丿九
求 FIYI3 十⺍丶
GIYI3 一氺丶
求教 FIFT[86] 求实 GIPU[98]
求助 GIEG[98]
球 GFIY3 王十⺍丶
GFIY 王一氺丶
球迷 GGOP[98] 球员 GGKM[98]
球场 GGFN[98]
俅 WFIY 亻十⺍丶
WGIY 亻一氺丶
逑 FIYP 十⺍丶辶
GIYP 一氺丶辶
赇 MFIY3 贝十⺍丶
MGIY3 贝一氺丶
裘 FIYE 十⺍丶𧘇
GIYE 一氺丶𧘇
囚 LWI 囗人
LWI 囗人
泅 ILWY3 氵囗人
ILWY3 氵囗人
酋 USGF 丷西一
USGF 丷西一
遒 USGP 丷西一辶
USGP 丷西一辶
蝤 JUSG3 虫丷西一
JUSG3 虫丷西一
虬 JNN 虫乚
JNN 虫乚
巯 CAYQ3 厶工亠儿
CAYK 厶工亠儿
鼽 THLV 丿目田九
THLV 丿目田九

qiǔ

糗	OTHD	米丿目犬
	OTHD	米丿目犬

qū

区	AQI2	匚乂
	ARI2	匚乂
区分 AQWV[86]／ARWV[98]		
躯	TMDQ	丿冂三乂
	TMDR	丿冂三乂
驱	CAQY3	马匚乂
	CGAQ3	马一匚乂
驱动 CGFC[98]		
岖	MAQY3	山匚乂
	MARY3	山匚乂
趋	FHQV	土龰勹彐
	FHQV3	土龰勹彐
趋势 FHRV 趋于 FHGF[98]		
蛆	JEGG	虫月一
	JEGG	虫月一
曲	MAD2	冂卅
	MAD2	冂卅
曲解 MAQE[86] 曲艺 MAAN[98]		
蛐	JMAG3	虫冂卅
	JMAG3	虫冂卅
屈	NBMK3	尸凵山
	NBMK3	尸凵山
屈辱 NBDF 屈服 NBEB[86]		
诎	YBMH3	讠凵山
	YBMH3	讠凵山
祛	PYFC	礻丶土厶

	PYFC	礻丶土厶
麴	FWWO	十人人米
	SWWO	木人人米
黢	LFOT	囮土灬夂
	LFOT	囮土灬夂
觑	HAOQ	卢七业儿
	HOMQ3	虍业冂儿

qú

渠	IANS	氵匚冖木
	IANS	氵匚冖木
渠道 IAUT		
蕖	AIAS	艹氵匚木
	AIAS	艹氵匚木
磲	DIAS	石氵匚木
	DIAS3	石氵匚木
劬	QKLN3	勹口力
	QKET	勹口力
胊	EQKG3	月勹口
	EQKG3	月勹口
鸲	QKQG	勹口勹一
	QKQG	勹口鸟一
蘧	AHAP3	艹卢七辶
	AHGE	艹虍一豕
璩	GHAE	王卢七豕
	GHGE	王虍一豕
瞿	HHWY	目目亻圭
	HHWY3	目目亻圭
衢	THHH	彳目目丨
	THHS3	彳目目丁
氍	HHWN	目目亻乚

Q

	HHWE	目目亻毛
癯	UHHY3	疒目目圭
	UHHY3	疒目目圭
蠷	JHHC	虫目目又
	JHHC	虫目目又

qǔ

取	BCY2	耳又
	BCY2	耳又

取消 BCII　取证 BCYG[98]
取出 BCBM[98]

娶	BCVF3	耳又女
	BCVF3	耳又女
龋	HWBY	止人凵丶
	HWBY	止人凵丶
曲	MAD2	冂卄
	MAD2	冂卄
苣	AANF3	卄匚コ
	AANF3	卄匚コ

qù

趣	FHBC3	土止耳又
	FHBC3	土止耳又

趣味 FHKF

去	FCU	土厶
	FCU	土厶

去向 FCTM[98]　去世 FCAN

阒	UHDI3	门目犬
	UHDI	门目犬
觑	HAOQ	卢七业儿
	HOMQ3	卢业冂儿

qu

戌	DGNT3	厂一乚丿
	DGD	戊丿

quān

圈	LUDB3	囗丷大巳
	LUGB	囗丷夫巳

圈套 LUDD[86]　圈子 LUBB

悛	NCWT3	忄厶八夂
	NCWT3	忄厶八夂

quán

全	WGF2	人王
	WGF2	人王

全部 WGUK　全新 WGUS
全能 WGCE　全权 WGSC[86]
全球 WGGF[86]/WGGG[98]

痊	UWGD3	疒人王
	UWGD3	疒人王

痊愈 UWWG

醛	SGAG	西一卄王
	SGAG	西一卄王
诠	YWGG3	讠人王
	YWGG3	讠人王
荃	AWGF	卄人王
	AWGF	卄人王
辁	LWGG	车人王
	LWGG	车人王
铨	QWGG3	钅人王
	QWGG3	钅人王
筌	TWGF	竹人王
	TWGF	竹人王

颧 AKKM3　卄口口贝
　　AKKM3　卄口口贝

权 SCY2　　木又
　　SCY2　　木又
权限 SCBV　权威性 SDNT

泉 RIU　　　白水
　　RIU2　　白水
泉水 RIII　泉源 RIID[86]

拳 UDRJ3　丷大手
　　UGRJ3　丷夫手
拳击 UGGB[98]

蜷 JUDB　　虫丷大㔾
　　JUGB　　虫丷夫㔾

鬈 DEUB3　镸彡丷㔾
　　DEUB3　镸彡丷㔾

quǎn

犬 DGTY　　犬一八丶
　　DGTY　　犬一八丶

畎 LDY　　　田犬
　　LDY　　　田犬

绻 XUDB　　纟丷大㔾
　　XUGB　　纟丷夫㔾

quàn

券 UDVB3　丷大刀
　　UVVR3　丷夫刀

劝 CLN2　　又力
　　CET　　　又力
劝说 CLYU[86]/CEYU[98]
劝阻 CEBE[98]

缺 RMNW3　⊢山ㄱ人
　　TFBW3　丿干口人
缺陷 RMBQ[86]/TFBQ[98]
缺少 RMIT[86]/TFIT[98]
缺口 TFKK[98]

炔 ONWY3　火ㄱ大
　　ONWY3　火ㄱ大

阙 UUBW3　门丷口人
　　UUBW3　门丷口人

qué

瘸 ULKW　　疒力口人
　　UEKW　　疒力口人

què

却 FCBH3　土厶卩
　　FCBH3　土八卩
却说 FCYU[98]　却不 FCDH[98]

鹊 AJQG3　卄日勹一
　　AJQG　　卄日鸟一

榷 SPWY　　木宀亻圭
　　SPWY　　木宀亻圭

雀 IWYF　　小亻圭
　　IWYF　　小亻圭

确 DQEH3　石ク用
　　DQEH3　石ク用
确认 DQYW　确切 DQAV
确立 DQUU　确定 DWPG
确保 DQWK　确实 DQPU

阕 UUBW3　门丷口人
　　UUBW3　门丷口人

Q

阒　UWGD　门癶一大
　　　UWGD　门癶一大
悫　FPMN　士冖几心
　　　FPWN　士冖几心

qūn

逡　CWTP3　厶八夂辶
　　　CWTP3　厶八夂辶

qún

群　VTKD3　ヨ丿口手

　　VTKU　ヨ丿口羊
群众 VTWW　群体 VTWS[98]
群岛 VTQM[98]　群星 VTJT[98]
群众组织 VWXX[98]
群众团体 VWLW[98]

裙　PUVK　衤丷ヨ口
　　　PUVK　衤丷ヨ口
麇　YNJT　广コ刂禾
　　　OXXT　声匕匕禾

R

rán

然 QDOU2　夕犬灬
　　QDOU2　夕犬灬
然而 QDDM　然后 QDRG
燃 OQDO　火夕犬灬
　　OQDO　火夕犬灬
燃烧 OQOA[98]　燃放 OQYT[98]
蚺 JMFG3　虫冂土
　　JMFG3　虫冂土
髯 DEMF3　镸彡冂土
　　DEMF3　镸彡冂土

rǎn

冉 MFD　冂土
　　MFD　冂土
苒 AMFF3　艹冂土
　　AMFF3　艹冂土
染 IVSU3　氵九木
　　IVSU3　氵九木
染料 IVOU　染色 IVQC

rāng

嚷 KYKE3　口亠口衣
　　KYKE3　口亠口衣

ráng

瓤 YKKY　亠口口乀

**　** YKKY　亠口口乀
襄 PYYE　衤丶亠衣
　　PYYE　衤丶亠衣
穰 TYKE3　禾亠口衣
　　TYKE3　禾亠口衣

rǎng

壤 FYKE3　土亠口衣
　　FYKE3　土亠口衣
攘 RYKE3　扌亠口衣
　　RYKE3　扌亠口衣
嚷 KYKE3　口亠口衣
　　KYKE3　口亠口衣

ràng

让 YHG2　讠上
　　YHG2　讠上
让利 YHTJ[98]
让步 YHHI[86]/YHHH[98]

ráo

饶 QNAQ3　𩙿乚七儿
　　QNAQ3　𩙿乚七儿
荛 AATQ3　艹七丿儿
　　AATQ3　艹七丿儿
娆 VATQ3　女七丿儿
　　VATQ3　女七丿儿

桡	SATQ3	木丿丿儿	
	SATQ3	木丿丿儿	

rǎo

扰	RDNN3	扌ナ乚	
	RDNY3	扌ナ乚丶	
扰乱 RDTD			
娆	VATQ3	女丿丿儿	
	VATQ3	女丿丿儿	

rào

绕	XATQ3	纟丿丿儿	
	XATQ3	纟丿丿儿	

rě

若	ADKF3	艹ナ口	
	ADKF3	艹ナ口	
惹	ADKN	艹ナ口心	
	ADKN	艹ナ口心	
喏	KADK	口艹ナ口	
	KADK3	口艹ナ口	

rè

热	RVYO	扌九丶灬	
	RVYO	扌九丶灬	
热血 RVTL		热忱 RVNP	
热爱 RVEP		热情 RVNG	
热闹 RVUY		热烈 RVGQ	
热泪盈眶 RIEH[86]/RIBH[98]			

rén

人	WWWW	人人人人	
	WWWW	人人人人	
人才 WWFT		人民 WWNA	

人情 WWNG[86]　人道 WWUT[86]
人民大会堂 WNDI
人民共和国 WNAL[98]
人民解放军 WNQP[98]
人民民主专政 WNNG[98]
人逢喜事精神爽 WTFD[98]

仁	WFG	亻二	
	WFG	亻二	
壬	TFD	丿士	
	TFD	丿士	
任	WTFG3	亻丿士	
	WTFG3	亻丿士	
任免 WTQK		任何 WTWS	
任劳任怨 WAWQ[86]			
任重道远 WTUF[98]			

rěn

忍	VYNU	刀丶心	
	VYNU3	刀丶心	
忍耐 VYDM[86]			
忍辱负重 VDQT[86]			
荏	AWTF	艹亻丿士	
	AWTF3	艹亻丿士	
稔	TWYN	禾人丶心	
	TWYN	禾人丶心	

rèn

刃	VYI	刀丶	
	VYI	刀丶	
韧	FNHY	二刀丨丶	
	FNHY	二刀丨丶	
纫	XVYY3	纟刀丶	
	XVYY3	纟刀丶	

仞	WVYY3	亻刀丶	日记 JJYN　日月 JJEE
	WVYY3	亻刀丶	日程 JJTK　日历 JJDL[86]
轫	LVYY3	车刀丶	日期 JJAD[86]/JJDW[98]
	LVYY3	车刀丶	日新月异 JUEN[86]
任	WTFG3	亻丿士	日积月累 JTEL[86]
	WTFG3	亻丿士	日日夜夜 JJYY[98]

妊	VTFG3	女丿士	
	VTFG3	女丿士	
妊娠 VTVD			

饪	QNTF	⺈乚丿士	容	PWWK3	宀八人口
	QNTF	⺈乚丿士		PWWK3	宀八人口
袵	PUTF	衤冫丿士	容忍 PWVY　容易 PWJQ
	PUTF	衤冫丿士	容光焕发 PION[86]
认	YWY2	讠人	蓉	APWK3	艹宀八口
	YWY2	讠人		APWK3	艹宀八口
认真 YWFH　认识 YWYK			熔	OPWK3	火宀八口
认购 YWMQ[98]　认罪 YWLD[86]				OPWK3	火宀八口
葚	AADN	艹艹三乚	熔炉 OPOY[86]　熔解 OPQE[86]
	ADWN	艹其八乚	溶	IPWK3	氵宀八口

扔	REN2	扌乃		IPWK3	氵宀八口
	RBT	扌乃	溶液 IPIY　溶解 IPQE[86]
			溶洞 IPIM[98]

仍	WEN2	亻乃	榕	SPWK	木宀八口
	WBT	亻乃		SPWK	木宀八口
仍然 WEQD[86]/WBQD[98]			戎	ADE	戈ナ
仍是 WBJG[98]　仍有 WBDE[98]				ADE	戈ナ

日	JJJJ	日日日日	绒	XADT3	纟戈ナ
	JJJJ	日日日日		XADT3	纟戈ナ
			狨	QTAD3	犭丿戈ナ
				QTAD3	犭丿戈ナ
			茸	ABF	艹耳
				ABF	艹耳
			荣	APSU3	艹冖木

R

	APSU3	艹冖木
荣章	APFU	荣立 APUU
荣获	APAQ	
嵘	MAPS	山艹冖木
	MAPS3	山艹冖木
蝾	JAPS	虫艹冖木
	JAPS3	虫艹冖木
融	GKMJ3	一口冂虫
	GKMJ3	一口冂虫
融洽	GKIW	融化 GKWX[86]
融通	GKCE[98]	
肜	EET	月彡
	EET	月彡

rǒng

冗	PMB	冖几
	PWB	冖几
冗长	PMTA[86]	

róu

柔	CBTS	龴卩丿木
	CNHS	龴乛丨木
柔和	CBTK[86]/CNTK[98]	
柔软	CBLQ[86]/CNLQ[98]	
揉	RCBS	扌龴卩木
	RCNS	扌龴乛木
糅	OCBS3	米龴卩木
	OCNS	米龴乛木
蹂	KHCS	口止龴木
	KHCS	口止龴木
鞣	AFCS	廿革龴木
	AFCS	廿革龴木

ròu

肉	MWWI3	冂人人
	MWWI3	冂人人
肉食	MWWY	肉类 MWOD

rú

如	VKG2	女口
	VKG2	女口
如愿以偿	VDNW[86]	如果 VKJS
如虎添翼	VHIN[86]	如何 VKWS
如期	VKDW[98]	
铷	QVKG3	钅女口
	QVKG3	钅女口
茹	AVKF3	艹女口
	AVKF3	艹女口
蠕	JFDJ	虫雨𠃌刂
	JFDJ	虫雨𠃌刂
儒	WFDJ3	亻雨𠃌刂
	WFDJ3	亻雨𠃌刂
儒家	WFPE[86]/WFPG[98]	
孺	BFDJ3	子雨𠃌刂
	BFDJ3	子雨𠃌刂
薷	AFDJ	艹雨𠃌刂
	AFDJ	艹雨𠃌刂
嚅	KFDJ3	口雨𠃌刂
	KFDJ3	口雨𠃌刂
濡	IFDJ3	氵雨𠃌刂
	IFDJ3	氵雨𠃌刂
襦	PUFJ	衤冫雨刂
	PUFJ	衤冫雨刂
颥	FDMM	雨𠃌冂贝

FDMM 雨丆冂贝

rǔ

辱 DFEF 厂二⺖寸
DFEF 厂二⺖寸
乳 EBNN3 爫子乚
EBNN3 爫子乚
乳房 EBYN86
汝 IVG 氵女
IVG 氵女
汝南 IVFM98

rù

入 TYI2 丿乀
TYI2 丿乀
入伍 TYWG 入境 TYFU
入冬 TYTU98
褥 PUDF 衤⺀厂寸
PUDF 衤⺀厂寸
蓐 ADFF 艹厂二寸
ADFF 艹厂二寸
溽 IDFF 氵厂二寸
IDFF 氵厂二寸
缛 XDFF 纟厂二寸
XDFF3 纟厂二寸
洳 IVKG 氵女口
IVKG 氵女口

ruǎn

软 LQWY3 车𠂉人
LQWY3 车𠂉人
软弱 LQXU 软科学 LTIP98
软件 LQWR86/LQWT98

阮 BFQN3 阝二儿
BFQN3 阝二儿
朊 EFQN3 月二儿
EFQN3 月二儿

ruí

蕤 AETG 艹豕丿⺷
AGEG 艹一豕⺷

ruǐ

蕊 ANNN3 艹心心心
ANNN3 艹心心心

ruì

瑞 GMDJ3 王山丆‖
GMDJ3 王山丆‖
瑞典 GMMA 瑞雪 GMFV86
锐 QUKQ3 钅丷口儿
QUKQ3 钅丷口儿
锐气 QURN86
芮 AMWU 艹冂人
AMWU 艹冂人
枘 SMWY3 木冂人
SMWY3 木冂人
蚋 JMWY3 虫冂人
JMWY3 虫冂人
睿 HPGH ⺊冖一目
HPGH ⺊冖一目

rùn

润 IUGG 氵门王
IUGG 氵门王
润滑 IUIM

R

闰　UGD2　　　门王
　　UGD　　　　门王

ruò

弱　XUXU2　　弓冫弓冫
　　XUXU2　　弓冫弓冫
弱点 XUHK　弱智 XUTD[98]
弱不禁风 XGSM[86]

若　ADKF3　　卝ナ口
　　ADKF3　　卝ナ口
若无其事 AFAG[86]　若干 ADFG

偌　WADK3　　亻卝ナ口
　　WADK3　　亻卝ナ口

箬　TADK　　　竹卝ナ口
　　TADK3　　竹卝ナ口

R

S

sā

撒	RAET3	扌卅月攵
	RAET3	扌卅月攵
仨	WDG	亻三
	WDG	亻三
挲	IITR	氵小丿手
	IITR	氵小丿手

sǎ

洒	ISG2	氵西
	ISG2	氵西

洒脱 ISEU[86]

撒	RAET3	扌卅月攵
	RAET3	扌卅月攵

sà

萨	ABUT3	艹阝立丿
	ABUT3	艹阝立丿
卅	GKK	一川
	GKK	一川
脎	EQSY3	月乂木
	ERSY3	月乂木
飒	UMQY	立几乂
	UWRY	立几乂

sāi

思	LNU2	田心
	LNU2	田心
腮	ELNY	月田心
	ELNY	月田心
鳃	QGLN3	鱼一田心
	QGLN3	鱼一田心
塞	PFJF	宀二刂土
	PAWF	宀共八土
噻	KPFF3	口宀二土
	KPAF	口宀共土

sài

赛	PFJM	宀二刂贝
	PFWM	宀共八贝

赛马 PFCN[86]   赛车 PALG[98]
赛场 PAFN[98]

塞	PFJF	宀二刂土
	PAWF	宀共八土

sān

三	DGGG2	三一一一
	DGGG2	三一一一

三级 DGXB[98]   三门峡 DUMG
三峡 DGMG   三长两短 DTGT[86]
三八国际妇女节 DWLA[98]

叁	CDDF3	厶大三
	CDDF3	厶大三
毵	CDEN	厶大彡乚
	CDEE	厶大彡毛

săn

伞	WUHJ3	人丷丨
	WUFJ3	人丷十
伞兵	WURG[86]	
散	AETY3	廿月夂
	AETY3	廿月夂
散文	AEYY	散发 AENT
散步	AEHI[86]/AEHH[98]	
馓	QNAT	⺈乚廿夂
	QNAT	⺈乚廿夂
糁	OCDE3	米厶大彡
	OCDE3	米厶大彡

sàn

散	AETY3	廿月夂
	AETY3	廿月夂

sāng

桑	CCCS	又又又木
	CCCS	又又又木
桑拿	CCWS[98]	
丧	FUEU3	十丷㇄
	FUEU3	十丷㇄
丧事	FUGK	

săng

嗓	KCCS3	口又又木
	KCCS3	口又又木

嗓子	KCBB[98]	
搡	RCCS	扌又又木
	RCCS	扌又又木
磉	DCCS3	石又又木
	DCCS3	石又又木
颡	CCCM	又又又贝
	CCCM	又又又贝

sàng

丧	FUEU3	十丷㇄
	FUEU3	十丷㇄
丧失	FURW[86]/FUTG[98]	

sāo

搔	RCYJ	扌又、虫
	RCYJ	扌又、虫
骚	CCYJ	马又、虫
	CGCJ	马一又虫
骚扰	CCRD[86]/CGRD[98]	
骚乱	CCTD[86]/CGTD[98]	
骚动	CCFC[86]	
鳋	QGCJ	鱼一又虫
	QGCJ	鱼一又虫
缫	XVJS3	纟巛曰木
	XVJS3	纟巛曰木
臊	EKKS	月口口木
	EKKS	月口口木
缲	XKKS3	纟口口木
	XKKS3	纟口口木

săo

扫	RVG2	扌彐

	RVG2	扌ヨ
扫描	RVRA	扫荡 RVAI[86]
扫墓	RVAJ[86]	
嫂	VVHC3	女臼丨又
	VEHC3	女臼丨又

sào

瘙	UCYJ3	疒又丶虫
	UCYJ3	疒又丶虫
埽	FVPH3	土ヨ冖丨
	FVPH3	土ヨ冖丨
臊	EKKS	月口口木
	EKKS	月口口木
扫	RVG2	扌ヨ
	RVG2	扌ヨ
梢	SIEG3	木⺍月
	SIEG3	木⺍月

sè

涩	IVYH3	氵刀丶止
	IVYH3	氵刀丶止
塞	PFJF	宀二刂土
	PAWF	宀艹八土
瑟	GGNT3	王王心丿
	GGNT3	王王心丿
色	QCB2	⺈巴
	QCB2	⺈巴
色泽	QCIC	色调 QCYM
色素	QCGX	色情 QCNG
色彩	QCES	
铯	QQCN	钅⺈巴
	QQCN	钅⺈巴

啬	FULK	十亠口口
	FULK	十亠口口
穑	TFUK	禾十亠口
	TFUK	禾十亠口

sēn

森	SSSU3	木木木
	SSSU3	木木木
森严	SSGO[86]	

sēng

僧	WULJ3	亻丷罒日
	WULJ3	亻丷罒日

shā

杀	QSU	乂木
	RSU	乂木
杀伤	QSWT[86]	杀菌 RSAL[98]
杀害	QSPD[86]/RSPD[98]	
刹	QSJH3	乂木刂
	RSJH3	乂木刂
刹车	QSLG[86]/RSLG[98]	
刹住	RSWY[98]	
铩	QQSY3	钅乂木
	QRSY3	钅乂木
沙	IITT3	氵小丿
	IITT3	氵小丿
沙龙	IIDX	沙发 IINT
沙漠	IIIA	沙滩 IIIC
沙河	IIIS[98]	
莎	AIIT	艹氵小丿
	AIIT	艹氵小丿
砂	DITT2	石小丿

S

	DITT2	石小丿
纱	XITT2	纟小丿
	XITT2	纟小丿
痧	UIIT3	疒彡小丿
	UIIT3	疒彡小丿
裟	IITE	彡小丿衣
	IITE	彡小丿衣
鲨	IITG	彡小丿一
	IITG	彡小丿一
挲	IITR	彡小丿手
	IITR	彡小丿手
杉	SET	木彡
	SET2	木彡
煞	QVTO3	夕彐攵灬
	QVTO3	夕彐攵灬

shá

啥	KWFK	口人干口
	KWFK	口人干口

shǎ

傻	WTLT	亻丿囗夂
	WTLT3	亻丿囗夂

shà

厦	DDHT3	厂丆目夂
	DDHT3	厂丆目夂
嗄	KDHT	口丆目夂
	KDHT	口丆目夂
煞	QVTO3	夕彐攵灬
	QVTO3	夕彐攵灬

煞有介事 QDWG[86]

煞费苦心 QXAN[86]

嗓	KUVG3	口立女
	KUVG3	口立女
霎	FUVF3	雨立女
	FUVF3	雨立女

霎时 FUJF[86]

歃	TFVW3	丿十臼人
	TFEW3	丿十臼人

shāi

筛	TJGH	⺮丬一丨
	TJGH	⺮丬一丨

筛选 TJTF[98]

酾	SGGY	西一一、
	SGGY	西一一、

shǎi

色	QCB2	夕巴
	QCB2	夕巴

shài

晒	JSG	日西
	JSG	日西

shān

山	MMMM3	山山山山
	MMMM3	山山山山

山东 MMAI   山西 MMSG
山河 MMIS   山水 MMII
山脚 MMEF   山村 MMSF

舢	TEMH	丿舟山
	TUMH	丿舟山
跚	KHMG	口止冂一

	KHMG	口止门一
珊	GMMG3	王门门一
	GMMG3	王门门一
珊瑚	GMGD	
栅	SMMG3	木门门一
	SMMG	木门门一
删	MMGJ	门门一刂
	MMGJ	门门一刂
删除	MMBW[86]	
姗	VMMG3	女门门一
	VMMG3	女门门一
姗姗	VMVM[86]	
苫	AHKF3	艹卜口
	AHKF3	艹卜口
衫	PUET3	衤冫彡
	PUET3	衤冫彡
钐	QET	钅彡
	QET	钅彡
扇	YNND	、尸羽
	YNND	、尸羽
煽	OYNN	火、尸羽
	OYNN	火、尸羽
煽动	OYFC	
芟	AMCU3	艹几又
	AWCU	艹几又
潸	ISSE	氵木木月
	ISSE	氵木木月
膻	EYLG3	月亠口一
	EYLG3	月亠口一
埏	FTHP3	土丿止廴
	FTHP3	土丿止廴

闪	UWI2	门人
	UWI2	门人
闪电	UWJN	闪耀 UWIQ[86]
闪烁	UWOQ[86]/UWOT[98]	
陕	BGUW3	阝一丷人
	BGUW3	阝一丷人
陕西	BGSG	陕北 BGUX[98]
掺	RCDE3	扌厶大彡
	RCDE3	扌厶大彡

掸	RUJF	扌丷曰十
	RUJF	扌丷曰十
单	UJFJ	丷曰十
	UJFJ	丷曰十
禅	PYUF	衤丶丷十
	PYUF	衤丶丷十
剡	OOJH3	火火刂
	OOJH3	火火刂
钐	QET	钅彡
	QET	钅彡
苫	AHKF3	艹卜口
	AHKF3	艹卜口
擅	RYLG3	扌亠口一
	RYLG3	扌亠口一
擅长	RYTA	擅自 RYTH
嬗	VYLG	女亠口一
	VYLG3	女亠口一
赡	MQDY3	贝⺈厂言
	MQDY3	贝⺈厂言

赡养 MQUD[86]/MQUG[98]

善 UDUK ⳋ手⳦口
　　UUKF 羊⳦口
善于 UDGF[86]/UUGF[98]
善良 UDYV[86]/UUYV[98]
善意 UDUJ[86]
善始善终 UVUX[86]

膳 EUDK 月ⳋ手口
　　EUUK3 月羊⳦口

缮 XUDK3 纟ⳋ手口
　　XUUK 纟羊⳦口

蟮 JUDK 虫ⳋ手口
　　JUUK3 虫羊⳦口

鄯 UDUB ⳋ手⳦阝
　　UUKB 羊⳦口阝

鳝 QGUK 鱼一ⳋ口
　　QGUK 鱼一羊口

汕 IMH 氵山
　　IMH 氵山
汕头 IMUD[98]

讪 YMH 讠山
　　YMH 讠山

疝 UMK 疒山
　　UMK 疒山

扇 YNND 、尸羽
　　YNND 、尸羽

骟 CYNN 马、尸羽
　　CGYN 马一、羽

shāng

商 UMWK2 立冂八口
　　YUMK3 亠ⳋ冂口

商讨 UMYF[86]/YUYF[98]
商业 UMOG[86]/YUOH[98]
商标 UMSF[86]/YUSF[98]
商品 UMKK[86]/YUKK[98]

墒 FUMK3 土立冂口
　　FYUK 土亠ⳋ口

熵 OUMK3 火立冂口
　　OYUK3 火亠ⳋ口

伤 WTLN3 亻⌒力
　　WTET3 亻⌒力
伤害 WTPD　伤心 WTNY
伤痕 WTUV[86]　伤亡 WTYN[98]

殇 GQTR 一夕⌒⺈
　　GQTR 一夕⌒⺈

汤 INRT3 氵乙⌒⺈
　　INRT3 氵乙⌒⺈

觞 QETR ⺈用⌒⺈
　　QETR ⺈用⌒⺈

shǎng

赏 IPKM ⯊宀口贝
　　IPKM ⯊宀口贝
赏赐 IPMJ[86]　赏心悦目 INNH[86]

晌 JTMK3 日丿冂口
　　JTMK3 日丿冂口

垧 FTMK3 土丿冂口
　　FTMK3 土丿冂口

上 HHGG3 上丨一一
　　HHGG3 上丨一一

shàng

上 HHGG3 上丨一一

	HHGG3	上丨一一
上岗 HHMM[98]		上海 HHIT
上课 HHYJ		上诉 HHYR[98]
上帝 HHUP[86]/HHYU[98]		
上当受骗 HIEC[98]		上学 HHIP

尚	IMKF	⺌冂口
	IMKF3	⺌冂口
尚无 IMFQ[98]		尚属 IMNT[98]
尚有 IMDE[98]		尚不 IMDH[98]

绱	XIMK3	纟⺌冂口
	XIMK3	纟⺌冂口

shang

裳	IPKE	⺌宀口衣
	IPKE	⺌宀口衣

shāo

烧	OATQ3	火七丿儿
	OATQ3	火七丿儿
烧毁 OAVA[86]/OAEA[98]		
烧伤 OAWT[98]		

鞘	AFIE	廿革⺌月
	AFIE	廿革⺌月

梢	SIEG3	木⺌月
	SIEG3	木⺌月

捎	RIEG3	扌⺌月
	RIEG3	扌⺌月

稍	TIEG3	禾⺌月
	TIEG3	禾⺌月
稍微 TITM[86]		稍有 TIDE[98]

筲	TIEF	竹⺌月
	TIEF	竹⺌月

艄	TEIE	丿舟⺌月
	TUIE	丿舟⺌月

蛸	JIEG3	虫⺌月
	JIEG3	虫⺌月

sháo

勺	QYI	勹丶
	QYI	勹丶

芍	AQYU3	艹勹丶
	AQYU3	艹勹丶

杓	SQYY	木勹丶
	SQYY	木勹丶

韶	UJVK3	立日刀口
	UJVK3	立日刀口
韶山 UJMM		韶华 UJWX[86]

苕	AVKF	艹刀口
	AVKF	艹刀口

shǎo

少	ITR2	小丿
	ITR2	小丿
少量 ITJG		少数民族 IONY

shào

少	ITR2	小丿
	ITR2	小丿
少女 ITVV		少将 ITUQ
少年 ITRH[86]/ITTG[98]		

哨	KIEG3	口⺌月
	KIEG3	口⺌月
哨兵 KIRG[86]		哨所 KIRN[98]

稍	TIEG3	禾⺌月
	TIEG3	禾⺌月

S

捎	RIEC3	扌⺌月	
	RIEG3	扌⺌月	
潲	ITIE3	氵禾⺌月	
	ITIE3	氵禾⺌月	
召	VKF	刀口	
	VKF	刀口	
邵	VKBH3	刀口阝	
	VKBH3	刀口阝	
绍	XVKG3	纟刀口	
	XVKG3	纟刀口	
绍兴	XVIG98		
劭	VKLN3	刀口力	
	VKET	刀口力	

shē

奢	DFTJ3	大土丿曰	
	DFTJ3	大土丿曰	
奢侈	DFWQ		
赊	MWFI3	贝人二小	
	MWFI3	贝人二小	
畬	WFIL	人二小田	
	WFIL	人二小田	
猞	QTWK	犭丿人口	
	QTWK	犭丿人口	

shé

佘	WFIU	人二小	
	WFIU	人二小	
蛇	JPXN3	虫宀匕	
	JPXN2	虫宀匕	
铊	QPXN3	钅宀匕	
	QPXN3	钅宀匕	

舌	TDD	丿古	
	TDD	丿古	
舌头	TDUD86		
折	RRH2	扌斤	
	RRH2	扌斤	
揲	RANS	扌廿乚木	
	RANS	扌廿乚木	

shě

舍	WFKF3	人干口	
	WFKF3	人干口	
舍得	WFTJ98		
舍近求远	WRFF86		

shè

赦	FOTY3	土小攵	
	FOTY	土小攵	
摄	RBCC	扌耳又又	
	RBCC	扌耳又又	
摄影	RBJY	摄氏 RBQA	
摄像	RBWQ		
慑	NBCC3	忄耳又又	
	NBCC3	忄耳又又	
滠	IBCC3	氵耳又又	
	IBCC3	氵耳又又	
射	TMDF	丿门三寸	
	TMDF3	丿门三寸	
射线	TMXG		
射击	TMFM86 / TMGB98		
麝	YNJF	广コⅡ寸	
	OXXF	声匕匕寸	
涉	IHIT3	氵止小丿	
	IHHT	氵止少	

涉外 IHQH　涉嫌 IHVU⁹⁸

社 PYFG2　礻、土
　　PYFG2　礻、土
社论 PYYW　社会 PYWF
社交 PYUQ⁸⁶　社会主义 PWYY
社员 PYKM　社会需求 PWFG⁹⁸
社会主义国家 PWYP⁹⁸
社会主义制度 PWYO⁹⁸
社会主义现代化 PWYW⁹⁸

设 YMCY3　讠几又
　　YWCY3　讠几又
设施 YMYT⁸⁶／YWYT⁹⁸
设想 YMSH⁸⁶／YWSH⁹⁸
设置 YMLF⁸⁶／YWLF⁹⁸

厍 DLK　厂车
　　DLK　厂车

舍 WFKF3　人干口
　　WFKF3　人干口

歙 WGKW　人一口人
　　WGKW　人一口人

shéi

谁 YWYG　讠亻圭
　　YWYG　讠亻圭

shēn

深 IPWS3　氵宀八木
　　IPWS3　氵宀八木
深切 IPAV　深圳特区 IFTA⁸⁶
深入浅出 ITIB⁸⁶　深处 IPTH
深圳 IPFK　深夜 IPYW
深情厚谊⁸⁶　深受 IPEP
深入生活 ITTI⁹⁸　深渊 IPIT⁸⁶

深秋 IPTO⁸⁶　深奥 IPTM⁸⁶
深浅 IPIG⁸⁶　深水 IPII⁹⁸

参 CDER2　厶大彡
　　CDER2　厶大彡

糁 OCDE3　米厶大彡
　　OCDE3　米厶大彡

申 JHK　日丨
　　JHK　日丨
申请 JHYG　申辩 JHUY⁸⁶
申办 JHEW⁹⁸

砷 DJHH3　石日丨
　　DJHH3　石日丨

呻 KJHH3　口日丨
　　KJHH3　口日丨
呻吟 KJKW⁸⁶

伸 WJHH3　亻日丨
　　WJHH3　亻日丨
伸缩 WJXP⁸⁶　伸出 WJBM⁹⁸

绅 XJHH3　纟日丨
　　XJHH3　纟日丨

身 TMDT3　丿冂三丿
　　TMDT2　丿冂三丿
身体 TMWS　身份 TMWW
身躯 TMTM⁸⁶
身体力行 TWLT⁸⁶／TWET⁹⁸
身心健康 TNWY⁸⁶／TNWO⁹⁸

娠 VDFE3　女厂二㇄
　　VDFE3　女厂二㇄

莘 AUJ　艹辛
　　AUJ　艹辛

诜 YTFQ　讠丿土儿
　　YTFQ　讠丿土儿

shén

神 PYJH3　礻丶曰丨
　　 PYJH3　礻丶曰丨
神奇 PYDS　神韵 PYUJ[98]
神圣 PYCF　神采奕奕 PEYY[86]
神乎其神 PTAP[86]　神情 PYNG
神州 PYYT[86]　神志 PYFN[86]
神态 PYDY[86]　神通 PYCE[86]
神秘 PYTN　神机妙算 PSVT[86]

什 WFH　亻十
　　 WFH2　亻十
什么 WFTC

甚 ADWN　廿三八乚
　　 DWNB　甚八乚

shěn

沈 IPQN3　氵宀儿
　　 IPQN3　氵宀儿
沈阳 IPBJ　沈阳市 IBYM

审 PJHJ2　宀曰丨
　　 PJHJ2　宀曰丨
审议 PJYY　审理 PJGJ
审计 PJYF　审美 PJUG[86]
审判 PJUD[86]/PJUG[98]
审察 PJPW[86]　审结 PJXF[98]
审视 PJPY[98]

婶 VPJH3　女宀曰丨
　　 VPJH3　女宀曰丨

渖 IPJH3　氵宀曰丨
　　 IPJH3　氵宀曰丨

谂 YWYN　讠人丶心
　　 YWYN　讠人丶心

哂 KSG　口西
　　 KSC　口西

矧 TDXH　⺈大弓丨
　　 TDXH　⺈大弓丨

shèn

甚 ADWN　廿三八乚
　　 DWNB　甚八乚
甚至 ADGC[86]/DWGC[98]

葚 AADN　廿廿三乚
　　 ADWN　廿甚八乚

椹 SADN　木廿三乚
　　 SDWN　木甚八乚

肾 JCEF3　刂又月
　　 JCEF3　刂又月

慎 NFHW3　忄十且八
　　 NFHW3　忄十且八
慎重 NFTG

渗 ICDE3　氵厶大彡
　　 ICDE3　氵厶大彡
渗透 ICTE[86]/ICTB[98]

胂 EJHH　月曰丨
　　 EJHH　月曰丨

蜃 DFEJ　厂二㇏虫
　　 DFEJ　厂二㇏虫

shēng

升 TAK　丿廾
　　 TAK　丿廾
升学 TAIP　升高 TAYM[98]
升级 TAXE[86]/TAXB[98]
升华 TAWX[98]　升降 TABT[98]

声 FNR 士尸
　 FNR 士尸
声势 FNRV　声援 FNRE
声响 FNKT　声誉 FNIW[86]
声张 FNXT[86]　声学 FNIP[86]
声速 FNGK[86]
生 TGD2 丿圭
　 TGD 丿圭
生存 TGDH　生动活泼 TFII
生活水平 TIIG　生命 TGWG
生日 TGJJ　生态 TGDY
生育 TGYC　生产者 TUFT
生效 TGUQ[86]/TGUR[98]
生物 TGTR[86]/TGCQ[98]
生力军 TLPL[86]/TEPL[98]
生活方式 TIYA
甥 TGLL 丿圭田力
　 TGLE 丿圭田力
牲 TRTG 丿扌丿圭
　 CTGG3 牜丿圭
牲畜 TRYX[86]/CTYX[98]
笙 TTGF ⺮丿圭
　 TTGF ⺮丿圭
胜 ETGG3 月丿圭
　 ETGG3 月丿圭

shéng

绳 XKJN 纟口日乚
　 XKJN 纟口日乚
渑 IKJN3 氵口日乚
　 IKJN3 氵口日乚
绳索 XKFP[86]

shěng

省 ITHF3 小丿目
　 ITHF3 小丿目
省城 ITFD　省内 ITMW[98]
省委 ITTV　省略 ITLT[86]
省军区 IPAQ[86]/IPAR[98]
省份 ITWW[86]　省市 ITYM[98]
省长 ITTA　省委书记 ITNY[98]
眚 TGHF 丿圭目
　 TGHF 丿圭目

shèng

盛 DNNL 厂乙八皿
　 DNLF3 戊乛皿
盛况 DNUK　盛夏 DNDH
盛誉 DNIW[86]/DNIG[98]
盛典 DNMA[86]　盛事 DNGK[98]
盛世 DNAN[98]
乘 TUXV3 禾⺀匕
　 TUXV3 禾⺀匕
剩 TUXJ 禾⺀匕刂
　 TUXJ 禾⺀匕刂
剩余 TUWT[86]/TUWG[98]
剩下 TUGH[98]
嵊 MTUX3 山禾⺀匕
　 MTUX3 山禾⺀匕
胜 ETGG3 月丿圭
　 ETGG3 月丿圭
胜任 ETWT　胜负 ETQM
胜似 ETWN[86]　胜仗 ETWD[86]
晟 JDNT3 日厂乛丿
　 JDNB3 日戊乛

S

圣 CFF   又土
　 CFF   又土
圣人 CFWW[86]   圣地 CFFB[86]
圣旨 CFXJ[86]

shī

诗 YFFY3   讠土寸
　 YFFY3   讠土寸
诗歌 YFSK   诗词 YFYN
诗意 YFUJ[86]   诗篇 YFTY[98]
诗文 YFYY[98]

师 JGMH3   刂一门丨
　 JGMH3   刂一门丨
师范 JGAI   师资 JGUQ
师生 JGTG   师专 JGFN[86]
师傅 JGWG[86]/JGWS[98]
师范大学 JADI[98]

狮 QTJH   犭丿丨丨
　 QTJH   犭丿丨丨

失 RWI2   乛人
　 TGI   丿夫
失业 RWOG[86]   失踪 RWKH[86]
失望 TGYN[98]   失调 TGYM[98]
失职 TGBK[98]
失学 RWIP[86]/TGIP[98]
失败 RWMT[86]/TGMT[98]

施 YTBN3   方𠂊也
　 YTBN3   方𠂊也
施工 YTAA   施展 YTNA
施用 YTET   施行 YTTF[86]
施加压力 YEDE[98]

湿 IJOG3   氵日业一
　 IJOG3   氵日业

湿润 IJIU   湿度 IJYA[86]

尸 NNGT   尸乛一丿
　 NNGT   尸乛一丿
尸体 NNWS

虱 NTJI3   乁丿虫
　 NTJI3   乁丿虫

鲺 QGNJ3   鱼一乀虫
　 QGNJ3   鱼一乀虫

蓍 AFTJ   艹土丿日
　 AFTJ   艹土丿日

醯 SGGY   西一一丶
　 SGGY   西一一丶

嘘 KHAG   口虍七一
　 KHOG3   口虍业

shí

十 FGH   十丨一
　 FGH2   十丨一
十分 FGWV   十全十美 FWFU
十分困难 FWLC[98]   十月 FGEE
十二月 FFEE   十一月 FGEE
十分关心 FWUN[98]
十分艰巨 FWCA[98]

什 WFH   亻十
　 WFH2   亻十

石 DGTG   石一丿一
　 DGTG   石一丿一
石油 DGIM   石灰 DGDO[86]
石雕 DGMF[98]   石块 DGFN[98]
石油勘探 DIDR[98]
石油化工总公司 DIWN[98]
石油天然气总公司 DIGN[98]

炻	ODG	火石
	ODG	火石
拾	RWGK	扌人一口
	RWGK	扌人一口
时	JFY2	日寸
	JFY2	日寸

时间 JFUJ　时节 JFAB
时代 JFWA　时髦 JFDE
时常 JFIP　时刻 JFYN
时光 JF1Q[86]/JFIG[98]
时期 JFAD[86]/JFDW[98]
时机 JFSM[86]/JFSW[98]

莳	AJFU	艹日寸
	AJFU	艹日寸
埘	FJFY	土日寸
	FJFY	土日寸
鲥	QGJF	鱼一日寸
	QGJF	鱼一日寸
食	WYVE3	人、彐㇌
	WYVU3	人、艮

食物 WYTR[86]/WYCQ[98]
食指 WYRX[86]　食品 WYKK[86]
食盐 WYFH[98]　食糖 WYOO[98]

蚀	QNJY3	㇆乚虫
	QNJY3	㇆乚虫
实	PUDU2	宀冫大
	PUDU2	宀冫大

实干 PUFG　实习 PUNU
实现 PUGM　实施 PUYT
实力 PULT[86]/PUEN[98]
实物 PUTR[86]/PUCQ[98]
实业家 POPE　实验室 PCPG

| 识 | YKWY3 | 讠口八 |
| | YKWY3 | 讠口八 |

识字 YKPB　识别 YKKL[86]
识破 YKDH[86]

| 史 | KQI2 | 口乂 |
| | KRI | 口乂 |

史诗 KQYF[86]/KRYF[98]
史料 KQOU[86]/KROU[98]
史书 KQNN[98]
史无前例 KFUW[86]

| 使 | WGKQ | 亻一口乂 |
| | WGKR3 | 亻一口乂 |

使节 WGAB　使馆 WGQN
使命 WGWG[86]　使者 WGFT[98]
使用寿命 WEDW[98]

| 驶 | CKQY3 | 马口乂 |
| | CGKR | 马一口乂 |

驶入 CGTY[98]　驶向 CGTM[98]

| 矢 | TDU | ㇒大 |
| | TDU | ㇒大 |

矢口否认 TKGY[86]

| 屎 | NOI | 尸米 |
| | NOI | 尸米 |

| 始 | VCKG3 | 女厶口 |
| | VCKG3 | 女厶口 |

始终 VCXT　始发 VCNT[86]
始终不渝 VXGI[86]/VXDI[98]

| 豕 | EGTY3 | 豕一丿八 |
| | GEI | 一豕 |

shì

式 AAD2　弋工
　　AAYI2　弋工丶
式样 AASU[86]

拭 RAAG3　扌弋工
　　RAAY3　扌弋工丶

试 YAAG3　讠弋工
　　YAAY2　讠弋工丶
试用 YAET　试点 YAHK
试题 YAJG　试探 YARP[86]
试验 YACW[86]/YACG[98]
试销 YAQI[86]　试图 YALT[98]
试办 YAEW[98]

弑 QSAA3　乂木弋工
　　RSAY3　乂木弋丶

轼 LAAG2　车弋工
　　LAAY2　车弋丶

示 FIU2　二小
　　FIU2　二小
示范 FIAI　示威游行 FDIT[98]
示威 FIDG　示范户 FAYN[98]
示意 FIUJ　示弱 FIXU[86]

士 FGHG　士一丨一
　　FGHG　士一丨一
士兵 FGRG[86]/FGRW[98]
士气 FGRN[86]/FGRT[98]

仕 WFG　亻士
　　WFG　亻士

世 ANV2　廿乚
　　ANV　廿乚
世事 ANGK[86]　世界 ANLW

世故 ANDT[86]　世袭 ANDX[86]
世纪 ANXN　世外桃源 AQSI[86]
世界杯赛 ALSP[98]
世界日报 ALJR[98]
世界卫生组织 ALBX[98]

贳 ANMU3　廿乚贝
　　ANMU3　廿乚贝

市 YMHJ　亠门丨
　　YMHJ2　亠门丨
市政府 YGOW[98]　市容 YMPW
市政 YMGH　市委 YMTV
市区 YMAQ[86]/YMAR[98]
市制 YMRM[86]　市中心 YKNY[86]
市场经济 YFXI[98]　市民 YMNA
市场调查 YFYS[98]
市场竞争 YFUQ[98]
市场管理 YFTG[98]

铈 QYMH　钅亠门丨
　　QYMH　钅亠门丨

柿 SYMH　木亠门丨
　　SYMH3　木亠门丨

饰 QNTH　饣亠乚亠
　　QNTH3　饣亠乚丨
饰演 QNIP[98]

事 GKVH2　一口彐丨
　　GKVH2　一口彐丨
事实 GKPU　事宜 GKPE
事迹 GKYO　事情 GKNG
事先 GKTF
事件 GKWR[86]/GKWT[98]
事业 GKOG[86]/GKOH[98]
事物 GKTR[86]/GKCQ[98]

誓 RRYF　扌斤言

	RRYF	扌斤言
誓死 RRGQ[86]		誓师 RRJG[86]
誓词 RRYN[86]		
逝	RRPK3	扌斤辶
	RRPK3	扌斤辶
逝世 RRAN		
势	RVYL	扌九丶力
	RVYE	扌九丶力
势在必行 RDNT[98]		势必 RVNT
势力 RVLT[86]/RVEN[98]		
是	JGHU3	日一龰
	JGHU3	日一龰
是否 JGGI[86]/JGDH[98]		
是非 JGDJ[86]/JGHD[98]		
是不是 JDJG[98]		
嗜	KFTJ	口土丿日
	KFTJ	口土丿日
嗜好 KFVB[86]		
筮	TAWW3	⺮工人人
	TAWW	⺮工人人
噬	KTAW3	口⺮工人
	KTAW3	口⺮工人
适	TDPD3	丿古辶
	TDPD3	丿古辶
适当 TDIV		适时 TDJF
适合 TDWG		适龄 TDHW
适应 TDYI[86]/TDOI[98]		
适中 TDKH[86]		适量 TDJG[86]
适度 TDYA[86]/TDOA[98]		
侍	WFFY3	亻土寸
	WFFY3	亻土寸
恃	NFFY3	忄土寸

	NFFY3	忄土寸
峙	MFFY3	山土寸
	MFFY3	山土寸
释	TOCH3	丿米又丨
	TOCG3	丿米又龶
释放 TOYT		
氏	QAV2	匚七
	QAV2	匚七
舐	TDQA	丿古匚七
	TDQA3	丿古匚七
室	PGCF3	宀一厶土
	PGCF3	宀一厶土
室外 PGQH		
视	PYMQ3	礻丶冂儿
	PYMQ3	礻丶冂儿
视野 PYJF		视察 PYPW
视线 PYXG[98]		视角 PYQE[98]
视而不见 PDGM[86]		
似	WNYW3	亻乚丶人
	WNYW3	亻乚丶人
莳	AJFU	艹日寸
	AJFU	艹日寸
螫	FOTJ	土少攵虫
	FOTJ	土少攵虫
谥	YUWL3	讠丷八皿
	YUWL3	讠丷八皿

shi

殖	GQFH3	一夕十且
	GQFH3	一夕十且
匙	JGHX	日一龰匕
	JGHX	日一龰匕

shōu

收 NHTY2　ㄥ丨一夊
　　 NHTY2　ㄥ丨一夊
收成 NHDN　收买 NHNU
收购 NHMQ　收录 NHVI
收费 NHXJ　收回 NHLK
收益 NHUW　收割 NHPD
收藏 NHAD[86]/NHAA[98]
收录机 NVSM[86]/NVSW[98]
收购价 NMWW

shóu

熟 YBVO3　亠子九灬
　　 YBVO3　亠子九灬

shǒu

手 RTGH2　手丿一亅
　　 RTGH2　手丿一亅
手术 RTSY　手术室 RSPG[86]
手榴弹 RSXU[86]　手册 RTMM
手套 RTDD　手帕 RTMH[86]
手稿 RTYY[86]　手势 RTRV[86]
手段 RTWD[86]　手法 RTIF[98]
手工业 RAOG[86]/RAOH[98]
手拉手 RRRT[98]

首 UTHF3　丷丿目
　　 UTHF3　丷丿目
首饰 UTQN[98]　首都 UTFT
首脑 UTEY　首要 UTSV[98]
首席 UTYA[86]/UTOA[98]
首席代表 UOWG[98]　首相 UTSH
首都机场 UFSF[98]

艏 TEUH3　丿舟丷目

TUUH　丿舟丷目

守 PFU2　宀寸
　　 PFU2　宀寸
守护 PFRY　守卫 PFBG
守法 PFIF[98]

shòu

寿 DTFU3　三丿寸
　　 DTFU3　三丿寸
寿光 DTIG[98]　寿辰 DTDF[86]
寿终正寝 DXGP[86]　寿命 DTWG

受 EPCU3　⺥冖又
　　 EPCU3　⺥冖又
受害 EPPD　受伤 EPWT
受贿 EPMD
受骗 EPCY[86]/EPCG[98]

授 REPC3　扌⺥冖又
　　 REPC3　扌⺥冖又
授予 RECB[86]/RECN[98]
授课 REYJ[98]　授权 RESC[98]

绶 XEPC3　纟⺥冖又
　　 XEPC3　纟⺥冖又

售 WYKF3　亻圭口
　　 WYKF3　亻圭口
售价 WYWW[98]　售票员 WSKM
售出 WYBM[98]　售货员 WWKM

瘦 UVHC3　疒臼丨又
　　 UEHC3　疒臼丨又

兽 ULGK3　丷田一口
　　 ULGK3　丷田一口
兽医 ULAT[98]

狩 QTPF　犭丿宀寸
　　 QTPF　犭丿宀寸

shū

书 NNHY3　ㄋㄋ丨丶
　　 NNHY3　ㄋㄋ丨丶
书记 NNYN　书架 NNEK[98]
书籍 NNTD[86]/NNTF[98]
书店 NNYH[86]/NNOH[98]
书法家 NIPE[86]/NIPG[98]
书院 NNBP[98]　书法 NNIF[98]

梳 SYCQ3　木亠厶儿
　　 SYCK3　木亠厶儿

疏 NHYQ3　乛止亠儿
　　 NHYK3　乛止亠儿

蔬 ANHQ3　艹乛止儿
　　 ANHK3　艹乛止儿
蔬菜 ANAE

枢 SAQY3　木匚乂
　　 SARY3　木匚乂

殊 GQRI3　一歹丿小
　　 GQTF3　一歹丿未

抒 RCBH3　扌マ阝
　　 RCNH　扌マ乛丨
抒情 RCNG[98]　抒发 RCNT[98]

纾 XCBH3　纟マ阝
　　 XCBH3　纟マ乛丨

输 LWGJ3　车人一刂
　　 LWGJ3　车人一刂
输入 LWTY　输出 LWBM
输血 LWTL[98]　输电 LWJN[98]

叔 HICY3　上小又
　　 HICY2　上小又
叔叔 HIHI

淑 IHIC3　氵上小又
　　 IHIC3　氵上小又

菽 AHIC3　艹上小又
　　 AHIC3　艹上小又

舒 WFKB　人干口阝
　　 WFKH　人干口丨
舒畅 WFJH　舒服 WFEB
舒适 WFTD

倏 WHTD　亻丨夂犬
　　 WHTD　亻丨夂犬

摅 RHAN　扌户七心
　　 RHNY3　扌虍心

姝 VRIY3　女𠂉小
　　 VTFY　女丿未

毹 WGEN　人一月乚
　　 WGEE　人一月毛

毹 MCU　几又
　　 WCU　几又

shú

赎 MFND3　贝十乛大
　　 MFND3　贝十乛大

孰 YBVY　享子九丶
　　 YBVY　享子九丶

熟 YBVO3　享子九灬
　　 YBVO3　享子九灬
熟练 YBXA　熟悉 YBTO
熟人 YBWW[98]　熟知 YBTD[98]
熟能生巧 YCTA[86]

塾 YBVF　享子九土
　　 YBVF　享子九土

秫 TSYY3　禾木丶

	TSYY3	禾木丶

shǔ

暑	JFTJ3	日土丿日
	JFTJ3	日土丿日
暑假 JFWN[98]		
曙	JLFJ2	日罒土日
	JLFJ2	日罒土日
曙光 LJIG[98]		
署	LFTJ	罒土丿日
	LFTJ	罒土丿日
署名 LFQK[98]		
薯	ALFJ	艹罒土日
	ALFJ	艹罒土日
蜀	LQJU3	罒勹虫
	LQJU3	罒勹虫
黍	TWIU3	禾人水
	TWIU3	禾人水
鼠	VNUN3	臼乚冫乚
	ENUN3	臼乚冫乚
鼠目寸光 VHFI[86]		
属	NTKY3	尸丿口丶
	NTKY3	尸丿口丶
属于 NTGF　属性 NTNT[98]		
属实 NTPU[98]		
数	OVTY3	米女攵
	OVTY2	米女攵

shù

术	SYI2	木丶
	SYI2	木丶
沭	ISYY	氵木丶

	ISYY	氵木丶
述	SYPI3	木丶辶
	SYPI3	木丶辶
述评 SYYG[98]		
树	SCFY3	木又寸
	SCFY3	木又寸
树立 SCUU　树木 SCSS		
树叶 SCKF[98]　树苗 SCAL[98]		
澍	IFKF	氵士口寸
	IFKF	氵士口寸
束	GKII3	一口小
	SKD	木口
束缚 SKXS[98]		
戍	DYNT	厂丶乙丿
	AWI	戊人
竖	JCUF3	刂又立
	JCUF3	刂又立
竖起 JCFH[98]		
墅	JFCF	日土マ土
	JFCF	日土マ土
庶	YAOI3	广廿灬
	OAOI3	广廿灬
数	OVTY3	米女攵
	OVTY2	米女攵
数万 OVGQ[98]　数学课 OIYJ[86]		
数学系 OITX[86]　数据 OVRN		
数量 OVJG　数目 OVHH		
数字 OVPB　数额 OVPT[98]		
数学 OVIP　数理化 OGWX[98]		
漱	IGKW	氵一口人
	ISKW	氵木口人
恕	VKNU3	女口心

	VKNU3	女口心
俞	WGEJ	人一月刂
	WGEJ	人一月刂
腧	EWGJ	月人一刂
	EWGJ	月人一刂

shuā

| 刷 | NMHJ3 | 尸门丨刂 |
| | NMHJ3 | 尸门丨刂 |
刷新 NMUS[98]

| 唰 | KNMJ3 | 口尸门刂 |
| | KNMJ3 | 口尸门刂 |

shuǎ

| 耍 | DMJV | 一门刂女 |
| | DMJV | 一门刂女 |

shuà

| 刷 | NMHJ3 | 尸门丨刂 |
| | NMHJ3 | 尸门丨刂 |

shuāi

| 衰 | YKGE | 亠口一𧘇 |
| | YKGE | 亠口一𧘇 |
衰退 YKVE[86]/YKVP[98]
衰弱 YKXU[86]   衰老 YKFT[98]

| 摔 | RYXF3 | 扌亠幺十 |
| | RYXF3 | 扌亠幺十 |
摔倒 RYWG[98]   摔跤 RYKH[98]

shuǎi

| 甩 | ENV2 | 月乚 |
| | ENV2 | 月乚 |

甩掉 ENRH[98]

shuài

帅	JMHH3	刂门丨丨
	JMHH3	刂门丨丨
率	YXIF2	亠幺丷十
	YXIF2	亠幺丷十
率领 YXWY[98]
蟀	JYXF3	虫亠幺十
	JYXF3	虫亠幺十

shuān

闩	UGD	门一
	UGD	门一
拴	RWGG3	扌人王
	RWGG	扌人王
栓	SWGG3	木人王
	SWGG3	木人王

shuàn

| 涮 | INMJ3 | 氵尸门刂 |
| | INMJ3 | 氵尸门刂 |

shuāng

| 双 | CCY2 | 又又 |
| | CCY2 | 又又 |
双方 CCYY[98]   双向 CCTM[98]
双重 CCTG[98]   双手 CCRT[98]
双边 CCEP[98]   双向选择 CTTR[98]
双边贸易 CEQJ[98]
霜	FSHF2	雨木目
	FSHF3	雨木目
孀	VFSH3	女雨木目

	VFSH	女雨木目
泷	IDXN3	氵尤匕
	IDXY3	氵尤匕丶

shuǎng

爽	DQQQ3	大乂乂乂
	DRRR3	大乂乂乂

shuí

谁	YWYG	讠亻圭
	YWYG	讠亻圭
谁知 YWTD[98]		

shuǐ

水	IIII2	水水水水
	IIII2	水水水水
水平 IIGU	水产 IIUT	
水乡 IIXT[98]	水管 IITP[98]	
水库 IIOL[98]	水灾 IIPO[98]	
水质 IIRF[98]	水田 IILL[98]	
水晶 IIJJ[98]	水平面 IGDM[86]	
水电部 IJUK	水龙头 IDUD[86]	
水落石出 IADB[86]		

shuì

睡	HTGF2	目丿一土
	HTFG2	目丿十一
睡眠 HTHN	睡觉 HTIP	
税	TUKQ3	禾丷口儿
	TUKQ3	禾丷口儿
税务局 TTNN	税款 TUFF[98]	
税收政策 TNGT[98]	税收 TUNH	
税利 TUTJ[98]	税金 TUQQ[98]	
税务 TUTL[86]/TUTE[98]		

说	YUKQ2	讠丷口儿
	YUKQ3	讠丷口儿

shǔn

吮	KCQN3	口厶儿
	KCQN3	口厶儿

shùn

顺	KDMY2	川厂贝
	KDMY2	川厂贝
顺利 KDTJ	顺便 KDWG[86]	
顺序 KDYC[86]/KDOC[86]		
顺口 KDKK[98]	顺应 KDOI[98]	
顺手牵羊 KRDU[86]		
顺水推舟 KIRT[86]		
顺藤摸瓜 KARR[86]		
顺利进行 KTFT[98]		

舜	EPQH	⺈冖夕丨
	EPQG	⺈冖夕龶
瞬	HEPH3	目⺈冖丨
	HEPG3	目⺈冖龶
瞬间 HEUJ[98]		
瞬息万变 HTDY[86]		

shuō

说	YUKQ2	讠丷口儿
	YUKQ2	讠丷口儿
说明 YUJE	说话 YUYT	
说长道短 YTUT[86]		

shuò

数	OVTY3	米女攵
	OVTY2	米女攵
硕	DDMY3	石厂贝

DDMY3 石𠂆贝
硕士 DDFG[98] 硕果 DDJS[98]
硕士学位 DDIW[98]
硕士研究生 DFDT[98]
朔 UBTE 丷凵丿月
UBTE 丷凵丿月
搠 RUBE3 扌丷凵月
RUBE3 扌丷凵月
蒴 AUBE3 艹丷凵月
AUBE3 艹丷凵月
槊 UBTS 丷凵丿木
UBTS 丷凵丿木
烁 OQIY3 火𠃊小
OTNI 火丿乚小
铄 QQIY3 钅𠃊小
QTNI 钅丿乚小
妁 VQYY3 女勹丶
VQYY3 女勹丶

sī

思 LNU2 田心
LNU2 田心
思想 LNSH 思考 LNFT
思索 LNFP 思维 LNXW
思路 LNKH 思想感情 LSDN[86]
思想内容[98] LSMP 思潮 LNIF
思想工作 LSAW[98]
缌 XLNY 纟田心
XLNY 纟田心
锶 QLNY3 钅田心
QLNY3 钅田心
斯 ADWR 艹三八斤
DWRH3 甘八斤
斯文 ADYY[86]
斯里兰卡 DJUH[98]
斯洛文尼亚 DIYG[98]
撕 RADR3 扌艹三斤
RDWR 扌甘八斤
撕毁 RAVA[86]
嘶 KADR3 口艹三斤
KDWR3 口甘八斤
澌 IADR 氵艹三斤
IDWR 氵甘八斤
厮 DADR 厂艹三斤
DDWR3 厂甘八斤
厮杀 DAQS[86]
厶 CNY 厶乚丶
CNY 厶乚丶
私 TCY 禾厶
TCY 禾厶
私自 TCTH 私人 TCWW
私营 TCAP 私有化 TDWX[98]
私营经济 TAXI[98] 私有 TCDE
私利 ECTJ 私货 TCWX[86]
私有制 TDRM[86]/TDTG[98]
私营企业 EAWO[98]
司 NGKD3 𠃌一口
NGKD3 𠃌一口
司法 NGIF 司空见惯 NPMN[86]
司长 NGTA 司马 NGCN[86]
司令 NGWY 司空 NGPW[86]
司机 NGSM[86]/NGSW[98]
司马昭之心路人皆知 NCJT[98]
丝 XXGF3 纟纟一

XXGF3　ㄠㄠ一

丝毫 XXYP　丝绸 XXXM⁹⁸

丝绸之路 XXPK⁹⁸

咝	KXXG	口ㄠㄠ一
	KXXG	口ㄠㄠ一
鸶	XXGG	ㄠㄠ一一
	XXGG	ㄠㄠ一一
蛳	JJGH3	虫刂一丨
	JJGH3	虫刂一丨

sǐ

死	GQXB3	一夕匕
	GQXB3	一夕匕

死心塌地 GNFF⁸⁶　死亡 GQYN

死气沉沉 GRII⁸⁶　死者 GQFT

死于 GQGF⁹⁸　死后 GQRG⁹⁸

sì

肆	DVFH2	镸彐二丨
	DVGH2	镸彐十

肆意 DVUJ　肆虐 DVHA⁹⁸

寺	FFU2	土寸
	FFU2	土寸

寺院 FFBP　寺庙 FFOM⁹⁸

嗣	KMAK3	口冂艹口
	KMAK3	口冂艹口
伺	WNGK3	亻冂一口
	WNGK3	亻冂一口

伺机 WNSM⁸⁶

饲	QNNK	⺈乚冂口
	QNNK	⺈乚冂口

饲料 QNOU⁸⁶　饲养 QNUD⁸⁶

笥	TNGK3	⺮冂一口
	TNGK3	⺮冂一口
四	LHNG2	四丨𠃌一
	LHNG2	四丨𠃌一

四川省 LKIT　四通 LHCE⁸⁶

四边 LHLP⁸⁶　四人帮 LWDT

四面八方 LDWY

四化建设 LWVY

四通八达 LCWD

四个现代化 LWGW

四舍五入 LWGT⁸⁶

四中全会 LKWW⁹⁸

四项基本原则 LADM⁹⁸

泗	ILG	氵四
	ILG2	氵四
驷	CLG	马四
	CGLG3	马一四
似	WNYW3	亻乚丶人
	WNYW3	亻乚丶人

似乎 WNTU

姒	VNYW3	女乚丶人
	VNYW3	女乚丶人
巳	NNGN	巳𠃌一乚
	NNGN	巳𠃌一乚
汜	INN	氵巳
	INN	氵巳
祀	PYNN	礻丶巳
	PYNN	礻丶巳
俟	WCTD3	亻厶𠂆大
	WCTD3	亻厶𠂆大
兕	MMGQ	几冂一儿
	HNHQ	丨乙丨儿

粡 DINN3 三小ココ
FSNG3 二木コ
食 WYVE3 人丶彐𠄌
WYVU3 人丶艮

sōng

松 SWCY3 木八厶
SWCY3 木八厶
松懈 SWNQ 松树 SWSC[86]
松紧 SWJC[86] 松柏 SWSR[98]
松弛 SWXB[98] 松散 SWAE[98]
松花江 SAIA
凇 USWC3 冫木八厶
USWC3 冫木八厶
淞 ISWC 氵木八厶
ISWC 氵木八厶
菘 ASWC3 艹木八厶
ASWC3 艹木八厶
崧 MSWC3 山木八厶
MSWC3 山木八厶
忪 NWCY3 忄八厶
NWCY3 忄八厶
嵩 MYMK3 山亠冂口
MYMK3 山亠冂口

sǒng

耸 WWBF3 人人耳
WWBF3 人人耳
耸立 WWUU
怂 WWNU3 人人心
WWNU 人人心
悚 NGKI 忄一口小
NSKG 忄木口
竦 UGKI 立一口小
USKG 立木口

sòng

颂 WCDM3 八厶𠂆贝
WCDM3 八厶𠂆贝
颂扬 WCRN[86]
讼 YWCY3 讠八厶
YWCY 讠八厶
送 UDPI3 丷大辶
UDPI3 丷大辶
送礼 UDPY 送货 UDWX
送信 UDWY[86] 送交 UDUR[98]
送回 UDLK[98]
宋 PSU 宀木
PSU 宀木
宋朝 PSFJ[86] 宋体 PSWS[86]
诵 YCEH 讠マ用
YCEH 讠マ用

sōu

搜 RVHC3 扌臼丨又
REHC 扌臼丨又
搜查 RVSJ[86]/RESJ[98]
搜集 RVWY[86]/REWY[98]
搜索 RVFP[86]
艘 TEVC 丿舟臼又
TUEC 丿舟臼又
嗖 KVHC3 口臼丨又
KEHC3 口臼丨又
馊 QNVC 𠂊乚臼又
QNEC 𠂊乚臼又

S

溲	IVHC3	氵臼丨又		酥	SGTY	西一禾
	IEHC3	氵臼丨又			SGTY	西一禾
飕	MQVC	几乂臼又		稣	QGTY	鱼一禾
	WREC3	几乂臼又			QGTY3	鱼一禾
锼	QVHC	钅臼丨又				

sú

蝜	JVHC3	虫臼丨又	俗	WWWK	亻八人口
	JEHC3	虫臼丨又		WWWK	亻八人口

俗语 WWYG[86]　俗称 WWTQ[98]
俗话说 WYYU

sǒu

sù

擞	ROVT	扌米女攵
	ROVT	扌米女攵
薮	AOVT	艹米女攵
	AOVT3	艹米女攵
叟	VHCU2	臼丨又
	EHCU3	臼丨又
瞍	HVHC3	目臼丨又
	HEHC3	目臼丨又
嗾	KYTD3	口方𠂆大
	KYTD3	口方𠂆大

素	GXIU3	丰幺小
	GXIU3	丰幺小

素材 GXSF　素质 GXRF
素菜 GXAE[86]　素有 GXDE[98]

嗉	KGXI	口丰幺小
	KGXI	口丰幺小
愫	NGXI3	忄丰幺小
	NGXI3	忄丰幺小
速	GKIP	一口小辶
	SKPD3	木口辶

sòu

速度 GKYA[86]/SKOA[98]
速效 GKUQ[86]　速率 GKYX[86]
速成 GKDN[86]　速滑 SKIM[98]

嗽	KGKW	口一口人
	KSKW	口木口人
擞	ROVT	扌米女攵
	ROVT	扌米女攵

涑	IGKI	氵一口小
	ISKG	氵木口
簌	TGKW	⺮一口人
	TSKW	⺮木口人

sū

苏	ALWU3	艹力八
	AEWU3	艹力八

苏州 ALYT[86]/AEYT[98]
苏联 ALBU[86]/AEBU[98]

蔌	AGKW3	艹一口人
	ASKW	艹木口人
觫	QEGI3	⺈用一小

	QESK3	⺈用木口			**suān**	
粟	SOU	西米	酸	SGCT3	西一厶夂	
	SOU	西米		SGCT3	西一厶夂	
傈	WSOY3	亻西米	狻	QTCT	犭丿厶夂	
	WSOY3	亻西米		QTCT	犭丿厶夂	
塑	UBTF	䒑凵丿土			**suàn**	
	UBTF3	䒑凵丿土	蒜	AFII3	⺌二小小	

塑料 UBOU　塑料布 UODM[86]
塑料袋 UOWA[86]　塑像 UBWQ
塑料制品 UOTK[98]

溯	IUBE3	氵䒑凵月	算	THAJ3	⺮目廾	
	IUBE3	氵䒑凵月		THAJ3	⺮目廾	

算是 THJG　算术 THSY[86]

宿	PWDJ	宀亻厂日
	PWDJ	宀亻厂日

算盘 THTE[86]/THTU[98]
宿舍 PWWF
算数 THOV[86]　算法 THIF[86]

缩	XPWJ3	纟宀亻日			**suī**	
	XPWJ3	纟宀亻日	虽	KJU2	口虫	
诉	YRYY2	讠斤丶		KJU2	口虫	
	YRYY3	讠斤丶			虽然 KJQD　虽说 KJYU	

诉讼 YRYW　诉说 YRYU[98]

诉诸 YRYF[98]			荽	AEVF3	⺿乛女	
				AEVF3	⺿乛女	
肃	VIJK3	彐小‖	睢	HWYG	目亻圭	
	VHJW2	彐‖八		HWYG	目亻圭	

肃穆 VITR[86]/VHTR[98]

肃清 VIIG[86]			濉	IHWY3	氵目亻圭	
				IHWY3	氵目亻圭	
凤	MGQI3	几一夕	眭	HFFG3	目土土	
	WGQI	几一夕		HFFG3	目土土	

凤愿 WGDR[98]

谡	YLWT3	讠田八夂	尿	NII	尸水	
	YLWT3	讠田八夂		NII2	尸水	
					suí	
			隋	BDAE3	阝ナ工月	

	BDAF3	阝ナ工月
随	BDEP3	阝ナ月辶
	BDEP3	阝ナ月辶

随便 BDWG　随后 BDRG

随心所欲 BNRW[86]　随意 BDUJ

随机应变 BSYY[86]　随时 BDJF

随身 BDTM　随时随地 BJBF[86]

随着 BDUD[86]/BDUH[98]

随即 BDVC[86]/BDVB[98]

绥	XEVG3	纟爫女
	XEVG3	纟爫女
遂	UEPI3	丷豕辶
	UEPI3	丷豕辶

髓	MEDP3	骨月ナ辶
	MEDP3	骨月ナ辶

碎	DYWF3	石亠人十
	DYWF3	石亠人十

碎片 DYTH[98]

谇	YYWF3	讠亠人十
	YYWF3	讠亠人十
岁	MQU	山夕
	MQU	山夕

岁月 MQEE　岁末 MQGS[98]

穗	TGJN	禾一日心
	TGJN	禾一日心
遂	UEPI3	丷豕辶
	UEPI3	丷豕辶

隧道 BUUT　隧洞 BUIM[98]

邃	PWUP	宀八丷辶

	PWUP	宀八丷辶
隧	BUEP3	阝丷豕辶
	BUEP3	阝丷豕辶
燧	OUEP3	火丷豕辶
	OUEP3	火丷豕辶
祟	BMFI3	口山二小
	BMFI3	口山二小

孙	BIY2	子小
	BIY2	子小

孙子 BIBB　孙中山 BKMM

荪	ABIU	艹子小
	ABIU	艹子小
狲	QTBI	犭丿子小
	QTBI	犭丿子小
飧	QWYE	夕人、以
	QWYV	夕人、阝

损	RKMY3	扌口贝
	RKMY3	扌口贝

损人利己 RWTN[86]　损害 RKPD

损耗 RKDI[86]/RKFS[98]

损失 RKRW[86]/RKTG[98]

损坏 RKFG[86]/RKFD[98]

笋	TVTR3	𥫗彐丿
	TVTR3	𥫗彐丿
隼	WYFJ	亻圭十
	WYFJ	亻圭十
榫	SWYF	木亻圭十
	SWYF	木亻圭十

suō

梭	SCWT3	木厶八夂
	SCWT3	木厶八夂
唆	KCWT3	口厶八夂
	KCWT3	口厶八夂
睃	HCWT3	目厶八夂
	HCWT3	目厶八夂
羧	UDCT	丷手厶夂
	UCWT	羊厶八夂
莎	AIIT	艹氵小丿
	AIIT	艹氵小丿
娑	IITV	氵小丿女
	IITV	氵小丿女
挲	IITR	氵小丿手
	IITR	氵小丿手
桫	SIIT3	木氵小丿
	SIIT3	木氵小丿
蓑	AYKE3	艹亠口𧘇
	AYKE3	艹亠口𧘇
缩	XPWJ3	纟宀亻日
	XPWJ3	纟宀亻日

缩减 XPUD　缩短 XPTD
缩小 XPIH　缩写 XPPG[86]

嗍	KUBE3	口丷凵月
	KUBE3	口丷凵月
嗦	KFPI	口十宀小
	KFPI	口十宀小

suǒ

琐	GIMY3	王⺌贝
	GIMY3	王⺌贝
锁	QIMY3	钅⺌贝
	QIMY3	钅⺌贝
唢	KIMY3	口⺌贝
	KIMY3	口⺌贝
索	FPXI3	十宀幺小
	FPXI3	十宀幺小

索赔 FPMU　索引 FPXH[86]
索取 FPBC[98]　索要 FPSV[98]
索马里 FCJF[98]

所	RNRH2	厂⼾斤
	RNRH2	厂⼾斤

所以 RNNY　所谓 RNYL
所属 RNNT　所有 RNDE
所需 RNFD　所有制 RDRM
所得税 RTTU　所有权 RDSC
所在地 RDFB

T

tā

他	WBN2	亻也
	WBN2	亻也
他人 WBWW		他们 WBWU
他乡 WBXT[98]		他俩 WBWG[98]
她	VBN	女也
	VBN	女也
她们 VBWU		
塌	FJNG3	土日羽
	FJNG3	土日羽
塌方 FJYY[98]		
溻	IJNG3	氵日羽
	IJNG3	氵日羽
它	PXB2	宀匕
	PXB2	宀匕
它们 PXWU		
铊	QPXN3	钅宀匕
	QPXN3	钅宀匕
趿	KHEY	口止乃乀
	KHBY	口止乃乀
踏	KHIJ	口止水日
	KIIIJ3	口止水日
踏实 KHPU		
遢	JNPD3	日羽辶
	JNPD3	日羽辶

tǎ

塔	FAWK	土艹人口
	FAWK3	土艹人口
塔吉克 FFDQ[98]		
塔斯社 FAPY[86]/FDPY[98]		
獭	QTGM	犭丿一贝
	QTSM3	犭丿木贝
鳎	QGJN	鱼一日羽
	QGJN	鱼一日羽

tà

挞	RDPY3	扌大辶
	RDPY3	扌大辶
闼	UDPI	门大辶
	UDPI	门大辶
踏	KHJN	口止日羽
	KHJN3	口止日羽
榻	SJNG3	木日羽
	SJNG3	木日羽
沓	IJF	水日
	IJF	水日
拓	RDG2	扌石
	RDG2	扌石
嗒	KAWK	口艹人口
	KAWK	口艹人口
潔	ILXI3	氵田幺小

	ILXI3	氵田幺小		

tāi

胎 ECKG3　月厶口
　　ECKG3　月厶口
胎儿 ECQT[98]

台 CKF2　厶口
　　CKF2　厶口
台风 CKMQ[86]/CKWR[98]
台北 CKUX　台湾 CKIY
台港 CKIA[98]　台球 CKGG[98]
台湾同胞 CIME[98]
台湾事务管理局 CIGN[98]

苔 ACKF3　艹厶口
　　ACKF3　艹厶口

tái

台 CKF2　厶口
　　CKF2　厶口

邰 CKBH3　厶口阝
　　CKBH3　厶口阝

苔 ACKF3　艹厶口
　　ACKF3　艹厶口

抬 RCKG3　扌厶口
　　RCKG3　扌厶口
抬头 RCUD[86]　抬举 RCIW[86]
抬高 RCYM[98]

骀 CCKG3　马厶口
　　CGCK　马一厶口

跆 KHCK　口止厶口
　　KHCK　口止厶口

炱 CKOU3　厶口火
　　CKOU3　厶口火

鲐 QGCK3　鱼一厶口
　　QGCK3　鱼一厶口

薹 AFKF3　艹士口土
　　AFKF3　艹士口土

tài

太 DYI2　大、
　　DYI2　大、
太平 DYGU　太阳 DYBJ
太空 DYPW　太原市 DDYM
太极拳 DSUD[86]/DSUG[98]
太阳能 DBCE　太平洋 DGIU

态 DYNU3　大、心
　　DYNU3　大、心
态度 DYYA[86]/DYOA[98]
态势 DYRV[98]

汰 IDYY3　氵大、
　　IDYY3　氵大、

肽 EDYY3　月大、
　　EDYY3　月大、

钛 QDYY3　钅大、
　　QDYY3　钅大、

酞 SGDY　西一大、
　　SGDY　西一大、

泰 DWIU　三人水
　　DWIU　三人水
泰山 DWMM　泰国 DWLG
泰安 DWPV[98]

tān

贪 WYNM　人、乛贝
　　WYNM　人、乛贝
贪婪 WYSS[86]　贪污犯 WIQT[86]

贪污 WYIF   贪污盗窃 WIUP[86]
贪赃枉法 WMSI[86] 贪图 WYLT[86]

坍 FMYG   土门六
    FMYG   土门六

摊 RCWY3   扌又亻圭
    RCWY3   扌又亻圭

摊牌 RCTH[86] 摊位 RCWU[98]
摊派 RCIR[98] 摊点 RCHK[98]

瘫 UCWY   疒又亻圭
    UCWY   疒又亻圭
瘫痪 UCUQ

滩 ICWY3   氵又亻圭
    ICWY3   氵又亻圭
滩涂 ICIW[98]

tán

坛 FFCY3   土二厶
    FFCY3   土二厶

昙 JFCU   日二厶
    JFCU   日二厶

檀 SYLG3   木亠口一
    SYLG3   木亠口一

痰 UOOI3   疒火火
    UOOI3   疒火火

谈 YOOY3   讠火火
    YOOY3   讠火火

谈话 YOYT   谈论 YOYW
谈判 YOUD[86]/YOUG[98]
谈心 YONY[98] 谈恋爱 YYEP[98]
谈虎色变 YHQY[86]

郯 OOBH3   火火阝
    OOBH3   火火阝

锬 QOOY3   钅火火
    QOOY3   钅火火

弹 XUJF3   弓丷日十
    XUJF3   弓丷日十
弹簧 XUTA   弹性 XUNT
弹劾 XUYN[86]

覃 SJJ   西早
    SJJ   西早

潭 ISJH3   氵西早
    ISJH3   氵西早

谭 YSJH3   讠西早
    YSJH3   讠西早

镡 QSJH   钅西早
    QSJH   钅西早

澹 IQDY   氵⺈厂言
    IQDY3   氵⺈厂言

tǎn

坦 FJGG3   土日一
    FJGG3   土日一
坦克 FJDQ   坦率 FJYX
坦诚 FJYD   坦荡 FJAI[86]
坦桑尼亚 FCNG[98]

袒 PUJG   衤:日一
    PUJG   衤:日一

钽 QJGG3   钅日一
    QJGG3   钅日一

毯 TFNO   丿二乚火
    EOOI3   毛火火

忐 HNU   上心
    HNU   上心

tàn

炭	MDOU3	山ナ火
	MDOU3	山ナ火
碳	DMDO3	石山ナ火
	DMDO3	石山ナ火
探	RPWS	扌宀八木
	RPWS	扌宀八木

探讨 RPYF 探险 RPBW
探亲 RPUS 探明 RPJE[98]
探矿 DPDO[98]

| 叹 | KCY | 口又 |
| | KCY | 口又 |

叹息 KCTH

tāng

汤	INRT3	氵乙丿丿
	INRT3	氵乙丿丿
铴	QINR3	钅氵乙丿丿
	QINR3	钅氵乙丿丿
镗	QIPF	钅⺌宀土
	QIPF	钅⺌宀土
耥	DIIK	三小⺌口
	FSIK	二木⺌口
趟	FHIK3	土龰⺌口
	FHIK3	土龰⺌口
羰	UDMO3	⸜ヂ山火
	UMDO	羊山ナ火

táng

唐	YVHK3	广彐丨口
	OVHK3	广彐丨口
塘	FYVK3	土广彐口
	FOVK3	土广彐口
糖	OYVK3	米广彐口
	OOVK3	米广彐口

糖果 OYJS[86]/OOJS[98]
糖精 OYOG[86] 糖厂 OODG[98]
糖衣炮弹 OYOX[86]

溏	IYVK	氵广彐口
	IOVK	氵广彐口
瑭	GYVK	王广彐口
	GOVK	王广彐口
搪	RYVK3	扌广彐口
	ROVK	扌广彐口
螗	JYVK	虫广彐口
	JOVK	虫广彐口
醣	SGYK	酉一广口
	SGOK	酉一广口
堂	IPKF	⺌宀口土
	IPKF	⺌宀口土

堂皇 IPRG[86]

樘	SIPF3	木⺌宀土
	SIPF3	木⺌宀土
膛	EIPF2	月⺌宀土
	EIPF2	月⺌宀土
螳	JIPF3	虫⺌宀土
	JIPF3	虫⺌宀土

螳螂捕蝉黄雀在后 JJRR[98]

镗	QIPF	钅⺌宀土
	QIPF	钅⺌宀土
棠	IPKS	⺌宀口木
	IPKS	⺌宀口木
饧	QNNR	⺈乙乙丿丿

	QNNR	ㄊㄟㄥㄅ

tǎng

倘	WIMK3	亻⺌冂口
	WIMK3	亻⺌冂口
倘若	WIAD	
耥	DIIK	三小⺌口
	FSIK	二木⺌口
躺	TMDK	丿冂三口
	TMDK	丿冂三口
淌	IIMK3	氵⺌冂口
	IIMK3	氵⺌冂口
惝	NIMK	忄⺌冂口
	NIMK	忄⺌冂口
傥	WIPQ	亻⺌冖儿
	WIPQ	亻⺌冖儿
帑	VCMH3	女又冂丨
	VCMH3	女又冂丨

tàng

趟	FHIK3	土龰⺌口
	FHIK3	土龰⺌口
烫	INRO	氵弓⺈火
	INRO	氵弓⺈火

tāo

掏	RQRM3	扌勹⺍山
	RQTB3	扌勹⺍凵
掏出	RQBM[98]	
涛	IDTF3	氵三丿寸
	IDTF3	氵三丿寸
焘	DTFO	三丿寸灬

	DTFO	三丿寸灬
滔	IEVG3	氵爫臼
	IEEG3	氵爫臼
滔滔	IEIE	
韬	FNHV	二丁丨臼
	FNHE	二丁丨臼
叨	KVN	口刀
	KVT	口刀丿
饕	KGNE	口一⺄㐂
	KGNV	口一⺄艮
绦	XTSY3	纟夂木
	XTSY3	纟夂木

táo

萄	AQRM3	艹勹⺍山
	AQTB3	艹勹⺍凵
淘	IQRM3	氵勹⺍山
	IQTB3	氵勹⺍凵
淘汰	IQID	淘金 IQQQ[98]
陶	BQRM3	阝勹⺍山
	BQTB2	阝勹⺍凵
陶瓷	BQUQ	陶醉 BQSG
陶冶	BQUC[98]	
啕	KQRM	口勹⺍山
	KQTB3	口勹⺍凵
桃	SIQN3	木⺍儿
	SQI	木儿⺍
桃花	SIAW	桃树 SISC[86]
逃	IQPV3	⺍儿辶
	QIP	儿⺍辶
逃离	QIYR[98]	
逃避	IQNK[86]/QINK[98]	

燅	IQFC3	⺍儿士又
	QIFC3	儿⺍士又
洮	IIQN3	氵⺍儿
	IQIY3	氵儿⺍

tǎo

| 讨 | YFY | 讠寸 |
| | YFY | 讠寸 |

讨嫌 YFVU[86]　讨论 YEYW[98]
讨论通过 YYCF[98]　讨厌 YFDD[86]

tào

| 套 | DDU | 大镸 |
| | DDU | 大镸 |

套牢 DDPT[98]

tè

| 特 | TRFF3 | 丿扌土寸 |
| | CFFY | 牛土寸 |

特长 TRTA[86]/CFTA[98]
特务 TRTL[86]/CFTE[98]
特色 TRQC[86]/CFQC[98]
特别 TRKL[86]/CFKE[98]
特殊 TRGQ[86]/CFGQ[98]
特权 TRSC[86]/CFSC[98]
特邀 TRRY[86]/CFRY[98]
特点 TRHK[86]/CFHK[98]
特快 TRNN[86]/CFNN[98]
特意 TRUJ[86]/CFUJ[98]
特有 TRDE[86]/CFDE[98]
特级 TRXE[86]/CFXB[98]
特写 TRPG[86]

| 忒 | ANI | 弋心 |
| | ANYI | 七心丶 |

| 铽 | QANY | 钅弋心 |
| | QANY | 钅七心丶 |

| 忑 | GHNU | 一卜心 |
| | GHNU | 一卜心 |

| 匿 | AADN | 匚卅ナ心 |
| | AADN | 匚卅ナ心 |

tēi

| 忒 | ANI | 弋心 |
| | ANYI | 七心丶 |

téng

| 疼 | UTUI3 | 疒夂冫 |
| | UTUI3 | 疒夂冫 |

| 滕 | EUDI | 月⺍大水 |
| | EUGI | 月丷夫水 |

| 藤 | AEUI3 | 艹月⺍水 |
| | AEUI3 | 艹月丷水 |

| 腾 | EUDC3 | 月⺍大马 |
| | EUGG | 月丷夫一 |

腾飞 EUNU　腾空 EUPW[86]
腾腾 EUEU[86]

| 誊 | UDYF | ⺍大言 |
| | UGYF3 | 丷夫言 |

tī

| 梯 | SUXT3 | 木丷弓丿 |
| | SUXT3 | 木丷弓丿 |

梯田 SULL　梯级 SUXB[98]
梯队 SUBW[86]

| 锑 | QUXT3 | 钅丷弓丿 |
| | QUXT3 | 钅丷弓丿 |

剔 JQRJ　　曰ク彡刂
　 JQRJ　　曰ク彡刂

踢 KHJR3　口止曰彡
　 KHJR3　口止曰彡

体 WSGG3　亻木一
　 WSGG3　亻木一

tí

提 RJGH2　扌日一止
　 RJGH2　扌日一止
提议 RJYY　提示 RJFI
提前 RJUE　提炼 RJOA
提醒 RJSG　提案 RJPV
提交 RJUQ[86]/RJUR[98]
提高 RJYM

题 JGHM　　日一止贝
　 JGHM3　日一止贝
题词 JGYN　题材 JGSF
题字 JGPB[98]　题写 JGPG[98]

缇 XJGH3　纟日一止
　 XJGH3　纟日一止

醍 SGJH　　西一日止
　 SGJH　　西一日止

蹄 KHUH　口止立丨
　 KHYH　口止⺊丨

啼 KUPH2　口立冖丨
　 KYUH　口⺊亠丨
啼笑皆非 KTXD[86]

荑 AGXW3　艹一弓人
　 AGXW3　艹一弓人

绨 XUXT　纟丷弓丿
　 XUXT　纟丷弓丿

鹈 UXHG　丷弓丨一
　 UXHG　丷弓丨一

tǐ

体 WSGG3　亻木一
　 WSGG3　亻木一
体会 WSWF　体系 WSTX
体育 WSYC　体现 WSGM
体质 WSRF　体积 WSTK
体制 WSRM[86]/WSTG[98]
体力 WSLT[86]/WSEN[98]
体验 WSCW[86]/WSCG[98]
体操 WSRK　体育馆 WYQN
体制改革 WRNA[86]/WTNA[98]
体力劳动 WLAF[86]/WEAF[98]

tì

替 FWFJ3　二人二日
　 GGJF3　夫夫日

嚏 KFPH　口十冖止
　 KFPH　口十冖止

惕 NJQR3　忄曰ク彡
　 NJQR3　忄曰ク彡

裼 PUJR　衤冫日彡
　 PUJR　衤冫日彡

涕 IUXT　氵丷弓丿
　 IUXT　氵丷弓丿

悌 NUXT3　忄丷弓丿
　 NUXT3　忄丷弓丿

剃 UXIJ　丷弓丨刂
　 UXHJ　丷弓丨刂

屉 NANV3　尸廿乚
　 NANV3　尸廿乚

倜 WMFK3 亻冂土口
WMFK3 亻冂土口

逖 QTOP 犭丿火辶
QTOP 犭丿火辶

tiān

天 GDI2 一大
GDI2 一大
天才 GDFT 天气预报 GRCR
天方夜谭 GYYY[86] 天下 GDGH
天坛 GDFF 天体 GDWS
天河 GDIS 天空 GDPW
天线 GDXG 天真 GDFH
天花乱坠 GATB[86] 天桥 GDST
天罗地网 GLFM[86] 天堂 GDIP
天气 GDRN[86]/GDRT[98]
天涯 GDID[86] 天文 GDYY[86]
天鹅 GDTR[98] 天使 GDWG[98]
天安门 GPUY 天主教 GYFT
天涯海角 GIIQ[86] 天天 GDGD
天安门广场 GPUF[98] 天平 GDGU

添 IGDN3 氵一大小
IGDN3 氵一大小
添置 IGLF 添加 UGEK[98]
添加剂 IEYJ[98]

tián

田 LLLL3 田田田田
LLLL2 田田田田
田径 LLTC 田间 LLUJ
田园 LLLF[86] 田地 LLFB[86]
田野 LLJF[86]

佃 WLG2 人田
WLG2 人田

钿 QLG 钅田
QLG 钅田

畋 LTY 田攵
LTY 田攵

甜 TDAF 丿古卄二
TDFF3 丿古甘
甜蜜 TDPN[86] 甜酒 TDIS[86]
甜言蜜语 TYPY[86]

恬 NTDG3 忄丿古
NTDG3 忄丿古
恬不知耻 NGTB[86]

阗 UFHW3 门十且八
UFHW 门十且八

填 FFHW3 土十且八
FFHW3 土十且八
填补 FFPU 填写 FFPG
填空 FFPW[86]

tiǎn

忝 GDNU3 一大小
GDNU3 一大小

舔 TDGN 丿古一小
TDGN 丿古一小

腆 EMAW3 月冂卄八
EMAW 月冂卄八

殄 GQWE3 一夕人彡
GQWE 一夕人彡

tiàn

掭 RGDN 扌一大小
RGDN3 扌一大小

tiāo

佻	WIQN3	亻ㅆ儿
	WQIY	亻儿ㅆ
祧	PYIQ	礻丶ㅆ儿
	PYQI	礻丶儿ㅆ
挑	RIQN3	扌ㅆ儿
	RQIY3	扌儿ㅆ

挑选 RITF[86]/RQTF[98]
挑战 RIHK[86]/RQHK[98]
挑起 RQFH[98] 挑拨离间 RRYU[86]

tiáo

条	TSU2	夂木
	TSU2	夂木

条件 TSWR[86]/TSWT[98]
条约 TSXQ 条例 TSWG
条款 TSFF 条子 TSBB[98]

鲦	QGTS	鱼一夂木
	QGTS	鱼一夂木
迢	VKPD3	刀口辶
	VKPD3	刀口辶
笤	TVKF3	⺮刀口
	TVKF3	⺮刀口
蚎	HWBK	止人凵口
	HWBK	止人凵口
髫	DEVK3	镸彡刀口
	DEVK	镸彡刀口
苕	AVKF	艹刀口
	AVKF	艹刀口
调	YMFK3	讠冂土口
	YMFK3	讠冂土口

调节 YMAB 调配 YMSG
调解 YMQE 调戏 YMCA[86]
调整 YMGK[86]/YMSK[98]
调和 YMTK[86] 调剂 YMYJ[98]
调整结构 YSXS[98]

蜩	JMFK	虫冂土口
	JMFK3	虫冂土口

tiǎo

挑	RIQN3	扌ㅆ儿
	RQIY3	扌儿ㅆ
窕	PWIQ3	宀八ㅆ儿
	PWQI3	宀八儿ㅆ

tiào

眺	HIQN3	目ㅆ儿
	HQIY	目儿ㅆ

眺望 HIYN[86]

跳	KHIQ3	口止ㅆ儿
	KHQI	口止儿ㅆ

跳高 KHYM 跳动 KHFC
跳板 KHSR[98] 跳水 KHII[98]
跳远 KHFQ[98]

粜	BMOU3	凵山米
	BMOU3	凵山米

tiē

贴	MHKG	贝⺊口
	MHKG	贝⺊口

贴近 MHRP 贴切 MHAV[86]
贴息 MHTH[98] 贴补 MHPU[98]

帖	MHHK3	冂丨⺊口
	MHHK3	冂丨⺊口

萜 AMHK ⁺⁺冂丨口
　　AMHK ⁺⁺冂丨口

tiě

铁 QRWY2 钅⌒人
　　QTGY3 钅丿夫
铁证 QRYG⁸⁶　铁路 QRKH⁸⁶
铁道 QRUT⁸⁶/QTUT⁹⁸
铁矿 QRDY⁸⁶/QTDO⁹⁸
铁面无私 QDFT⁸⁶

帖 MHHK3 冂丨⼘口
　　MHHK3 冂丨⼘口

tiè

帖 MHHK3 冂丨⼘口
　　MHHK 冂丨⼘口
餮 GQWE 一夕人㇏
　　GQWV 一夕人艮

tīng

听 KRH2 口斤
　　KRH2 口斤
听见 KRMQ　听众 KRWW
听信 KRWY⁸⁶　听到 KRGC⁹⁸
厅 DSK2 厂丁
　　DSK2 厂丁
厅长 DSTA　厅局级 DNXE⁸⁶
汀 ISH 氵丁
　　ISH 氵丁
烃 OCAG2 火ス工
　　OCAG3 火ス工

tíng

亭 YPSJ3 亠⼍丁
　　YPSJ3 亠⼍丁
亭子 YPBB⁸⁶
停 WYPS3 亻亭⼍丁
　　WYPS3 亻亭⼍丁
停止 WYHH　停产 WYUT
停电 WYJN　停机 WYSW⁹⁸
停留 WYQY⁹⁸　停办 WYEW⁹⁸
停车场 WLFN
葶 AYPS3 ⁺⁺亭⼍丁
　　AYPS3 ⁺⁺亭⼍丁
婷 VYPS3 女亭⼍丁
　　VYPS3 女亭⼍丁
廷 TFPD 丿士廴
　　TFPD 丿士廴
庭 YTFP 广丿士廴
　　OTFP2 广丿士廴
庭院 OTBP⁹⁸
莛 ATFP ⁺⁺丿士廴
　　ATFP ⁺⁺丿士廴
蜓 JTFP 虫丿士廴
　　JTFP 虫丿士廴
霆 FTFP3 雨丿士廴
　　FTFP3 雨丿士廴

tǐng

挺 RTFP 扌丿士廴
　　RTFP 扌丿士廴
挺拔 RTRD⁸⁶　挺举 RTIG⁹⁸
挺身而出 RTDB
艇 TETP3 丿舟丿廴

	TUTP3	丿舟丿乂
铤	QTFP	钅丿士乂
	QTFP	钅丿士乂
梃	STFP	木丿士乂
	STFP	木丿士乂
町	LSH	田丁
	LSH	田丁

tìng

| 梃 | STFP | 木丿士乂 |
| | STFP | 木丿士乂 |

tōng

| 通 | CEPK3 | マ用辶 |
| | CEPK3 | マ用辶 |

通信卫星 CWBJ[98]　通讯 CEYN
通电 CEJN　通情达理 CNDG[86]
通信地址 CWFF[86]　通常 CEIP
通讯卫星 CYBJ[86]　通过 CEFP
通讯地址 CYFF[98]　通用 CEET
通知书 CTNN　通报 CERB
通告 CETF　通畅 CEJH[86]
通顺 CEKD[86]　通航 CETU[98]
通俗 CEWW　通宵 CEPI[98]

嗵	KCEP3	口マ用辶
	KCEP3	口マ用辶
恫	NMGK3	忄冂一口
	NMGK3	忄冂一口

tóng

| 同 | MGKD2 | 冂一口 |
| | MGKD2 | 冂一口 |

同志 MGFN　同居 MGND

同胞 MGEQ　同盟 MGJE
同时 MGJF　同意 MGUJ
同类 MGOD　同龄 MCHW
同仁 MGWF　同乡 MGXT
同年 MGRH[86]/MGTG[98]
同期 MGAD[86]/MGDW[98]
同学 MGIP　同等 MGTF
同心同德 MNMT
同心协力 MNFL[86]/MNFE[98]

铜	QMGK	钅冂一口
	QMGK	钅冂一口
侗	WMGK	亻冂一口
	WMGK3	亻冂一口
桐	SMGK	木冂一口
	SMGK	木冂一口
桐柏 SMSR[98]		
酮	SGMK	西一冂口
	SGMK	西一冂口
莔	AMGK3	艹冂一口
	AMGK3	艹冂一口
峒	MMGK	山冂一口
	MMGK	山冂一口
垌	FMGK3	土冂一口
	FMGK3	土冂一口
童	UJFF	立曰土
	UJFF	立曰土

童话 UJYT　童装 UJUF[98]
童年 UJRH[86]/UJTG[98]
童工 UJAA[98]

瞳	HUJF2	目立曰土
	HUJF2	目立曰土
僮	WUJF3	亻立曰土

	WUJF3	⺀立曰土
潼	IUJF	⺌立曰土
	IUJF	⺌立曰土
彤	MYET3	冂⺀彡
	MYET3	冂⺀彡
佟	WTUY	亻夂冫
	WTUY3	亻夂冫
仝	WAF	人工
	WAF	人工
砼	DWAG3	石人工
	DWAG3	石人工

tǒng

桶	SCEH3	木⺈用
	SCEH3	木⺈用
捅	RCEH3	扌⺈用
	RCEII3	扌⺈用
筒	TMGK	⺮冂一口
	TMGK	⺮冂一口
侗	WMGK	亻冂一口
	WMGK3	亻冂一口
统	XYCQ8	纟⺀厶儿
	XYCQ3	纟⺀厶儿

统建 XYVF[86]　统计表 XYGE
统战部 XHUK　统计局 XYNN
统筹兼顾 XTUD[86]　统一 XYGG
统一计划 XGYA[86]
统计资料 XYUO[98]
统筹安排 XTPR[98]
统一规划 XGGA[98]
统配煤矿总公司 XSON[98]

tòng

| 痛 | UCEK3 | 疒⺈用 |
| | UCEK2 | 疒⺈用 |

痛快 UCNN　痛哭 UCKK
痛心 UCNY　痛恨 UCNV[86]

通	CEPK3	⺈用辶
	CEPK3	⺈用辶
恸	NFCL	忄二厶力
	NFCE	忄二厶力
同	MGKD2	冂一口
	MGKD2	冂一口

tōu

| 偷 | WWGJ | 亻人一刂 |
| | WWGJ | 亻人一刂 |

偷盗 WWUQ　偷窃 WWPW[86]
偷税 WWTU[98]　偷渡 WWIO[98]
偷漏 WWIN[98]

tóu

| 投 | RMCY3 | 扌几又 |
| | RWCY3 | 扌几又 |

投票 RMSF[86]／RWSF[98]
投资 RMUQ[86]／RWUQ[98]
投递 RMUX[86]／RWUX[98]
投产 RMUT[86]／RWUT[98]
投诉 RMYR[86]／RWYR[98]
投入 RMTY[86]／RWTY[98]
投井下石 RFGD[86]
投资者 RUFT[98]

| 骰 | MEMC3 | ⺌月几又 |
| | MEWC | ⺌月几又 |

头 UDI　　　：大
　　 UDI2　　：大
头等大事 UTDG[98]　　头脑 UDEY
头破血流 UDTI[86]　　头发 UDNT
头版 UDTH　　头痛 UDUC
头等 UDTF　　头条 UDTS[98]
头顶 UDSD[98]

tǒu

钭 QUFH3　　钅：十
　　 QUFH3　　钅：十

tòu

透 TEPV3　　禾乃辶
　　 TBPV3　　禾乃辶
透露 TEFK[86]/TBFK
透过 TEFP[86]/TBFP[98]
透视 TEPY[86]/TBPY[98]
透明 TEJE[86]/TBJE[98]

tou

头 UDI　　　：大
　　 UDI2　　：大

tū

突 PWDU3　　宀八犬
　　 PWDU3　　宀八犬
突然 PWQD　　突击队 PGBW[98]
突破 PWDH[86]/PWDB[98]
突飞猛进 PNQF
突破口 PDKK[98]
突出贡献 PBAF[98]

凸 HGMG3　　丨一冂一
　　 HGHG3　　丨一冂一

秃 TMB　　　禾几
　　 TWB　　　禾几

tú

图 LTUI3　　囗夂：
　　 LTUI3　　囗夂：
图表 LTGE　　图案 LTPV
图像 LTWQ　　图书 LTNN
图画 LTGL　　图片 LTTH
图章 LTUJ[86]　　图书馆 LNQN
图谋 LTYF　　图书室 LNPG[98]

徒 TFHY　　　彳土龰
　　 TFHY　　　彳土龰
徒刑 TFGA　　徒工 TFAA[86]
徒劳 TFAP[86]

途 WTPI3　　人禾辶
　　 WGSP　　　人一木辶
途径 WTTC[86]/WGTC[98]
途经 WGXC[98]

涂 IWTY3　　氵人禾
　　 IWGS　　　氵人一木
涂料 IWOU[98]

馀 SGWT　　西一人禾
　　 SGWS　　西一人木

荼 AWTU3　　艹人禾
　　 AWGS　　艹人一木

屠 NFTJ3　　尸土丿日
　　 NFTJ3　　尸土丿日
屠杀 NFRS[98]　　屠宰 NFPU[98]

菟 AQKY　　艹⺈口丶
　　 AQKY　　艹⺈口丶

tǔ

土 FFFF　　土土土土
　　FFFF　　土土土土
土石方 FDYY[98]　土改 FFNT
土产 FFUT[86]　土木 FFSS
土地 FFFB　土耳其 FBDW[98]
土特产 FTUT[86]/FCUT[98]

钍 QFG　　钅土
　　QFG　　钅土

tù

吐 KFG　　口土
　　KFG　　口土
吐鲁番 KQTO

兔 QKQY　　⺈口儿丶
　　QKQY　　⺈口儿丶

块 FQKY3　土⺈口丶
　　FQKY　土⺈口丶

菟 AQKY　　艹⺈口丶
　　AQKY　　艹⺈口丶

tuān

湍 IMDJ3　氵山ㄓ刂
　　IMDJ3　氵山ㄓ刂

tuán

团 LFTE3　囗十丿
　　LFTE2　囗十丿
团结 LFXF　团圆 LFLK
团体赛 LWPF[86]/LWPA[98]
团费 LFXJ[86]　团校 LFSU[86]
团聚 LFBC[98]　团组织 LXXK[86]
团体操 LWRK[86]　团拜 LFRD[98]

抟 RFNY3　扌二乛丶
　　RFNY3　扌二乛丶

tuǎn

疃 LUJF3　田立曰土
　　LUJF3　田立曰土

tuàn

彖 XEU　　彑豕
　　XEU　　彑豕

tuī

推 RWYG　扌亻圭
　　RWYG　扌亻圭
推广 RWYY[86]/RWOY[98]
推动 RWFC　推进 RWFJ
推销 RWQI　推翻 RWTO
推出 RWBM　推选 RWTF
推举 RWIW[86]/RWIG[98]
推测 RWIM[86]　推断 RWON[86]
推广应用 RYYE[86]/ROOE[98]

忒 ANI　　弋心
　　ANYI　弋心丶

tuí

颓 TMDM　禾几ㄓ贝
　　TWDM3　禾几ㄓ贝
颓废 TMYN[86]

tuǐ

腿 EVEP3　月彐㐄辶
　　EVPY3　月艮辶

tuì

蜕	JUKQ3	虫丷口儿
	JUKQ3	虫丷口儿
退	VEPI3	∃以辶
	VPI2	艮辶

退休 VEWS[86]/VPWS[98]
退还 VEGI[86]/VPDH[98]
退伍 VEWG[86]/VPWG[98]
退役 VPTW[98]

褪	PUVP	衤∶∃辶
	PUVP	衤∶艮辶
煺	OVEP3	火∃以辶
	OVPY3	火艮辶

tūn

吞	GDKF3	一大口
	GDKF3	一大口

吞吐量 GDJG[98]
吞吞吐吐 GGKK[86]

噋	JYBT3	日亠子攵
	JYBT3	日亠子攵

tún

屯	GBNV2	一凵乚
	GBNV3	一凵乚
囤	LGBN3	囗一凵乚
	LGBN3	囗一凵乚
饨	QNGN	饣乚一乚
	QNGN	饣乚一乚
臀	NAWE	尸廿八月
	NAWE	尸廿八月
豚	EEY	月豕

	EGEY	月一豕

tǔn

氽	WIU	人水
	WIU	人水

tùn

褪	PUVP	衤∶∃辶
	PUVP	衤∶艮辶

tuō

拖	RTBN3	扌⺧也
	RTBN3	扌⺧也

拖拉 RTRU　拖欠 RTQW[98]
拖拉机 RRSM[86]/RRSW[98]
拖泥带水 RIGI[86]

乇	TAV	丿七
	TAV	丿七
托	RTAN3	扌丿七
	RTAN3	扌丿七

托运 RTFC[86]　托管 RTTP[98]
托儿所 RQRN

脱	EUKQ3	月丷口儿
	EUKQ3	月丷口儿

脱离 EUYB[86]/EUYR[98]
脱稿 EUTY[86]　脱险 EUBW[86]
脱钩 EUQQ[98]　脱落 EUAI[98]
脱颖而出 EXDB

tuó

鸵	QYNX	勹丶乚匕
	QGPX3	鸟一宀匕
陀	BPXN3	阝宀匕
	BPXN3	阝宀匕

驼	CPXN2	马宀匕		SBDE3	木阝广月
	CGPX3	马一宀匕	椭圆	SBLK[86]	
佗	WPXN3	亻宀匕	妥	EVF2	爫女
	WPXN3	亻宀匕		EVF2	爫女
坨	FPXN	土宀匕	妥协	EVFL[86]/EVFE[98]	
	FPXN	土宀匕	妥善	EVUD[86]/EVUU[98]	
沱	IPXN3	氵宀匕	妥善处理	EUTG[98]	
	IPXN3	氵宀匕	妥善解决	EUQU[98]	
柁	SPXN3	木宀匕	庹	YANY	广廿尸乀
	SPXN3	木宀匕		OANY	广廿尸乀
砣	DPXN3	石宀匕			tuò
	DPXN3	石宀匕	拓	RDG2	扌石
酡	SGPX3	酉一宀匕		RDG2	扌石
	SGPX3	酉一宀匕	拓宽	RDPA[98]	拓展 RDNA[98]
跎	KHPX	口止宀匕	魄	RRQC	白白儿厶
	KHPX	口止宀匕		RRQC	白白儿厶
铊	QPXN3	钅宀匕	唾	KTGF3	口丿一土
	QPXN3	钅宀匕		KTGF3	口丿一土
驮	CDY	马大	箨	TRCH	⺮扌又丨
	CGDY	马一大		TRCG3	⺮扌又十
橐	GKHS	一口丨木	柝	SRYY	木斤丶
	GKHS	一口丨木		SRYY	木斤丶
鼍	KKLN3	口口田乚			
	KKLN3	口口田乚			
		tuǒ			
椭	SBDE3	木阝广月			

W

wā

挖 RPWN　扌宀八乙
　　RPWN　扌宀八乙
挖空心思 RPNL[86]　挖掘 RPRN
挖潜 RPIG[98]　挖出 RPBM[98]

哇 KFFG3　口土土
　　KFFG3　口土土

蛙 JFFG3　虫土土
　　JFFG3　虫土土
蛙泳 JFIY[98]

洼 IFFG　氵土土
　　IFFG　氵土土

娲 VKMW3　女口冂人
　　VKMW3　女口冂人

wá

娃 VFFG3　女土土
　　VFFG　女土土

wǎ

瓦 GNYN3　一乚丶乙
　　GNNY3　一乚乙丶
瓦解 GNQE

佤 WGNN3　亻一乚乙
　　WGNY　亻一乚丶

wà

袜 PUGS3　衤丷一木
　　PUGS3　衤丷一木

腽 EJLG3　月日皿
　　EJLG3　月日皿

瓦 GNYN3　一乚丶乙
　　GNNY3　一乚乙丶

wa

哇 KFFG3　口土土
　　KFFG3　口土土

wāi

歪 GIGH3　一小一止
　　DHGH3　ア卜一止
歪曲 GIMA[86]/DHMA[98]
歪风 GIMQ[86]/DHWR[98]

wǎi

崴 MDGT　山厂一丿
　　MDGV　山戊一女

wài

外 QHY2　夕卜
　　QHY2　夕卜
外汇 QHIA　外文 QHYY
外出 QHBM　外表 QHGE
外币 QHTM　外线 QHXG

外交 QHUQ⁸⁶/QHUR⁹⁸
外商 QHUM⁸⁶/QHYU⁹⁸
外籍 QHTD⁸⁶/QHTF⁹⁸
外交官 QUPN

wān

弯 YOXB3   亠小弓
   YOXB3   亠小弓
弯曲 YOMA
湾 IYOX3   氵亠小弓
   IYOX3   氵亠小弓
豌 GKUB   一口䒑㔾
   GKUB   一口䒑㔾
剜 PQBJ   宀夕㔾刂
   PQBJ   宀夕㔾刂
蜿 JPQB3   虫宀夕㔾
   JPQB3   虫宀夕㔾
蜿蜒 JPJT⁹⁸

wán

玩 GFQN3   王二儿
   GFQN3   王二儿
玩笑 GFTT   玩具 GFHW
玩弄 GFGA⁸⁶   玩耍 GFDM⁸⁶
顽 FQDM3   二儿厂贝
   FQDM3   二儿厂贝
顽固 FQLD   顽强 FQXK
顽抗 FQRY⁸⁶
丸 VYI   九、
   VYI   九、
芄 AVYU3   艹九、
   AVYU3   艹九、
纨 XVYY   纟九、

XVYY   纟九、
完 PFQB3   宀二儿
   PFQB3   宀二儿
完美 PFUG   完毕 PFXX
完工 PFAA
完善 PFUD⁸⁶/PFUU⁹⁸
完整 PFGK⁸⁶/PFSK⁹⁸
烷 OPFQ3   火宀二儿
   OPFQ3   火宀二儿

wǎn

宛 PQBB2   宀夕㔾
   PQBB2   宀夕㔾
宛如 PQVK
碗 DPQB3   石宀夕㔾
   DPQB3   石宀夕㔾
惋 NPQB   忄宀夕㔾
   NPQB   忄宀夕㔾
惋惜 NPNA
婉 VPQB3   女宀夕㔾
   VPQB3   女宀夕㔾
婉言 VPYY⁹⁸
菀 APQB   艹宀夕㔾
   APQB   艹宀夕㔾
琬 GPQB3   王宀夕㔾
   GPQB3   王宀夕㔾
畹 LPQB3   田宀夕㔾
   LPQB3   田宀夕㔾
挽 RQKQ   扌ク口儿
   RQKQ   扌ク口儿
挽回 RQLK
挽救 RQFI⁸⁶/RQGI⁹⁸
挽回经济损失 RLXT⁹⁸

W

晚　JQKQ2　日ㄣ口儿
　　JQKQ2　日ㄣ口儿
晚上 JQHH　晚间 JQUJ
晚会 JQWF　晚饭 JQQN
晚报 JQRB　晚霞 JQFN[86]
晚餐 JHQ[86]　晚安 JQPV[86]
晚婚 JQVQ[86]　晚辈 JQDJ[86]
晚期 JQAD[86]/JQDW[98]
晚年 JQRH[86]/JQTG[98]
晚宴 JQPJ[98]

娩　VQKQ3　女ㄣ口儿
　　VQKQ3　女ㄣ口儿

皖　RPFQ3　白宀二儿
　　RPFQ3　白宀二儿

脘　EPFQ3　月宀二儿
　　EPFQ3　月宀二儿

莞　APFQ　卅宀二儿
　　APFQ　卅宀二儿

绾　XPNN3　纟宀コ コ
　　XPNG3　纟宀日

wàn

万　DNV　厂丁
　　GQE2　一力
万户 DNYN[86]　万里 DNJF[86]
万岁 DNMQ[86]/GQMQ[98]
万一 DNGG[86]/GQGG[98]
万能 DNCE[86]/GQGK[98]
万事 DNGK[86]/GQCE[98]
万物 DNTR[86]/GQCQ[98]
万元 DNFQ[86]/GQFQ[98]
万水千山 DITM[86]
万众一心 DWGN[86]

万寿无疆 DDFX[86]
万事大吉 DGDF[86]
万象更新 DQGU[86]

腕　EPQB3　月宀夕㠯
　　EPQB3　月宀夕㠯

蔓　AJLC3　卅曰罒又
　　AJLC3　卅曰罒又

wāng

汪　IGG2　氵王
　　IGG　氵王
汪洋 IGIU

wáng

王　GGGG3　王王王王
　　GGGG3　王王王王
王朝 GGFJ[98]　王府 GGOW[98]
王国 GGLG　王码汉卡 GDIH[86]
王府井 GYFJ[86]/GOFJ[98]
王永民先生 GYNT[98]
王永民教授 GYNR[98]
王码电脑公司 GDJN
王码商密技术公司 GDYN[98]

亡　YNV　亠匸
　　YNV　亠匸
亡命 YNWG[86]
亡羊补牢 YUPP[86]

wǎng

网　MQQI3　冂乂乂
　　MRRI3　冂乂乂
网球 MQGF[86]/MRGG[98]
网络 MQXT[86]/MRXT[98]
网站 MQUH[98]　网点 MRHK[98]

网址 MRFH[98]

往 TYGG3　彳丶王
　　 TYGG3　彳丶王
往事 TYGK　往往 TYTY
往日 TYJJ　往后 TYRG[86]
往来 TYGO[86]/TYGU[98]
往年 TYRH[86]/TYTG[98]
往上 TYHH[98]　往下 TYGH[98]

枉 SGG　　木王
　　 SGG　　木王
枉法 SGIF[98]

罔 MUYN3　冂䒑乚
　　 MUYN3　冂䒑乚

惘 NMUN3　忄冂䒑乚
　　 NMUN3　忄冂䒑乚

辋 LMUN3　车冂䒑乚
　　 LMUN3　车冂䒑乚

魍 RQCN　白儿厶乚
　　 RQCN　白儿厶乚

wàng

旺 JGG　　日王
　　 JGG　　日王
旺季 JGTB　旺盛 JGDN

王 GGGG3　王王王王
　　 GGGG3　王王王王

望 YNEG　亠乚月王
　　 YNEG　亠乚月王
望远镜 YFQU[86]　望见 YNMQ[86]
望而却步 YDFH[86]
望梅止渴 YSHI[86]

忘 YNNU　亠乚心

YNNU　亠乚心
忘恩负义 YLQY[86]　忘记 YNYN
忘我 YNTR[98]　忘本 YNSG[86]

妄 YNVF　亠乚女
　　 YNVF　亠乚女
妄念 YNLT[86]　妄想 YNSH[86]
妄自尊大 YTUD[86]

wēi

危 QDBB3　⺈厂㔾
　　 QDBB3　⺈厂㔾
危险 QDBW　危难 QDCW[86]
危及 QDBY[86]　危险品 QBKK
危险性 QBNT

威 DGVT3　厂一女丿
　　 DGVD3　戊一女
威力 DGLT[86]/DGEN[98]
威风 DGMQ[86]/DGWR[98]
威慑 DGNB[86]　威海 DGIT[98]
威望 DGYN[86]
威胁 DGEL[86]/DGEE[98]

嵬 MDGT　山厂一丿
　　 MDGV　山戊一女

葳 ADGT3　艹厂一丿
　　 ADGV3　艹戊一女

巍 MTVC3　山禾女厶
　　 MTVC3　山禾女厶
巍峨 MTMT[86]

微 TMGT3　彳山一攵
　　 TMGT3　彳山一攵
微波 TMIH[86]/TMIB[86]
微笑 TMTT　微型 TMGA
微量 TMJG　微观 TMCM

微机 TMSM[86]/TMSW[98]　　　FNHP　　二丁丨辶

微生物 TTTR[86]/TTCQ[98]　违反 FNRC　违法乱纪 FITX

微米 TMOY[86]　微风 TMMQ[86]　违反规定 FRGP[98]

微软 TMLQ[98]　微型机 TGSM[86]　违法行为 FITY[98]

微处理机 TTGS[86]　　　　　违法犯罪 FIQL[98]

微不足道 TGKU[86]

微量元素 TJFG[98]　　　闱 UFNH3　门二丁丨
　　　　　　　　　　　　　　UFNH　门二丁丨
薇 ATMT3　艹彳山夂

　　ATMT3　艹彳山夂　　帏 MHFH3　冂丨二丨

偎 WLGE　亻田一㇇　　　　MHFH3　冂丨二丨

　　WLGE　亻田一㇇　　唯 KWYG　口亻圭

煨 OLGE3　火田一㇇　　　　KWYG　口亻圭

　　OLGE3　火田一㇇　　唯物主义 KTYY[86]

隈 BLGE3　阝田一㇇　　　唯心主义 KNYY[86]

　　BLGE3　阝田一㇇　　惟 NWYG3　忄亻圭

委 TVF2　禾女　　　　　　　NWYG3　忄亻圭

　　TVF2　禾女　　　　　惟独 NWQT[86]　惟恐 NWAM[86]

逶 TVPD3　禾女辶　　　　惟有 NWDE[86]

　　TVPD3　禾女辶　　　帷 MHWY3　冂丨亻圭

　　　　　　wéi　　　　　　MHWY　冂丨亻圭

韦 FNHK3　二丁丨　　　　帷幄 MHMH[86]　帷幕 MHAJ[98]

　　FNHK3　二丁丨

围 LFNH　囗二丁丨　　　潍 IXWY3　氵纟亻圭

　　LFNH　囗二丁丨　　　　IXWY3　氵纟亻圭

围绕 LFXA　围观 LFCM　　潍坊 IXFY[98]

围攻 LFAT　围困 LFLS

围棋 LFSA[86]/LFSD[98]　　维 XWYG3　纟亻圭

围剿 LFVJ[98]　围墙 LFFF[98]　　XWYG3　纟亻圭

　　　　　　　　　　　　维护 XWRY　维持 XWRF

涠 ILFH3　氵囗二丨　　　维修 XWWH　维生素 XTGX

　　ILFH3　氵囗二丨　　维也纳 XBXM　维吾尔 XGQI[98]

违 FNHP　二丁丨辶　　　维修服务 XWET[98]

　　　　　　　　　　　　维护世界和平 XRAG[98]

　　　　　　　　　　　为 YLYI2　丶力丶

　　　　　　　　　　　　YEYI3　丶力丶

　　　　　　　　　　　为难 YLCW[86]/YECW[98]

为非作歹 YDWG[86]
为所欲为 YRWY[86]

沩 IYLY3　氵丶力丶
　 IYEY　　氵丶力丶

圩 FGFH3　土一十丨
　 FGFH3　土一十丨

嵬 MRQC3　山白儿厶
　 MRQC3　山白儿厶

桅 SQDB3　木𠂊厂㔾
　 SQDB3　木𠂊厂㔾

桅杆 SQSF[86]

wěi

唯 KWYG　口亻圭
　 KWYG　口亻圭

委 TVF2　禾女
　 TVF2　禾女

委托 TVRT　委员会 TKWF
委曲求全 TMFW[86]
委内瑞拉 TMGR[98]

萎 ATVF3　艹禾女
　 ATVF3　艹禾女

诿 YTVG3　讠禾女
　 YTVG3　讠禾女

瘘 UTVD3　疒禾女
　 UTVD3　疒禾女

伟 WFNH3　亻二刁丨
　 WFNH3　亻二刁丨

伟大 WFDD　伟人 WFWW[98]
伟大事业 WDGO[98]

纬 XFNH　纟一刁丨
　 XFNH　纟一刁丨

纬度 XFYA[86]

苇 AFNH3　艹二刁丨
　 AFNH3　艹二刁丨

玮 GFNH3　王二刁丨
　 GFNH3　王二刁丨

韪 JGHH　日一龰丨
　 JGHH　日一龰丨

炜 OFNH3　火二刁丨
　 OFNH3　火二刁丨

伪 WYLY3　亻丶力丶
　 WYEY　亻丶力丶

伪劣 WYIT　伪装 WYUF[86]
伪劣商品 WIYK[98]

尾 NTFN3　尸丿二乚
　 NEV2　尸毛

尾声 NEFN[98]

娓 VNTN　女尸丿乚
　 VNEN3　女尸毛

艉 TENN3　丿舟尸乚
　 TUNE3　丿舟尸毛

隗 BRQC3　阝白儿厶
　 BRQC3　阝白儿厶

猥 QTLE　犭丿田㢧
　 QTLE3　犭丿田㢧

洧 IDEG　氵𠂇月
　 IDEG　氵𠂇月

鲔 QGDE　鱼一𠂇月
　 QGDE　鱼一𠂇月

wèi

未 FII　二小
　 FGGY　未一丶

未必 FINT[86]/FGNT[98]
未曾 FIUL[86]/FGUI,[98]
未来 FIGO[86]/FGGU[98]
未决 FGUN[98]

味 KFIY3   口二小
KFY   口未
味道 KFUT   味精 KFOG[86]

为 YLYI2   丶力丶
YEYI3   丶力丶
为了 YLBN[86]/YEBN[98]
为何 YLWS[86]/YEWS[98]
为此 YLHX[86]/YEHX[98]
为名 YLQK[86]/YEQK[98]
为什么 YWTC
为人民服务 YWNT

尉 NFIF   尸二小寸
NFIF   尸二小寸
慰 NFIN   尸二小心
NFIN3   尸二小心
慰问 NFUK   慰劳 NFAP[86]
慰藉 NFAD[86]   慰问团 NULF
慰问信 NUWY[86]

蔚 ANFF3   艹尸二寸
ANFF3   艹尸二寸
蔚然 ANQD   蔚蓝 ANAJ[86]
蔚然成风 AQDW

畏 LGEU3   田一𠄌
LGEU3   田一𠄌
喂 KLGE   口田一𠄌
KLEY2   口田𠄌丶
喂养 LKUG[98]

胃 LEF2   田月
LEF   田月

胃口 LEKK[86]   胃病 LEUG[86]
胃癌 LEUK[86]

渭 ILEG3   氵田月
ILEG3   氵田月
谓 YLEG3   讠田月
YLEG3   讠田月
谓语 YLYG[86]

猬 QTLE   犭丿田月
QTLE   犭丿田月

魏 TVRC3   禾女白厶
TVRC3   禾女白厶

位 WUG   亻立
WUG   亻立
位置 WULF   位于 WUGF
位居 WUND[98]

卫 BGD2   卩一
BGD2   卩一
卫生组织 BTXX[98] 卫士 BGFG[98]
卫生防疫 BTBU[98]   卫生 BGTG
卫生部 BTUK   卫生间 BTUJ
卫国 BGLG[98]   卫冕 BGJQ[98]
卫星 BGJT 卫星通信 BJCW[98]

遗 KHGP   口丨一辶
KHGP   口丨一辶

彗 GJFK   一曰十口
LKF   車口

温 IJLG3   氵曰皿
IJLG3   氵曰皿
温度计 IYYF[86]   温馨 IJFN[98]
温柔 IJCB[86]/IJCN[98]
温度 IJYA[86]/IJOA[98]

温泉 IJRI⁹⁸　温家宝 IPPG⁹⁸
温故知新 IDTU⁸⁶　温室 IJPG

瘟 UJLD3　疒日皿
　　　 UJLD3　疒日皿

wén

文 YYGY　文丶一乀
　　　YYGY　文丶一乀
文艺 YYAN　文化 YYWX
文明 YYJE　文化界 YWLW
文科 YYTU　文章 YYUJ
文集 YYWY　文献 YYFM
文稿 YYTY　文娱 YYVK
文本 YYSG　文革 YYAF
文化宫 YWPK　文化馆 YWQN
文艺界 YALW　文汇报 YIRB
文学家 YIPE⁸⁶／YIPG⁹⁸

雯 FYU　雨文
　　　FYU　雨文

蚊 JYY　虫文
　　　JYY　虫文

纹 XYY　纟文
　　　XYY　纟文

闻 UBD2　门耳
　　　UBD　门耳
闻名 UBQK　闻讯 UBYN⁹⁸
闻风丧胆 UMFE⁸⁶
闻所未闻 URFU⁸⁶

阌 UEPC　门⺼冖又
　　　UEPC　门⺼冖又

wěn

吻 KQRT3　口勹夕

　　　KQRT3　口勹夕
吻合 KQWG⁹⁸

刎 QRJH3　勹夕刂
　　　QRJH3　勹夕刂

稳 TQVN3　禾⺈彐心
　　　TQVN2　禾⺈彐心
稳妥 TQEV　稳重 TQTG⁸⁶
稳住 TQWY⁹⁸　稳健 TQWV⁹⁸
稳定性 TPNT⁹⁸
稳如泰山 TVDM⁹⁸
稳定增长 TPFT⁹⁸
稳步增长 THFT⁹⁸

紊 YXIU　文幺小
　　　YXIU3　文幺小

wèn

问 UKD　门口
　　　UKD2　门口
问世 UKAN　问题 UKJG
问答 UKTW　问候 UKWH
问讯 UKYN⁸⁶　问号 UKKG⁸⁶
问好 UKVB⁸⁶　问津 UKIV⁹⁸
问及 UKBY⁹⁸

汶 IYY　氵文
　　　IYY　氵文

璺 WFMY3　亻二门丶
　　　EMGY　白门一丶

wēng

翁 WCNF3　八厶羽
　　　WCNF3　八厶羽

嗡 KWCN3　口八厶羽
　　　KWCN3　口八厶羽

wěng

蓊	AWCN3	艹八厶羽
	AWCN3	艹八厶羽

wèng

瓮	WCGN3	八厶一乙
	WCGN3	八厶一乙
蕹	AYXY	艹亠纟圭
	AYXY	艹亠纟圭

wō

窝	PWKW	宀八口人
	PWKW3	宀八口人

窝藏[86] PWAD   窝囊 PWGK[86]

莴	AKMW3	艹口门人
	AKMW3	艹口门人
蜗	JKMW3	虫口门人
	JKMW3	虫口门人
涡	IKMW3	氵口门人
	IKMW3	氵口门人
挝	RFPY3	扌寸辶
	RFPY3	扌寸辶
倭	WTVG3	人禾女
	WTVG3	人禾女
喔	KNGF	口尸一土
	KNGF	口尸一土

wǒ

我	TRNT3	丿扌乚丿
	TRNY3	丿扌乚、

我们 TRWU   我国 TRLG
我方 TRYY   我行我素 TTTG[86]

我国人民 TLWN   我党 TRIP
我厂 TRDG[98]   我院 TRBP[98]

wò

卧	AHNH	匚丨㇉卜
	AHNH	匚丨㇉卜

卧铺 AHQG[86]/AHQS[98]
卧室 AHPG[86]   卧薪尝胆 AAIE[86]

握	RNGF3	扌尸一土
	RNGF3	扌尸一土
幄	MHNF	冂丨尸土
	MHNF	冂丨尸土
渥	INGF3	氵尸一土
	INGF3	氵尸一土
龌	HWBF	止人凵土
	HWBF	止人凵土
沃	ITDY	氵丿大
	ITDY	氵丿大
肟	EFNN3	月二㇆
	EFNN3	月二㇆
硪	DTRT3	石丿扌丿
	DTRY	石丿扌、
斡	FJWF	十早人十
	FJWF	十早人十

斡旋 FJYT[98]

wū

污	IFNN3	氵二㇆
	IFNN3	氵二㇆

污染 IFIV   污水 IFII[98]
污垢 IFFR[86]   污秽 IFTM[86]
污辱 IFDF[86]   污染环境 IIGF[98]

圬	FFNN3	土二乚
	FFNN3	土二乚
巫	AWWI3	工人人
	AWWI3	工人人
巫婆 AWIH[86]		
诬	YAWW3	讠工人人
	YAWW3	讠工人人
诬陷 YABQ[86] 诬蔑 YAAL[86]		
乌	QNGD3	勹𠃌一
	TNNG3	丿𠃌一
乌黑 QNLF[86] 乌托邦 QRDT[86]		
乌纱帽 QXMH[86] 乌兰 TNUD[98]		
乌云 QNFC[86]/TNFC[98]		
乌干达 TFDP[98]		
乌鲁木齐 TQSY[98]		
呜	KQNG	口勹𠃌一
	KTNG	口丿𠃌一
呜呼 KQKT[86]		
鸢	QQNG3	钅勹𠃌一
	QTNG	钅丿𠃌一
邬	QNGB	勹𠃌一阝
	TNNB	丿𠃌𠃌阝
屋	NGCF3	尸一厶土
	NGCF3	尸一厶土
屋子 NGBB 屋顶 NGSD[98]		
屋脊 NGIW[98]		
恶	GOGN	一业一心
	GONU3	一业心
於	YWUY3	方人冫
	YWUY3	方人冫
兀	GQV	一儿
	GQV	一儿

wú

无	FQV2	二儿
	FQV2	二儿
无地自容 FFTP[86]	无比 FQXX
无足轻重 FKLT[86]	无论 FQYW
无边无际 FLFB[86]	无法 FQIF
无可奉告 FSDT[86]	无敌 FQDT
无所作为 FRWY[86]	无理 FQGJ
无微不至 FTGG[86]	无数 FQOV
无家可归 FPSJ[98]	无误 FQYK
无私奉献 FTDF[98]	无畏 FQLG
无须 FQED 无益 FQUW[86]	
无非 FQDJ[86]/FQHD[98]	
无期 FQAD[86]/FQDW[98]	
无效 FQUQ[86]/FQUR[98]	
无不 FQGI[86]/FQDH[98]	
无机 FQSM[86]/FQSW[98]	
无力 FQLT[86]/FQEN[98]	
无期徒刑 FDTG[98]	
芜	AFQB	艹二儿
	AFQB3	艹二儿
吾	GKF	五口
	GKF	五口
梧	SGKG3	木五口
	SGKG3	木五口
梧州 SGYT[98]		
浯	IGKG	氵五口
	IGKG	氵五口
捂	RGKG	扌五口
	RGKG	扌五口
唔	KGKG	口五口
	KGKG3	口五口

鼯	VNUK	白乚氵口	
	ENUK	白乚氵口	
吴	KGDU3	口一大	
	KGDU3	口一大	
吴江 KGIA[98]			
蜈	JKGD3	虫口一大	
	JKGD3	虫口一大	
蜈蚣 JKJW[86]			
毋	XDE	口ナ	
	NNDE3	丁乚ナ	

武	GAHD3	一弋止	
	GAHY3	一弋止丶	
武术 GASY 武昌 GAJJ			
武装 GAUF 武器 GAKK			
武断 GAON[86] 武威 GADG[98]			
武装斗争 GUUQ[98]			
武警部队 GAUB[98]			
五	GGHG2	五一丨一	
	GGHG2	五一丨一	
五月 GGEE 五笔字型 GTPG			
五星红旗 GJXY[98] 五星 GGJT			
五谷 GGWW[86] 五台 GGCK[98]			
五年 GGTG[98] 五笔型 GTGA[86]			
五角星 GQJT[86] 五线谱 GXYU[86]			
五笔字型发明人 GTPW[98]			
五一国际劳动节 GGLA[98]			
五笔字型发明人王永民教授 GTPR[98]			
伍	WGG	亻五	
	WGG	亻五	
捂	RGKG	扌五口	
	RGKG	扌五口	

悟	TRGK	丿扌五口	
	CGK G	牛五口	
午	TFJ	丿一十	
	TFJ	丿一十	
午餐 TFHQ 午饭 TFQN[86]			
午休 TFWS[86] 午宴 TFPJ[86]			
午夜 TFYW[98]			
忤	NTFH	忄丿一十	
	NTFH	忄丿一十	
仵	WTFH	亻丿一十	
	WTFH	亻丿一十	
迕	TFPK	丿一十辶	
	TFPK	丿一十辶	
舞	RLGH3	𠂉卌一卌	
	TGLG3	丿一卌一卌	
舞台 RLCK[86]/TGCK[98]			
舞剧 RLND[86]/TGND[98]			
舞厅 RLDS[86]/TGDS[98]			
舞蹈 RLKH[86]/TGKH[98]			
舞会 RLWF[86] 舞曲 RLMA[86]			
舞阳 TGBJ[98]			
侮	WTXU3	亻𠂉口冫	
	WTXY3	亻𠂉母	
侮辱 WTDF			
妩	VFQN3	女二儿	
	VFQN3	女二儿	
忮	NFQN3	忄二儿	
	NFQN3	忄二儿	
庑	YFQV3	广二儿	
	OFQV3	广二儿	
鹉	GAHG	一弋止一	
	GAHG	一弋止一	

wù

戊	DNYT3	厂乀、丿
	DGTY	戊一丿八
乌	QNGD3	勹乙一一
	TNNG3	丿㇕乙一
坞	FQNG	土勹乙一
	FTNG	土丿㇕一
务	TLB2	夂力
	TER2	夂力

务必 TLNT[86]/TENT[98]
务农 TLPE[86]/TEPE[98]

雾	FTLB3	雨夂力
	FTER	雨夂力
悟	NGKG	忄五口
	NGKG	忄五口
晤	JGKG3	日五口
	JGKG3	日五口
痦	UGKD	疒五口
	UGKD	疒五口
寤	PNHK	宀乚丨口
	PUGK	宀爿五口
焐	OGKG3	火五口
	OGKG3	火五口
勿	QRE	勹彡
	QRE2	勹彡
物	TRQR2	丿扌勹彡
	CQRT2	牛勹彡

物价 TRWW[86]/CQWW[98]

物质 TRRF[86]/CQRF[98]
物理学 TGIP[86]/CGIP[98]
物价局 TWNN[86]/CWNN[98]
物质文明 TRYJ[86]/CRYJ[98]

误	YKGD3	讠口一大
	YKGD3	讠口一大

误差 YKUD[86]/YKUA[98]
误解 YKQE　误会 YKWF[86]
误用 YKET[86]　误导 YKNF[98]
误区 YKAR[98]

兀	GQV	一儿
	GQV	一儿
阢	BGQN3	阝一儿
	BGQN3	阝一儿
杌	SGQN	木一儿
	SGQN	木一儿
婺	CBTV	マ卩丿女
	CNHV	マ乛丿女
骛	CBTC	マ卩丿马
	CNHG	マ乛丿一
鹜	CBTG	マ卩丿一
	CNHG	マ乛丿一
鋈	ITDQ	氵丿大金
	ITDQ	氵丿大金
芴	AQRR	艹勹彡
	AQRR	艹勹彡
恶	GOGN	一业一心
	GONU3	一业心

X

xī

西 SGHG   西一丨一
　　 SGHG   西一丨一
西南 SGFM   西安 SGPV
西瓜 SGRC   西装 SGUF[86]
西藏 SGAD[86]/SGAA[98]
西班牙 SGAH   西安市 SYPM
西半球 SUGF[86]
西双版纳 SCTX[98]
西藏自治区 SATA

硒 DSG   石西
　　 DSG   石西
粞 OSG   米西
　　 OSG   米西
栖 SSG   木西
　　 SSG   木西
舾 TESG   丿舟西
　　 TUSG   丿舟西
牺 TRSG3   丿扌西
　　 CSG2   牛西
牺牲 TRTR[86]/CSCT[98]
牺牲品 TTKK[86]

茜 ASF   艹西
　　 ASF   艹西
熙 AHKO   匚丨口灬
　　 AHKO   匚丨口灬

熙熙攘攘 AARR[86]
析 SRH2   木斤
　　 SRH2   木斤
薪 ASRJ3   艹木斤
　　 ASRJ3   艹木斤
淅 ISRH3   氵木斤
　　 ISRH3   氵木斤
晰 JSRH3   日木斤
　　 JSRH3   日木斤
蜥 JSRH   虫木斤
　　 JSRH   虫木斤
皙 SRRF3   木斤白
　　 SRRF   木斤白
夕 QTNY   夕丿乛丶
　　 QTNY   夕丿乛丶
夕阳 QTBJ
矽 DQY   石夕
　　 DQY   石夕
窎 PWQU3   宀八夕
　　 PWQU3   宀八夕
汐 IQY   氵夕
　　 IQY   氵夕
嘻 KFKK3   口士口口
　　 KFKK3   口士口口
嬉 VFKK3   女士口口
　　 VFKK3   女士口口

X

僖	WFKK	亻士口口
	WFKK	亻士口口
熹	FKUO	士口业灬
	FKUO	士口业灬
吸	KEYY2	口乃丶
	KBYY3	口乃丶

吸毒 KEGX⁸⁶/KBGX⁹⁸
吸引 KEXH⁸⁶/KBXH⁹⁸
吸收 KENH⁸⁶/KBNH⁹⁸
吸取 KEBC⁸⁶/KBBC⁹⁸
吸引力 KXEN⁹⁸
吸引外资 KXQU⁹⁸

锡	QJQR3	钅曰勹彡
	QJQR3	钅曰勹彡
裼	PUJR	礻冫曰彡
	PUJR	礻冫曰彡
希	QDMH3	乂ナ冂丨
	RDMH3	乂ナ冂丨

希望 QDYN⁸⁶/RDYN⁹⁸
希腊 RDWA⁹⁸

郗	QDMB	乂ナ冂阝
	RDMB3	乂ナ冂阝
欷	QDMW	乂ナ冂人
	RDMW	乂ナ冂人
烯	OQDH3	火乂ナ丨
	ORDH3	火乂ナ丨
稀	TQDH3	禾乂ナ丨
	TRDH2	禾乂ナ丨

稀罕 TQPW⁸⁶ 稀疏 TQNH⁸⁶
稀奇 TQDS⁸⁶ 稀少 TRIT⁹⁸
稀有 TQDE⁸⁶/TRDE⁹⁸

| 唏 | KQDH3 | 口乂ナ丨 |

	KRDH3	口乂ナ丨
浠	IQDH	氵乂ナ丨
	IRDH	氵乂ナ丨
息	THNU3	丿目心
	THNU3	丿目心

息县 THEG⁹⁸

螅	JTHN	虫丿目心
	JTHN	虫丿目心
熄	OTHN	火丿目心
	OTHN	火丿目心

熄灭 OTGO⁸⁶

| 悉 | TONU3 | 丿米心 |
| | TONU3 | 丿米心 |

悉尼 TONX

| 蟋 | JTON3 | 虫丿米心 |
| | JTON3 | 虫丿米心 |

蟋蟀 JTJY⁸⁶

膝	ESWI3	月木人水
	ESWI3	月木人水
昔	AJF	艹日
	AJF	艹日

昔日 AJJJ⁹⁸

| 惜 | NAJG | 忄艹日 |
| | NAJG | 忄艹日 |

惜别 NAKL⁸⁶

腊	EAJG3	月艹日
	EAJG	月艹日
奚	EXDU3	爫幺大
	EXDU3	爫幺大
蹊	KHED	口止爫大
	KHED	口止爫大

溪	IEXD3	氵灬幺大	
	IEXD3	氵灬幺大	
螇	VNUD	白乚丷大	
	ENUD	白乚丷大	
犀	NIRH3	尸水丿丨	
	NITG3	尸水丿韦	
犀利	NITJ[86]		
榍	SNIH	木尸水丨	
	SNIG3	木尸水韦	
兮	WGNB	八一乛	
	WGNB3	八一乛	
羲	UGTT3	丷王禾丿	
	UGTY3	丷王禾丶	
曦	JUGT3	日丷王丿	
	JUGY3	日丷王丶	
翁	WGKN	人一口羽	
	WGKN	人一口羽	
歙	WGKW	人一口人	
	WGKW	人一口人	
醯	SGYL	西一亠皿	
	SGYL	西一亠皿	

xí

席	YAMH3	广廿门丨	
	OAMH2	广廿门丨	
席卷	OAUG[98]		
习	NUD2	乛丷	
	NUD2	乛丷	
习俗	NUWW	习惯性	NNNT[98]
习惯势力	NNRL[86]	习惯	NUNX
媳	VTHN	女丿目心	
	VTHN3	女丿目心	

媳妇	VTVV		
隰	BJXO3	阝日幺灬	
	BJXO3	阝日幺灬	
觋	AWWQ	工人人儿	
	AWWQ	工人人儿	
檄	SRYT3	木白方攵	
	SRYT3	木白方攵	
袭	DXYE3	尢匕丶衣	
	DXYE	尢匕丶衣	
袭击	DXFM[86] / DXGB[98]		

xǐ

喜	FKUK3	士口丷口	
	FKUK3	士口丷口	
喜新厌旧	FUDH[86]	喜讯	FKYN
喜出望外	FBYQ[86]	喜欢	FKCQ
喜气	FKRT[98]	喜迎	FKQB[98]
喜获	FKAQ[98]	喜洋洋	FIIU[86]
喜怒哀乐	FVYQ[86]		
喜气洋洋	FRII[98]		
喜闻乐见	FUQM[86] / FUTM[98]		
禧	PYFK	礻丶士口	
	PYFK	礻丶士口	
铣	QTFQ	钅丿土儿	
	QTFQ	钅丿土儿	
洗	ITFQ3	氵丿土儿	
	ITFQ3	氵丿土儿	
洗涤	ITIT	洗澡	ITIK
洗手	ITRT[86]	洗衣	ITYE[98]
洗衣机	IYSM[86]	洗涤剂	IIYJ[86]
洗耳恭听	IBAK[86]		
蕙	ALNU	艹田心	
	ALNU3	艹田心	

X

徙	THHY3	彳止疋		PYDD	衤丶三大
	THHY	彳止疋	鴲	VQOU3	白勹灬
蓰	ATHH3	艹彳止疋		EQOU3	白勹灬
	ATHH3	艹彳止疋			

屣	NTHH	尸彳止疋	虾	JGHY	虫一卜
	NTHH3	尸彳止疋		JGHY	虫一卜
玺	QIGY3	夕小王丶	瞎	HPDK2	目宀三口
	QIGY3	夕小王丶		HPDK2	目宀三口

呷 KLH 口甲
KLH 口甲

系	TXIU3	丿幺小	
	TXIU3	丿幺小	

系统工程 TXAT　系统 TXXY
系统性 TXNT　系列 TXGQ[98]
系数 TXOV　系列化 TGWX[86]
系列产品 TGUK[98]

隙	BIJI3	阝小曰小	匣	ALK	匚甲
	BIJI3	阝小曰小		ALK	匚甲
戏	CAT2	又戈	狎	QTLH3	犭丿甲
	CAY2	又戈		QTLH3	犭丿甲

戏曲 CAMA　戏剧 CAND
戏院 CABP[86]　戏剧性 CNNT[86]

			柙	SLH	木甲
				SLH	木甲
细	XLG2	纟田	辖	LPDK	车宀三口
	XLG2	纟田		LPDK3	车宀三口

细节 XLAB　细菌 XLAL
细则 XLMJ　细微 XLTM[98]
细水长流 XITI

辖区 LPAR[98]

饩	QNRN	夕乚气乙	暇	JNHC3	日彐丨又
	QNRN	夕乚气		JNHC3	日彐丨又
阋	UVQV3	门臼儿	遐	NHFP3	彐丨二辶
	UEQV3	门臼儿		NHFP3	彐丨二辶
禊	PYDD	衤丶三大	瑕	GNHC3	王彐丨又
				GNHC3	王彐丨又
			瘕	UNHC3	疒彐丨又
				UNHC	疒彐丨又
			霞	FNHC	雨彐丨又
				FNHC	雨彐丨又

峡	MGUW3	山一丷人
	MGUD3	山一丷夫
峡谷	MGWW	
侠	WGUW3	亻一丷人
	WGUD3	亻一丷夫
狭	QTGW	犭丿一人
	QTGD	犭丿一夫
狭隘	QTBU	狭窄 QTPW
狭义	QTYQ[86]	狭小 QTIH[98]
硖	DGUW	石一丷人
	DGUD	石一丷夫
黠	LFOK	囻土灬口
	LFOK	囻土灬口

xià

下	GHI2	一卜
	GHI2	一卜
下周	GHMF	下达 GHDP
下旬	GHQJ	下降 GHBT
下列	GHGQ	下午 GHTF
下次	GHUQ	下乡 GHXT
吓	KGHY3	口一卜
	KGHY3	口一卜
夏	DHTU3	𠂆目夂
	DHTU3	𠂆目夂
夏季	DHTE	夏令营 DWAP
厦	DDHT3	厂𠂆目夂
	DDHT3	厂𠂆目夂
罅	RMHH	宀山虍丨
	TFBF	宀十凵十
唬	KHAM	口虍七几
	KHWN	口虍几

xiān

先	TFQB3	丿土儿
	TFQB3	丿土儿
先进事迹 TFGY	先生 TFTG	
先烈 TFGQ[86]	先进 TFFJ	
先驱 TFCA[86]/TFCG[98]		
先天 TFGD	先后 TFRG	
先辈 TFDJ[86]	先遣 TFKH[86]	
先前 TFUE[86]	先导 TFNF[98]	
先进单位 TFUW[98]		
先进工作者 TFAF[98]		
酰	SGTQ	西一丿儿
	SGTQ	西一丿儿
掀	RRQW3	扌斤𠂉人
	RRQW3	扌斤𠂉人
掀起	RRFH	
锨	QRQW3	钅斤𠂉人
	QRQW3	钅斤𠂉人
仙	WMH2	亻山
	WMH2	亻山
氙	RNMJ3	𠂉乙山
	RMK	气山
籼	OMH	米山
	OMH	米山
鲜	QGUD3	鱼一丷羊
	QGUH3	鱼一羊
鲜明 QGJE	鲜花 QGAW	
鲜血 QGTL	鲜艳 QGDH	
鲜红 QGXA	鲜果 QGJS	
鲜鱼 QGQG[98]		
纤	XTFH3	纟丿十
	XTFH3	纟丿十

纤维 XTXW			涎	ITHP	氵丿止乀
跹	KHTP	口止丿辶		ITHP	氵丿止乀
	KHTP	口止丿辶	嫌	VUVO2	女丷彐小
莶	AWGI	艹人一㇏		VUVW2	女丷彐八
	AWGG	艹人一一	嫌疑犯 VXQT[98]		
暹	JWYP3	曰亻圭辶			
	JWYP3	曰亻圭辶	xiǎn		

xián

咸	DGKT3	厂一口丿	显	JOGF2	曰业一
	DGKD3	戊一口		JOF2	曰业
咸阳 DGBJ[98]			显示 JOFI　显而易见 JDJM		
贤	JCMU3	刂又贝	显像管 JQTP[86]　显现 JOGM		
	JCMU3	刂又贝	显著 JOAF　显身手 JTRT[98]		
贤慧 JCDH[86]　贤惠 JCGJ[86]			显示器 JFKK[98]		
衔	TQFH3	彳钅二丨	显著成绩 JADX[98]		
	TQGS3	彳钅一丁	险	BWGI3	阝人一业
衔接 TQRU[98]				BWGG	阝人一一
舷	TEYX	丿舟亠幺	险峰 BWMT[86]　险胜 BWET[98]		
	TUYX	丿舟亠幺	猃	QTWI	犭丿人业
弦	XYXY3	弓亠幺		QTWG	犭丿人一
	XYXY3	弓亠幺	冼	UTFQ3	冫丿土儿
闲	USI	门木		UTFQ3	冫丿土儿
	USI	门木	洗	ITFQ3	氵丿土儿
闲置 USLF[98]　闲散 USAE[98]				ITFQ3	氵丿土儿
娴	VUSY3	女门木	铣	QTFQ	钅丿土儿
	VUSY3	女门木		QTFQ	钅丿土儿
娴熟 VUYB[98]			筅	TTFQ	竹丿土儿
鹇	USQG3	门木勹一		TTFQ3	竹丿土儿
	USQG3	门木鸟一	跣	KHTQ	口止丿儿
痫	UUSI3	疒门木		KHTQ	口止丿儿
	UUSI3	疒门木	鲜	QGUD3	鱼一丷手
				QGUH3	鱼一羊
			鲜为人知 QYWT[98]		

薛　AQGD　艹缶一手
　　AQGU　艹缶一羊

燹　EEOU3　豕豕火
　　GEGO3　一豕一火

蚬　JMQN3　虫冂儿
　　JMQN3　虫冂儿

xiàn

现　GMQN2　王冂儿
　　GMQN2　王冂儿
现代 GMWA　现在 GMDH
现金 GMQQ　现场 GMFN
现实 GMPU　现货 GMWX
现有 GMDE　现状 GMUD
现行 GMTF[86]/GMTG[98]
现代化 GWWX
现代化建设 GWWY

见　MQB　冂儿
　　MQB2　冂儿

苋　AMQB3　艹冂儿
　　AMQB3　艹冂儿

岘　MMQN　山冂儿
　　MMQN3　山冂儿

献　FMUD　十冂业犬
　　FMUD3　十冂业犬
献身 FMTM　献计 FMYF
献给 FMXW　献礼 FMPY[86]
献策 FMTG[86]/FMTS[98]
献血 FMTL[98]　献出 FMBM[98]
献计献策 FYFT

县　EGCU3　月一厶
　　EGCU3　月一厶
县城 EGFD　县委 EGTV

县长 EGTA　县志 EGFN[98]
县政府 EGYW
县委书记 ETNY[98]

腺　ERIY3　月白水
　　ERIY3　月白水

馅　QNQV　⺈乚⺈白
　　QNQE　⺈乚⺈白

陷　BQVG3　阝⺈白
　　BQEG3　阝⺈白
陷入困境 BTLF[98]　陷入 BQTY
陷于 BQGF[98]　陷害 BQPD[86]

羨　UGUW3　丷王氵人
　　UGUW3　丷王氵人
羨慕 UGAJ

宪　PTFQ3　宀丿土儿
　　PTFQ3　宀丿土儿
宪法规定 PIGP[98]　宪法 PTIF
宪章 PTUJ[98]　宪兵 PTRG[86]

限　BVEY2　阝彐以
　　BVY2　阝艮
限于 BVGF　限量 BVJG
限制 BVRM[86]/BVTG[98]
限度 BVYA[86]/BVOA[98]
限期 BVAD[86]/BVDW[98]
限额 BVPT

线　XGT2　纟戋
　　XGAY2　纟一戈
线条 XGTS　线索 XGFP
线路 XGKH　线性 XGNT[86]
线段 XGWD[86]

霰　FAET3　雨卄月攵
　　FAET3　雨卄月攵

xiāng

香 TJF 禾日
TJF 禾日
香料 TJOL   香港 TJIA
香烟 TJOL   香蕉 TJAW[86]
香山 TJMM[98]   香味 TJKF[98]
香港回归 TILJ[98]
香港特别行政区行政长官 TICP[98]
香港特别行政区行政长官董建华 TICW[98]

相 SHG2 木目
SHG2 木目
相信 SHWY   相当于 SIGF
相比之下 SXPG   相对 SHCF
相符 SHTW[98]   相待 SHTF[98]
相见 SHMQ[98]   相助 SHEG[98]
相应 SHYI[86]/SHOI[98]
相适应 STYI[86]/STOI[98]
相互理解 SGGQ
相辅相成 SLSD

厢 DSHD3 厂木目
DSHD3 厂木目

箱 TSHF3 灬木目
TSHF3 灬木目

葙 ASHF3 艹木目
ASHF3 艹木目

湘 ISHG 氵木目
ISHG 氵木目
湘江 ISIA   湘潭 ISIS[98]

缃 XSHG3 纟木目
XSHG3 纟木目

襄 YKKE3 亠口口农
YKKE3 亠口口农

镶 QYKE3 钅亠口农
QYKE3 钅亠口农

骧 CYKE3 马亠口农
CGYE 马一亠农

乡 XTE 纟丿
XTE2 纟丿
乡办 XTEW[98]   乡镇 XTQF
乡亲 XTUS   乡长 XTTA
乡土 XTFF   乡亲们 XUWU[98]
乡政府 XGOW[98]
乡镇企业 XQWO[98]

芗 AXTR3 艹纟丿
AXTR3 艹纟丿

xiáng

翔 UDNG 丷𦍌羽
UNG 羊羽
翔实 UDPU[86]/UNPU[98]

祥 PYUD3 礻丶丷手
PYUH3 礻丶羊
祥和 PYTK[98]

详 YUDH3 讠丷手
YUH2 讠羊
详尽 YUNY   详细 YUXL
详情 YUNG[86]

庠 YUDK 广丷手
OUK 广羊

降 BTAH2 阝夂匚丨
BTGH2 阝夂龶

xiǎng

想 SHNU2 木目心
SHNU2 木目心

X

想法 SHIF　想当然 SIQD[86]
想像 SHQJ[86]/SHQK[98]
想出 SHBM[98]　想办法 SEIF[98]
想不到 SDGC[98]　想见 SHMQ[86]
想方设法 SYYI

响 KTMK3　口丿门口
　　 KTMK3　口丿门口
响应 KTYI[86]/KTOI[98]
响亮 KTYP

享 YBF　　亠子
　　 YBF2　　亠子
享受 YBEP　享年 YBTG[98]
享誉 YBIG[98]　享有 YBDE[98]

饷 QNTK　　ㄅㄧ丿口
　　 QNTK　　ㄅㄧ丿口

鲞 UDQG　　丷大鱼一
　　 UDQG　　丷夫鱼一

缫 XTWE3　纟丿人㠯
　　 XTWV3　纟丿人艮

xiàng

项 ADMY3　工厂贝
　　 ADMY3　工厂贝
项目 ADHH　项城 ADFD[98]

巷 AWNB3　艹八巳
　　 AWNB3　艹八巳

象 QJEU3　ㄅ田豕
　　 QKEU3　ㄅ口豕
象征 QJTG[86]/QKTG[98]
象棋 QJSA[86]/QKSD[98]

蟓 JQJE3　虫ㄅ田豕
　　 JQKE　　虫ㄅ口豕

橡 SQJE3　木ㄅ田豕
　　 SQKE3　木ㄅ口豕
橡胶 SQEU

像 WQJE3　亻ㄅ田豕
　　 WQKE3　亻ㄅ口豕
像样 WQSU[98]

向 TMKD2　丿门口
　　 TMKD3　丿门口
向上 TMHH　向往 TMTY
向来 TMGO[86]/TMGU[98]
向外 TMQH[98]　向阳 TMBJ[98]
向纵深发展 TXIN

相 SHG2　　木目
　　 SHG2　　木目

xiāo

消 IIEG3　氵⺍月
　　 IIEG3　氵⺍月
消化 IIWX　消费者 IXFT
消费量 IXJG[98]　消费 IIXJ
消费基金 IXDQ[98]　消毒 IIGX
消极 IISE[86]/IISB[98]
消炎 IIOO[86]　消极因素 ISLG[86]
消费者协会 IXFW[98]
消息灵通人士透露 ITVF[98]

肖 IEF2　　⺍月
　　 IEF2　　⺍月

蛸 JIEG3　虫⺍月
　　 JIEG3　虫⺍月

绡 XIEG3　纟⺍月
　　 XIEG3　纟⺍月

魈 RQCE　　白儿厶月
　　 RQCE　　白儿厶月

宵　PIEF2　宀⺌月
　　PIEF2　宀⺌月
宵禁 PISS[98]

硝　DIEG3　石⺌月
　　DIEG3　石⺌月
硝酸 DISG[86]　硝烟 DIOL[98]

销　QIEG3　钅⺌月
　　QIEG3　钅⺌月
销售额 QWPT[86]　销路 QIKH
销售 QIWY　销售网 QWMQ[86]
销量 QIJG　销售员 QWKM[86]
销声匿迹 QFAY[86]
销售市场 QWYF[98]
销售价格 QWWS[98]

逍　IEPD3　⺌月辶
　　IEPD3　⺌月辶
逍遥法外 IEIQ[86]

霄　FIEF3　雨⺌月
　　FIEF3　雨⺌月

削　IEJH3　⺌月刂
　　IEJH3　⺌月刂

嚣　KKDK　口口⺂口
　　KKDK　口口⺂口
嚣张 KKXT[86]

哓　KATQ3　口七丿儿
　　KATQ3　口七丿儿

潇　IAVJ　氵艹彐刂
　　IAVW　氵艹彐八

骁　CATQ　马七丿儿
　　CGAQ　马一七儿

枭　QYNS　勹丶乙木
　　QSU　鸟木

枵　SKGN3　木口一乛
　　SKGN3　木口一乛

箫　TVIJ　⺮彐小刂
　　TVHW3　⺮彐丨八

萧　AVIJ　艹彐小刂
　　AVHW3　艹彐丨八
萧条 AVTS　萧山 AVMM[98]

xiáo

淆　IQDE3　氵乂⺈月
　　IRDE3　氵乂⺈月

崤　MQDE　山乂⺈月
　　MRDE3　山乂⺈月

xiǎo

小　IHTY2　小丨丿丶
　　IHTY2　小丨丿丶
小麦 IHGT　小姑娘 IVVY[98]
小心翼翼 INNN[86]　小学 IHIP
小说 IHYU　小时 IHJF
小路 IHKH　小组长 IXTA[86]
小组 IHXE　小儿科 IQTU[86]
小队 IHBW[86]　小孩 IHBY[86]
小气 IHRT[98]　小康 IHOV[98]
小吃 IHKT[98]　小品 IHKK[98]
小城 IHFD[98]　小雨 IHFG[98]
小伙子 IWBB　小孩子 IBBB[86]
小商品 IUKK[86]/IYKK[98]
小数点 IOHK[98]　小型 IHGA
小百货 IDWX[86]　小姐 IHVE
小巧玲珑 IAGG[86]

晓　JATQ3　日七丿儿
　　JATQ2　日七丿儿

筱 TWHT3　⺮亻丨夂
　　TWHT3　⺮亻丨夂

孝 FTBF3　土丿子
　　FTBF3　土丿子

哮 KFTB3　口土丿子
　　KFTB3　口土丿子

哮喘 KFKM[98]

校 SUQY3　木六乂
　　SURY3　木六乂

校长 SUTA　校园 SULF
校友 SUDC　校舍 SUWF
校风 SUMQ[86]　校庆 SUYD[86]
校刊 SUFJ[86]　校址 SUFH[86]
校外 SUQH[98]

效 UQTY3　六乂夂
　　URTY3　六乂夂

效力 UQLT[86]/UREN[98]
效率 UQYX[86]/URYX[98]
效应 UQOI[98]

啸 KVIJ3　口彐小‖
　　KVHW2　口彐丨八

笑 TTDU3　⺮丿大
　　TTDU3　⺮丿大

笑容 TTPW　笑话 TTYT[86]
笑声 TTFN[98]　笑语 TTYG[98]
笑容可掬 TPSR[86]

肖 IEF2　⺌月
　　IEF2　⺌月

肖像 IEWQ[86]

xiē

楔 SDHD3　木三丨大
　　SDHD　木三丨大

些 HXFF3　止匕二
　　HXFF3　止匕二

歇 JQWW3　日勹人人
　　JQWW　日勹人人

蝎 JJQN3　虫日勹乚
　　JJQN3　虫日勹乚

xié

鞋 AFFF　廿羊土土
　　AFFF　廿羊土土

鲑 QGFF　鱼一土土
　　QGFF　鱼一土土

协 FLWY2　十力八
　　FLWY2　十力八

协助 FLEG
协力 FLLT[86]/FEEN[98]
协议 FLYY[86]/FEYY[98]
协同 FLMG[86]/FEMG[98]
协会 FLWF[86]/FEWF[98]

胁 ELWY3　月力八
　　EEWY3　月力八

挟 RGUW3　扌一丷人
　　RGUD3　扌一丷大

携 RWYE　扌亻圭乃
　　RWYB　扌亻圭乃

携手 RWRT[98]

邪 AHTB　匚⌐丿阝
　　AHTB　匚⌐丿阝

邪恶 AHGO   邪气 AHRN[86]

斜 WTUF   人禾；十
　 WGSF   人一木十

斜面 WTDM[86]

谐 YXXR   讠匕匕白
　 YXXR3   讠匕匕白

偕 WXXR   亻匕匕白
　 WXXR3   亻匕匕白

勰 LLLN   力力力心
　 EEEN   力力力心

颉 FKDM3   士口厂贝
　 FKDM3   士口厂贝

撷 RFKM   扌士口贝
　 RFKM   扌士口贝

缬 XFKM   纟士口贝
　 XFKM   纟士口贝

叶 KFH2   口十
　 KFH2   口十

xiě

写 PGNG3   宀一与一
　 PGNG3   宀一与一

写作 PGWT   写出 PGBM
写信 PGWY   写字 PGPB
写照 PGJV[98]   写成 PGDN[98]
写字楼 PPSO[98]

血 TLD   丿皿
　 TLD   丿皿

xiè

写 PGNG3   宀一与一
　 PGNG3   宀一与一

械 SAAH2   木戈廾
　 SAAH3   木戈廾

解 QEVH3   ⺈用刀丨
　 QEVG   ⺈用刀キ

獬 QTQH   犭丿⺈丨
　 QTQG   犭丿⺈キ

廨 YQEH3   广⺈用丨
　 OQEG   广⺈用キ

蟹 QEVJ   ⺈用刀虫
　 QEVJ   ⺈用刀虫

懈 NQEH2   忄⺈用丨
　 NQEG2   忄⺈用キ

邂 QEVP   ⺈用刀辶
　 QEVP   ⺈用刀辶

契 DHVD3   三丨刀大
　 DHVD3   三丨刀大

卸 RHBH3   ⏉止卩
　 TGHB   ⏉一止卩

泄 IANN   氵廿乚
　 IANN   氵廿乚

泄密 IAPN[86]   泄露 IAFK[86]
汇漏 IAIN[98]

绁 XANN   纟廿乚
　 XANN   纟廿乚

渫 IANS   氵廿乚木
　 IANS   氵廿乚木

泻 IPGG   氵宀一一
　 IPGG3   氵宀一一

谢 YTMF3   讠丿门寸
　 YTMF3   讠丿门寸

谢意 YTUJ   谢谢 YTYT

谢绝 YTXQ[86]

榭 STMF3　木丿门寸
　　STMF3　木丿门寸

屑 NIED　尸⺌月
　　NIED　尸⺌月

楣 SNIE3　木尸⺌月
　　SNIE　木尸⺌月

褉 YRVE3　亠才九伙
　　YRVE3　亠才九伙

薤 AGQG　廾一夕一
　　AGQG　廾一夕一

瀣 IHQG3　氵𠂆夕一
　　IHQG3　氵𠂆夕一

爕 OYOC3　火言火又
　　YOOC　言火火又

躞 KHOC　口止火又
　　KHYC　口止言又

心 NYNY2　心丶乚丶
　　NYNY2　心丶乚丶
心爱 NYEP[86]　心电图 NJLT[86]
心甘情愿 NAND[86]　心灵 NYVO
心安理得 NPGT[86]　心思 NYLN
心血来潮 NTGI[86]　心情 NYNG
心理学 NGIP　心肠 NYEN[86]
心脏 NYEY[86]/NYEO[98]
心脏病 NEUG[86]　心胸 NYEQ[86]
心病 NYUG[98]　心声 NYFN[98]
心态 NYDY[98]　心里话 NJYT[98]
心目中 NHKH[98]　心目 NYHH
心花怒放 NAVY[86]

芯 ANU　廾心
　　ANU　廾心
芯片 ANTH[98]

忻 NRH　忄斤
　　NRH　忄斤
忻州 NRYT[98]

昕 JRH　日斤
　　JRH　日斤

欣 RQWY3　斤𠂉人
　　RQWY3　斤𠂉人
欣赏 RQIP　欣然 RQQD
欣慰 RQNF　欣喜 RQFK
欣欣向荣 RRTA

歆 UJQW　立日𠂉人
　　UJQW　立日𠂉人

辛 UYGH　辛丶一丨
　　UYGH　辛丶一丨
辛苦 UYAD[86]　辛酸 UYSG[86]

锌 QUH　钅辛
　　QUH　钅辛

新 USRH3　立木斤
　　USRH3　立木斤
新闻记者 UUYF　新闻 USUB
新闻联播 UUBR[86]　新型 USGA
新风气 UMRN[86]　新婚 USVQ
新郎 USYV　新经验 UXCG[98]
新娘 USVY　新华社 UWPY
新兴 USIW[86]/USIG[98]
新风 USMQ[86]/USWR[98]
新形势 UGRV[98]　新天地 UGFB
新加坡 ULFH[86]/UEFB[98]
新局面 UNDM[86]/UNDL[98]
新时期 UJAD[86]/UJDW[98]

新华书店 UWNY⁸⁶/UWNO⁹⁸
新风尚 UMIM⁸⁶   新疆 USXF
新问题 UUJG⁹⁸   新书 USNN
新世纪 UAXN⁹⁸
新科技 UTRF⁹⁸
新时代 UJWA⁹⁸
新疆维吾尔自治区 UXXA

薪 AUSR3   艹立木斤
　　AUSR3   艹立木斤
薪金 AUQQ   薪水 AUII⁸⁶

馨 FNMJ3   士尸几日
　　FNWJ3   士尸几日

鑫 QQQF3   金金金
　　QQQF3   金金金

xín

镡 QSJH   钅西早
　　QSJH3   钅西早

xìn

信 WYG2   亻言
　　WYG2   亻言
信心 WYNY   信号 WYKG
信用 WYET   信仰 WYWQ
信誉 WYIW⁸⁶/WYIG⁹⁸
信念 WYWY⁸⁶   信守 WYPF⁸⁶
信封 WYFF⁸⁶   信笺 WYTG⁸⁶
信服 WYEB⁹⁸   信阳 WYBJ⁹⁸
信用社 WEPY   信用卡 WEHH
信息中心 WTKN⁹⁸

衅 TLUF3   丿皿丷十
　　TLUG3   丿皿丷キ

囟 TLQI   丿囗乂

　　TLRI3   丿囗乂

芯 ANU   艹心
　　ANU   艹心

xīng

星 JTGF3   日丿龶
　　JTGF3   日丿龶
星火 JTOO   星期一 JAGC⁸⁶
星期 JTAD⁸⁶/JTDW⁹⁸
星期天 JAGD⁸⁶/JDGD⁹⁸
星期日 JAJJ⁸⁶/JDJJ⁹⁸
星期四 JALH⁸⁶/JDLH⁹⁸
星期五 JAGG⁸⁶/JDGG⁹⁸
星期六 JAUY⁸⁶/JDUY⁹⁸

腥 EJTG3   月日丿龶
　　EJTG3   月日丿龶

猩 QTJG   犭丿日龶
　　QTJG   犭丿日龶

惺 NJTG3   忄日丿龶
　　NJTG3   忄日丿龶

兴 IWU2   丷八
　　IGWU3   丷一八
兴奋 IWDL⁸⁶/IGDL⁹⁸
兴修 IWWH⁸⁶/IGWH⁹⁸
兴建 IWVF⁸⁶/IGVG⁹⁸
兴隆 IWBT⁸⁶/IGBT⁹⁸
兴旺 IWJG   兴盛 IWDN⁸⁶
兴衰 IGYK⁹⁸   兴奋剂 UDYJ⁹⁸
兴旺发达 IJND
兴风作浪 IMWI⁸⁶

xíng

刑 GAJH   一廾刂

GAJH 一廾刂
刑事 GAGK 刑台 GACK98
刑罚 GALY98 刑事犯 GGQT98
刑法 GAIF 刑事犯罪 GGQL
刑事责任 GGGW98
型 GAJF 一廾刂土
GAJF 一廾刂土
形 GAET3 一廾彡
GAET3 一廾彡
形成 GADN 形影不离 GJGY
形形色色 GGQQ98 形式 GAAA
形式多样 GAQS98 形态 GADY
形势 GARV 形容 GAPW
邢 GABH3 一廾阝
GABH3 一廾阝
硎 DGAJ 石一廾刂
DGAJ 石一廾刂
行 TFHH2 彳二亅
TGSH3 彳一丁
行为 TFYL86/TGYE98
行动 TFFC86/TGFC98
行李 TFSB86/TGSB98
行驶 TFCK86/TGCG98
行政 TFGH86/TGGH98
行军 TFPL86/TGPL98
行政区 TGAQ86/TGAR98
行之有效 TPDU
行政机关 TGSU
行政法 TGIF98
行政长官 TGTP98
陉 BCAG3 阝ス工
BCAG3 阝ス工
饧 QNNR 𠂉乚㇉彡
QNNR 𠂉乚㇉彡
荥 APIU3 艹冖水
APIU3 艹冖水
荥阳 APBJ98

xǐng

醒 SGJG3 西一日龶
SGJG3 西一日龶
醒目 SGJT98
省 ITHF3 小丿目
ITHF3 小丿目
擤 RTHJ3 扌丿目‖
RTHJ 扌丿目‖

xìng

幸 FUFJ3 土丷十
FUFJ3 土丷十
幸运 FUFC 幸福 FUPY
幸免 FUQK86 幸而 FUDM86
幸存 FUDH98
悻 NFUF 忄土丷十
NFUF 忄土丷十
杏 SKF 木口
SKF 木口
性 NTGG3 忄丿龶
NTGG3 忄丿龶
性质 NTRF 性格 NTST
性能 NTCE 性病 NTUG86
性别 NTKL86/NTKE98
性命 NTWG86 性情 NTNG86
姓 VTGG3 女丿龶
VTGG3 女丿龶
姓名 VTQK

X

荇	ATFH	艹亻二丨
	ATGS	艹亻一丁
兴	IWU2	⅄八
	IGWU3	⅄一八

兴致 IWGC86/IGGC98
兴趣 IGFH98 兴高采烈 IYEG86
兴致勃勃 IGFF98

xiōng

兄	KQB	口儿
	KQB2	口儿

兄弟 KQUX 兄长 KQTA86

凶	QBK2	乂凵
	RBK	乂凵

凶手 QBRT86/RBRT98
凶狠 QBQT86 凶器 QBKK86
凶杀 QBQS86/RBRS98

匈	QQBK3	勹乂凵
	QRBK3	勹乂凵

匈牙利 QATJ98

胸	EQQB2	月勹乂凵
	EQRB	月勹乂凵

胸怀 EQNG86/EQND98
胸襟 EQPU86
胸有成竹 EDDT86

汹	IQBH	氵乂凵
	IRBH3	氵乂凵

汹涌 IQIC86/IRIC98

芎	AXB	艹弓
	AXB	艹弓

xióng

雄	DCWY3	ナ厶亻圭

	DCWY3	ナ厶亻圭

雄心 DCNY 雄壮 DCUF
雄伟 DCWF 雄厚 DCDJ
雄辩 DCUY86 雄风 DCWR98

熊	CEXO	厶月匕灬
	CEXO	厶月匕灬

熊猫 CEQT 熊市 CEYM98

xiū

休	WSY2	亻木
	WSY2	亻木

休息 WSTH 休假 WSWN
休整 WSGK86 休克 WSDQ86
休学 WSIP86 休止 WSHH86
休闲 WSUS98

咻	KWSY3	口亻木
	KWSY3	口亻木

鸺	WSQG3	亻木勹一
	WSQG3	亻木鸟一

貅	EEWS3	四豸亻木
	EWSY3	豸亻木

庥	YWSI3	广亻木
	OWSI3	广亻木

髹	DEWS3	镸彡亻木
	DEWS3	镸彡亻木

修	WHTE3	亻丨夂彡
	WHTE3	亻丨夂彡

修订 WHYS 修理 WHGJ
修正 WHGH 修筑 WHTA
修缮 WHXU 修复 WHTJ
修改 WHNT 修路 WHKH98
修好 WHVB98 修饰 WHQN86
修养 WHUD86/WHUG98

修建	WHVF[86]/WHVG[98]		
羞	UDNF3	ソ手刀土	
	UNHG3	羊刀土	
羞愧	UDNR[86]		
馐	QNUF	ク乚ソ土	
	QNUG	ク乚羊一	

xiǔ

朽	SGNN	木一与	
	SGNN	木一与	
宿	PWDJ	宀亻丆日	
	PWDJ	宀亻丆日	

xiù

嗅	KTHD	口丿目犬
	KTHD	口丿目犬
溴	ITHD	氵丿目犬
	ITHD	氵丿目犬
秀	TEB2	禾乃
	TBR2	禾乃
秀才	TEFT[86]/TBFT[98]	
秀丽	TEGM[86]/TBGM[98]	
锈	QTEN	钅禾乃
	QTBT	钅禾乃
绣	XTEN	纟禾乃
	XTBT3	纟禾乃
绣花	XTAW[98]	
袖	PUMG3	衤丨由
	PUMG3	衤丨由
袖珍	PUGW[86]	
袖手旁观	PRUC[86]	
岫	MMG	山由

	MMG	山由
宿	PWDJ	宀亻丆日
	PWDJ	宀亻丆日

xū

需	FDMJ3	雨丆冂
	FDMJ3	雨丆冂
需要	FDSV	
需求	FDFI[86]/FDGI[98]	
虚	HAOG3	卢七业一
	HOD2	虍业
虚心	HANY[86]/HONY[98]	
虚假	HAWN[86]/HOWN[98]	
虚伪	HAWY[86]	虚拟 HARN[86]
虚实	HAPU[86]	虚弱 HAXU[86]
虚荣心	HANY[86]	
嘘	KHAG	口卢七一
	KHOG3	口虍业
墟	FHAG	土卢七一
	FHOG3	土虍业
戌	DGNT3	厂一乚丿
	DGD	戌一
须	EDMY3	彡丆贝
	EDMY2	彡丆贝
须要	EDSV[86]	
顼	GDMY3	王丆贝
	GDMY3	王丆贝
盱	HGFH3	目一寸
	HGFH3	目一寸
吁	KGFH	口一寸
	KGFH	口一寸
圩	FGFH3	土一寸

	FGFH3	土一丨寸			YXLF3	亠幺田
胥	NHEF3	乛止月	蓄		AYXL3	卄亠幺田
	NHEF3	乛止月			AYXL3	卄亠幺田
砉	DHDF	三丨石	蓄意 AYUJ 蓄谋 AYYA[86]			
	DHDF	三丨石	蓄积 AYTK[98] 蓄水 AYII[98]			

xú

			酗	SGQB	西一乂凵
徐	TWTY3	彳人禾		SGRB3	西一乂凵
	TWGS3	彳人一木	叙	WTCY3	人禾又
徐州 TWYT[98]				WGSC	人一木又

叙利亚 WTGO

xǔ

叙述 WTSY[86]/WGSY[98]

栩	SNG	木羽	溆	IWTC	氵人禾又
	SNG	木羽		IWGC	氵人一又
栩栩如生 SSVT			旭	VJD2	九日
诩	YNG	讠羽		VJD2	九日
	YNG	讠羽	序	YCBK3	广マ卩
许	YTFH3	讠丿十		OCNH2	广マ乛丨
	YTFH3	讠丿十	序列 YCGQ[86]/OCGQ[98]		
许多 YTQQ 许可 YTSK			序言 YCYY[86]/OCYY[98]		
许久 YTQY[86] 许昌 YTJJ[98]			序幕 OCAJ[98]		
许诺 YTYA[98] 许证 YSYG			恤	NTLG3	忄丿皿
许多方面 YQYD[98]				NTLG3	忄丿皿
许许多多 YYQQ[98]			洫	ITLG	氵丿皿
浒	IYTF	氵讠丿十		ITLG	氵丿皿
	IYTF	氵讠丿十	絮	VKXI3	女口幺小
糈	ONHE3	米乛止月		VKXI3	女口幺小
	ONHE3	米乛止月	婿	VNHE	女乛止月
醑	SGNE	西一乛月		VNHE	女乛止月
	SGNE	西一乛月	绪	XFTJ3	纟土丿日
				XFTJ3	纟土丿日

xù

畜	YXLF3	亠幺田	续	XFND3	纟十乛大
				XFND3	纟十乛大

X

续编 XFXY[86]

勖 JHLN3　日目力
　　JHET3　日目力

煦 JQKO　日勹口灬
　　JQKO　日勹口灬

xu

蓿 APWJ　艹宀亻日
　　APWJ　艹宀亻日

xuān

宣 PGJG3　宀一曰一
　　PGJG3　宀一曰一
宣布 PGDM　宣传画 PWGL[86]
宣传科 PWTU[86]　宣告 PGTF
宣传部长 PWUT[98]　宣称 PGTQ
宣传部 PWUK　宣誓 PGRR
宣传报道 PWRU[98]

喧 KPGG2　口宀一一
　　KPGG2　口宀一一

萱 APGG　艹宀一一
　　APGG　艹宀一一

揎 RPGG3　扌宀一一
　　RPGG3　扌宀一一

暄 JPGG3　日宀一一
　　JPGG3　日宀一一

煊 OPGG3　火宀一一
　　OPGG3　火宀一一

轩 LFH　车干
　　LFH　车干
轩然大波 LQDI[86]

儇 WLGE　亻罒一衣

WLGE　亻罒一衣

谖 YEFC3　讠二又
　　YEFC3　讠二又

xuán

悬 EGCN　月一厶心
　　EGCN　月一厶心
悬殊 EGGQ　悬崖 EGMD
悬挂 EGRF　悬空 EGPW[86]
悬浮 EBIE[98]

旋 YTNH3　方⺀一疋
　　YTNH3　方⺀一疋
旋律 YTTV　旋转 YTLF
旋风 YTWR[98]

漩 IYTH　氵方⺀疋
　　IYTH　氵方⺀疋

璇 GYTH　王方⺀疋
　　GYTH　王方⺀疋

玄 YXU　亠幺
　　YXU　亠幺

痃 UYXI3　疒亠幺
　　UYXI3　疒亠幺

xuǎn

选 TFQP　丿土儿辶
　　TFQP　丿土儿辶
选手 TFRT　选购 TFMQ
选派 TFIR　选拔 TFRD
选举权 TISC　选种 TFTK[86]
选编 TFXY[86]　选取 TFBC[86]
选举 TFIW[86]/TFIG[98]
选中 TFKH[98]　选定 TFPG[98]

癣 UQGD3　疒鱼一手

X

	UQGU3	疒鱼一羊

xuàn

绚	XQJG3	纟勹日
	XQJG3	纟勹日
绚丽 XQGM		
券	UDVB3	⺌大刀
	UVVR3	⺎夫刀
泫	IYXY3	氵亠幺
	IYXY3	氵亠幺
炫	OYXY3	火亠幺
	OYXY3	火亠幺
眩	HYXY2	目亠幺
	HYXY3	目亠幺
铉	QYXY3	钅亠幺
	QYXY3	钅亠幺
渲	IPGG	氵宀一一
	IPGG	氵宀一一
渲染 IPIV98		
楦	SPGG3	木宀一一
	SPGG3	木宀一一
碹	DPGG	石宀一一
	DPGG	石宀一一
旋	YTNH3	方⺁一龰
	YTNH3	方⺁一龰
镟	QYTH	钅方⺁龰
	QYTH	钅方⺁龰

xuē

靴	AFWX	廿串亻匕
	AFWX	廿串亻匕
削	IEJH3	⺌月刂

	IEJH3	⺌月刂
削减 IEUD 削弱 IEXU		
薛	AWNU	艹亻㇆辛
	ATNU3	艹丿㠯辛

xué

学	IPBF2	⺌宀子
	IPBF3	⺌宀子
学习 IPNU 学徒工 ITAA86		
学期 IPAD86/IPDW98		
学业 IPOG86/IPOH98		
学历 IPDL86/IPDE98		
学费 IPXJ 学习班 INGY		
学生证 ITYG86 学校 IPSU		
学雷锋 IFQT98		
噱	KHAE	口卢七豕
	KHGE	口虍一豕
泶	IPIU3	⺌宀水
	IPIU3	⺌宀水
踅	RRKH	扌斤口龰
	RRKH	扌斤口龰
穴	PWU	宀八
	PWU	宀八

xuě

雪	FVF2	雨彐
	FVF2	雨彐
雪中送炭 FKUM86 雪山 FVMM		
雪茄 FVAL86 雪白 FVRR86		
雪亮 FVYP86 雪花 FVAW		
鳕	QGFV	鱼一雨彐
	QGFV	鱼一雨彐

xuè

血	TLD	丿皿
	TLD	丿皿

血管 TLTP　血肉 TLMW
血液 TLIY　血压 TLDF
血泪 TLIH[86]　血汗 TLIF[86]

| 谑 | YHAG3 | 讠虍七一 |
| | YHAG3 | 讠虍匚一 |

xūn

| 勋 | KMLN3 | 口贝力 |
| | KMET3 | 口贝力 |

勋章 KMUJ

埙	FKMY	土口贝
	FKMY3	土口贝
熏	TGLO3	丿一田灬
	TGLO3	丿一田灬
薰	ATGO	艹丿一灬
	ATGO	艹丿一灬
獯	QTTO	犭丿丿灬
	QTTO	犭丿丿灬
曛	JTGO	日丿一灬
	JTGO	日丿一灬
醺	SGTO	西一丿灬
	SGTO	西一丿灬
窨	PWUJ	宀八立日
	PWUJ	宀八立日
荤	APLJ	艹冖车
	APLJ3	艹冖车

xún

| 循 | TRFH | 彳厂十目 |

| | TRFH3 | 彳厂十目 |

循环 TRGD[98]　循序 TROC[98]
循序渐进 TYIF[86]/TOIF[98]
循循善诱 TTUY[86]

旬	QJD2	勹日
	QJD2	勹日
询	YQJG3	讠勹日
	YQJG2	讠勹日

询问 YQUK

郇	QJBH3	勹日阝
	QJBH3	勹日阝
荀	AQJF3	艹勹日
	AQJF3	艹勹日
峋	MQJG	山勹日
	MQJG3	山勹日
恂	NQJG3	忄勹日
	NQJG3	忄勹日
洵	IQJG3	氵勹日
	IQJG3	氵勹日
寻	VFU2	彐寸
	VFU2	彐寸

寻找 VFRA　寻常 VFIP
寻求 VFFI[86]/VFGI[98]
寻觅 VFEM[98]

浔	IVFY	氵彐寸
	IVFY	氵彐寸
鲟	QGVF3	鱼一彐寸
	QGVF	鱼一彐寸
荨	AVFU3	艹彐寸
	AVFU3	艹彐寸
巡	VPV2	巛辶
	VPV	巛辶

巡视 VPPY　巡回 VPLK
巡逻 VPLQ

xùn

殉　GQQJ3　一歹勺日
　　GQQJ3　一歹勺日
徇　TQJG3　彳勺日
　　TQJG3　彳勺日
徇私 TQTC[98]
汛　INFH3　氵乙十
　　INFH　氵乙十
汛期 INDW[98]
讯　YNFH3　讠乙十
　　YNFH3　讠乙十
迅猛 NFQT　迅速增长 NSFT[98]
迅速 NFGK[86]/NFSK[98]
迅速发展 NSNN[98]
迅猛发展 NQNN[98]
迅　NFPK3　乙十辶

逊　NFPK3　乙十辶
　　BIPI3　子小辶
　　BIPI3　子小辶
训　YKH2　讠川
　　YKH2　讠川
训练 YKXA　训练班 YXGY[98]
驯　CKH　马川
　　CGKH3　马一川
驯服 CKEB[86]　驯养 CKUD[86]
薰　ASJJ3　艹西早
　　ASJJ3　艹西早
巽　NNAW3　巳巳丑八
　　NNAW3　巳巳丑八
浚　ICWT　氵厶八夂
　　ICWT　氵厶八夂
熏　TGLO3　丿一囲灬
　　TGLO3　丿一囲灬

X

Y

yā

呀	KAHT2	口匚丿丿
	KAHT2	口匚丿丿
鸦	AHTG	匚丿丨一
	AHTG	匚丿丨一
鸦片	AHTH[86]	
鸭	LQYG3	甲勹丶一
	LQGG3	甲鸟一
鸭子	LQBB[86]	
押	RLH2	扌甲
	RLH2	扌甲
押送	RLUD[86]	
压	DFYI3	厂土丶
	DFYI3	厂土丶
压迫 DFRP		压倒 DFWG
压缩 DFXP		压抑 DFRQ
压力 DFLT[86]/DFEN[98]		
压制 DFRM[86]/DFTG[98]		
压强 DFXK[86]		压价 DFWW[98]
丫	UHK	㇀丨
	UHK	㇀丨
桠	SGOG	木一业一
	SGOG	木一业
哑	KGOG3	口一业一
	KGOG3	口一业一
雅	AHTY	匚丿丿圭

	AHTY	匚丿丿圭

yá

牙	AHTE2	匚丿丿
	AHTE2	匚丿丿
芽	AAHT3	艹匚丿丿
	AAHT3	艹匚丿丿
蚜	JAHT3	虫匚丿丿
	JAHT3	虫匚丿丿
伢	WAHT3	亻匚丿丿
	WAHT3	亻匚丿丿
岈	MAHT3	山匚丿丿
	MAHT3	山匚丿丿
琊	GAHB	王匚丿阝
	GAHB	王匚丿阝
崖	MDFF	山厂土土
	MDFF	山厂土土
涯	IDFF3	氵厂土土
	IDFF3	氵厂土土
睚	HDFF2	目厂土土
	HDFF3	目厂土土
衙	TGKH3	彳五口丨
	TGKS	彳五口丁

yǎ

雅	AHTY	匚丿丿圭
	AHTY	匚丿丿圭

Y

雅座 AHYW[86]

哑 KGOG3　口一业一
　　KGOG3　口一业

痖 UGOG　疒一业一
　　UGOG3　疒一业

疋 NHI　一𤴓
　　NHI　一𤴓

yà

轧 LNN　车乚
　　LNN　车乚

亚 GOGD3　一业一
　　GOD2　一业

亚军 GOPL　亚东 GOAI[98]
亚热带 GRGK　亚非 GOHD[98]
亚洲 GOIY　亚洲纪录 GIXV[98]
亚太平洋地区 GIDA[98]

垭 FGOG3　土一业一
　　FGOG3　土一业

娅 VGOG3　女一业一
　　VGOG3　女一业

氩 RNGG　𠂉乁一一
　　RGOD3　气一业

讶 YAHT3　讠匚丿丿
　　YAHT3　讠匚丿丿

砑 DAHT3　石匚丿丿
　　DAHT3　石匚丿丿

迓 AHTP　匚丿丿辶
　　AHTP　匚丿丿辶

揠 RAJV　扌匚日女
　　RAJV　扌匚日女

压 DFYI3　厂土丶
　　DFYI3　厂土丶

ya

呀 KAHT2　口匚丿丿
　　KAHT2　口匚丿丿

yān

烟 OLDY2　火口大
　　OLDY3　火口大
烟台 OLCK　烟草 OLAJ
烟囱 OLTL　烟雾 OLFT
烟煤 OLOA[86]　烟尘 OLIF[98]
烟花 OLAW[98]

咽 KLDY3　口口大
　　KLDY3　口口大
咽喉 KLKW

胭 ELDY3　月口大
　　ELDY3　月口大

焉 GHGO3　一止一灬
　　GHGO3　一止一灬
焉得虎子 GTHB[86]

嫣 VGHO3　女一止灬
　　VGHO3　女一止灬

鄢 GHGB　一止一阝
　　GHGB　一止一阝

阉 UDJN　门大曰乚
　　UDJN3　门大曰乚

淹 IDJN3　氵大曰乚
　　IDJN3　氵大曰乚
淹没 IDIW[98]

崦 MDJN3　山大曰乚
　　MDJN3　山大曰乚

腌 EDJN　月大曰乚

EDJN3　月大曰匕

菸　AYWU　艹方人冫
　　AYWU　艹方人冫

阏　UYWU　门方人冫
　　UYWU　门方人冫

恹　NDDY　忄厂犬
　　NDDY　忄厂犬

湮　ISFG　氵西土
　　ISFG　氵西土

燕　AUKO2　廿丬口灬
　　AKUO3　廿口丬灬

燕山 AKMM[98]

殷　RVNC3　厂彐丁又
　　RVNC3　厂彐丁又

yán

盐　FHLF3　土卜皿
　　FHLF3　土卜皿

盐城 FHFD[98]

严　GODR3　一业厂
　　GOTE3　一业丿

严正 GOGH　严明 GOJE
严重 GOTG　严重性 GTNT[86]
严厉 GODD[86]/GODG[98]
严寒 GOPF[86]/GOPA[98]
严肃 GOVI[86]/GOVH[98]
严格要求 GSSF[86]/GSSG[98]
严重影响 GVTG[98]
严肃处理 GTJK[98]
严格控制 GSRT[98]

研　DGAH3　石一廾
　　DGAH3　石一廾
研究 DGPW　研讨 DGYF

研究院 DPBP　研究所 DPRN
研究员 DPKM　研究室 DPPG
研制 DGRM[86]

妍　VGAH3　女一廾
　　VGAH3　女一廾

延　THPD3　丿止廴
　　THNP　丿卜乚廴
延安 THPV　延续 THXF
延期 THAD[86]/THDW[98]
延缓 THXE　延伸 THWJ
延迟 THNY[86]　延误 THYK[98]

蜒　JTHP　虫丿止廴
　　JTHP3　虫丿卜廴

筵　TTHP　竹丿止廴
　　TTHP3　竹丿止廴

岩　MDF　山石
　　MDF　山石
岩石 MDDG

言　YYYY3　言言言言
　　YYYY3　言言言言
言不由衷 YGMY[86]　言语 YYYG
言谈 YYYO[86]　言辞 YYTD[86]
言行 YYTG[98]　言论 YYYW[86]
言过其实 YFAP[86]

颜　UTEM　立丿彡贝
　　UTEM　立丿彡贝
颜色 UTQC

阎　UQVD　门⺈臼
　　UQED3　门⺈臼

炎　OOU2　火火
　　OOU2　火火
炎热 OORV　炎黄子孙 OABB

沿　IMKG3　氵几口

Y

	IWKG3	氵几口	
沿着	IMUD⁸⁶/IWUH⁹⁸		
沿海	IMIT⁸⁶/IWIT⁹⁸		
沿线	IMXG⁸⁶/IWXG⁹⁸		
沿用	IMET⁸⁶/IWET⁹⁸		
沿途	IMWT⁸⁶	沿岸	IWMD⁹⁸
沿边	IWEP⁹⁸	沿海地区	IIFA⁹⁸
沿海开放城市	IIGY⁹⁸		
铅	QMKG3	钅几口	
	QWKG3	钅几口	
橼	SQDY	木夕厂言	
	SQDY	木夕厂言	
阽	BHKG	阝卜口	
	BHKG	阝卜口	
芫	AFQB	艹二儿	
	AFQB	艹二儿	
闫	UDD	门三	
	UDD	门三	

yǎn

奄	DJNB3	大曰乚	
	DJNB3	大曰乚	
罨	LDJN	罒大曰乚	
	LDJN3	罒大曰乚	
掩	RDJN	扌大曰乚	
	RDJN3	扌大曰乚	
掩盖	RDUG	掩护	RDRY
掩饰	RDQN⁸⁶	掩蔽	RDAU⁸⁶
掩耳盗铃	RBUQ⁸⁶		
魇	DDRC3	厂犬白厶	
	DDRC3	厂犬白厶	
厣	DDLK3	厂犬甲	

	DDLK3	厂犬甲	
偃	WGOD3	亻一业厂	
	WGOT3	亻一业丿	
眼	HVEY2	目彐㇏	
	HVY2	目艮	
眼光	HVIQ⁸⁶/HVIG⁹⁸		
眼睛	HVHG	眼界	HVLW
眼下	HVGH	眼前	HVUE
眼镜	HVQU	眼科	HVTU
眼泪	HVIH	眼看	HVRH
眼神	HVPY⁸⁶	眼力	HVLT⁸⁶
眼花缭乱	HAXT		
衍	TIFH3	彳氵二丨	
	TIGS3	彳氵一丁	
演	IPGW3	氵宀一八	
	IPGW	氵宀一八	
演说	IPYU	演变	IPYO
演唱	IPKJ	演出	IPBM
演讲	IPYF	演奏	IPDW⁸⁶
演播	IPRT⁸⁶	演算	IPTH⁸⁶
演义	IPYR⁹⁸	演练	IPXA⁹⁸
演出团	IBLF⁹⁸	演唱会	IKWF
偃	WAJV	亻匚曰女	
	WAJV	亻匚曰女	
郾	AJVB3	匚曰女阝	
	AJVB3	匚曰女阝	
魇	VNUV	白乚冫女	
	ENUV	白乚冫女	
琰	GOOY3	王火火	
	GOOY3	王火火	
剡	OOJH3	火火刂	
	OOJH3	火火刂	
兖	UCQB3	六厶儿	

Y

	UCQB3	六厶儿

yàn

彦	UTER	立丿丿彡
	UTEE	立丿丿彡
谚	YUTE3	讠立丿彡
	YUTE3	讠立丿彡
艳	DHQC3	三丨⺈巴
	DHQC3	三丨⺈巴
滟	IDHC	氵三丨巴
	IDHC	氵三丨巴
燕	AUKO2	廿⺜口灬
	AKUO3	廿口⺜灬
厌	DDI	厂犬
	DDI	厂犬
厌恶 DDGO[86]		
餍	DDWE3	厂犬人⺆
	DDWV	厂犬人艮
砚	DMQN3	石冂儿
	DMQN3	石冂儿
研	DGAH3	石一廾
	DGAH3	石一廾
雁	DWWY3	厂亻亻圭
	DWWY3	厂亻亻圭
赝	DWWM	厂亻亻贝
	DWWM	厂亻亻贝
唁	KYG	口言
	KYG	口言
唁电 KYJN[98]		
焰	OQVG3	火⺈臼
	OQEG3	火⺈臼

焱	OOOU	火火火
	OOOU	火火火
晏	JPVF3	日宀女
	JPVF3	日宀女
宴	PJVF3	宀日女
	PJVF3	宀日女
宴会 PJWF 宴请 PJYG		
宴席 PJYA[86]		
堰	FAJV	土匚日女
	FAJV	土匚日女
验	CWGI3	马人一⺍
	CGWG3	马一人一
验收 CWNH[86]/CGNH[98]		
验算 CWTH[86]		
谳	YFMD3	讠十门犬
	YFMD3	讠十门犬
酽	SGGD	西一一厂
	SGGT	西一一丿
咽	KLDY3	口囗大
	KLDY3	口囗大

yāng

央	MDI2	冂大
	MDI2	冂大
央行 MDTG[98]		
殃	GQMD3	一夕冂大
	GQMD3	一夕冂大
鸯	MDQG3	冂大勹一
	MDQG3	冂大鸟一
秧	TMDY	禾冂大
	TMDY	禾冂大
秧歌 TMSK		

Y

泱	IMDY	氵冂大
	IMDY	氵冂大
鞅	AFMD	廿革冂大
	AFMD	廿革冂大

yáng

杨	SNRT2	木乙刂彡
	SNRT3	木乙刂彡
扬	RNRT3	扌乙刂彡
	RNRT3	扌乙刂彡

扬言 RNYY[86]   扬州 RNYT[98]
扬中 RNKH[98]
扬眉吐气 RNKR[86]

疡	UNRE3	疒乙刂彡
	UNRE3	疒乙刂彡
炀	ONRT	火乙刂彡
	ONRT	火乙刂彡
羊	UDJ	丷手
	UYTH3	羊、丨丨

羊城 UDFD[86]/UYFD[98]
羊肉 UYMW[98]   羊绒 UYXA[98]
羊毛衫 UEPU[98]
羊城晚报 UFJR[98]

洋	IUDH2	氵丷手
	IUH2	氵羊

洋货 IUWX   洋人 IUWW[86]
洋溢 IUIU[98]   洋浦 IUIS[98]

徉	TUDH3	彳丷手
	TUH	彳羊
烊	OUDH3	火丷手
	OUH	火羊
佯	WUDH	亻丷手
	WUH	亻羊
蛘	JUDH3	虫丷手
	JUH	虫羊
阳	BJG2	阝日
	BJG2	阝日

阳光 BJIQ[86]/BJIG[98]
阳历 BJDL[86]   阳性 BJNT[86]
阳春 BJDW[98]   阳台 BJCK[98]

yǎng

氧	RNUD3	𠂉乙丷手
	RUK	气羊

氧化 RNWX[86]/RUWX[98]
氧气 RURT[98]

痒	UUDK3	疒丷手
	UUK	疒羊
养	UDYJ	丷手丶刂
	UGJJ3	丷夫刂刂

养育 UDYC[86]/UGYC[98]
养老 UDFT[86]/UGFT[98]
养殖 UDGQ[86]/UGGQ[98]
养分 UDWV[86]   养料 UDOU[86]
养老院 UFBP[86]   养猪 UGQT[98]
养活 UDIT[86]/UGIT[98]
养路费 UDXJ[86]   养护 UKRY[98]
养尊处优 UUTW[86]
养殖业 UGOH[98]
养兵千日用兵一时 URTJ[98]

仰	WQBH	亻𠂊卩
	WQBH3	亻𠂊卩

yàng

样	SUDH2	木丷手

	SUII2	木羊
样子	SUBB	样式 SUAA
样板	SUSR	样本 SUSG[86]
样机	SUSM[86]	
烊	OUDH3	火丷手
	OUH	火羊
漾	IUGI	氵丷王八
	IUGI	氵丷王八
恙	UGNU3	丷王心
	UGNU3	丷王心
怏	NMDY	忄冂大
	NMDY	忄冂大
鞅	AFMD	廿巾冂大
	AFMD	廿巾冂大

yāo

腰	ESVG3	月西女
	ESVG3	月西女
腰包	ESQN[98]	
要	SVF2	西女
	SVF2	西女
要求	SVFI[86]/SVGI[98]	
邀	RYTP	白方攵辶
	RYTP3	白方攵辶
邀请	RYYG	
邀请赛	RYPF[86]/RYPA[98]	
夭	TDI	丿大
	TDI	丿大
妖	VTDY3	女丿大
	VTDY3	女丿大
幺	XNNY	幺乙乙丶
	XXXX	幺幺幺幺

吆	KXY	口幺
	KXY	口幺
么	TCU2	丿厶
	TCU2	丿厶
约	XQYY2	纟勹丶
	XQYY2	纟勹丶

yáo

徭	TERM	彳爫乛山
	TETB3	彳爫乛凵
繇	ERMI	爫乛山小
	ETFI	爫乛十小
鳐	QGEM	鱼一爫山
	QGEB	鱼一爫凵
瑶	GERM3	王爫乛山
	GETB3	王爫乛凵
瑶族	GEYT[98]	
摇	RERM3	扌爫乛山
	RETB3	扌爫乛凵
摇篮	RETJ	摇晃 REJI[86]
摇摆	RERL[86]	摇头 REUD[98]
摇摇欲坠	RRWB[86]	
谣	YERM3	讠爫乛山
	YETB3	讠爫乛凵
谣言	YEYY[98]	
遥	ERMP2	爫乛山辶
	ERFP3	爫乛十辶
遥远	ERFQ[86]/ETFQ[98]	
遥控	ERRP[86]/ETRP[98]	
遥感	ETDG[98]	遥测 ETIM[98]
窑	PWRM3	宀八乛山
	PWTB	宀八乛凵

Y

窑洞	PWIM[98]	
铞	LVKG3	车刀口
	LVKG3	车刀口
肴	QDEF3	乂ナ月
	RDEF3	乂ナ月
尧	ATGQ	七丿一儿
	ATGQ	七丿一儿
侥	WATQ	亻七丿儿
	WATQ	亻七丿儿
姚	VIQN3	女〢儿
	VQIY3	女儿〢
珧	GIQN3	王〢儿
	GQIY	王儿〢
铫	QIQN3	钅〢儿
	QQIY3	钅儿〢
陶	BQRM3	阝勹𠂇山
	BQTB2	阝勹𠂇凵
爻	QQU	乂乂
	RRU	乂乂

yǎo

咬	KUQY3	口六乂
	KURY2	口六乂
舀	EVF	𭕄臼
	EEF	𭕄臼
杳	SJF	木曰
	SJF	木曰
窈	PWXL	宀八幺力
	PWXE	宀八幺力

yào

药	AXQY2	艹纟勹丶

	AXQY2	艹纟勹丶
药材	AXSF	药品 AXKK
药房	AXYN[86]	药店 AXYH[86]
药费	AXXJ[86]	药剂 AXYJ[98]
药用	AXET	药厂 AXDG[98]
药物	AXCQ[98]	
疟	UAGD	疒一一
	UAGD3	疒一一
要	SVF2	西女
	SVF2	西女
要点	SVHK	要紧 SVJC
要素	SVGX	要闻 SVUB
要价	SVWW	要害 SVPD
要领	SVWY[86]	要员 SVKM[86]
要强	SVXK[86]	
要不	SVGI[86]/SVDH[98]	
耀	IQNY	业儿羽圭
	IGQY	灬一儿圭
耀眼	IQHV[98]	
曜	JNWY3	日羽亻圭
	JNWY3	日羽亻圭
钥	QEG	钅月
	QEG	钅月
鹞	ERMG	𠂼𠂇山一
	ETFG	𠂼𠂇十一

yē

耶	BBH	耳阝
	BBH	耳阝
椰	SBBH3	木耳阝
	SBBH3	木耳阝
噎	KFPU3	口士宀䒑
	KFPU3	口士宀䒑

掖　RYWY3　扌亠亻丶
　　RYWY3　扌亠亻丶

yé

爷　WQBJ3　八乂阝
　　WRBJ3　八乂阝
邪　AHTB　匚丨丿阝
　　AHTB　匚丨丿阝
锒　QAHB　钅匚丨阝
　　QAHB3　钅匚丨阝
耶　BBH　耳阝
　　BBH　耳阝
揶　RBBH3　扌耳阝
　　RBBH3　扌耳阝

yě

野　JFCB3　曰土マ阝
　　JFCH3　曰土マ丨
野生 JFTG　野蛮 JFYO
野战 JFHK　野生动物 JTFC[98]
野心 JFNY[86]　野餐 JFHQ[86]
野兽 JFUL[86]　野地 JFFB[86]
野外 JFQH[86]　野战军 JHPL
冶　UCKG3　冫厶口
　　UCKG3　冫厶口
冶金 UCQQ　冶炼 UCOA
冶金部 UQUK
也　BNHN2　也乛丨乚
　　BNHN2　也乛丨乚
也许 BNYT　也罢 BNLF[98]
也不例外 BDWQ[98]　也许 BNVB
也是 BNJG　也要 BNSV[98]
也就是说 BYJY[98]

yè

页　DMU　厂贝
　　DMU　厂贝
页码 DMDC[86]　页数 DMOV[86]
夜　YWTY3　亠亻夂丶
　　YWTY3　亠亻夂丶
夜晚 YWJQ　夜间 YWUJ
夜里 YWJF　夜班 YWGY
夜大 YWDD[86]　夜校 YWSU[98]
夜幕 YWAJ[98]　夜市 YWYM[98]
夜总会 YUWF[86]
夜长梦多 YTSQ[86]
腋　EYWY　月亠亻丶
　　EYWY　月亠亻丶
液　IYWY3　氵亠亻丶
　　IYWY3　氵亠亻丶
液体 IYWS　液化 IYWX
液压 IYDF[86]　液化气 IWRN[86]
掖　RYWY3　扌亠亻丶
　　RYWY3　扌亠亻丶
业　OGD2　业一
　　OHHG3　业丨丨一
业务 OGTL[86]/OHTE[98]
业绩 OGXG[86]/OHXG[98]
业余 OGWT[86]/OHWG[98]
业务员 OTKM　业主 OHYG[98]
业经 OHXC[98]　业已 OHNN[98]
业余时间 OWJU[98]
业务人员 OTWK[98]
业务素质 OTGR[98]
邺　OGBH3　业一阝
　　OBH　业阝

Y

| 叶 | KFH2 | 口十 |
| | KFH2 | 口十 |

叶子 KFBB[86]

叶公好龙 KWVD[86]

| 曳 | JXE | 曰匕 |
| | JNTE3 | 曰乚丿 |

| 拽 | RJXT3 | 扌曰匕 |
| | RJNT3 | 扌曰乚丿 |

| 谒 | YJQN3 | 讠曰勹乚 |
| | YJQN3 | 讠曰勹乚 |

| 晔 | JWXF3 | 日亻匕十 |
| | JWXF3 | 日亻匕十 |

| 烨 | OWXF3 | 火亻匕十 |
| | OWXF3 | 火亻匕十 |

| 咽 | KLDY3 | 口口大 |
| | KLDY3 | 口口大 |

| 厴 | DDDL | 厂犬宀三 |
| | DDDF | 厂犬宀三 |

yī

| 一 | GGLL | 一一口口 |
| | GGLL | 一一口口 |

一定 GGPG   一家人 GPWW[98]

一起抓 GFRR[98]   一切 GGAV

一日千里 GJTJ[86]   一同 GGMG

一尘不染 GIGI[86]   一向 GGTM

一帆风顺 GMMK[86]   一样 GGSU

一针见血 GQMT[86]   一心 GGNY

一举两得 GIGT[86]   一带 GGGK

一窍不通 GPGC[86]   一道 GGUT

一笔勾销 GTQQ[86]   一阵 GGBL

一箭双雕 GTCM[86]   一伙 GGWO

一致 GGGC   一旦 GGJG

一等品 GTKK[86]   一共 GGAW

一般 GGTE[86]/GGTU[98]

一半 GGUF[86]/GGUG[98]

一度 GGYA[86]/GGOA[98]

一旁 GGUP[86]/GGYU[98]

一来 GGGO[86]/GGGU[98]

一概 GGSV   一季度 GTOA[98]

一贯主张 GXYX[98]

一个国家两种制度 GWLO[98]

| 壹 | FPGU3 | 士冖一丷 |
| | FPGU3 | 士冖一丷 |

| 医 | ATDI3 | 匚乛大 |
| | ATDI3 | 匚乛大 |

医生 ATTG   医药费 AAXJ[86]

医护人员 ARWK[98]   医学 ATIP

医院 ATBP   医疗 ATUB

医疗费 AUXJ[86]   医术 ATSY

医务 ATTL[86]/ATTE[98]

医护 ATRY[86]   医德 ATTF[98]

医药 ATAX   医务室 ATPG[86]

医治无效 AIFU[98]   医科 ATTU

医疗保险 AUWB[98]   医治 ATIC

| 揖 | RKBG3 | 扌口耳 |
| | RKBG3 | 扌口耳 |

| 衣 | YEU2 | 亠𧘇 |
| | YEU2 | 亠𧘇 |

衣服 YEEB   衣料 YEOU[86]

衣物 YETR[86]/YECQ[98]

| 铱 | QYEY3 | 钅亠𧘇 |
| | QYEY3 | 钅亠𧘇 |

| 依 | WYEY3 | 亻亠𧘇 |
| | WYEY3 | 亻亠𧘇 |

依靠 WYTF　依据 WYRN
依赖 WYGK[86]/WYSK[98]
依然 WYQD　依次 WYUQ[86]
依靠群众 WTVW[98]
依法处理 WITG[98]

伊 WVTT3　亻ヨノ
　　　 WVTT3　亻ヨノ
伊拉克 WRDQ　伊朗 WVYV[98]

咿 KWVT　口亻ヨノ
　　　 KWVT　口亻ヨノ

噫 KUJN　口立日心
　　　 KUJN　口立日心

猗 QTDK　犭ノ大口
　　　 QTDK　犭ノ大口

椅 SDSK3　木大丁口
　　　 SDSK3　木大丁口

欹 DSKW　大丁口人
　　　 DSKW　大丁口人

漪 IQTK　氵犭ノ口
　　　 IQTK　氵犭ノ口

黟 LFOQ　囗土灬夕
　　　 LFOQ　囗土灬夕

yí

颐 AHKM　匚丨口贝
　　　 AHKM3　匚丨口贝

夷 GXWI3　一弓人
　　　 GXWI3　一弓人

胰 EGXW3　月一弓人
　　　 EGXW3　月一弓人

姨 VGXW2　女一弓人
　　　 VGXW2　女一弓人

荑 AGXW3　艹一弓人
　　　 AGXW3　艹一弓人

咦 KGXW3　口一弓人
　　　 KGXW3　口一弓人

痍 UGXW　疒一弓人
　　　 UGXW3　疒一弓人

遗 KHGP　口丨一辶
　　　 KHGP　口丨一辶
遗产 KHUT　遗嘱 KHKN
遗体 KHWS[86]　遗址 KHFH[86]
遗忘 KHYN[98]　遗物 KHCQ[98]

移 TQQY3　禾夕夕
　　　 TQQY3　禾夕夕
移民 TQNA　移居 TQND[98]
移风易俗 TMJW[86]　移植 TQSF
移动 TQFC　移送 TQUD[98]
移交 TQUQ[86]/TQUR[98]
移植手术 TSRS[98]

仪 WYQY3　亻丶乂
　　　 WYRY3　亻丶乂
仪式 WYAA　仪表 WYGE
仪器 WYKK

疑 XTDH　匕𠂉大疋
　　　 XTDH3　匕𠂉大疋
疑难 XTCW　疑问 XTUK
疑义 XTYQ[86]　疑惑 XTAK[86]
疑虑 XTHA[86]/XTHN[98]

嶷 MXTH3　山匕𠂉疋
　　　 MXTH3　山匕𠂉疋

沂 IRH　氵斤
　　　 IRH　氵斤

宜 PEGF3　宀月一

	PEGF3	宀月一
宜宾	PEPR[98]	宜昌 PEJJ[98]
宜兴	PEIG[98]	
贻	MCKG3	贝厶口
	MCKG3	贝厶口
贻误	MCYK[86]	
怡	NCKG3	忄厶口
	NCKG3	忄厶口
眙	HCKG3	目厶口
	HCKG3	目厶口
诒	YCKG3	讠厶口
	YCKG3	讠厶口
饴	QNCK3	⺈乚厶口
	QNCK3	⺈乚厶口
彝	XGOA3	彑一米廾
	XOXA	彑米幺廾
彝族	XOYT[98]	
迤	TBPV3	⺈也辶
	TBPV3	⺈也辶
蛇	JPXN3	虫宀匕
	JPXN2	虫宀匕
圯	FNN	土巳
	FNN	土巳

椅	SDSK3	木大丁口
	SDSK3	木大丁口
椅子	SDBB	
倚	WDSK3	亻大丁口
	WDSK3	亻大丁口
旖	YTDK	方⺀大口
	YTDK	方⺀大口

蚁	JYQY3	虫丶乂
	JYRY3	虫丶乂
蛾	JTRT3	虫丿扌丿
	JTRY3	虫丿扌丶
舣	TEYQ	丿舟丶乂
	TUYR	丿舟丶乂
已	NNNN	己己己己
	NNNN2	己己己己
已经	NNXC	已婚 NNVQ
已故	NNDT[98]	已获 NNAQ[98]
已将	NNUQ[98]	
乙	NNLL	乙乙口口
	NNLL3	乙乙口口
钇	QNN	钅乙
	QNN	钅乙
矣	CTDU2	厶⺀大
	CTDU2	厶⺀大
以	NYWY3	乛丶人
	NYWY3	乛丶人
以便	NYWG	以后 NYRG
以外	NYQH	以前 NYUE
以为	NYYL[86]/NYYE[98]	
以来	NYGO[86]/NYGU[98]	
以及	NYBY[98]	以待 NYTF[98]
以往	NYTY[86]	以权谋私 NSYT
以理服人	NGEW[86]	
以貌取人	NEBW[86]	
以经济建设为中心	NXIN	
苢	ANYW3	艹乛丶人
	ANYW3	艹乛丶人
尾	NTFN3	尸丿二乚
	NEV2	尸毛

迤	TBPV3	㇋也辶	
	TBPV3	㇋也辶	
酏	SGBN3	西一也	
	SGBN3	西一也	

yì

艺	ANB	艹乙
	ANB2	艹乙

艺术 ANSY　艺术团 ASLF98
艺术家 ASPE86/ASPG98
艺术品 ASKK　艺术性 ASNT98
艺术创作 ASWW98
艺术形式 ASGA98

呓	KANN3	口艹乙
	KANN3	口艹乙
屹	MTNN	山㇋乙
	MTNN3	山㇋乙

屹立 MTUU98

仡	WTNN3	亻㇋乙
	WTNN3	亻㇋乙
亿	WNN2	亻乙
	WNN2	亻乙

亿万 WNDN86/WNGQ98
亿万人民 WGWN98

忆	NNN2	忄乙
	NNN2	忄乙
抑	RQBH3	扌𠃌卩
	RQBH3	扌𠃌卩

抑扬顿挫 RRGR86

役	TMCY3	彳几又
	TWCY3	彳几又
毅	UEMC3	立豕几又

	UEWC3	立豕几又

毅然 UEQD
毅力 UELT86/UEEN98

疫	UMCI3	疒几又
	UWCI3	疒几又

疫苗 UWAL98

意	UJNU3	立曰心
	UJNU3	立曰心

意见 UJMQ　意外 UJQH
意识 UJUK　意志 UJFN
意味 UJKF　意料 UJOU
意愿 UJDR　意思 UJLN
意义 UJYQ86/UJYR98
意识到 UYGC　意大利 UDTJ

臆	EUJN3	月立曰心
	EUJN3	月立曰心
癔	UUJN	疒立曰心
	UUJN	疒立曰心
镱	QUJN	钅立曰心
	QUJN	钅立曰心
薏	AUJN	艹立曰心
	AUJN	艹立曰心
逸	QKQP	𠂊口儿辶
	QKQP	𠂊口儿辶
肆	XTDH	𠃋㇋大丨
	XTDG	𠃋㇋大㇐
亦	YOU	亠小
	YOU2	亠小
弈	YOAJ3	亠小廾
	YOAJ3	亠小廾
奕	YODU3	亠小大
	YODU3	亠小大

Y

衣	YEU2	亠𧘇
	YEU2	亠𧘇
裔	YEMK3	亠𧘇冂口
	YEMK3	亠𧘇冂口
义	YQI2	、义
	YRI2	、义

义务 YQTL[86]/YRTE[98]
义不容辞 YGPT[86]/YDPT[98]
义气 YQRN[86]　义演 YRIP[98]
义务劳动 YTAF[98]
义务兵 YTRG[86]/YTRW[98]

议	YYQY3	讠、义
	YYRY3	讠、义

议程 YYTK　议题 YYJG
议价 YYWW　议论 YYYW[86]
议员 YYKM[86]　议定 YYPG[98]
议事 YYGK[98]

益	UWLF3	丷八皿
	UWLF3	丷八皿

益阳 UWBJ[98]

嗌	KUWL3	口丷八皿
	KUWL3	口丷八皿
缢	XUWL3	纟丷八皿
	XUWL3	纟丷八皿
镒	QUWL3	钅丷八皿
	QUWL3	钅丷八皿
溢	IUWL3	氵丷八皿
	IUWL3	氵丷八皿
诣	YXJG3	讠匕日
	YXJG3	讠匕日
谊	YPEG3	讠宀月一
	YPEG3	讠宀月一

异	NAJ	巳廾
	NAJ2	巳廾

异想天开 NSGG　异议 NAYY
异口同声 NKMF[86]　异常 NAIP
异彩 NAES　异同 NAMG[86]
异国 NALG[98]　异地 NAFB[98]
异军突起 NPPF[98]

翼	NLAW3	羽田廾八
	NLAW3	羽田廾八
翌	NUF	羽立
	NUF	羽立
翊	UNG	立羽
	UNG	立羽
熠	ONRG	火羽白
	ONRG	火羽白
羿	NAJ	羽廾
	NAJ	羽廾
翳	ATDN	匚𠂆大羽
	ATDN	匚𠂆大羽
刈	QJH	乂刂
	RJH	乂刂
食	WYVE3	人、彐㇄
	WYVU3	人、艮
艾	AQU	艹乂
	ARU	艹乂
劓	THLJ	丿目田刂
	THLJ	丿目田刂
佚	WRWY3	亻𠂉人
	WTGY3	亻丿夫
轶	LRWY3	车𠂉人
	LTGY3	车丿夫

Y

俤	WWEG3	亻八月
	WWEG3	亻八月
昜	JQRR3	曰勹彡
	JQRR3	曰勹彡
昜于	JQGF98	
場	FJQR3	土曰勹彡
	FJQR3	土曰勹彡
邑	KCB	口巴
	KCB	口巴
挹	RKCN3	扌口巴
	RKCN3	扌口巴
悒	NKCN3	忄口巴
	NKCN3	忄口巴
弋	AGNY	弋一丶
	AYI	弋丶
译	YCFH3	讠又二丨
	YCGH3	讠又㇛

译员 YCKM86　译音 YCUJ86
译文 YCYY86　译制 YCRM86
译电 YCJN86

绎	XCFH3	纟又二丨
	XCGH3	纟又㇛
峄	MCFH3	山又二丨
	MCGH3	山又㇛
怿	NCFH	忄又二丨
	NCGH3	忄又㇛
驿	CCFH3	马又二丨
	CGCG	马一又㇛
殪	GQFU	一夕士丷
	GQFU	一夕士丷
懿	FPGN	士宀一心

	FPGN	士宀一心
瘗	UGUF	疒一丷土
	UGUF	疒一丷土
蝎	JJQR	虫曰勹彡
	JJQR	虫曰勹彡

yīn

音	UJF	立日
	UJF	立日

音响 UJKT　音乐家 UQPE86
音乐 UQQI86/UJTN98
音调 UJYM86　音量 UJJG86
音乐会 UQWF86　音像 UJWQ

喑	KUJG3	口立日
	KUJG3	口立日
因	LDI2	口大
	LDI2	口大

因陋就简 LBYT86　因子 LDBB
因势利导 LRTN86　因而 LDDM
因素 LDGX　因果 LDJS86
因公护照 LWRJ98　因此 LDHX
因为 LDYL86/LDYE98
因地制宜 LFRP86/LFTP98

茵	ALDU3	艹口大
	ALDU3	艹口大
姻	VLDY3	女口大
	VLDY3	女口大
洇	ILDY	氵口大
	ILDY	氵口大
烟	OLDY2	火口大
	OLDY2	火口大
氤	RNLD3	㇉乙口大

	RLDI3	气口大
铟	QLDY	钅口大
	QLDY	钅口大
殷	RVNC3	厂彐丁又
	RVNC3	厂彐丁又
殷切	RVAV[86]	
阴	BEG2	阝月
	BEG2	阝月
阴雨	BEFG	阴影 BEJY
阴谋	BEYA[86]	/BEYF[98]
阴历	BEDL[86]	阴天 BEGD[86]
阴沉	BEIP[86]	阴险 BEBW[86]
荫	ABEF3	艹阝月
	ABEF3	艹阝月
垔	FSFG3	土西土
	FSFG3	土西土
湮	ISFG	氵西土
	ISFG	氵西土

yín

吟	KWYN	口人丶フ
	KWYN	口人丶フ
银	QVEY3	钅彐㇏
	QVY	钅艮
银川市	QKYM[86]	银河 QVIS
银川	QVKT	银奖 QVUQ[98]
银行	QVTF[86]	/QVTG[98]
银牌	QVTH[98]	银幕 QVAJ
银行账号	QTMK[86]	
垠	FVEY3	土彐㇏
	FVY	土艮
圻	FRH	土斤

	FRH	土斤
龈	HWBE	止人山㇏
	HWBV	止人山艮
淫	IETF3	氵爫丿士
	IETF3	氵爫丿士
淫秽	IETM	淫秽物品 ITCK[98]
霪	FIEF	雨氵爫士
	FIEF	雨氵爫士
寅	PGMW3	宀一由八
	PGMW3	宀一由八
夤	QPGW	夕宀一八
	QPGW	夕宀一八
鄞	AKGB	廿口丰阝
	AKGB	廿口丰阝
狺	QTYG	犭丿言
	QTYG	犭丿言

yǐn

饮	QNQW3	𠂉乛乀人
	QNQW3	𠂉乛乀人
饮用	QNET	饮食 QNWY
饮料	QNOU	饮品 QNKK[98]
饮水	QNII[98]	饮食业 QWOG[86]
尹	VTE	彐丿
	VTE	彐丿
引	XHH2	弓丨
	XHH2	弓丨
引进外资	XFQU[98]	引导 XHNF
引以为戒	XNYA[86]	引诱 XHYT
引进	XHFJ	引人注目 XWIH
引用	XHET	引进技术 XFRS
引起	XHFH	引荐 XHAD[86]

引力 XHLT[86]　引入 XHTY[98]
引向 XHTM[98]　引发 XHNT[98]

吲 KXHH3　口弓丨
　　KXHH3　口弓丨

蚓 JXHH3　虫弓丨
　　JXHH3　虫弓丨

隐 BQVN2　阝ク彐心
　　BQVN3　阝ク彐心

隐患 BQKK　隐瞒 BQHA
隐藏 BQAD[86]/BQAA[98]
隐蔽 BQAU[86]/BQAJ[98]
隐含 BQWY[86]　隐约 BQXQ[86]
隐私 BQTC[86]　隐形 BQGA[98]

瘾 UBQN3　疒阝ク心
　　UBQN3　疒阝ク心

股 RVNC3　厂彐丁又
　　RVNC3　厂彐丁又

yìn

印 QGBH3　𠂤一卩
　　QGBH3　𠂤一卩

印章 QGUJ　印刷品 QNKK[86]
印发 QGNT　印数 QGOV[86]
印鉴 QGJT[86]　印鉴 QGJT[86]
印象 QGQJ[86]/QGQK[98]
印度 QGOA[98]　印尼 QGNX[98]
印度洋 QYIU[86]　印刷 QGNM
印第安 QTPV[86]
印度尼西亚 QONG[98]

茚 AQGB　艹𠂤一卩
　　AQGB　艹𠂤一卩

胤 TXEN　丿幺月乚
　　TXEN　丿幺月乚

荫 ABEF3　艹阝月
　　ABEF3　艹阝月

饮 QNQW3　𠂤乚𠂤人
　　QNQW3　𠂤乚𠂤人

窨 PWUJ　宀八立日
　　PWUJ　宀八立日

yīng

英 AMDU3　艹冂大
　　AMDU3　艹冂大

英文键盘 AYQT[86]　英语 AMYG
英里 AMJF[98]　英姿 AMUQ
英尺 AMNY　英寸 AMFG
英国 AMLG　英雄 AMDC
英勇 AMCE　英文 AMYY[98]
英镑 AMQU[86]/AMQY[98]
英明 AMJE[86]　英俊 AMWC[86]
英杰 AMSO[86]　英亩 AMYL[86]
英雄模范 ADSA[98]

瑛 GAMD3　王艹冂大
　　GAMD3　王艹冂大

婴 MMVF3　贝贝女
　　MMVF3　贝贝女

婴儿 MMQT　婴幼儿 MXQT[98]

樱 SMMV　木贝贝女
　　SMMV3　木贝贝女

缨 XMMV3　纟贝贝女
　　XMMV3　纟贝贝女

撄 RMMV3　扌贝贝女
　　RMMV3　扌贝贝女

嘤 KMMV3　口贝贝女
　　KMMV3　口贝贝女

Y

瓔	GMMV	王贝贝女
	GMMV	王贝贝女
鸚	MMVG	贝贝女一
	MMVG	贝贝女一
罌	MMRM3	贝贝𠂤山
	MMTB3	贝贝𠂤山
鹰	YWWG	广亻亻一
	OWWG	广亻亻一
膺	YWWE	广亻亻月
	OWWE	广亻亻月
应	YID	广㐄
	OIGD2	广㎜一

应该 YIYY⁸⁶/OIYY⁹⁸
应有 YIDE⁸⁶/OIDE⁹⁸
应有尽有 YDND⁸⁶/ODND⁹⁸

莺	APQG3	艹冖勹一
	APQG3	艹冖鸟一

yíng

莹	APGY	艹冖王丶
	APGY	艹冖王丶
滢	IAPY	氵艹冖丶
	IAPY	氵艹冖丶
茔	APFF	艹冖土
	APFF	艹冖土
萤	APJU3	艹冖虫
	APJU3	艹冖虫
营	APKK3	艹冖口口
	APKK3	艹冖口口

营利 APTJ 营长 APTA
营房 APYN 营建 APVF⁸⁶
营业 APOG⁸⁶/APOH⁹⁸

营救 APFI⁸⁶/APGI⁹⁸
营养 APUD⁸⁶/APUG⁹⁸
营区 APAR⁹⁸ 营造 APTF⁹⁸
营业员 AOKM 营业额 AOPT
营养品 AUKK⁸⁶
营业执照 AORJ⁹⁸

荧	APOU3	艹冖火
	APOU3	艹冖火

荧屏 APNU⁹⁸

荣	APIU3	艹冖水
	APIU3	艹冖水
萦	APXI3	艹冖幺小
	APXI3	艹冖幺小
潆	IAPI	氵艹冖小
	IAPI	氵艹冖小
鎣	APQF	艹冖金
	APQF	艹冖金
蝇	JKJN2	虫口日乚
	JKJN2	虫口日乚
迎	QBPK3	𠂊卩辶
	QBPK3	𠂊卩辶

迎刃而解 QVDQ⁸⁶ 迎战 QBHK
迎新 QBUS 迎宾 QBPR
迎春 QBDW 迎风 QBMQ⁸⁶
迎来 QBGU⁹⁸ 迎接 QBRU

嬴	YNKY	亠乚口丶
	YEMY3	亖月贝丶

赢余 YNWT⁸⁶ 赢利 YETJ⁹⁸

嬴	YNKY	亠乚口丶
	YEVY3	亖月女丶
瀛	IYNY	氵亠乚丶
	IYEY3	氵亖月丶

盈 ECLF3 乃又皿
　　 BCLF3 乃又皿
盈余 ECWT[86]/BCWG[98]
盈利 ECTJ　盈亏 BCFN[98]

楹 SECL3 木乃又皿
　　 SBCL3 木乃又皿

yǐng

影 JYIE 日亩小彡
　　 JYIE2 日亩小彡
影片 JYTH　影印件 JQWR[86]
影视 JYPY　影院 JYBP
影像 JYWQ[86]　影集 JYWY[86]
影剧院 JNBP　影响 JYKT
影响力 JKEN[98]

颖 XTDM3 匕禾冖贝
　　 XTDM3 匕禾冖贝

颍 XIDM3 匕水冖贝
　　 XIDM3 匕水冖贝

郢 KGBH 口王阝
　　 KGBH 口王阝

瘿 UMMV3 疒贝贝女
　　 UMMV3 疒贝贝女

yìng

硬 DGJQ3 石一曰乂
　　 DGJR3 石一曰乂
硬度 DGYA[86]/DGOA[98]
硬件 DGWR[86]/DGWT[98]
硬骨头 DMUD　硬座 DGYW[86]
硬体 DGWS[98]　硬仗 DGWD[98]
硬设备 DYTL

映 JMDY3 日门大

映 JMDY3 日门大
映照 JMJV[86]

媵 EUDV 月䒑大女
　　 EUGV 月丷夫女

应 YID 广业
　　 OIGD2 广业一
应用 YIET[86]/OIET[98]
应聘 YIBM[86]/OIBM[98]
应邀 YIRY[86]/OIRY[98]
应付 YIWF[86]/OIWF[98]
应变 YIYO[86]/OIYF[98]
应酬 YISG[86]/OISG[98]
应用于 YEGF[86]/OEGF[98]
应用技术 YERS[86]/OERS[98]

yō

育 YCEF3 亠厶月
　　 YCEF3 亠厶月

唷 KYCE3 口亠厶月
　　 KYCE3 口亠厶月

哟 KXQY2 口纟勹丶
　　 KXQY2 口纟勹丶

yo

哟 KXQY2 口纟勹丶
　　 KXQY2 口纟勹丶

yōng

拥 REH 扌用
　　 REH2 扌用
拥护 RERY　拥有 REDE
拥抱 RERQ　拥政爱民 RGEN

佣 WEH 亻用

	WEH2	亻用
痈	UEK	疒用
	UEK	疒用
庸	YVEH	广彐月丨
	OVEH3	广彐月丨
庸俗	YVWW[86] / OVWW[98]	
墉	FYVH	土广彐丨
	FOVH	土广彐丨
慵	NYVH	忄广彐丨
	NOVH	忄广彐丨
鳙	QGYH	鱼一广丨
	QGOH	鱼一广丨
镛	QYVH	钅广彐丨
	QOVH	钅广彐丨
雍	YXTY3	亠幺丿圭
	YXTY3	亠幺丿圭
臃	EYXY3	月亠幺圭
	EYXY3	月亠幺圭
饔	YXTE	亠幺丿以
	YXTV	亠幺丿艮
壅	YXTF	亠幺丿土
	YXTF	亠幺丿土
邕	VKCB3	巛口巴
	VKCB3	巛口巴

yóng

喁	KJMY3	口曰冂、
	KJMY3	口曰冂、

yǒng

踊	KHCE3	口止マ用
	KHCE3	口止マ用

踊跃	KHKH	
甬	CEJ	マ用
	CEJ	マ用
蛹	JCEH	虫マ用
	JCEH	虫マ用
涌	ICEH3	氵マ用
	ICEH3	氵マ用
涌现	ICGM	涌入 ICTY[98]
涌向	ICTM[98]	
俑	WCEH3	亻マ用
	WCEH3	亻マ用
恿	CENU3	マ用心
	CENU3	マ用心
勇	CELB3	マ用力
	CEER3	マ用力
勇敢	CENB	勇往直前 CTFU[86]
勇猛	CEQT[86]	勇于 CEGF
勇气	CERN[86]	勇士 CEFG[86]
永	YNII3	、丁冰
	YNII3	、丁冰
永久	YNQY	永远 YNFQ
永恒	YNNG[86]	永福 YNPY[98]
永安	YNPV[98]	永城 YNFD[98]
永久性	YQNT	
咏	KYNI3	口、丁冰
	KYNI3	口、丁冰
泳	IYNI	氵、丁冰
	IYNI	氵、丁冰
泳坛	IYFF[98]	

yòng

用	ETNH2	用丿丁丨

ETNH2　用丿门丨
用法 ETIF　用武之地 EGPF[98]
用来 ETGU[98]　用户 ETYN
用具 ETHW　用于 ETGF
用品 ETKK　用语 ETYG
用途 ETWT[86]／ETWG[98]
用意 ETUJ[86]　用处 ETTH[86]
用功 ETAL[86]　用力 ETLT[86]
用心 ETNY[86]　用量 ETJG[98]

佣　WEH　亻用
　　WEH　亻用

yōu

优　WDNN3　亻ナL
　　WDNY3　亻ナL、
优异 WDNA　优势 WDRV
优美 WDUG　优质 WDRF
优惠 WDGJ　优越 WDFH
优点 WDHK　优胜 WDET
优劣 WDIT　优育 WDYC
优良 WDYV　优越性 WFNT
优秀 WDTE[86]／WDTB[98]
优质产品 WRUK
优秀作品 WTWK[98]
优异成绩 WNDX[98]
优惠政策 WGGT[98]

忧　NDNN3　忄ナL
　　NDNY3　忄ナL、
忧虑 NDHA[86]／NDHN[98]
忧郁 NDDE[86]　忧愁 NDTO[86]
忧伤 NDWT[86]　忧患 NDKK[86]
忧心如焚 NNVS[86]

幽　XXMK3　幺幺山
　　MXXI　山幺幺

攸　WHTY　亻丨攵
　　WHTY　亻丨攵

悠　WHTN　亻丨攵心
　　WHTN　亻丨攵心
悠久 WHQY　悠扬 WHRN[86]
悠闲 WHUS[86]

呦　KXLN3　口幺力
　　KXLN3　口幺力

yóu

尤　DNV　ナL
　　DNYI3　ナL、
尤其 DNAD[86]／DNDW[98]

疣　UDNV　疒ナL
　　UDNY3　疒ナL、

犹　QTDN　犭丿ナL
　　QTDY　犭丿ナ丶
犹如 QTVK
犹豫 QTCB[86]／QTCN[98]

莸　AQTN　艹犭丿L
　　AQTY　艹犭丿丶

鱿　QGDN3　鱼一ナL
　　QGDY　鱼一ナ丶

猷　USGD　丷西一犬
　　USGD　丷西一犬

蝤　JUSG3　虫丷西一
　　JUSG3　虫丷西一

由　MHNG2　由丨乙一
　　MHNG2　由丨乙一
由于 MHGF　由此可见 MHSM
由衷 MHYK[98]　由此 MHHX
由来 MHGO[86]／MHGU[98]

Y

邮	MBH2	由阝
	MBH2	由阝

邮购 MBMQ   邮政 MBGH
邮政局 MGNN[86]   邮局 MBNN
邮电 MBJN   邮寄 MBPD
邮电部 MJUK   邮电局 MJNN
邮件 MBWR[86]/MBWT[98]
邮递 MBUX[86]   邮费 MBXJ[86]
邮箱 MBTS[86]   邮编 MBXY[98]
邮递员 MUKM[86]   邮票 MBSF
邮政信箱 MGWT[98]
邮政编码 MGXD

| 铀 | QMG | 钅由 |
| | QMG | 钅由 |

| 油 | IMG | 氵由 |
| | IMG2 | 氵由 |

油田 IMLL   油漆 IMIS
油料 IMOU   油墨 IMLF[86]
油脂 IMEX[86]   油腻 IMEA[86]
油印 IMQG[86]   油价 IMWW[98]
油气 IMRT[98]   油烟 IMOL[98]
油轮 IMLW[98]

| 柚 | SMG | 木由 |
| | SMG | 木由 |

| 蚰 | JMG | 虫由 |
| | JMG | 虫由 |

| 游 | IYTB | 氵方𠂉子 |
| | IYTB | 氵方𠂉子 |

游人 IYWW   游泳 IYIY
游览 IYJT   游客 IYPT
游戏 IYCA   游玩 IYGF[86]
游园 IYLF   游击队 IFBW[86]
游击战 IFHK[86]/IGHK[98]

游乐园 IQLF[86]   游泳池 IIIB

| 蝣 | JYTB | 虫方𠂉子 |
| | JYTB3 | 虫方𠂉子 |

| 莜 | AWHT3 | 艹亻丨夂 |
| | AWHT3 | 艹亻丨夂 |

| 繇 | ERMI | 𲋿𠂉山小 |
| | ETFI | 𲋿𠂉十小 |

yǒu

| 酉 | SGD | 西一 |
| | SGD | 西一 |

| 有 | DEF | 𠂇月 |
| | DEF | 𠂇月 |

有关 DEUD   有助于 DEGF
有声有色 DFDQ   有所 DERN
有限 DEBV   有用 DEET
有理 DEGJ   有偿 DEWI
有害 DEPD   有名 DEQK
有趣 DEFH   有没有 DIDE
有机 DESM[86]/DESW[98]
有力 DELT[86]/DEEN[98]
有效 DEUQ[86]/DEYE[98]
有为 DEYL[86]/DEUR[98]
有效期 DUAD[86]/DUDW[98]
有备无患 DTFK[86]
有志者事竟成 DFFD[86]
有其名而无其实 DDQP[98]

| 铕 | QDEG | 钅𠂇月 |
| | QDEG3 | 钅𠂇月 |

| 友 | DCU2 | 𠂇又 |
| | DCU2 | 𠂇又 |

友好 DCVB   友好往来 DVTG
友好访问 DVYU[98]   友谊 DCYP

友爱 DCEP　友情 DCNG
友好关系 DVUT[98]

莠 ATEB3　艹禾乃
　　ATBR3　艹禾乃

卣 HLNF3　卜囗⊐
　　HLNF3　卜囗⊐

牖 THGY　丿｜一、
　　THGS　丿｜一甫

黝 LFOL　囮土灬力
　　LFOE　囮土灬力

yòu

右 DKF2　ナ口
　　DKF2　ナ口
右手 DKRT　右派 DKIR
右边 DKLP[86]　右面 DKDM[86]
右侧 DKWM[86]　右翼 DKNL[98]

佑 WDKG3　亻ナ口
　　WDKG3　亻ナ口

釉 TOMG3　丿米由
　　TOMG3　丿米由

柚 SMG　木由
　　SMG　木由

鼬 VNUM　臼乚氵由
　　ENUM　臼乚氵由

诱 YTEN3　讠禾乃
　　YTBT　讠禾乃
诱导 YTNF[86]　诱惑 YTAK[98]

又 CCCC3　又又又又
　　CCCC3　又又又又
又要 CCSV　又是 CCJG
又讯 CCYN[98]　又如 CCVK[98]

幼 XLN　幺力
　　XET　幺力
幼稚 XLTW[86]/XETW[98]
幼儿 XLQT[86]/XEQT[98]

蚴 JXLN3　虫幺力
　　JXET3　虫幺力

有 DEF　ナ月
　　DEF　ナ月

侑 WDEG3　亻ナ月
　　WDEG3　亻ナ月

囿 LDED3　囗ナ月
　　LDED3　囗ナ月

宥 PDEF　宀ナ月
　　PDEF　宀ナ月

yū

迂 GFPK3　一于辶
　　GFPK3　一于辶

纡 XGFH3　纟一于
　　XGFH3　纟一于

吁 KGFH　口一于
　　KGFH　口一于

於 YWUY3　方人丶
　　YWUY3　方人丶

淤 IYWU　氵方人丶
　　IYWU　氵方人丶
淤泥 IYIN[98]

瘀 UYWU　疒方人丶
　　UYWU　疒方人丶

yú

于 GFK2　一于

	GFK2	一寸	愉快	NWNN	
于是	GFJG		渝	IWGJ	氵人一刂
竽	TGFJ3	⺮一寸		IWGJ	氵人一刂
	TGFJ3	⺮一寸	揄	RWGJ	扌人一刂
盂	GFLF3	一寸皿		RWGJ	扌人一刂
	GFLF3	一寸皿	瑜	GWGJ3	王人一刂
虞	HAKD3	虍七口大		GWGJ3	王人一刂
	HAGD3	虍口一大	蝓	JWGJ	虫人一刂
愚	JMHN	曰冂丨心		JWGJ	虫人一刂
	JMHN	曰冂丨心	觎	WGEQ	人一月儿
愚昧 JMJF 愚弄 JMGA[86]				WGEQ	人一月儿
愚顽 JMFQ[86] 愚蠢 JMDW[86]			嵛	MWGJ3	山人一刂
隅	BJMY3	阝曰冂丶		MWGJ3	山人一刂
	BJMY3	阝曰冂丶	窬	PWWJ	宀八人刂
舆	WFLW3	亻二车八		PWWJ	宀八人刂
	ELGW2	臼车一八	鱼	QGF	鱼一
舆论 WFYW[86]/ELYW[98]				QGF	鱼一
舆论界 WYLW[86]/EYLW[98]			鱼塘 QGFO[98]		
余	WTU	人禾	渔	IQGG	氵鱼一
	WGSU3	人一木		IQGG	氵鱼一
余地 WTFB[86]/WGFB[98]			渔民 IQNA		
余额 WTPT[86]/WGPT[98]			渔业 IQOG[86]/IQOH[98]		
余款 WTFF[86]			渔船 IQTE[86]/IQTU[98]		
俞	WGEJ	人一月刂	臾	VWI	臼人
	WGEJ	人一月刂		EWI	臼人
榆	SWGJ	木人一刂	谀	YVWY	讠臼人
	SWGJ	木人一刂		YEWY3	讠臼人
榆林 SWSS[98]			腴	EVWY3	月臼人
逾	WGEP	人一月辶		EEWY	月臼人
	WGEP	人一月辶	萸	AVWU3	艹臼人
愉	NWGJ2	忄人一刂		AEWU	艹臼人
	NWGJ3	忄人一刂			

予	CBJ	乛卩丨
	CNHJ2	乛乛丨丨
予以 CBNY		
妤	VCBH	女乛卩
	VCNH	女乛乛丨
娱	VKGD	女口一大
	VKGD	女口一大
娱乐 VKQI[86]/VKTN[98]		
娱乐活动 VTIF[98]		
娱乐场所 VTFR[98]		
於	YWUY3	方人：
	YWUY3	方人：
狳	QTWT	犭丿人禾
	QTWS	犭丿人木
馀	QNWT3	𠂉乚人禾
	QNWS	𠂉乚人木
与	GNGD2	一与一
	GNGD2	一与一
与否 GNDH[98] 与其 GNDW[98]		
与会 GNWF 与此同时 GHMJ		
与众不同 GWDM[98]		
欤	GNGW	一与一人
	GNGW	一与一人
舁	VAJ	臼廾
	EAJ	臼廾
雩	FFNB	雨二与
	FFNB3	雨二与
禺	JMHY	曰冂丨丶
	JMHY	曰冂丨丶

yǔ

雨	FGHY	雨一丨丶
	FGHY	雨一丨丶
雨水 FGII 雨季 FGTB		
雨露 FGFK[86] 雨雪 FGFV[98]		
雨后春笋 FRDT		
与	GNGD2	一与一
	GNGD2	一与一
屿	MGNG3	山一与一
	MGNG3	山一与一
禹	TKMY3	丿口冂丶
	TKMY3	丿口冂丶
宇	PGFJ3	宀一十
	PGFJ3	宀一十
宇宙 PGPM		
宇航 PGTE[86]/PGTU[98]		
语	YGKG3	讠五口
	YGKG3	讠五口
语言 YGYY 语音 YGUJ		
语气 YGRN[86] 语汇 YGIA[86]		
语词 YGYN[86] 语法 YGIF[86]		
语调 YGYM[86]		
龉	HWBK	止人凵口
	HWBK	止人凵口
圄	LGKD	口五口
	LGKD	口五口
羽	NNYG3	羽乛丶一
	NNYG3	羽乛丶一
羽毛 NNTF[86]/NNET[98]		
羽绒 NNXA[98] 羽坛 NNFF[98]		
俣	WKGD3	亻口一大
	WKGD3	亻口一大
圉	LFUF3	囗土丷十
	LFUF3	囗土丷十

Y

瘐	UVWI3	疒臼人
	UEWI	疒臼人
庾	YVWI	广臼人
	OEWI3	广臼人
窳	PWRY	宀八厂乀
	PWRY	宀八厂乀
予	CBJ	マ卩丨
	CNHJ2	マ乛丨
伛	WAQY	亻匚乂
	WARY3	亻匚乂

yù

| 玉 | GYI2 | 王、 |
| | GYI2 | 王、 |
玉石 GYDG　玉器 GYKK
玉米 GYOY[86]　玉兰 GYUD[98]
玉山 GYMM[98]　玉林 GYSS[98]

钰	QGYY	钅王、
	QGYY	钅王、
域	FAKG	土戈口一
	FAKG2	土戈口一
蜮	JAKG3	虫戈口一
	JAKG3	虫戈口一
阈	UAKG3	门戈口一
	UAKG3	门戈口一
芋	AGFJ3	艹一十
	AGFJ3	艹一十
吁	KGFH	口一十
	KGFH	口一十
郁	DEBH3	ナ月阝
	DEBH3	ナ月阝
郁闷 DEUN[86]

| 愈 | WGEN | 人一月心 |
| | WGEN3 | 人一月心 |
愈演愈烈 WIWG[98]

谕	YWGJ	讠人一刂
	YWGJ	讠人一刂
喻	KWGJ	口人一刂
	KWGJ	口人一刂
谷	WWKF3	八人口
	WWKF3	八人口
峪	MWWK	山八人口
	MWWK	山八人口
欲	WWKW	八人口人
	WWKW	八人口人
欲望 WWYN[86]

浴	IWWK3	氵八人口
	IWWK3	氵八人口
裕	PUWK3	衤丷八口
	PUWK3	衤丷八口
鹆	WWKG	八人口一
	WWKG	八人口一
御	TRHB3	彳𠂤止卩
	TTGB3	彳𠂉一卩
狱	QTYD	犭丿讠犬
	QTYD3	犭丿讠犬
育	YCEF3	亠厶月
	YCEF3	亠厶月
育种 YCTK　育龄 YCHW
育林 YCSS[98]　育苗 YCAL[98]

| 誉 | IWYF | 𭕄八言 |
| | IGWY | 丷一八言 |
誉为 IGYE[98]

寓	PJMY3	宀日门丶
	PJMY3	宀日门丶
寓言 PJYY[86]		寓意 PJUJ[98]
遇	JMHP2	日门丨辶
	JMHP2	日门丨辶
遇难 JMCW		遇到 JMGC
遇险 JMBW		
预	CBDM3	マ卩ア贝
	CNHM	マ乛丨贝
预示 CBFI[86]/CNFI[98]		
预约 CBXQ[86]/CNXQ[98]		
预言 CBYY[86]/CNYY[98]		
预防 CBBY[86]/CNBY[98]		
预先 CBTF[86]/CNTF[98]		
预期 CBAD[86]/CNDW[98]		
预报 CBRB[86]/CNRB[98]		
预计 CBYF[86]/CNYF[98]		
预备 CBTL[86]/CNIM[98]		
预测 CBIM[86]/CNTL[98]		
预料 CBOU[86]/CNOU[98]		
预订 CBYS[86]/CNYS[98]		
蓣	ACBM	艹マ卩贝
	ACNM	艹マ乛贝
豫	CBQE3	マ卩ク豕
	CNHE	マ乛丨豕
驭	CCY	马又
	CGCY3	马一又
毓	TXGQ	𠂉母一儿
	TXYK3	𠂉母一儿
妖	QNTD	𠂉乚丿大
	QNTD	𠂉乚丿大
鬻	XOXH	弓米弓丨

妪	XOXH	弓米弓丨
	VAQY3	女匚乂
	VARY3	女匚乂
昱	JUF	日立
	JUF	日立
煜	OJUG3	火日立
	OJUG3	火日立
聿	VFHK	ヨ二丨
	VGK	ヨ丰
鹆	CBTG	マ卩丿一
	CNHG	マ乛丨一
雨	FGHY	雨一丨丶
	FGHY	雨一丨丶
与	GNGD2	一乚一
	GNGD2	一乚一
语	YGKG3	讠五口
	YGKG3	讠五口
尉	NFIF	尸二小寸
	NFIF	尸二小寸
蔚	ANFF3	艹尸二寸
	ANFF3	艹尸二寸
熨	NFIO	尸二小火
	NFIO	尸二小火
燠	OTMD3	火丿门大
	OTMD3	火丿门大
菀	APQB	艹宀夕㔾
	APQB	艹宀夕㔾

yuān

| 渊 | ITOH3 | 氵丿米丨 |
| | ITOH3 | 氵丿米丨 |

渊博 ITFG⁸⁶　渊源 ITID⁹⁸

智 QBHF　夕日目
　　 QBHF　夕日目

鸳 QBQG3　夕日勹一
　　 QBQG3　夕日鸟一

箢 TPQB3　⺮宀夕
　　 TPQB3　⺮宀夕日

鸢 AQYG　弋勹、一
　　 AYQG3　弋、鸟一

冤 PQKY3　冖夕口、
　　 PQKY3　冖夕口、

冤仇 PQWV⁸⁶　冤枉 PQSG⁸⁶
冤案 PQPV⁸⁶

yuán

元 FQB　二儿
　　 FQB　二儿
元月 FQEE　元素 FQGX
元帅 FQJM　元旦 FQJG
元宵 FQPI　元气 FQRN⁸⁶
元件 FQWR⁸⁶/FQWT⁹⁸

芫 AFQB　艹二儿
　　 AFQB　艹二儿

沅 IFQN3　氵二儿
　　 IFQN3　氵二儿

园 LFQV3　囗二儿
　　 LFQV3　囗二儿
园艺 LFAN　园地 LFFB
园林 LFSS　园丁 LFSG⁹⁸
园区 LFAR⁹⁸

垣 FGJG　土一日一
　　 FGJG3　土一日一

袁 FKEU3　土口𧘇
　　 FKEU3　土口𧘇

辕 LFKE3　车土口𧘇
　　 LFKE3　车土口𧘇

猿 QTFE　犭丿土𧘇
　　 QTFE3　犭丿土𧘇

原 DRII2　厂白小
　　 DRII2　厂白小
原子 DRBB　原计划 DYAJ
原则性 DMNT⁹⁸　原因 DRLD
原则 DRMJ　原油 DRIM
原著 DRAF　原始 DRVC
原料 DROU　原理 DRGJ
原来 DRGO⁸⁶/DRGU⁹⁸
原煤 DROA⁸⁶/DROF⁹⁸
原稿 DRTY⁸⁶　原状 DRUD⁸⁶
原谅 DRYY⁸⁶　原判 DRUG⁹⁸
原材料 DSOU　原子弹 DBXU

源 IDRI3　氵厂白小
　　 IDRI3　氵厂白小
源源 IDID⁹⁸　源头 IDUD⁹⁸
源于 IDGF⁹⁸

塬 FDRI3　土厂白小
　　 FDRI3　土厂白小

螈 DRI3　虫厂白小
　　 DRI3　虫厂白小

爰 EFTC3　⚏二丿又
　　 EGDC　⚏一ナ又

援 REFC3　扌⚏二又
　　 REGC3　扌⚏一又
援助 REEG　援引 REXH
援外 REQH⁸⁶　援救 REFI⁸⁶
援建 REVG⁹⁸

Y

Y

媛	VEFC	女艹二又	
	VEGC	女艹一又	
员	KMU2	口贝	
	KMU2	口贝	
员工	KMAA		
圆	LKMI	口口贝	
	LKMI3	口口贝	

圆形 LKGA　圆满 LKIA
圆周 LKMF[86]　圆圈 LKLU[86]
圆心 LKNY[86]　圆规 LKFW[86]
圆桌 LKHJ[98]

缘	XXEY3	纟幺口豖	
	XXEY3	纟幺𠄌一豕	

缘木求鱼 XSFQ[86]　缘故 XXDT

橼	SXXE	木纟幺口豖	
	SXXE	木纟幺𠄌一豕	
圜	LLGE3	囗罒一𧘇	
	LLGE3	囗罒一𧘇	
鼋	FQKN	二儿口乚	
	FQKN3	二儿口乚	

yuǎn

远	FQPV3	二儿辶	
	FQPV3	二儿辶	

远望 FQYN[86]　远方 FQYY
远近 FQRP　远景 FQJY
远处 FQTH　远见 FQMQ
远东 FQAI　远见卓识 FMIIY
远离 FQYB[86]/FQYR[98]

yuàn

苑	AQBB3	艹夕卩	
	AQBB3	艹夕卩	

怨	QBNU3	夕卩心	
	QBNU3	夕卩心	
怨言	QBYY[98]		
怨声载道	QFFU[86]		
院	BPFQ3	阝宀二儿	
	BPFQ3	阝宀二儿	
院子	BPBB	院长	BPTA
院校	BPSU	院落	BPAI[98]
院部	BPUK[86]		
垸	FPFQ3	土宀二儿	
	FPFQ3	土宀二儿	
掾	RXEY3	扌幺口豖	
	RXEY	扌幺𠄌豕	
瑗	GEFC	王艹二又	
	GEGC	王艹一又	
媛	VEFC	女艹二又	
	VEGC	女艹一又	
愿	DRIN	厂白小心	
	DRIN	厂白小心	
愿望	DRYN	愿意	DRUJ

yuē

约	XQYY2	纟勹丶	
	XQYY2	纟勹丶	

约定 XQPG　约会 XQWF[86]
约束 XQGK[86]/XQSK[98]
约占 XQHK[98]　约有 XQDE[98]
约定俗成 XPWD[86]

曰	JHNG	日丨乙一	
	JHNG	日丨乙一	

yuě

哕	KMQY3	口山夕	

KMQY3　口山夕

yuè

越　FHAT3　土龰匚丿
　　FHAN3　土龰戈乚
越剧 FHND　越来越多 FGFQ⁹⁸
越权 FHSC⁹⁸　越南 FHFM
越境 FHFU⁸⁶　越冬 FHTU⁹⁸

樾　SFHT　木土龰丿
　　SFHN　木土龰乚

钺　QANT　钅匚乙丿
　　QANN3　钅匚乙

跃　KHTD　口止丿大
　　KHTD　口止丿大
跃进 KHFJ

月　EEEE3　月月月月
　　EEEE3　月月月月
月刊 EEFJ　月亮 EEYP
月份 EEWW　月初 EEPU
月球 EEGF⁸⁶/EEGG⁹⁸
月底 EEYQ⁸⁶/EEOQ⁹⁸
月光 EEIQ⁸⁶　月薪 EEAU⁸⁶
月出 EEBM⁹⁸　月工资 EAUQ⁹⁸

刖　EJH　月刂
　　EJH　月刂

钥　QEG　钅月
　　QEG　钅月

岳　RGMJ3　斤一山
　　RMJ　丘山
岳母 RGXG⁸⁶　岳父 RGWQ⁸⁶
岳阳 RMBJ⁹⁸

粤　TLON3　丿口米乛
　　TLON3　丿口米乛

悦　NUKQ3　忄丷口儿
　　NUKQ3　忄丷口儿
悦耳 NUBG⁸⁶

阅　UUKQ3　门丷口儿
　　UUKQ3　门丷口儿
阅历 UUDL⁸⁶　阅读 UUYF⁸⁶
阅览 UUJT⁹⁸　阅览室 UJPG

龠　WGKA　人一口卄
　　WGKA　人一口卄

瀹　IWGA　氵人一卄
　　IWGA　氵人一卄

说　YUKQ2　讠丷口儿
　　YUKQ2　讠丷口儿

乐　QII2　匚小
　　TNII2　丿乙小
乐器 QIKK⁸⁶/TNKK⁹⁸
乐曲 QIMA⁸⁶/TNMA⁹⁸

栎　SQIY　木匚小
　　STNI　木丿乙小

yūn

晕　JPLJ2　日冖车
　　JPLJ3　日冖车
晕头转向 JULT⁸⁶

氲　RNJL　𠂉乙日皿
　　RNLD3　气日皿

yún

云　FCU　二厶
　　FCU　二厶
云南 FCFM　云南省 FFIT
云彩 FCES⁸⁶　云雾 FCFT⁸⁶
云龙 FCDX⁹⁸

耘	DIFC	三小二厶	愠	NJLG	↑曰皿
	FSFC	二木二厶		NJLG	↑曰皿
芸	AFCU	艹二厶	韫	FNHL	二丁丨皿
	AFCU	艹二厶		FNHL	二丁丨皿
纭	XFCY3	纟二厶	运	FCPI3	二厶辶
	XFCY3	纟二厶		FCPI3	二厶辶

员 KMU2 口贝
　 KMU2 口贝

运动 FCFC　运河 FCIS
运输 FCLW　运算 FCTH
运费 FCXJ　运送 FCUD
运载 FCFA　运行 FCTF[86]
运气 FCRN[86]/FCRT[98]
运销 FCQI[98]　运营 FCAP[98]
运动员 FFKM　运动会 FFWF
运动队 FFBW　运动场 FFFN

郧	KMBH3	口贝阝	酝	SGFC3	西一二厶
	KMBH3	口贝阝		SGFC3	西一二厶
匀	QUD2	勹冫	韵	UJQU	立曰勹冫
	QUD2	勹冫		UJQU	立曰勹冫
昀	JQUG3	日勹冫	孕	EBF	乃子
	JQUG3	日勹冫		BBF	乃子
筠	TFQU	竹土勹冫			
	TFQU	竹土勹冫			

孕育 BBYC[98]

yǔn

陨	BKMY3	阝口贝	晕	JPLJ2	日冖车
	BKMY3	阝口贝		JPLJ3	日冖车
殒	GQKM3	一夕口贝	郓	PLBH3	冖车阝
	GQKM3	一夕口贝		PLBH3	冖车阝
允	CQB2	厶儿	恽	NPLH3	↑冖车
	CQB2	厶儿		NPLH3	↑冖车

允许 CQYT

狁	QTCQ3	犭丿厶儿	熨	NFIO	尸二小火
	QTCQ3	犭丿厶儿		NFIO	尸二小火

yùn

蕴	AXJL3	艹纟曰皿	员	KMU2	口贝
	AXJL3	艹纟曰皿		KMU2	口贝

Z

zā

匝	AMHK3	匸冂丨
	AMHK3	匸冂丨
咂	KAMH3	口匸冂丨
	KAMH3	口匸冂丨
扎	RNN	扌乚
	RNN	扌乚
拶	RVQY3	扌巛夕
	RVQY3	扌巛夕

zá

砸	DAMH	石匸冂丨
	DAMH3	石匸冂丨
杂	VSU2	九木
	VSU2	九木

杂文 VSYY　杂志社 VFPY[98]
杂乱无章 VTFU[86]　杂费 VSXJ
杂技 VSRF　杂粮 VSOY
杂志 VSFN　杂音 VSUJ[86]
杂交 VSUQ[86]/VSUR[98]
杂乱 VSTD[86]　杂货 VSWX[86]

咱	KTHG3	口丿目
	KTHG3	口丿目

zǎ

咋	KTHF	口𠂉丨二
	KTHF	口𠂉丨二

zāi

栽	FASI3	十戈木
	FASI3	十戈木

栽培 FAFU　栽种 FATK
栽植 FASF[98]　栽赃 FAMY[86]
栽培技术 FFRS[98]

哉	FAKD3	十戈口
	FAKD3	十戈口
灾	POU2	宀火
	POU2	宀火

灾难 POCW　灾民 PONA
灾情 PONG　灾害 POPD
灾区 POAQ[86]/POAR[98]
灾荒 POAY[86]/PORH[98]

甾	VLF	巛田
	VLF	巛田

zǎi

载	FALK2	十戈车
	FALK3	十戈车
崽	MLNU3	山田心
	MLNU3	山田心
仔	WBG	亻子
	WBG	亻子
宰	PUJ	宀辛
	PUJ	宀辛

宰相 PUSH[86]

zài

再 GMFD3　一冂土
　　 GMFD3　一冂土
再现 GMGM　再次 GMUQ
再三 GMDG　再生 GMTG[86]
再版 GMTH[86]　再会 GMWF[86]
再度 GMYA[86]/GMOA[98]
再见 GMMQ[86]　再起 GMFH[98]
再一次 GGUQ[98]　再生产 GTUT
再接再厉 GRGD

在 DHFD3　ナ丨土
　　 DHFD3　ナ丨土
在职 DHBK　在此 DHHX
在座 DHYW[86]/DHOW[98]
在先 DHTF[86]　在家 DHPE[98]
在意 DHUJ[86]　在京 DHYI[98]
在华 DHWX[98]　在校 DHSU[98]
在场 DHFN[98]　在世 DHAN[98]

载 FALK2　十戈车
　　 FALK3　十戈车
载歌载舞 FSFR[86]　载重 FATG
载波机 FISM[86]　载体 FAWS
载有 FADE[98]　载波 FAIH[86]

zān

簪 TAQJ3　⺮匚儿曰
　　 TAQJ3　⺮匚儿曰
糌 OTHJ　米夂卜曰
　　 OTHJ　米夂卜曰

zán

咱 KTHG3　口丿目
　　 KTHG3　口丿目

咱们 KTWU

zǎn

攒 RTFM　扌丿土贝
　　 RTFM　扌丿土贝
趱 FHTM3　土止丿贝
　　 FHTM3　土止丿贝
拶 RVQY3　扌巛夕
　　 RVQY3　扌巛夕
昝 THJF3　夂卜曰
　　 THJF3　夂卜曰

zàn

赞 TFQM　丿土儿贝
　　 TFQM　丿土儿贝
赞美 TFUG　赞叹 TFKC
赞扬 TFRN　赞助 TFEG
赞赏 TFIP　赞歌 TFSK[86]
瓒 GTFM　王丿土贝
　　 GTFM　王丿土贝
暂 LRJF3　车斤曰
　　 LRJF3　车斤曰
暂行 LRTF[86]/LRTG[98]
暂且 LREG[86]　暂停 LRWY[98]
暂不 LRDH[98]
暂行规定 LTGP[98]
錾 LRQF3　车斤金
　　 LRQF3　车斤金

zan

咱 KTHG3　口丿目
　　 KTHG3　口丿目

Z

zāng

脏 EYFG3 月广土
　　EOFG2 月广土
赃 MYFG3 贝广土
　　MOFG2 贝广土
赃物 MYTR[86]/MOCQ[98]
赃款 MYFF[86]/MOFF[98]
臧 DNDT3 厂乚丿丶
　　AUAH 戈爿匚丨

zǎng

驵 CEGG3 马月一
　　CGEG3 马一月一

zàng

葬 AGQA3 艹一夕廾
　　AGQA3 艹一夕廾
葬礼 AGPY
奘 NHDD 乚丨丆大
　　UFDU 爿士大
藏 ADNT 艹厂乚丿
　　AAUH3 艹戈爿
藏族 ADYT[86]/AAYT[98]
藏书 ADNN[98]
脏 EYFG3 月广土
　　EYFG2 月广土

zāo

遭 GMAP 一门苬辶
　　GMAP3 一门苬辶
遭受 GMEP 遭到 GMGC
遭遇 GMJM

zāo

糟 OGMJ 米一门曰
　　OGMJ 米一门曰
糟糕 OGOU[86] 糟蹋 OGKH[86]

záo

凿 OGUB3 业一丷凵
　　OUFB 业丷十凵

zǎo

澡 IKKS2 氵口口木
　　IKKS3 氵口口木
藻 AIKS3 艹氵口木
　　AIKS3 艹氵口木
枣 GMIU 一门小丷
　　SMUU 木门丷
枣庄 SMOF[98]
早 JHNH2 早丨乙丨
　　JHNH2 早丨乙丨
早熟 JHYB 早晨 JHJD
早餐 JHHQ 早稻 JHTE
早上 JHHH 早操 JHRK[86]
早期 JHAD[86]/JHDW[98]
早日 JHJJ[86] 早婚 JHVQ[86]
早退 JHVE[86] 早饭 JHQN[86]
早安 JHPV[86] 早班 JHGY[86]
早点 JHHK[86] 早些 JHHX[98]
早些时候 JHJW[98]
蚤 CYJU3 又丶虫
　　CYJU3 又丶虫

zào

躁 KHKS 口止口木
　　KHKS 口止口木

噪	KKKS	口口口木
	KKKS	口口口木
噪声	KKFN	噪音 KKUJ[98]
燥	OKKS3	火口口木
	OKKS2	火口口木
造	TFKP	丿土口辶
	TFKP	丿土口辶
造就	TFYI	造福 TFPY
造成	TFDN	造型 TFGA[86]
造句	TFQK[86]	造纸 TFXQ[98]
造船	TFTU[98]	
皂	RAB	白七
	RAB	白七
唣	KRAN3	口白七
	KRAN3	口白七
灶	OFG2	火土
	OFG	火土

zé

则	MJH2	贝刂
	MJH2	贝刂
则有	MJDE[98]	
责	GMU	圭贝
	GMU	圭贝
责任	GMWT	责任书 GWNN[98]
责任感	GWDG	责备 GMTL[86]
责成	GMDN[98]	责任心 GWNY
责任制	GWRM[86]/GWTG[98]	
责任田	GWLL[98]	
责无旁贷	GFUW[86]	
赜	AHKM	匚丨口贝
	AHKM	匚丨口贝

啧	KGMY3	口圭贝
	KGMY3	口圭贝
帻	MHGM	冂丨圭贝
	MHGM	冂丨圭贝
箦	TGMU	竹圭贝
	TGMU	竹圭贝
择	RCFH3	扌又二丨
	RCGH3	扌又丰
择优	RCWD[98]	
泽	ICFH3	氵又二丨
	ICGH3	氵又丰
咋	KTHF	口丿丨二
	KTHF	口丿丨二
迮	THFP	丿丨二辶
	THFP	丿丨二辶
筰	TTHF3	竹丿丨二
	TTHF	竹丿丨二
舴	TETF	丿舟丿二
	TUTF	丿舟丿二

zè

仄	DWI	厂人
	DWI	厂人
昃	JDWU3	日厂人
	JDWU3	日厂人
侧	WMJH3	亻贝刂
	WMJH3	亻贝刂

zéi

贼	MADT	贝戈𠂆
	MADT	贝戈𠂆

Z

zěn

怎 THFN ┌丿二心
     THFN ┌丿二心
怎么 THTC　怎么样 TTSU
怎样 THSU⁹⁸　怎么办 TTEW⁹⁸

zèn

譖 YAQJ 讠匚儿曰
     YAQJ 讠匚儿曰

zēng

增 FULJ2 土丷罒日
     FULJ2 土丷罒日
增长 FUTA　增强 FUXK
增收 FUNH　增值 FUWF
增产 FUUT　增大 FUDD
增多 FUQQ　增添 FUIG
增设 FUYM⁸⁶/FUYW⁹⁸
增减 FUUD⁹⁸　增效 FUUR⁹⁸
增加 FUEK⁹⁸　增长率 FTYX
曾 ULJF2 丷罒日
     ULJF2 丷罒日
憎 NULJ3 忄丷罒日
     NULJ3 忄丷罒日
缯 XULJ3 纟丷罒日
     XULJ3 纟丷罒日
罾 LULJ3 罒丷罒日
     LULJ3 罒丷罒日

zèng

赠 MULJ2 贝丷罒日
     MULJ2 贝丷罒日
赠送 MUUD

缯 XULJ3 纟丷罒日
     XULJ3 纟丷罒日
甑 ULJN 丷罒日乙
     ULJY 丷罒日丶
综 XPFI2 纟宀二小
     XPFI2 纟宀二小
锃 QKGG3 钅口王
     QKGG3 钅口王

zhā

扎 RNN 扌乚
    RNN 扌乚
扎实 RNPU　扎根 RNSV⁹⁸
查 SJGF2 木曰一
    SJGF2 木曰一
喳 KSJG3 口木曰一
    KSJG3 口木曰一
渣 ISJG 氵木曰一
    ISJG 氵木曰一
揸 RSJG3 扌木曰一
    RSJG3 扌木曰一
楂 SSJG3 木木曰一
    SSJG3 木木曰一
吒 KTAN 口丿七
    KTAN 口丿七
哳 KRRH 口扌斤
    KRRH 口扌斤
咋 KTHF 口┌丨二
    KTHF 口┌丨二

zhá

轧 LNN 车乚

Z

	LNN	车乚
轧钢	LNQM[98]	
扎	RNN	扌乚
	RNN	扌乚
札	SNN	木乚
	SNN2	木乚
札记	SNYN[98]	
铡	QMJH3	钅贝刂
	QMJH3	钅贝刂
闸	ULK	门甲
	ULK2	门甲
闸门	ULUY[98]	
炸	OTHF3	火⼂丨二
	OTHF3	火⼂丨二
炸弹 OTXU　炸药 OTAX

zhǎ

眨	HTPY3	目丿之
	HTPY3	目丿之
砟	DTHF3	石⼂丨二
	DTHF3	石⼂丨二

zhà

栅	SMMG3	木冂冂一
	SMMG3	木冂冂一
乍	THFD3	⼂丨二
	THFD3	⼂丨二
乍得 THTJ[98]
炸	OTHF3	火⼂丨二
	OTHF3	火⼂丨二
诈	YTHF3	讠⼂丨二
	YTHF3	讠⼂丨二

诈骗 YTCY[86]/YTCG[98]
柞	STHF3	木⼂丨二
	STHF3	木⼂丨二
榨	SPWF3	木宀八二
	SPWF3	木宀八二
痄	UTHF	疒⼂丨二
	UTHF	疒⼂丨二
蚱	JTHF	虫⼂丨二
	JTHF	虫⼂丨二
吒	KTAN	口丿七
	KTAN	口丿七
咤	KPTA	口宀丿七
	KPTA	口宀丿七
蜡	JAJG3	虫廿日
	JAJG3	虫廿日

zhāi

摘	RUMD3	扌立冂古
	RUMD3	扌立冂古
摘要 RUSV[86]/RYSV[98]
摘抄 RURI[86]　摘编 RUXY[86]
摘自 RUTH[86]　摘取 RUBC[98]
侧	WMJH3	亻贝刂
	WMJH3	亻贝刂
斋	YDMJ3	文ナ冂刂
	YDMJ3	文ナ冂刂

zhái

翟	NWY	羽亻圭
	NWY	羽亻圭
择	RCFH3	扌又二丨
	RCFH3	扌又二丨

Z

| 宅 | PTAB3 | 宀丿七 |
| | PTAB3 | 宀丿七 |

zhǎi

| 窄 | PWTF | 宀八𠂉二 |
| | PWTF | 宀八𠂉二 |

zhài

债	WGMY	亻聿贝
	WGMY3	亻聿贝
债券 WGUD[86]/WGUG[98]		
债务 WGTL[86]/WGTE[98]		
债主 WGYG[86]		

| 寨 | PFJS | 宀二刂木 |
| | PAWS | 宀𡗗八木 |

| 砦 | HXDF3 | 止匕石 |
| | HXDF3 | 止匕石 |

| 祭 | WFIU3 | 夕二小 |
| | WFIU3 | 夕二小 |

| 瘵 | UWFI3 | 疒夕二小 |
| | UWFI3 | 疒夕二小 |

zhān

沾	IHKG3	氵卜口
	IHKG3	氵卜口
沾染 IHIV[86]		沾沾自喜 IITF[86]

| 占 | HKF2 | 卜口 |
| | HKF2 | 卜口 |

| 毡 | TFNK | 丿二乚口 |
| | EHKD2 | 毛卜口 |

| 粘 | OHKG2 | 米卜口 |
| | OHKG2 | 米卜口 |

| 詹 | QDWY3 | 𠂊厂八言 |
| | QDWY3 | 𠂊厂八言 |

瞻	HQDY3	目𠂊厂言
	HQDY3	目𠂊厂言
瞻仰 HQWQ		

| 谵 | YQDY | 讠𠂊厂言 |
| | YQDY | 讠𠂊厂言 |

| 旃 | YTMY | 方𠂉冂一 |
| | YTMY | 方𠂉冂一 |

zhǎn

| 盏 | GLF | 戋皿 |
| | GALF3 | 一戈皿 |

斩	LRH2	车斤
	LRH2	车斤
斩钉截铁 LQFQ[86]		
斩草除根 LABS[86]		

崭	MLRJ2	山车斤
	MLRJ2	山车斤
崭新 MLUS		

展	NAEI3	尸卄𧘇
	NAEI3	尸卄𧘇
展示 NAFI		展览 NAJT
展现 NAGM		展开 NAGA
展出 NABM		展销 NAQI
展望 NAYN		展品 NAKK
展览会 NJWF		展销会 NQWF
展览馆 NJQN		

辗	LNAE3	车尸卄𧘇
	LNAE3	车尸卄𧘇
辗转 LNLF[98]		

| 搌 | RNAE | 扌尸卄𧘇 |
| | RNAE | 扌尸卄𧘇 |

zhàn

蘸	ASGO	艹西一灬	
	ASGO	艹西一灬	
颤	YLKM	亠口口贝	
	YLKM3	亠口口贝	
占	HKF2	卜口	
	HKF2	卜口	

占据 HKRN　占有量 HDJG[98]
占领市场 HWYF[98]　占有 HKDE
占领 HKWY　占地 HKFB[98]

战	HKAT3	卜口戈	
	HKAT3	卜口戈	

战斗 HKUF　战友 HKDC
战术 HKSY　战争 HKQV
战备 HKTL　战略 HKLT
战士 HKFG　战场 HKFN
战胜 HKET
战役 HKTM[86]/HKTW[98]

站	UHKG2	立卜口	
	UHKG2	立卜口	

站台 UHCK　站立 UHUU
站长 UHTA　站岗 UHMM[86]
站稳 UHTQ[98]　站起来 UFGO[86]

湛	IADN3	氵艹三乚	
	IDWN3	氵其八乚	

湛江 IDIA[98]

绽	XPGH3	纟宀一疋	
	XPGH3	纟宀一疋	
栈	SGT	木戋	
	SGAT3	木一戈	

zhāng

章	UJJ	立早	
	UJJ	立早	

章程 UJTK　章节 UJAB[86]

樟	SUJH3	木立早	
	SUJH3	木立早	

樟脑 SUEY[86]

彰	UJET3	立早彡	
	UJET3	立早彡	
漳	IUJH3	氵立早	
	IUJH3	氵立早	

漳州 IUYT[98]

獐	QTUJ	犭丿立早	
	QTUJ	犭丿立早	
嫜	VUJH	女立早	
	VUJH	女立早	
璋	GUJH3	王立早	
	GUJH3	王立早	
蟑	JUJH	虫立早	
	JUJH	虫立早	
张	XTAY2	弓丿七乀	
	XTAY3	弓丿七乀	

张贴 XTMH[98]　张开 XTGA[98]

zhǎng

掌	IPKR	灬宀口手	
	IPKR	灬宀口手	

掌握 IPRN　掌声 IPFN
掌权 IPSC[86]

涨	IXTY3	氵弓丿乀	
	IXTY3	氵弓丿乀	

涨价 IXWW	涨跌 IXKH[98]

仉 WMN 亻几
WWN 亻几

长 TAYI2 丿七丶
TAYI2 丿七丶
长官 TAPN

zhàng

丈 DYI 𠂇丶
DYI 𠂇丶
丈夫 DYFW[86]/DYGG[98]

杖 SDYY3 木𠂇丶
SDYY3 木𠂇丶

仗 WDYY 亻𠂇丶
WDYY 亻𠂇丶

帐 MHTY3 冂丨丿丶
MHTY3 冂丨丿丶

帐篷 MHTAY账 贝丿七丶
MTAY3 贝丿七丶

账目 MHHH 账户 MHYN

胀 ETAY3 月丿七丶
ETAY3 月丿七丶

障 BUJH3 阝立早
BUJH3 阝立早
障碍 BUDJ

嶂 BUJH3 山立早
BUJH3 山立早

幛 MHUJ 冂丨立早
MHUJ 冂丨立早

瘴 UUJK 疒立早
UUJK 疒立早

zhāo

朝 FJEG3 十早月
FJEG3 十早月
朝三暮四 FDAL[86] 朝阳 FJBJ
朝气蓬勃 FRAF[86] 朝夕 FJQT[86]
朝晖 FJJP[86] 朝霞 FJFN[86]
朝气 FJRN[86]/FJRT[98]

嘲 KFJE3 口十早月
KFJE3 口十早月

着 UDHF3 丷𫡀目
UHF2 𦍌目

招 RVKG3 扌刀口
RVKG3 扌刀口
招工 RVAA 招聘 RVBM
招标 RVSF 招收 RVNH
招待 RVTF 招呼 RVKT
招待所 RTRN 招考 RVFT[86]
招生 RVTG[86] 招揽 RVRJ[86]
招商 RVYU[98] 招远 RVFQ[98]

昭 JVKG3 日刀口
JVKG3 日刀口
昭示 JVFI[98]

啁 KMFK3 口冂土口
KMFK3 口冂土口

钊 QJH 𨦇刂
QJH 𨦇刂

zháo

着 UDHF3 丷𫡀目
UHF2 𦍌目

Z

zhǎo

找 RAT2　扌戈
　　RAY　　扌戈
找到 RAGC[98]　找麻烦 RYOD[86]
找出 RABM[98]　找对象 RCQJ[86]

沼 IVKG3　氵刀口
　　IVKG3　氵刀口
沼泽 IVIC　沼气 IVRT[98]

爪 RHYI　厂丨丶
　　RHYI　厂丨丶

zhào

赵 FHQI3　土龰义
　　FHRI3　土龰义

召 VKF　刀口
　　VKF　刀口
召开 VKGA　召唤 VKKQ
召集 VKWY

诏 YVKG3　讠刀口
　　YVKG3　讠刀口

照 JVKO　日刀口灬
　　JVKO　日刀口灬
照片 JVTH　照样 JVSU
照相 JVSH　照料 JVOU
照明 JVJE　照常 JVIP
照顾 JVDB　照应 JVYI[86]
照看 JVRH[86]　照耀 JVIQ[86]
照射 JVTM[86]　照搬 JVRT[98]

罩 LHJJ3　罒卜早
　　LHJJ3　罒卜早

兆 IQV　⺀儿⺀
　　QII　　儿⺀

肇 YNTH　丶尸攵丨
　　YNTG　丶尸攵𡰪

棹 SHJH3　木卜早
　　SHJH3　木卜早

笊 TRHY　⺮厂丨丶
　　TRHY　⺮厂丨丶

zhē

遮 YAOP　广廿灬辶
　　OAOP　广廿灬辶

折 RRH2　扌斤
　　RRH2　扌斤
折旧 RRHJ　折扣 RRRK
折腾 RREU　折算 RRTH[86]
折磨 RRYS[86]/RROS[98]
折合 RRWG[98]　折射 RRTM[98]

蜇 RRJU3　扌斤虫
　　RRJU3　扌斤虫

蛰 FOTJ　土小攵虫
　　FOTJ　土小攵虫

zhé

折 RRH2　扌斤
　　RRH2　扌斤

蜇 RRJU3　扌斤虫
　　RRJU3　扌斤虫

哲 RRKF3　扌斤口
　　RRKF3　扌斤口
哲学 RRIP　哲理 RRGJ
哲学家 RIPE[86]

蛰 RVYJ　扌九丶虫
　　RVYJ　扌九丶虫

Z

辙	LYCT3	车亠厶攵	
	LYCT3	车亠厶攵	
辄	LBNN3	车耳乚	
	LBNN3	车耳乚	
摺	RNRG	扌羽白	
	RNRG	扌羽白	
谪	YUMD3	讠立冂古	
	YYUD	讠亠丷古	
磔	DQAS	石夕匚木	
	DQGS	石夕ヰ木	
乇	TAV	丿七	
	TAV	丿七	

zhě

者	FTJF3	土丿日	
	FTJF3	土丿日	
锗	QFTJ3	钅土丿日	
	QFTJ3	钅土丿日	
赭	FOFJ	土少土日	
	FOFJ	土少土日	
褶	PUNR	衤冫羽白	
	PUNR	衤冫羽白	

zhè

蔗	AYAO3	艹广廿灬	
	AOAO	艹广廿灬	
鹧	YAOG	广廿灬一	
	OAOG	广廿灬一	
这	YPI2	文辶	
	YRPI	亠乂辶	

这样 YPSU		这次 YPUQ	
这儿 YPQT		这点 YPHK	

这么 YPTC		这个 YPWH	
这是 YPJG		这些 YPHX	
这里 YPJF		这种 YPTK	
这时 YPJF[86]		这下 YPGH[86]	
这边 YPLP[86]		这类 YPOD[98]	

浙	IRRH3	氵扌斤	
	IRRH3	氵扌斤	
浙江 IRIA		浙江省 IIIT	
柘	SDG	木石	
	SDG	木石	

zhe

着	UDHF3	丷ヂ目	
	UHF2	差目	
著	AFTJ3	艹土丿日	
	AFTJ3	艹土丿日	

zhei

这	YPI2	文辶	
	YPI2	文辶	

zhēn

针	QFH2	钅十	
	QFH2	钅十	
针对 QFCF		针对性 QCNT	
针织品 QXKK[86]		针织 QFXK	
针锋相对 QQSC[86]			
珍	GWET2	王人彡	
	GWET2	王人彡	
珍视 GWPY		珍贵 GWKH	
珍珠 GWGR		珍惜 GWNA	
珍重 GWTG[86]			
珍藏 GWAD[86]/GWAA[98]			
胗	EWET3	月人彡	

Z

　　EWET3　月人彡

斟　ADWF　卄三八十
　　DWNF　且八乚十

椹　SADN　木卄三乚
　　SDWN　木且八乚

真　FHWU3　十且八
　　FHWU3　十且八

真切 FHAV　真空 FHPW
真诚 FHYD　真假 FHWN
真实性 FPNT　真情 FHNG
真凭实据 FWPR[86]　真相 FHSH
真心 FHNY　真正 FHGH
真实 FHPU　真伪 FHWY[98]

甄　SFGN　西土一乙
　　SFGY　西土一、

砧　DHKG　石卜口
　　DHKG　石卜口

臻　GCFT　一厶土禾
　　GCFT　一厶土禾

溱　IDWT3　氵三人禾
　　IDWT　氵三人禾

蓁　ADWT　卄三人禾
　　ADWT3　卄三人禾

榛　SDWT　木三人禾
　　SDWU　木三人禾

贞　HMU2　卜贝
　　HMU2　卜贝

侦　WHMY3　亻卜贝
　　WHMY3　亻卜贝

侦察兵 WPRG[86]　侦察 WHPW
侦察员 WPKM[86]　侦查 WHSJ
侦探 WHRP[86]　侦破 WHDB[98]

滇　IHMY3　氵卜贝
　　IHMY3　氵卜贝

桢　SHMY3　木卜贝
　　SHMY3　木卜贝

帧　MHHM　冂丨卜贝
　　MHHM　冂丨卜贝

祯　PYHM　礻丶卜贝
　　PYHM3　礻丶卜贝

箴　TDGT　⺮厂一丿
　　TDGK　⺮戊一口

zhěn

枕　SPQN3　木冖儿
　　SPQN2　木冖儿

疹　UWEE3　疒人彡
　　UWEE3　疒人彡

诊　YWET3　讠人彡
　　YWET3　讠人彡

诊治 YWIC　诊断 YWON
诊费 YWXJ[86]　诊所 YWRN[98]

轸　LWET3　车人彡
　　LWET3　车人彡

畛　LWET　田人彡
　　LWET　田人彡

缜　XFHW3　纟十且八
　　XFHW3　纟十且八

稹　TFHW　禾十且八
　　TFHW　禾十且八

zhèn

震　FDFE3　雨厂二㇄
　　FDFE3　雨厂二㇄

Z

震动 FDFC　　震荡 FDAI
震撼 FDRD　　震惊 FDNY⁸⁶
震憾 FDND⁸⁶

振 RDFE3　　扌厂二㇄
　 RDFE3　　扌厂二㇄
振兴 RDIW⁸⁶/RDIG⁹⁸
振动 RDFC　　振兴中华 RIKW
振振有词 RRDY⁸⁶　振奋 RDDL
振作 RDWT⁸⁶　振荡 RDAI⁹⁸
振奋精神 RDOP⁹⁸

赈 MDFE　　贝厂二㇄
　 MDFE　　贝厂二㇄

镇 QFHW　　钅十且八
　 QFHW　　钅十且八
镇压 QFDF　　镇定 QFPG⁸⁶
镇静 QFGE⁸⁶　镇长 QFTA⁹⁸
镇江 QFIA⁹⁸

阵 BLH2　　阝车
　 BLH2　　阝车
阵地 BLFB　　阵容 BLPW
阵线 BLXG　　阵雨 BLFG
阵营 BLAP⁸⁶　阵阵 BLBL⁸⁶

圳 FKH　　土川
　 FKH　　土川

朕 EUDY　　月丷大
　 EUDY3　　月丷大

鸩 PQQG3　　冖儿勹一
　 PQQG3　　冖儿鸟一

zhēng

征 TGHG3　　彳一止
　 TGHG3　　彳一止
征服 TGEB　　征收 TGNH

征集 TGWY　　征税 TGTU
征兵 TGRG⁸⁶/TGRW⁹⁸
征购 TGMQ⁸⁶　征求 TGFI⁸⁶
征稿 TGTY⁸⁶　征文 TGYY⁹⁸
征婚 TGVQ⁹⁸

正 GHD　　一止
　 GHD　　一止

症 UGHD3　　疒一止
　 UGHD3　　疒一止
症状 UGUD　症结 UGXF⁹⁸

怔 NGHG3　　忄一止
　 NGHG3　　忄一止

钲 QGHG　　钅一止
　 QGHG　　钅一止

丁 SGH　　丁一亅
　 SGH　　丁一亅

蒸 ABIO3　　艹了氺灬
　 ABIO3　　艹了氺灬
蒸蒸日上 AAJH⁸⁶　蒸汽 ABIR
蒸发 ABNT⁸⁶　蒸气 ABRN⁸⁶

争 QVHJ2　　㔾ヨ丨亅
　 QVHJ2　　㔾ヨ丨亅
争议 QVYY　争先恐后 QTAR
争吵 QVKI⁸⁶　争夺 QVDF
争取 QVBC　争论 QVYW
争鸣 QVKQ　争端 QVUM
争执 QVRV　争气 QVRN⁸⁶
争光 QVIQ⁸⁶/QVIG⁹⁸
争胜 QVET⁸⁶　争创 QVWB⁹⁸
争分夺秒 QWDT⁸⁶

挣 RQVH　　扌㔾ヨ亅
　 RQVH3　　扌㔾ヨ亅
挣钱 RQQG⁹⁸

Z

睁 HQVH3　目 ⺥ 彐 丨
　　HQVH3　目 ⺥ 彐 丨

狰 QTQH　犭 丿 ⺥ 丨
　　QTQH　犭 丿 ⺥ 丨

峥 MQVH3　山 ⺥ 彐 丨
　　MQVH3　山 ⺥ 彐 丨

峥嵘 MQMA[86]

铮 QQVH3　钅 ⺥ 彐 丨
　　QQVH3　钅 ⺥ 彐 丨

筝 TQVH　⺮ ⺥ 彐 丨
　　TQVH　⺮ ⺥ 彐 丨

徵 TMGT　彳 山 一 攵
　　TMGT　彳 山 一 攵

鲭 QGGE　鱼 一 ⺸ 月
　　QGGE　鱼 一 ⺸ 月

zhěng

整 GKIH　一 口 小 止
　　SKTH3　木 口 攵 止
整体 GKWS[86]/SKWS[98]
整体 GKWS[86]/SKWH[98]
整理 GKGJ[86]/SKGJ[98]
整天 GKGD[86]/SKGD[98]
整齐 GKYJ[86]/SKYJ[98]
整套 GKDD[86]/SKDD[98]
整风 GKMQ[86]/SKWR[98]
整顿 GKGB[86]/SKGB[98]
整洁 GKIF[86]/SKIF[98]
整修 GKWH[86]　整容 GKPW[86]
整改 GKNT[98]　整治 GKIC[98]

拯 RBIG3　扌 了 八 一
　　RBIG3　扌 了 八 一

拯救 RBGI[98]

zhèng

正 GHD　一 止
　　GHD　一 止
正常进行 GIFT[98]　正经 GHXC
正确对待 GDCT[98]　正派 GHIR
正点 GHHK　正方形 GYGA[86]
正确性 GDNT[86]　正确 GHDQ
正直 GHFH　正视 GHPY
正常 GHIP　正当 GHIV
正好 GHVB　正规 GHVK
正是 GHJG　正式 GHAA
正义 GHYQ[86]/GHYR[98]
正气 GHRN[86]/GHRT[98]
正规 GHFW[86]/GHGM[98]
正宗 GHPF[86]　正误 GHYK[86]
正负 GHQM[86]　正反 GHRC[98]
正式成立 GADU[98]

症 UGHD3　疒 一 止
　　UGHD3　疒 一 止

怔 NGHG3　忄 一 止
　　NGHG3　忄 一 止

证 YGHG3　讠 一 止
　　YGHG3　讠 一 止
证书 YGNN　证明信 YJWY[86]
证券交易 YUUJ[86]　证实 YGPU
证据 YGRN　证明 YGJE
证件 YGWR[86]/YGWT[98]
证券 YGUD[86]/YGUG[98]
证券交易所 YUUR[98]

政 GHTY3　一 止 攵
　　GHTY3　一 止 攵
政权 GHSC　政治 GHIC

Z

政变 GHYO　政法 GHIF
政界 GHLW　政委 GHTV
政治部 GIUK　政治局 GINN
政府 GHYW[86]/GHOW[98]
政策 GHTG[86]/GHTS[98]
政协 GHFL[86]/GHFE[98]
政治家 GHPE[86]/GHPG[98]
政协委员 GFTK
政治协商会议 GIFY

郑 UDBH3　丷大阝
　　 UDBH3　丷大阝
郑重 UDTG　郑州 UDYT
郑州市 UYYM[86]

诤 YQVH　讠⺈彐丨
　　 YQVH　讠⺈彐丨

挣 RQVH　扌⺈彐丨
　　 RQVH3　扌⺈彐丨

铮 QQVH3　钅⺈彐丨
　　 QQVH3　钅⺈彐丨

zhī

之 PPPP2　之之之之
　　 PPPP2　之之之之
之后 PPRG　之间 PPUJ
之内 PPMW　之前 PPUE
之外 PPQH　之下 PPGH
之类 PPKH　之类 PPOD
之一 PPGG　之所以 PRNY

芝 APU2　艹之
　　 APU2　艹之
芝麻 APYS[86]

氏 QAV2　𠂉七
　　 QAV2　𠂉七

胝 EQAY3　月𠂉七丶
　　 EQAY3　月𠂉七丶

祇 PYQY　礻丶𠂉丶
　　 PYQY3　礻丶𠂉丶

支 FCU2　十又
　　 FCU2　十又
支队 FCBW　支持者 FRFT[98]
支委会 FTWF[86]　支柱 FCSY
支配 FCSG　支票 FCSF
支部 FCUK　支援 FCRE
支持 FCRF　支付 FCWF
支出 FCBM　支流 FCIY
支书 FCNN　支委 FCTV[86]
支撑 FCRI[86]　支农 FCPE[98]
支部书记 FUNY[98]

枝 SFCY3　木十又
　　 SFCY3　木十又
枝叶 SFKF[86]　枝节 SFAB[86]

肢 EFCY3　月十又
　　 EFCY3　月十又

吱 KFCY3　口十又
　　 KFCY3　口十又

知 TDKG2　⺧大口
　　 TDKG2　⺧大口
知名人士 TQWF　知道 TDUT
知识化 TYWX[86]　知识 TDYK
知识更新 TYGU[86]　知青 TDGE
知识产权 TYUS[98]　知道 TDQK
知觉 TDIP[86]　知音 TDUJ[86]
知心 TDNY[98]　知识性 TYNT
知名度 TQYA[86]/TQOA[98]

蜘 JTDK　虫⺧大口
　　 JTDK　虫⺧大口
蜘蛛 JTJR[86]

Z

脂	EXJG2	月匕日
	EXJG2	月匕日
脂肪 EXEY		
汁	IFH	氵十
	IFH	氵十
只	KWU2	口八
	KWU2	口八
织	XKWY3	纟口八
	XKWY3	纟口八
织布 XKDM[86]	织机 XKSW[98]	
织物 XKCQ[98]		
卮	RGBV	厂一巳
	RGBV3	厂一巳
栀	SRGB	木厂一巳
	SRGB	木厂一巳

zhí

职	BKWY2	耳口八
	BKWY2	耳口八
职权 BKSC	职责 BKGM	
职能 BKCE	职工 BKAA	
职位 BKWU	职称 BKTQ	
职员 BKKM	职业道德 BOUT	
职业 BKOG[86]/BKOH[98]		
事务 BKTL[86]/BKTE[98]		
直	FHF2	十且
	FHF2	十且
直观 FHCM	直截了当 FFBI[86]	
直接影响 FRJK[98]	直接 FHRU	
直属机关 FNSU[98]	直达 FHDP	
直销 FHQI[98]	直播 FHRT	
直爽 FHDQ[86]	直径 FHTC[86]	
植	SFHG	木十且

	SFHG	木十且
植树 SFSC	植树造林 SSTS[98]	
植物 SFTR[86]/SFCQ[98]		
殖	GQFH3	一夕十且
	GQFH3	一夕十且
殖民地 GNFB		
值	WFHG	亻十且
	WFHG	亻十且
值得注意 WTIU[98]	值勤 WFAK	
值班室 WGPG[86]	值班 WFGY	
值得 WFTJ[86]	值此 WFHX[86]	
值得一提 WTGR[98]		
埴	FFHG	土十且
	FFHG	土十且
执	RVYY3	扌九丶
	RVYY3	扌九丶
执政 RVGH	执政党 RGIP	
执行主席 RTYO[98]	执勤 RVAK	
执照 RVJV	执著 RVAF[86]	
执行 RVTF[86]/RVTG[98]		
执着 RVUD[86]	执意 RVUJ[98]	
执行任务 RTWT[98]		
执行委员会 RTTW[98]		
执迷不悟 ROGN[86]		
絷	RVYI	扌九丶小
	RVYI	扌九丶小
侄	WGCF	亻一厶土
	WGCF	亻一厶土
摭	RYAO3	扌广廿灬
	ROAO3	扌广廿灬
跖	KHDG	口止石
	KHDG	口止石

Z

蹠	KHUB	口止爫阝
	KHUB	口止爫阝

zhǐ

止	HHHG2	止丨丨一
	HHG	卜丨一

止境 HHFU[86]　止痛 HHUC

址	FHG	土止
	FHG	土止
趾	KHHG3	口止止
	KHHG3	口止止

趾高气扬 KYRR[86]

芷	AHF	艹止
	AHF	艹止
祉	PYHG3	礻丶止
	PYHG3	礻丶止
只	KWU2	口八
	KWU2	口八

只有 KWDE　只能 KWCE
只是 KWJG　只好 KWVB
只需 KWFD　只管 KWTP
只限 KWBV　只要 KWSV
只得 KWTJ　只顾 KWDB
只见 KWMQ　只怕 KWNR[86]
只须 KWED[86]　只许 KWYT[86]
只占 KWHK[98]　只用 KWET[98]

旨	XJF2	匕日
	XJF2	匕日

旨意 XJUJ[86]　旨在 XJDH[98]

酯	SGXJ3	西一匕日
	SGXJ3	西一匕日
指	RXJG3	扌匕日
	RXJG2	扌匕日

指引 RXXH　指示 RXFI
指令 RXWY　指望 RXYN
指数 RXOV　指出 RXBM
指针 RXQF[98]　指令性 RWNT
指挥部 RRUK　指挥员 RRKM
指战员 RHKM　指导员 RNKM

纸	XQAN3	纟匚七
	XQAN3	纟匚七

纸张 XQXT　纸币 XQTM[86]
纸盒 XQWG[86]　纸箱 XQTS[86]

咫	NYKW3	尸丶口八
	NYKW3	尸丶口八
枳	SKWY3	木口八
	SKWY3	木口八
轵	LKWY3	车口八
	LKWY3	车口八
黹	OGUI	业一丷小
	OIU	业㳠
徵	TMGT	彳山一攵
	TMGT	彳山一攵

zhì

志	FNU2	士心
	FNU2	士心

志同道合 FNUW[86]　志愿 FNDR
志向 FNTM[86]　志士 FNFG[98]

痣	UFNI	疒士心
	UFNI3	疒士心
挚	RVYR	扌九丶手
	RVYR	扌九丶手
掷	RUDB	扌丷大阝
	RUDB	扌丷大阝

Z

至	GCFF3	一厶土
	GCFF3	一厶土

至理名言 GGQY[86]　至于 GCGF
至高无上 GYFH[86]　至少 GCIT
至关重要 GUTS[98]　至此 GCHX
至今 GCWY　至多 GCQQ[86]

郅	GCFB	一厶土阝
	GCFB	一厶土阝

桎	SGCF	木一厶土
	SGCF	木一厶土

轾	LGCF3	车一厶土
	LGCF3	车一厶土

蛭	JGCF3	虫一厶土
	JGCF3	虫一厶土

致	GCFT	一厶土夂
	GCFT	一厶土夂

致词 GCYN　致使 GCWG
致意 GCUJ　致辞 GCTD
致富 GCPG　致函 GCBI
致力 GCLT[86]/GCEN[98]
致谢 GCYT[86]　致敬 GCAQ[86]
致癌 GCUK[98]

置	LFHF	四十且
	LFHF	四十且

置身 LFTM[98]　置于 LFGF[98]
置之不理 LPGG[86]
置之度外 LPYQ[86]

帜	MHKW	冂丨口八
	MHKW	冂丨口八

识	YKWY3	讠口八
	YKWY3	讠口八

峙	MFFY3	山土寸

	MFFY3	山土寸
痔	UFFI	疒土寸
	UFFI	疒土寸

制	RMHJ	𠂉冂丨刂
	TGMJ3	丿一冂刂

制订 RMYS[86]/TGYS[98]
制定 RMPG[86]/TGPG[98]
制度 RMYA[86]/TGOA[98]
制作 RMWT[86]/TGWT[98]
制造 RMTF[86]/TGTF[98]
制品 RMKK[86]/TGKK[98]
制裁 RMFA[86]/TGFA[98]

智	TDKJ	𠂉大口日
	TDKJ	𠂉大口日

智慧 TDDH　智能 TDCE
智力 TDLT[86]/TDEN[98]
智育 TDYC[86]　智商 TDUM[86]

陟	BHIT3	阝止小丿
	BHHT3	阝止少

骘	BHIC	阝止小马
	BHHG	阝止马一

秩	TRWY3	禾𠂉人
	TTGY2	禾丿夫

秩序 TRYC[86]/TTOC[98]

帙	MHRW	冂丨𠂉人
	MHTG	冂丨丿夫

稚	TWYG3	禾亻圭
	TWYG3	禾亻圭

雉	TDWY	𠂉大亻圭
	TDWY	𠂉大亻圭

质	RFMI3	厂十贝
	RFMI2	厂十贝

Z

质量保证 RJWY[98]		质量 RFJG		
质量关 RJUD[98]		质问 RFUK[86]		
质变 RFYO[86]		质朴 RFSH[98]		
质量管理 RFTG[98]				
质量标准 RJSU[98]				

踬 KHRM 口止厂贝
　　 KHRM3 口止厂贝

炙 QOU2 夕火
　　 QOU2 夕火

滞 IGKH3 氵一川丨
　　 IGKH3 氵一川丨

滞销 IGQI　滞后 IGRG[98]

治 ICKG3 氵厶口
　　 ICKG3 氵厶口

治本 ICSG　治安 ICPV
治理 ICGJ　治国 ICLG
治病 ICUG　治疗 ICUB
治学 ICIP

窒 PWGF3 宀八一土
　　 PWGF3 宀八一土

膣 EPWF 月宀八土
　　 EPWF 月宀八土

彘 XGXX3 彑一匕匕
　　 XTDX 彑乀大匕

栉 SABH3 木艹卩
　　 SABH3 木艹卩

贽 RVYM 扌九丶贝
　　 RVYM 扌九丶贝

鸷 RVYG 扌九丶一
　　 RVYG 扌九丶一

豸 EER 罒彡
　　 ETYT3 豸丿丶丿

觯 QEUF 𧢲用丷十
　　 QEUF 𧢲用丷十

忮 NFCY 忄十又
　　 NFCY 忄十又

zhōng

忠 KHNU3 口丨心
　　 KHNU3 口丨心

忠诚 KHYD　忠实 KHPU[86]
忠厚 KHDJ[86]　忠于 KHGF[98]

中 KHK2 口丨
　　 KHK2 口丨

中心 KHNY　中共中央 KAKM
中国银行 KLQT　中华 KHWX
中低档 KWSI　中性 KHNT
中国人民 KLWN　中西 KHSG
中原 KHDR　中直机关 KFSU
中外合资 KQWU　中断 KHON
中药 KHAX　中高档 KYSI
中青年 KGRH[86]/KGTG[98]
中国 KHLG[86]　中秋节 KTAB[86]
中文 KHYY[86]　中心任务 KNWT
中国青年 KLGR[86]/KLGT[98]
中央委员 KMTK
中国共产党 KLAI
中国科学院 KLTB
中央电视台 KMJC
中央委员会 KMTW
中央政治局 KMGN
中央书记处 KMNT
中国政府 KLGY[86]/KLGO[98]
中央办公厅 KMLD[86]/KMED[98]
中国人民银行 KLWT
中央国家机关 KMLU
中华人民共和国 KWWL

中国人民解放军 KLWP
中共中央总书记 KAKY
中央人民广播电台 KMWC

蛊 KHLF3　　口丨皿
　　KHLF3　　口丨皿

衷 YKHE　　一口丨伀
　　YKHE　　一口丨伀
衷心 YKNY　衷情 YKNG[86]

钟 QKHH　　钅口丨
　　QKHH　　钅口丨
钟表 QKGE　钟点 QKHK[86]
钟头 QKUD[86]

舯 TEKH3　　丿舟口丨
　　TUKH　　丿舟口丨

终 XTUY3　　纟夂;
　　XTUY3　　纟夂;
终结 XTXF　终端 XTUM
终止 XTHH　终生 XTTG
终究 XTPW　终身 XTTM
终年 XTRH[86]　终日 XTJJ[86]
终审 XTPJ[98]　终场 XTFN[98]

螽 TUJJ　　夂;虫虫
　　TUJJ　　夂;虫虫

忪 NWCY3　　忄八厶
　　NWCY3　　忄八厶

锺 QTGF　　钅丿一土
　　QTGF　　钅丿一土

zhǒng

种 TKHH3　　禾口丨
　　TKHH3　　禾口丨
种子 TKBB　种植 TKSF
种类 TKOD　种种 TKTK[86]

种田 TKLL[98]　种植业 TSOH[98]
种族主义 TYYY[98]

肿 EKHH2　　月口丨
　　EKHH3　　月口丨
肿瘤 EKUQ[98]

踵 KHTF　　口止丿土
　　KHTF　　口止丿土

冢 PEYU3　　冖豕丶
　　PGEY　　冖一豕丶

zhòng

重 TGJF3　　丿一日土
　　TGJF3　　丿一日土
重点 TGHK　重视 TGPY
重量 TGJG　重要 TGSV
重大 TGDD　重型 TGGA
重心 TGNY[86]　重任 TGWT[86]
重用 TGET[86]

中 KHK2　　口丨
　　KHK2　　口丨

种 TKHH3　　禾口丨
　　TKHH3　　禾口丨

仲 WKHH　　亻口丨
　　WKHH　　亻口丨
仲裁 WKFA[98]

众 WWWU3　　人人人
　　WWWU3　　人人人
众多 WWQQ　众议员 WYKM
众所周知 WRMT
众目睽睽 WHHH[86]
众人拾柴火焰高 WWRY[98]

Z

zhōu

舟	TEI	丿舟
	TUI	丿舟
舟山	TUMM[98]	
周	MFKD3	冂土口
	MFKD3	冂土口
周围	MFLF	周到 MFGC
周折	MFRR	周密 MFPN
周刊	MFFJ	周报 MFRB[86]
周期	MFAD[86]/MFDW[98]	
周年	MFRH[86]/MFTG[98]	
周恩来	MLGO[86]/MLGU[98]	
周总理	MUGJ	
啁	KMFK3	口冂土口
	KMFK3	口冂土口
州	YTYH	、丿、丨
	YTYH	、丿、丨
洲	IYTH3	氵、丿丨
	IYTH3	氵、丿丨
诌	YQVG	讠⺈彐
	YQVG3	讠⺈彐
粥	XOXN3	弓米弓
	XOXN3	弓米弓

zhóu

轴	LMG2	车由
	LMG2	车由
轴承	LMBD	
妯	VMG2	女由
	VMG2	女由
碡	DGXU3	石丰母丶
	DGXY3	石丰母

zhǒu

肘	EFY	月寸
	EFY	月寸
帚	VPMH3	彐冖冂丨
	VPMH3	彐冖冂丨

zhòu

咒	KKMB3	口口几
	KKWB3	口口几
宙	PMF2	宀由
	PMF2	宀由
胄	MEF	由月
	MEF	由月
轴	LMG2	车由
	LMG2	车由
皱	QVHC	⺈彐广又
	QVBY	⺈彐皮
绉	XQVG3	纟⺈彐
	XQVG3	纟⺈彐
昼	NYJG3	尸丶日一
	NYJG3	尸丶日一
昼夜	NYYW	
骤	CBCI3	马耳又⺀
	CGBI3	马一耳⺀
骤然	CBQD[86]/CGQD[98]	
纣	XFY	纟寸
	XFY	纟寸
荮	AXFU3	艹纟寸
	AXFU3	艹纟寸
酎	SGFY	酉一寸
	SGFY	酉一寸

籥	TRQL	竹扌乚田	
	TRQL3	竹扌乀田	
氍	ERMI	四亠山小	
	ETFI	四亠十小	

zhū

朱	RII2	亠小	
	TFI	丿未	
珠	GRIY2	王亠小	
	GTFY3	王丿未	

珠海 GRIT[86]/GTIT[98]
珠算 GRTH[86]   珠宝 GRPG[86]
珠江 GTIA[98]   珠宝店 GPOH[98]

株	SRIY3	木亠小	
	STFY3	木丿未	

株洲 STIY[98]   株式社会 SAWP[98]

蛛	JRIY3	虫亠小	
	JEFY	虫丿未	
诛	YRIY3	讠亠小	
	YTFY	讠丿未	
侏	WRIY3	亻亠小	
	WTFY	亻丿未	
邾	RIBH3	亠小阝	
	TFBH	丿未阝	
铢	QRIY3	钅亠小	
	QTFY	钅丿未	
洙	IRIY3	氵亠小	
	ITFY	氵丿未	
茱	ARIU3	艹亠小	
	ATFU	艹丿未	
猪	QTFJ	犭丿土日	
	QTFJ	犭丿土日	

猪肉 QTMW[98]

诸	YFTJ3	讠土丿日	
	YFTJ3	讠土丿日	

诸葛亮 YAYP   诸位 YFWU[86]
诸如 YFVK[98]   诸多 YFQQ[98]
诸城 YFFD[98]

潴	IQTJ	氵犭丿日	
	IQTJ	氵犭丿日	
槠	SYFJ	木讠土日	
	SYFJ	木讠土日	
橥	QTFS	犭丿土木	
	QTFS	犭丿土木	

zhú

逐	EPI	豕辶	
	GEPI3	一豕辶	

逐步 EPHI[86]/GEHH[98]
逐个 EPWH[86]/GEWH[98]
逐年 EPRH[86]   逐月 EPEE[98]

瘃	UEYI3	疒豕丶	
	UGEY	疒一豕丶	
竹	TTGH3	竹丿一丨	
	THTH3	亠丨亠丨	

竹林 THSS[98]

竺	TFF	竹二	
	TFF	竹二	
舳	TEMG	丿舟由	
	TUMG	丿舟由	
躅	KHLJ	口止四虫	
	KHLJ	口止四虫	
烛	OJY2	火虫	
	OJY2	火虫	

Z

| 术 | SYI2 | 木、 |
| | SYI2 | 木、 |

煮	FTJO	土丿日灬
	FTJO	土丿日灬
渚	IFTJ3	氵土丿日
	IFTJ3	氵土丿日
褚	PUFJ	衤丷土日
	PUFJ	衤丷土日
主	YGD2	、王
	YGD2	、王

主动 YGFC 主要原因 YSDL
主管部门 YTUU 主权 YGSC
主观 YGCM 主题 YGJG
主要 YGSV 主编 YGXY
主持 YGRF 主演 YGIP
主动权 YFSC 主动性 YFNT
主义 YGYQ[86]/YGYR[98]
主力 YGLT[86]/YGEN[98]
主席 YGYA[86]/YGOA[98]
主席团 YYLF[86]/YOLF[98]

拄	RYGG3	扌、王
	RYGG3	扌、王
属	NTKY3	尸丿口、
	NTKY3	尸丿口、
瞩	HNTY3	目尸丿、
	HNTY3	目尸丿、
嘱	KNTY3	口尸丿、
	KNTY3	口尸丿、

瞩目 HNHH

| 麈 | YNJG | 广コ刂王 |
| | OXXG | 庐匕匕王 |

| 著 | AFTJ3 | 艹土丿日 |
| | AFTJ3 | 艹土丿日 |

著名权 AQSC[98] 著名 AFQK
著称 AFTQ 著作权 AWSC

箸	TFTJ3	𥫗土丿日
	TFTJ3	𥫗土丿日
翥	FTJN	土丿日羽
	FTJN	土丿日羽
柱	SYGG3	木、王
	SYGG3	木、王
蛀	JYGG3	虫、王
	JYGG3	虫、王
住	WYGG	亻、王
	WYGG	亻、王

住宅 WYPT 住房 WYYN
住址 WYFH[86] 住宿 WYPW[86]
住地 WYFB[98] 住户 WYYN[98]
住宅区 WPAR[98]

| 注 | IYGG2 | 氵、王 |
| | IYGG | 氵、王 |

注目 IYHH 注册 IYMM
注入 IYTY 注销 IYQI
注重 IYTG[86] 注解 IYQE[86]
注射 IYTM[86] 注定 IYPG[98]
注明 IYJE[98]
注意力 IULT[86]/IUEN[98]

| 驻 | CYGG2 | 马、王 |
| | CGYG | 马一、王 |

驻守 CYPF 驻防 CYBY[86]
驻地 CYFB[86]/CGFB[98]
驻华 CYWX[86]/CGWX[98]

驻京 CYYI[86]/CGYI[98]
驻军 CYPL[86]/CGPL[98]
驻扎 CGRN[98]　驻马店 CCOH[98]
驻华大使 CWDW[98]

炷 OYGG3　火丶王
OYGG　火丶王

疰 UYGD　疒丶王
UYGD　疒丶王

助 EGLN3　月一力
EGET　月一力

助手 EGRT　助记歌 EYSK[98]
助人为乐 EWYT[98]　助理 EGGJ
助威 EGDG　助兴 EGIW[86]
助教 EGFT[86]　助工 EGAA[86]
助记词 EYYN　助学金 EIQQ[86]

贮 MPGG3　贝宀一
MPGG3　贝宀一

贮存 MPDH　贮藏 MPAD[86]
贮备 MPTL[86]　贮存器 MDKK[86]
贮藏室 MAPG[86]

伫 WPGG3　亻宀一
WPGG3　亻宀一

苎 APGF　艹宀一
APGF　艹宀一

铸 QDTF3　钅三丿寸
QDTF3　钅三丿寸

筑 TAMY3　竹工几丶
TAWY3　竹工几丶

祝 PYKQ3　礻口儿
PYKQ3　礻口儿

祝福 PYPY　祝愿 PYDR
祝贺 PYLK[86]/PYEK[98]

祝酒 PYIS[86]　祝寿 PYDT[86]

杼 SCBH3　木マ卩
SCNH　木マ一丨

zhuā

抓 RRHY　扌厂丨八
RRHY　扌厂丨八

抓紧 RRJC　抓住 RRWY[98]
抓好 RRVB[98]　抓举 RRIG[98]
抓获 RRAQ[98]

挝 RFPY3　扌寸辶
RFPY3　扌寸辶

zhuǎ

爪 RHYI　厂丨八
RHYI　厂丨八

zhuāi

拽 RJXT3　扌曰匕
RJNT3　扌曰乚丿

zhuǎi

转 LFNY3　车二𠃌丶
LFNY3　车二𠃌丶

zhuài

拽 RJXT3　扌曰匕
RJNT3　扌曰乚丿

zhuān

专 FNYI3　二𠃌丶
FNYI3　二𠃌丶

专长 FNTA　专业人员 FOWK
专题片 FJTH[98]　专电 FNJN

Z

专卖店 FFOH[98]   专项 FNAD   专心 FNAD

致志 FNGF[86]   专著 FNAF

专利 FNTJ   专政 FNGH

专程 FNTK   专门 FNUY

专心 FNNY   专职 FNBK

专款 FNFF   专用 FNET

专业 FNOG[86]/FNOH[98]

专家 FNPE[86]/FNPG[98]

专刊 FNFJ[86]   专栏 FNSU[86]

专辑 FNLK[98]   专业户 FOYN

砖 DFNY   石二勹丶
　　 DFNY3   石二勹丶

砖瓦 DFGN

颛 MDMM   山厂冂贝
　　 MDMM3   山厂冂贝

zhuǎn

转 LFNY3   车二勹丶
　　 LFNY3   车二勹丶

转化 LFWX   转折 LFRR

转移 LFTQ   转播 LFRT

转动 LFFC   转产 LFUT

转向 LFTM   转入 LFTY

转交 LFUQ[86]/LFUR[98]

转业 LFOG[86]/LFOH[98]

zhuàn

撰 RNNW   扌已已八
　　 RNNW   扌已已八

撰写 RNPG   撰文 RNYY[98]

馔 QNNW   ク乚已八
　　 QNNW   ク乚已八

转 LFNY3   车二勹丶
　　 LFNY3   车二勹丶

啭 KLFY   口车二、
　　 KLFY   口车二、

传 WFNY   亻二勹丶
　　 WFNY3   亻二勹丶

赚 MUVO3   贝丷彐小
　　 MUVW3   贝丷彐八

篆 TXEU3   𥫗彑豕
　　 TXEU3   𥫗彑一豕

zhuāng

庄 YFD   广土
　　 OFD2   广土

庄严 YFGO[86]/OFGO[98]

庄稼 YFTP[86]/OFTP[98]

庄重 OFTG[98]   庄园 OFLF[98]

桩 SYFG3   木广土
　　 SOFG3   木广土

装 UFYE3   丬士亠衣
　　 UFYE3   丬士亠衣

装备 UFTL   装运 UFFC

装卸 UFRH[86]/UFTG[98]

装订 UFYS[86]   装箱 UFTS[98]

装车 UFLG[98]   装潢 UFIA[98]

装载 UFFA[98]

妆 UVG2   丬女
　　 UVG2   丬女

zhuǎng

奘 NHDD   乚丨厂大
　　 UFDU   丬士大

zhuàng

撞 RUJF3   扌立曰土

Z

	RUJF3	扌立曰土
撞击	RUGB[98]	
幢	MHUF3	冂丨立土
	MHUF3	冂丨立土
僮	WUJF3	亻立曰土
	WUJF3	亻立曰土
壮	UFG	丬士
	UFG	丬士
壮观	UFCM	壮丽 UFGM
壮烈	UFGQ[86]	壮阔 UFUI[86]
壮志凌云 UFUF[86]		
状	UDY	丬犬
	UDY	丬犬
状态	UDDY	状元 UDFQ[98]
状况	UDUK[98]	
戆	UJTN	立早夂心
	UJTN	立早夂心

zhuī

追	WNNP	亻コ⊐辶
	TNPD3	丿目辶
追求	WNFI[86] /TNGI[98]	
追究	WNPW[86] /TNPW[98]	
追悼	WNNH[86] /TNNH[98]	
追加	WNLK[86] /TNEK[98]	
追捕	WNRG[86] /TNRS[98]	
追赶	WNFH[86]	追查 WNSJ[86]
追踪	WNKH[98]	追回 WNLK[98]
追逐	TNGE[98]	
隹	WYG	亻圭
	WYG	亻圭
椎	SWYG	木亻圭
	SWYG	木亻圭

锥	QWYG3	钅亻圭
	QWYG3	钅亻圭
骓	CWYG	马亻圭
	CGWY	马一亻圭

zhuì

赘	GQTM	圭勹夂贝
	GQTM	圭勹夂贝
坠	BWFF	阝人土
	BWFF	阝人土
坠毁 BWVA[86] /BWEA[98]		
缀	XCCC3	纟又又又
	XCCC3	纟又又又
惴	NMDJ	忄山厂刂
	NMDJ	忄山厂刂
缒	XWNP	纟亻コ辶
	XTNP	纟丿目辶

zhūn

谆	YYBG	讠亩子
	YYBG3	讠亩子
屯	GBNV2	一凵乚
	GBNV3	一凵乚
肫	EGBN3	月一凵乚
	EGBN3	月一凵乚
窀	PWGN	宀八一乚
	PWGN	宀八一乚

zhǔn

准	UWYG3	冫亻圭
	UWYG3	冫亻圭
准则 UWMJ	准备 UWTL	

Z

准确 UWDQ　准时 UWJF
准许 UWYT　准予 UWCN[98]
准确性 UDNT[86]

zhuō

捉 RKHY3　扌口龰
　　RKHY3　扌口龰
捉弄 RKGA[86]

拙 RBMH3　扌凵山
　　RBMH3　扌凵山

桌 HJSU3　卜日木
　　HJSU3　卜日木
桌子 HJBB　桌椅 HJSD[86]

倬 WHJH　亻卜早
　　WHJH　亻卜早

焯 OHJH3　火卜早
　　OHJH3　火卜早

涿 IEYY　氵豕丶
　　IGEY　氵一豕丶

zhuó

琢 GEYY3　王豕丶
　　GGEY3　王一豕丶
琢磨 GEYS[86]/GGOS[98]

啄 KEYY　口豕丶
　　KGEY3　口一豕丶

诼 YEYY3　讠豕丶
　　YGEY　讠一豕丶

著 AFTJ3　艹土丿日
　　AFTJ3　艹土丿日

着 UDHF3　丷ヂ目
　　UHF2　羊目

着手 UDRT[86]/UHRT[98]
着想 UDSH[86]/UHSH[98]
着眼 UDHV[86]/UHHV[98]
着陆 UDBF[86]/UHBG[98]
着重 UHTG[98]　着装 UHUF[98]
着实 UHPU[98]

茁 ABMJ3　艹凵山
　　ABMJ3　艹凵山
茁壮成长 AUDT[86]　茁壮 ABUF

酌 SGQY3　西一勹丶
　　SGQY3　西一勹丶
酌情 SGNG[86]

灼 OQYY3　火勹丶
　　OQYY3　火勹丶

浊 IJY2　氵虫
　　IJY2　氵虫

擢 RNWY　扌羽亻圭
　　RNWY　扌羽亻圭

濯 INWY3　氵羽亻圭
　　INWY3　氵羽亻圭

浞 IKHY　氵口龰
　　IKHY　氵口龰

禚 PYUO　礻丶丷灬
　　PYUO　礻丶丷灬

斫 DRH　石斤
　　DRH　石斤

镯 QLQJ　钅罒勹虫
　　QLQJ　钅罒勹虫

卓 HJJ　卜早
　　HJJ　卜早
卓有成效 HDDU[98]　卓识 HJYK
卓越 HJFH[86]　卓著 HJAF

缴 XRYT3　纟白方攵
　　XRYT3　纟白方攵

资 UQWM　冫冫人贝
　　UQWM　冫冫人贝
资助 UQEG　资金 UQQQ
资料 UQOU　资历 UQDL[86]
资本家 USPE[86]　资本 UQSG[98]
资金不足 UQDK[98]
资本主义国家 USYP[98]

咨 UQWK　冫冫人口
　　UQWK　冫冫人口
咨询机构 UYSS[98]　咨询 UQYQ
咨询服务 UYET[98]

姿 UQWV　冫冫人女
　　UQWV　冫冫人女
姿态 UQDY　姿势 UQRV[86]

谘 YUQK3　讠冫冫口
　　YUQK3　讠冫冫口

趑 FHUW　土止冫人
　　FHUW　土止冫人

粢 UQWO　冫冫人米
　　UQWO　冫冫人米

兹 UXXU3　丷幺幺
　　UXXU3　丷幺幺

滋 IUXX3　氵丷幺幺
　　IUXX3　氵丷幺幺
滋长 IUTA　滋味 IUKF
滋补 IUPU

嵫 MUXX3　山丷幺幺
　　MUXX3　山丷幺幺

孳 UXXB　丷幺幺子
　　UXXB　丷幺幺子

淄 IVLG3　氵巛田
　　IVLG3　氵巛田
淄博 IVFS[98]

缁 XVLG3　纟巛田
　　XVLG3　纟巛田

辎 LVLG3　车巛田
　　LVLG3　车巛田

锱 QVLG3　钅巛田
　　QVLG3　钅巛田

鲻 QGVL　鱼一巛田
　　QGVL　鱼一巛田

孜 BTY　子攵
　　BTY　子攵
孜孜不倦 BBGW[86]

仔 WBG　亻子
　　WBG　亻子
仔细 WBXL

髭 DEHX3　镸彡止匕
　　DEHX3　镸彡止匕

赀 HXMU3　止匕贝
　　HXMU3　止匕贝

觜 HXQE3　止匕⺈用
　　HXQE3　止匕⺈用

訾 HXYF3　止匕言
　　HXYF3　止匕言

龇 HWBX　止人凵匕
　　HWBX　止人凵匕

吱 KFCY3　口十又
　　KFCY3　口十又

zǐ			

紫 HXXI3 止匕幺小
HXXI3 止匕幺小
紫外线 HQXG

呰 AHXB3 卝止匕
AHXB3 卝止匕

訾 HXYF3 止匕言
HXYF3 止匕言

子 BBBB2 子子子子
BBBB2 子子子子
子女 BBVV　子弹 BBXU
子孙后代 BBRW[98]　子孙 BBBI
子弟兵 BURG[86]/BURW[98]

仔 WBG 亻子
WBG 亻子

籽 OBG2 米子
OBG2 米子

秄 DIBG3 三小子
FSBG3 二木子

梓 SUH 木辛
SUH 木辛

滓 IPUH3 氵宀辛
IPUH3 氵宀辛

秭 TTNT 禾丿乚丿
TTNT3 禾丿乚丿

姊 VTNT 女丿乚丿
VTNT 女丿乚丿
姊妹 VTVF

第 TTNT ⺮丿乚丿
TTNT ⺮丿乚丿

zì	

自 THD 丿目
THD 丿目
自卫 THBG　自主权 TYSC
自上而下 THDG　自尊 THUS
自然资源 TQUI　自豪 THYP
自我批评 TTRY　自己 THNN
自立 THUU　自主 THYG
自然 THQD　自卑 THRT[86]
自学 THIP　自动化 TFWX
自杀 THQS[86]/THRS[98]
自制 THRM[86]/THTG[98]
自治区 TIAQ[86]/TIAR[98]
自力更生 TLGT[86]/TEGT[98]
自负盈亏 TQEF[86]/TQBF[98]
自然界 TQLW　自信心 TWNY

渍 IGMY3 氵丰贝
IGMY3 氵丰贝

字 PBF2 宀子
PBF2 宀子
字号 PBKG　字根 PBSV
字母 PBXG[86]/PBXN[98]
字体 PBWS[86]　字符 PBTW[98]
字节 PBAB　字形 PBGA[86]
字典 PBMA[86]　字样 PBSU[98]
字画 PBGL[98]

眦 HHXN3 目止匕
HHXN3 目止匕

恣 UQWN3 冫夕人心
UQWN 冫夕人心

zōng	

宗 PFIU3 宀二小

Z

PFIU3　宀二小

宗教信仰 PFWW[98]　宗教 PFFT
宗教政策 PFGT[98]　宗旨 PFXJ
宗派 PFIR[86]

縏 DEPI3　镸乡宀小
　DEPI3　镸乡宀小

综 XPFI3　纟宀二小
　XPFI3　纟宀二小

综合 XPWG　综合治理 XWIG
综合利用 XWTE　综述 XPSY
综合性 XWNT[98]
综合症 XWUG
综上所述 XHRS[86]
综合指数 XWRO[98]
综合国力 XWLE[98]

棕 SPFI2　木宀二小
　SPFI2　木宀二小

腙 EPFI　月宀二小
　EPFI　月宀二小

踪 KHPI3　口止宀小
　KHPI3　口止宀小
踪影 KHJY[86]

枞 SWWY3　木人人
　SWWY3　木人人

zǒng

总 UKNU3　丷口心
　UKNU3　丷口心
总则 UKMJ　总指挥 URRP
总工程师 UATJ　总后 UKRG
总体 UKWS　总结经验 UXXC
总后勤部 URAU　总结 UKXF
总统 UKXY　总局 UKNN
总数 UKOV　总算 UKTH

总值 UKWF　总参 UKCD
总工 UKAA　总理 UKGJ
总督 UKHI　总书记 UNYN
总务 UKTL[86]／UKTE[98]
总经理 UXGJ　总产值 UUWF

偬 WQRN　亻勹乡心
　WQRN3　亻勹乡心

zòng

纵 XWWY3　纟人人
　XWWY3　纟人人
纵横 XWSA　纵队 XWBW
纵情 XWNG[86]　纵使 XWWG[86]
纵然 XWQD[86]　纵火 XWOO[98]
纵深 XWIP[98]　纵观 XWCM[98]

粽 OPFI　米宀二小
　OPFI　米宀二小

zōu

邹 QVBH3　刍ヨ阝
　QVBH3　刍ヨ阝

驺 CQVG3　马刍ヨ
　CGQV　马一刍ヨ

诹 YBCY3　讠耳又
　YBCY3　讠耳又

陬 BBCY3　阝耳又
　BBCY3　阝耳又

鲰 QGBC　鱼一耳又
　QGBC　鱼一耳又

鄹 BCTB　耳又丿阝
　BCIB　耳又禾阝

Z

zǒu

走 FHU 土龰
　　FHU 土龰
走访 FHYY　走向世界 FTAL[98]
走后门 FRUY[86]　走路 FHKH
走遍 FHYN[98]　走廊 FHOY[98]
走进 FHFJ[98]　走私案 FTPV[98]
走马观花 FCCA[86]
走投无路 FRFK[86]

zòu

奏 DWGD3 三人一大
　　DWGD3 三人一大
奏效 DWUQ[86]/DWUR[98]
揍 RDWD 扌三人大
　　RDWD 扌三人大
楱 SDWD 木三人大
　　SDWD 木三人大

zū

租 TEGG3 禾月一
　　TEGG3 禾月一
租赁 TEWT　租用 TEET
租金 TEQQ　租界 TELW
租借 TEWA[98]
菹 AIEG3 艹氵月一
　　AIEG3 艹氵月一

zú

足 KHU 口龰
　　KHU2 口龰
足迹 KHYO　足球队 KGBW[98]
足球赛 KGPA[98]　足够 KHQK

足球 KHGF[86]/KHGG[98]
卒 YWWF 亠人人十
　　YWWF3 亠人人十
族 YTTD3 方𠂉大
　　YTTD3 方𠂉大
镞 QYTD 钅方𠂉大
　　QYTD 钅方𠂉大

zǔ

祖 PYEG3 礻丶月一
　　PYEG3 礻丶月一
祖国统一 PLXG　祖国 PYLG
祖籍 PYTD[86]　祖宗 PYPF[86]
祖父 PYWQ[86]/PYWR[98]
诅 YEGG3 讠月一
　　YEGG3 讠月一
阻 BEGG 阝月一
　　BEGG 阝月一
阻挡 BERI　阻挠 BERA
阻止 BEHH　阻碍 BEDJ
阻力 BELT[86]/BEEN[98]
阻拦 BERU[86]　阻塞 BEPF[86]
组 XEGG3 纟月一
　　XEGG3 纟月一
组建 XEVF[86]　组委会 XTWF[98]
组织建设 XXVY[98]　组合 XEWG
组稿 XETY[98]　组织者 XXFT[98]
组织上 XXHH　组织部 XXUK
组织群众 XXVW[98]
组织纪律 XXXT[86]
俎 WWEG 人人月一
　　WWEG3 人人月一

Z

zuān

钻 QHKG3　钅卜口
　　QHKG3　钅卜口
钻研 QHDG　钻机 QHSW[98]
钻探 QHRP[98]　钻井 QHFJ[98]

蹭 KHTM　口止丿贝
　　KHTM　口止丿贝

zuǎn

纂 THDI　灬目大小
　　THDI　灬目大小

缵 XTFM　纟丿土贝
　　XTFM　纟丿土贝

zuàn

攥 RTHI　扌灬目小
　　RTHI　扌灬目小

钻 QHKG3　钅卜口
　　QHKG3　钅卜口

赚 MUVO3　贝丷彐⺌
　　MUVW3　贝丷彐八

zuǐ

咀 KEGG3　口月一
　　KEGG3　口月一

觜 HXQE3　止匕⺈用
　　HXQE3　止匕⺈用

嘴 KHXE3　口止匕用
　　KHXE3　口止匕用

zuì

最 JBCU2　曰耳又

JBCU2　曰耳又
最后 JBRG　最近 JBRP
最好 JBVB　最多 JBQQ
最先 JBTF　最新 JBUS
最初 JBPU　最大 JBDD
最低 JBWQ　最高 JBYM
最佳 JBWF　最少 JBIT
最小 JBIH　最终 JBXT

蕞 AJBC3　艹曰耳又
　　AJBC3　艹曰耳又

醉 SGYF3　西一亠十
　　SGYF3　西一亠十
醉翁之意不在酒 SWPI[98]

罪 LDJD3　罒三‖三
　　LHDD3　罒丨三三
罪犯 LDQT[86]/LHQT[98]
罪名 LDQK[86]/LHQK[98]
罪行 LHTG[98]　罪大恶极 LDGS[86]
罪有应得 LDYT[86]
罪魁祸首 LRPU[86]

zūn

尊 USGF3　丷西一寸
　　USGF3　丷西一寸
尊严 USGO　尊重知识 UTTY
尊师 USJG[98]　尊重 USTG
尊敬 USAQ　尊称 USTQ[86]
尊师重教 UJTF[98]

遵 USGP　丷西一辶
　　USGP　丷西一辶
遵照执行 UJRT[86]　遵循 USTR
遵守 USPF　遵义 USYR[98]
遵照 USJV　遵命 USWG[86]

樽 SUSF　木丷西寸

Z

	SUSF	木丷西寸		WDAG3　イナ工

鳟	QGUF	鱼一丷寸
	QGUF	鱼一丷寸

zǔn

撙	RUSF3	扌丷西寸
	RUSF3	扌丷西寸

zuō

作	WTHF2	イ丿丨二
	WTHF2	イ丿丨二

嘬	KJBC3	口曰耳又
	KJBC3	口曰耳又

zuó

昨	JTHF2	日丿丨二
	JTHF3	日丿丨二

昨天 JTGD　昨晚 JTJQ
昨日 JTJJ

筰	TTHF3	⺮丿丨二
	TTHF	⺮丿丨二

琢	GEYY3	王豕丶
	GEEY3	王一豕丶

zuǒ

撮	RJBC3	扌曰耳又
	RJBC3	扌曰耳又

左	DAF2	ナ工
	DAF2	ナ工

左手 DART　左右 DADK
左边 DALP[86]　左侧 DAWM[86]
左面 DADM[86]　左翼 DANL[98]

佐	WDAG3	イナ工

zuò

作	WTHF2	イ丿丨二
	WTHF	イ丿丨二

作者 WTFT　作案 WTPV[98]
作出决定 WBUP[98]　作品 WTKK
作出 WTBM　作乱 WTTD[86]
作物 WTTR[86]/WTCQ[98]
作风 WTMQ[86]/WTWR[98]
作为 WTYL[86]/WTYE[98]
作家 WTPE[86]/WTPG[98]
作业 WTOG[86]/WTOH[98]
作废 WTYN[86]/WTON[98]
作假 WTWN[86]　作客 WTPT[98]

柞	STHF3	木丿丨二
	STHF3	木丿丨二

阼	BTHF3	阝丿丨二
	BTHF3	阝丿丨二

怍	NTHF3	忄丿丨二
	NTHF3	忄丿丨二

胙	ETHF3	月丿丨二
	ETHF3	月丿丨二

祚	PYTF3	礻丶丿二
	PYTF3	礻丶丿二

酢	SGTF	西一丿二
	SGTF	西一丿二

做	WDTY3	イ古攵
	WDTY3	イ古攵

做事 WDGK　做出 WDBM
做到 WDGC　做成 WDDN
做文章 WYUJ　做官 WDPN[86]
做客 WDPT[86]　做人 WDWW[86]

Z

做主 WDYG[86]	做好事 WVGK[98]	座位 YWWU[86]/OWWU[98]	
坐	WWFF3　　人人土	座谈 OWYO[98]	
	WWFF3　　人人土	唑 KWWF3　　口人人土	
坐标 WWSF	坐落 WWAI[98]	KWWF3　　口人人土	
座	YWWF3　　广人人土	凿 OGUB3　　业一丷凵	
	OWWF3　　广人人土	OUFB　　业丷十凵	